Zwischenwelt
Traum von der Realität
Berthold Viertel

Zwischenwelt ist ein Jahrbuch für antifaschistische Literatur und Exilliteratur, herausgegeben im Auftrag der *Theodor Kramer Gesellschaft*.

Bisher erschienen:
Zwischenwelt 1 – Über Kramer hinaus und zu ihm zurück, 1990
Zwischenwelt 2 – Die Welt des Jura Soyfer, 1991
Zwischenwelt 3 – Literatur in der Peripherie, 1992
Zwischenwelt 4 – Literatur und Kultur des Exils in Großbritannien, 1995
In Vorbereitung:
Zwischenwelt 6 – Literatur der ›Inneren Emigration‹ aus Österreich (erscheint 1998)
Zwischenwelt 7 – *Theodor Kramer-Symposium in London* (Arbeitstitel)

Die *Theodor Kramer Gesellschaft*, ein gemeinnütziger Verein, versteht sich als kulturelle Vereinigung von Menschen, die die Ignoranz und das Unverständnis für die Literatur und Kultur des Exils durch geduldige Arbeit zu überwinden suchen. Sie veranstaltet daher Lesungen, Ausstellungen, Symposien. Im Auftrag der *Theodor Kramer Gesellschaft* erscheint seit 1984 *Mit der Ziehharmonika. Zeitschrift für Literatur des Exils und des Widerstands.* Seit 1995 ist die Gesellschaft auch als Buchverlag tätig und brachte u.a. Bücher von Herbert Kuhner, Anna Krommer und Stella Rotenberg heraus. – Adresse: A-1020 Wien, Engerthstr.204/14, Tel. (0043 1) 729 80 12, Fax 729 75 04. E-mail: tkg@compuserve.com.

Zwischenwelt 5
TRAUM VON DER REALITÄT
BERTHOLD VIERTEL

Herausgegeben im Auftrag der
THEODOR KRAMER GESELLSCHAFT
von
Siglinde Bolbecher, Konstantin Kaiser,
Peter Roessler

Gedruckt mit Unterstützung des Bundesministeriums für Wissenschaft, Verkehr und Forschung, der Kunstsektion des Bundeskanzleramtes und der Stadt Wien – Kultur.

Die Deutsche Bibliothek – CIP-Einheitsaufnahme

»Traum von der Realität: Berthold Viertel« /
Theodor-Kramer-Gesellschaft. Red.: Siglinde Bolbecher...
– Wien : Döcker 1998
(Zwischenwelt ; 5)
ISBN 3-85115-229-8

ISBN 3-85115-229-8

Umschlagggestaltung: Astrid d'Auzers
Satz: Peter Horn
Druck: MANZsche Buchdruckerei Stein & Co.KG, 1050 Wien
Gedruckt auf chlorfrei gebleichtem Papier

Berthold Viertel

INHALT

Vorbemerkung

»Der Traum von der Realität« ist ein kleiner Aufsatz überschrieben, der sich im Nachlaß Berthold Viertels fand. Entstanden ist er wahrscheinlich 1952, also etwa ein Jahr vor Viertels Tod. Noch einmal formuliert Viertel eindringlich, worum es ihm zu tun ist. »Der Traum von der Realität«, sagt er, »ist der tiefste Traum, der erregendste, der unausschöpflichste. Er endet erst, soviel wir wissen, mit unserem Leben, und zwar als ein Fragment. Er mag, in all seinen Formen und Verkleidungen, Wunschtraum sein und, in der Umkehrung, Angsttraum. Er ist Wachtraum und Wahrtraum.« Mit Ernst Blochs »Wachträumen« verwandt scheint Viertels »Traum von der Realität«, nicht Abgrenzung des Träumers von der immerzu gewordenen und werdenden Welt, sondern liebevolle Hinwendung zu ihr und rastlose Durchdringung. »Ich rede aber von dem ethisch-ästhetischen Zwang, die Realität zu erträumen, so wie sie ist, mit all ihren Konsequenzen. Da will das Traumvermögen nicht dem, was wir oft so geringschätzig den ›Alltag‹ nennen, entfliehen, auf den weichen Kissen des Trostes, oder auf den Traumflügeln der Hoffnung; sondern es ist bestrebt, die Realität zu ergreifen, sie, von der nur Teile für uns ergreifbar sind, die für uns unbegrenzte zu ertauchen und zu erfliegen, sie zu ergänzen, sie nahe und immer näher zu bringen, sie immer noch unentrinnbarer und wirklicher zu machen, um sie zu gestalten.« Viertel, der gewiß nicht darauf aus war, Welt und Kunst aus einem Punkt zu kurieren oder zu begreifen, suchte und fand für sich eine Vielheit manchmal disparater und dann wieder in pulsierendem Zusammenhang stehender Zugänge zur Realität. Frühe dramatische Versuche, dann Lyriker, Kritiker, Theater- und Filmregisseur. »Der Mann des Theaters« blieb vielen in Erinnerung, die die Anfangsgründe seiner essayistischen und autobiographischen Schriften (außer im Anekdotischen) kaum verstanden haben. Denn Viertel war im Exil und kam aus dem Exil. Zwischen ihm und den unter der Herrschaft der nationalsozialistischen Massenmörder Daheimgebliebenen verlief und verläuft ein Riß, der zu Viertels Lebzeiten oft mehr überspielt als durch bewußte Anstrengung überwunden wurde.

1885 in Wien als Kind jüdischer Eltern (die Familie stammte aus Galizien) geboren, wuchs Viertel in den Widersprüchen seiner Generation auf: von den Eltern zu weitgehender Assimilation animiert und zugleich zur Beachtung der jüdischen Riten angehalten, humanistisch gebildet und voll Verachtung für die bürgerliche Kultur, hingezogen zur Sozialdemokratie Victor Adlers und fasziniert vom »Gesamtkunstwerk« eines Richard Wagner, irritiert durch Beamtenwillkür und ererbtes Vorrecht höherer Stände und doch vom Fortbestehen des Habsburgerreiches überzeugt... Nach Jahren eines ohne Energie betriebenen, schließlich abgebrochenen Studiums widmete sich Viertel 1912 bis 1914 mit größter Energie als Regisseur der Wiener »Freien Volksbühne«, ehe ihn der Erste Weltkrieg nicht nur von seiner endlich gefundenen Wirkungsstätte, sondern auch von Wien fortriß: Eigentlich ist Viertel erst 1948, nach einem weiteren Weltkrieg, nach Wien zurückgekehrt.

Prag, Dresden, Berlin, Düsseldorf waren von 1917 bis 1927 Viertels Stationen. 1928 wurde er, der in Berlin mehrere Stummfilme gedreht hatte, als Regisseur und Drehbuchschreiber nach Hollywood engagiert. Nie zuvor und nie nachher hat Viertel so viel Geld verdient; 1932 ging er, getrieben von der Angst, sich zu verlieren, weg von Hollywood, versuchte es wieder in Berlin, erlebte die Machteinsetzung Hitlers, floh nach Wien, Paris, fand schließlich in London neue Beschäftigung als Filmregisseur und neue Freunde. Die Ehe mit Salomea (Salka) Steuermann, aus der die drei Söhne Hans, Peter und Thomas entsprungen waren, ging in dieser Zeit in Brüche; legendär ist die Freundschaft, die Salka und Berthold Viertel weiterhin verband.

Aus dem Umhergetriebenen wurde, nach und nach, der Exilant, dem der Rückweg abgeschnitten war, der in den anderen Exilierten seine Verbündeten zu sehen begann. Gezwungen, 1939 wieder in die USA zu übersiedeln, spielte er eine nicht unerhebliche Mittlerrolle innerhalb des deutschsprachigen Exils. Er hatte durch seine Filmarbeit nicht nur gute Kenntnisse der Kultur des Exillandes und stand mit amerikanischen SchriftstellerInnen und KünstlerInnen in persönlicher Verbindung, er war auch gleichermaßen in der deutschen und österreichischen Kultur zuhause, Ansprechpartner zugleich für die Repräsentanten der verschiedenen politischen Strömungen des Exils. Durch den wiederholten Wechsel seines Aufenthaltsortes zwischen den Exilzentren Los Angeles und New York konnte er wesentlich zu gemeinsamen kulturellen Initiativen des antifaschistischen Exils beitragen.

Dieser Berthold Viertel hat die letzten Jahre seines Lebens, 1948 bis 1953, für das Wiener Burgtheater verbraucht. Diese Phase seines Lebens, die in mehreren Beiträgen des vorliegenden Bandes diskutiert wird, wird von vielen als seine Glanzperiode erinnert. Doch das Burgtheater und Österreich haben ihm die Rückkehr kaum gedankt: Erst wenige Monate vor seinem Tod erhielt er überhaupt eine Wohnung; er blieb bis zuletzt ein mitunter als »Ausländer«, dem die Wiederlangung der österreichischen Staatsbürgerschaft schwer gemacht wurde, diffamierter Gastregisseur ohne Pensionsanspruch; es versteht sich von selbst, daß das heutige Burgtheater von den Bemühungen, sein Werk neu zu erschließen, nicht die geringste Notiz genommen hat.

Die singuläre Bedeutung Viertels, der, noch geprägt vom Wien der Jahrhundertwende, der Verehrung für Peter Altenberg und der Freundschaft mit Karl Kraus, mit wachen Sinnen und begabt mit der Fähigkeit, sich auszudrücken, den Zusammenbruch der Donaumonarchie, zwei Weltkriege und den nationalsozialistischen Massenmord an den europäischen Juden miterlebt hat, liegt unseres Erachtens darin, daß ihm in seinen Exilschriften eine befreiende Weiterführung der Wiener Moderne durch die Auseinandersetzung mit dem Faschismus hindurch gelang. Diese Weiterführung ist angesichts der heutigen Versuche einer musealen Stillstellung (also einer Befassung, bei der der Betrachter selbst sich nicht vom Fleck rührt) von höchstem Interesse. Nicht zuletzt glauben wir, daß seine Forderungen an das Theater, entworfen im Exil und dann in einem postfaschistischen Österreich, in vielem heute noch einzulösen wären. Seine essayistische und theaterpraktische Kritik an Choc-Wirkung und Überrumpelung bleibt aktuell in einer Situation, da das smarte Einkäufertum heutiger Direktoren mit eben diesen Effekten zu glänzen sucht.

Dieses Buch ist nach dem 1988 erschienenen Katalogheft zur Ausstellung »Viertels Welt« der erste Versuch, Viertels Lebenswerk umfassend zu erörtern. Es enthält wichtige, auf Quellenforschungen beruhende Beiträge nicht nur zur Biographie Viertels, sondern auch zur Kenntnis von Exilliteratur und Exilpolitik, ihrer Zielsetzungen, Hoffnungen, Ansätze. Die Anordnung der Beiträge folgt in etwa dem Lebensgang Viertels, gruppiert in dem ›Dreischritt‹ Vor-dem-Exil, Exil, Nach-dem-Exil. Grundlage dieses Buches sind die Ergebnisse des »Internationalen Berthold

Viertel-Symposiums«, das, von der Theodor Kramer Gesellschaft und dem Verein zur Förderung und Erforschung der antifaschistischen Literatur veranstaltet, vom 24. bis 26. September 1993 im Österreichischen Theatermuseum in Wien stattfand. Die Gespräche mit Viertels Söhnen Hans und Thomas sowie mit dessen Freunden und Mitarbeitern wie Marianne Brün-Kortner und Wolfgang Glück gaben wertvolle Anregungen für die Arbeit an diesem Buch.

Verzichtet werden mußte nur auf zwei Beiträge. Eberhard Freys Aufsatz *Das Exilerlebnis in Berthold Viertels Lyrik* ist mittlerweile bereits als Nachwort zum dritten Band der Berthold Viertel-Studienausgabe *Das graue Tuch. Gedichte* erschienen. Auch die *Erinnerung an Berthold Viertel*, die der Kammerschauspieler Erich Auer verfaßt hat, erschienen 1985 in der Zeitschrift *Burgtheater Intern* (und, auszugsweise, auch in *Mit der Ziehharmonika* Nr.4/1988), fehlt hier.

Wir trauern um Elisabeth Viertel-Neumann, die das Zustandekommen des Symposiums noch tatkräftig unterstützt hat, aus gesundheitlichen Gründen nicht teilnehmen konnte und am 24. Dezember 1994 in Wien starb. Sie war seit 1940 Berthold Viertels Gefährtin und hat sich auch nach seinem Tod immer wieder für sein Werk eingesetzt. Ihre Schwester Josephine war übrigens mit Richard, dem Bruder Theodor Kramers, verheiratet.

Wir trauern auch um Willy Verkauf-Verlon, seit 1987 Vorsitzender der Theodor Kramer Gesellschaft, der am 12. Februar 1994 in Wien gestorben ist. Seine Eröffnungsansprache zum Berthold Viertel-Symposion ist bereits in *Mit der Ziehharmonika* Nr.3/1993 veröffentlicht worden.

Für Druckförderungen danken wir der Stadt Wien, der Kunstsektion des österreichischen Bundeskanzleramtes und dem Bundesministerium für Wissenschaft, Verkehr und Kunst. Für Hilfe bei der Herausgabe und Redaktion danken wir ganz besonders Marcus G. Patka, aber auch Frauke Binder, Peter Horn, Uschi Lichtenegger und Ulrike Oedl.

Siglinde Bolbecher, Konstantin Kaiser, Peter Roessler

Abkürzungen

Aus einigen wichtigen Büchern Berthold Viertels wird in fast allen Beiträgen wiederholt zitiert. Wir haben daher die Zitierweise vereinheitlicht. Es handelt sich um:

Schriften zum Theater. Hg. von Gert Heidenreich unter Mitarbeit von Manfred Nöbel. Mit einem Geleitwort von Herbert Ihering. München, Berlin 1970. 573 S. – Zitiert als: ST.

Die Überwindung des Übermenschen. Exilschriften. Hg. in Zusammenarbeit mit Siglinde Bolbecher und mit einem Nachwort versehen von Konstantin Kaiser und Peter Roessler. Wien 1989. 416 S. (Studienausgabe. 1). – Zitiert als: BV 1.

Kindheit eines Cherub. Autobiographische Fragmente. Hg. und mit einem Nachwort versehen von S. Bolbecher und K. Kaiser. Wien 1991. 372 S. (Studienausgabe. 2). – Zitiert als: BV 2.

Das graue Tuch. Gedichte. Hg. von K. Kaiser, mit einem Nachwort von Eberhard Frey. Wien 1994. 497 S. (Studienausgabe. 3). – Zitiert als: BV 3.

(Der vierte Band der Studienausgabe, *Städtebauer aus Gesichten. Briefe*, ist noch nicht erschienen.)

Viertels Welt. Der Regisseur, Lyriker, Essayist Berthold Viertel. (Broschüre zur gleichnamigen Ausstellung des Österreichischen Theatermuseums und des Vereins zur Förderung und Erforschung der antifaschistischen Literatur.) Wien 1988. 52 S. – Zitiert als: VW.

Weitere Abkürzungen:

Anm. – Anmerkung
BE – Berliner Ensemble
Ebd. – Ebenda
NBV – Nachlaß Berthold Viertel im Deutschen Literaturarchiv, Marbach am Neckar
NL – Nachlaß
Zit. – Zitiert

Hans Viertel

Grußworte

Ich muß erklären, warum ich an Liesl Neumann-Viertels Stelle hier zu Euch spreche, wie sehr es mir leid tut, daß Liesl nicht unter uns sein kann.

Ich will nicht wie ein Panglos scheinen, der in allem nur das Gute sieht – in unserer Zeit wäre das sogar für den guten Doktor eine unlösbare Aufgabe – aber das eine Gute daran ist, daß ich jetzt, an Liesls Stelle stehend, gleich am Anfang etwas sagen kann von dem großen Dank, den wir Überlebenden Liesl schulden: Dank dafür, das Leben und die Arbeit meines Vaters in Erinnerung gehalten zu haben und weiterhin daran zu erinnern!

Das gilt nicht nur für das hinterlassene Werk – durch viele Jahre war sie meines Vaters Gefährtin, hat ihn gestützt und gestärkt und beschützt durch die schwerste und bitterste Zeit nach 1940 hindurch; und ebenso nach der Rückkehr in die Geburtsstadt in den letzten, leider allzu kurzen Jahren, die so erfolgreich und produktiv waren.

Als Sohn meines Vaters kann ich wohl vermuten, daß das nicht immer leicht gewesen ist für sie.

Der Kampf um die Erhaltung des Lebenswerkes meines Vaters begann ja sehr früh. Schon in seiner Jugend in Wien, erinnert er sich, wurde er als Karl Kraus-Anhänger »gelegentlich mit totgeschwiegen«. Doch erstaunt ihn aus der Perspektive der 40er Jahre, wie wenig im Vergleich zu späteren Zeiten unternommen wurde, um einen Karl Kraus zum Schweigen zu bringen: »eine heute unbegreifliche Duldung«.

Das sollte sich bald ändern – und das eben erwähnte retrospektive Staunen weist auf meines Vaters eigene Erfahrung hin.

Das Stillschweigen, die systematisch betriebene Isolierung, das oft so vollständig erfolgreiche Bemühen maßgeblicher Kreise, den unwillkommenen Kritiker, sei er nun ein Thersites oder ein neuzeitlicher Jeremiah, zur »unperson« – in Orwells Diktion –, zum Nicht-Mitmenschen zu reduzieren – und das Werk, das ihm trotzdem gelingt, in das »Morning Holl«, Orwells Gedächtnisloch, zu stopfen.

Die Arbeit, die dann Liesl Neumann-Viertel eingeleitet und weitergeführt hat, diesen Schatz wieder aus den Tiefen des Vergessens heraufzuschaffen!

Was all dieses Bemühen um ihn für einen Nutzen für meinen Vater selbst hat, kann ich nicht sagen, ich kann nur hoffen, er spürte damals in seinen letzten Tagen, daß der Kreis der Freunde und Schüler fortsetzen werde, daß dieser so notwendige Kampf um die Menschlichkeit weitergeführt werde.

Jedenfalls will ich in Liesls Namen, in meinem Namen und im Namen meiner Brüder, unserer Kinder und Enkelkinder (zwei bis jetzt) Euch guten Freunden danken, daß Ihr gekommen seid, um an dieser Arbeit teilzunehmen.

Marianne Gruber

Eine Literatur der ungeheuren Klugheit

Ich darf einleitend etwas sagen: Mein Leben ist offensichtlich gekennzeichnet dadurch, daß ich ununterbrochen das versuche, wofür ich nicht die geringste Kompetenz habe, d.h., ich begebe mich offensichtlich gern wie der Esel, dem's zu gut geht, aufs Glatteis. Das betrifft z.B. die Österreichische Gesellschaft für Literatur: man sollte meinen, da hat jemand Theaterwissenschaft oder Literaturwissenschaft oder so etwas studiert – was ich aber studiert habe, nicht ganz fertig, ist Medizin. Und was davon übriggeblieben ist, ist die Psychologie. Und was mich sonst damit verbindet, ist eigentlich das Schreiben. Genauso dilettiere ich natürlich bei Berthold Viertel. Ich kann und möchte nicht irgendeinen literaturwissenschaftlichen Ansatz einbringen. Ich habe das Thema ernstgenommen – daß es um eine Diskussion geht. Ich habe daher nichts Schriftliches mitgebracht.

Die andere Vorbemerkung: Was interessiert jemanden im Jahre 1993 überhaupt an diesem Schreibenden? Für das eigene Schreiben gibt es, was die Innovationskräftigkeit betrifft, interessantere, krassere, deutlichere Perspektiven. Warum gerade Autoren wie Berthold Viertel? Das hat mit meinem Geschichtsverständnis zu tun, das sich, wie ich gerade durch Siglinde Bolbechers Referat erfahren habe, mit dem von Berthold Viertel bis zu einem gewissen Grad deckt, ohne daß ich es wußte. Für mich ist Geschichte nichts, das man befragen kann, um eine Antwort zu erhalten. Für mich ist die Geschichtsschreibung, die wir zur Verfügung haben, und die Art, wie wir in Geschichte hineinschauen können, auch wenn wir uns einer ideologischen Verbrämung soweit wie möglich enthalten, ein Sammelsurium von Erzählungen über die Herrlichkeiten und die Greueltaten, zu denen Menschen fähig sind, zu verschiedenen Zeiten und unter verschiedenen Bedingungen. Aber daraus läßt sich keine Antwort ablesen. Ich glaube, daß die Geschichte überfrachtet ist, wenn man sie so betrachtet. Ich denke vielmehr, daß sich aus dieser Aufzählung von Herrlichkeiten und Greueltaten eine Frage formuliert an den, der sie kennenlernt, nämlich die, wer man selber sein möchte – angesichts dessen, das man eben erfahren hat. Und das ist mein Interesse, mein persönliches, an Berthold Viertel.

Ich gehöre zu dieser Generation, die von der »Gnade der späten Geburt«, wie es so schön und blind heißt, in Wahrheit *bedroht* ist. Denn das heißt ja, daß man durch eine Zufälligkeit, für die man nichts kann und die kein Verdienst ist, herausgefallen ist, nicht gefragt worden ist, wer man zu einem bestimmten Zeitpunkt sein möchte; und daß man, wenn man nicht versucht, einen Teil dieser Geschichte in irgendeiner Weise soweit zu der eigenen zu machen, daß man ihn begreift als die Vorbedingung der eigenen Geschichte, ein geschichtsloses und gesichtsloses Ungeheuer zu werden droht. Ich habe also Berthold Viertel aus diesem Grund gelesen.

Der erste Eindruck war, daß hier eine Literatur ungeheurer Klugheit ist. Da gibt es ein Gedicht, das fängt an mit den Zeilen:

Abschied ist Tod. Das weiß ein jedes Kind
Und läßt die Mutter aus dem Haus nicht fort.

Nichts mehr hinzuzufügen – es ist ganz klar. – Ich habe die zahlreichen Theater-Essays ein bißchen angelesen. Es gibt eines über Karl Kraus, über *Die letzten Tage der Menschheit*, da heißt es:

Nur mit dem größten Schrecken ließe sich der Gedanke erfassen, daß durch die katastrophalen Ereignisse dieser Zeit die Kontinuität des Weltbewußtseins zerstört werden könnte!

Und dann als nächster Satz: »Persönliches Unglück mag es zu vergessen trachten.« Unsere ganze Faschismusdiskussion, die Diskussion um das Gedenkjahr, war u.a. geprägt von der Diskrepanz einer Fragestellung, die man, wie es auf den ersten Blick scheint, nicht zusammenbringen kann: auf der einen Seite die Forderung »Niemals vergessen!« und auf der anderen Seite das psychologische Wissen, daß Vergessen eine Gnade sein kann. Wie bekommt man das zusammen? Viertel schreibt zwei Sätze und es ist ganz klar, wie es zusammenkommt, das Persönliche und das Allgemeine. Er schließt:

Aber es gilt die Erhaltung eines überpersönlichen Zusammenhangs, der die Tatkraft keineswegs lähmt und den Lebenswünschen erst ihre Richtung gibt.

Eines hat mich, nur als Randbemerkung, an der Waldheim-Geschichte, ohne sie jetzt politisch beurteilen zu wollen, persönlich tragisch berührt. Mein Mann ist Arzt, Chirurg, und ich bin damals noch seine Ordinationshilfe gewesen. Wir hatten ein jüdisches Ehepaar als Patienten, die gerade damals seine Hilfe und unsere Nähe gesucht haben, obwohl es nichts Chirurgisches zu tun gab. Was passiert war in der Psyche der beiden Menschen: Sie konnten plötzlich nicht mehr vergessen, daß sie, wenn sie vom dritten Stock hinunter auf die Straße gingen, im zweiten Stock an der Tür vorbeikamen, wo jene Personen gelebt hatten (und nun deren Nachfolger), die sie denunziert hatten. Dieses Vergessen war zerstört worden, und es war furchtbar.

Aber, und das kann man bei Berthold Viertel schon lesen, es muß sozusagen erst die Täterschaft der Nachfolgegeneration zerstört werden, wenn es dieses kollektive Erinnern nicht gibt. Da bin ich dort, wo man sagen muß: Geschichte ist der Ort, wo man die Frage beantworten muß, wer man vorhat zu sein. Und die Antwort hätte lauten müssen: daß man sich nicht damit abfinden kann, aus der Zufälligkeit eines Zeitpunktes oder eines Ortes dies oder das geworden zu sein. Dann hätte man sich die Verletzungen rund um die Waldheim-Geschichte vielleicht ersparen können. Meine Generation hat die Antwort zumindest in ungenügendem Maß gegeben.

Was mich weiters an Berthold Viertel fasziniert hat, war das ständige Mitbedenken einer möglichen anderen Seite und eines anderen Standpunktes. Da habe ich eine Rede gefunden, die Hermann Broch zum 60. Geburtstag von Berthold Viertel gehalten hat. (Ich freue mich sehr, daß Broch bis jetzt nicht erwähnt worden ist, sodaß ich jetzt etwas bringen kann, was Sie nicht schon gehört haben.) Broch sagt in dieser Rede:

Und so ist es sicherlich nicht unangebracht, daß ein Altersgenosse, [es geht über Viertels Schüler-Gedicht *Einsagen*] *der überdies, wenn auch in fortgerückten Jahren zum Klassengenossen des Schülers Viertel geworden ist, sich der Flüsterpflicht des Einsagens unterziehe: Viertel Berthold, ein Leben lang bist du ein Einfrager gewesen, und das ist mehr als ein Einsager. Die Fragen, die Du an die Welt zu richten hattest, hast Du ihr zugeflüstert, und siehe, es waren ihre eigensten, wichtigsten Fragen.* [...] *Denn Dichtung, oder richtige Kunst überhaupt ist gleich der Wissenschaft ein unaufhörliches »Warum«* [...].

Ich vertraue der Sicht von Broch soweit. Was er über Berthold Viertel sagt, ist sicherlich lückenhaft in dieser Geburtstagsrede, aber das, was er behauptet, wird hoffentlich stimmen.

Und dies ist der dritte Eindruck: Da kommt mir eine Literatur entgegen, die die Postmoderne schon überwunden hat, ehe die Postmoderne passiert ist, die mit Verzweiflung, mit Zweifel in jeder Menge und in all der – wie soll man sagen? – Weichheit, die Berthold Viertel auf mich als Eindruck ausübt, gleichzeitig mit einer beinahe rührenden Präsenz versucht – jedoch nicht so kraß wie Broch –, sich ein paar Werte zu retten, sie zu behaupten und irgendetwas dafür zu tun. Das ist eigentlich schon wieder ein Schritt über die Postmoderne hinaus. Und einer dieser wichtigen Werte ist gerade die Wahrheit oder, etwas sanfter gesagt, aus meiner Sicht: der möglichen Wahrheit so nahe wie möglich zu kommen. Oder, umgekehrt formuliert, und da wird's kämpferisch: sich gegen die jeweils kollektive Lüge des Zeitgeistes so gut es geht zur Wehr zu setzen.

Der vierte Punkt, der für meine Generation sehr wichtig ist und zuerst eigentlich mit Ästhetik zu tun hat: Wir hatten doch in der Literatur die Welle der Neuen Innerlichkeit, für die es im übrigen ein köstliches Gedicht von Ernst Jandl gibt, eine Partitur... Was Jandl sehr drastisch darin angreift und bei Viertel als Frage akut wird für mich, ist diese entsetzliche Wehleidigkeit. Ich darf einen Ausflug in die Psychologie machen. Es gibt von Friedrich Hacker ein Buch *Denn sie wissen nicht, was sie tun*, Hacker prägt darin den Begriff des Leidensneides. Das habe ich verstanden. Eine Generation, der es ein Leben lang gut gegangen ist, der es unglaublich gut gegangen ist im Verhältnis zu allen anderen, die vorher in unserem Jahrhundert gelebt haben, hat eigentlich keine Chance, auch nur annähernd jene menschliche Bedeutung zu erlangen wie die Generation vorher. Es ist völlig verrückt, aber ich habe das selber erlebt und in Diskussionen zu hören bekommen in offensichtlicherer und versteckterer Form: Die Bedeutung, die ein Mensch dadurch haben kann, daß er ein KZ überlebt oder wenigstens ein Exil durchgestanden hat, die ist mit nichts zu erreichen. Das ist der Leidensneid meiner Generation, ausgedrückt u.a. in der Welle der Innerlichkeit in der Literatur.

Wie geht man mit dem übergroßen Gefühl vor allem in der deutschen Sprache um? Der Faschismus hat uns einen Teil der Vokabel verpatzt, die lassen sich nicht mehr verwenden. Es gibt ein Zitat von Berthold Viertel, wo mir am meisten aufgefallen ist, wie selbstverständlich das Wort »Heimat« verwendet werden kann. Er schreibt u.a.: Warum schreibe ich in einer Zeit der »zunehmenden Verdunkelung des Lebens und seiner Werte«? Die Gedichte hätten geholfen, »dem Ungeheuerlichen gegenüber bei Besinnung und Gefühl zu bleiben«. – Bei Besinnung *und* bei Gefühl, das ist faszinierend! Sie bedeuteten »die innere Gegenwehr, die Notwehr eines Menschen« – er schreibt – »in der deutschen Emigration«. Ich habe mir da notiert: das »deutsch« in Klammer, weil sich der Satz dann besser übertragen läßt. »[...] eines durch Heimat und Herkommen, Klasse und Rasse bestimmten und verpflichteten Menschen dieses historischen Augenblicks«.

Es fällt gar nicht auf: da steht Heimat drinnen. Wenn einer von uns den Begriff »Heimat« schreibt, kriegt er Bauchweh beim Hinschreiben, und die, die es lesen, kriegen Bauchweh, und die, die es hören, kriegen auch Bauchweh. Es gibt also eine ganze Reihe von Vokabeln, die können wir nicht mehr verwenden.

Autoren wie Viertel relativieren die eigene Geschichte. Und wenn es nichts für das eigene Schreiben bringt, so hat es zumindest einen psychohygienischen Wert von ungeheurer Bedeutung. Man hört auf, sich selbst für den Nabel der Welt zu halten. Das ist auch für die Literatur wichtig. Man findet vielleicht wieder den Weg dorthin...

Und jetzt bin ich bei dem, wo das soziale Engagement zuhause ist, wo dann plötzlich verständlich wird, wie ein Mann wie Broch sich dagegen wehrte, zum 60. Geburtstag eine Schreibmaschine zu bekommen. Broch hatte keine, seine war kaputt. Viertel hat mit Freunden organisiert, daß Broch eine neue Schreibmaschine kriegt. Und da kommt eine etwas gewundene Antwort von Broch, der sich natürlich einerseits gefreut hat, sie zu kriegen, auf der anderen Seite sagt: Um Gottes Willen, ich habe doch allen gesagt, sie sollen das, was sie erübrigen können, an Care-Paketen nach Europa schicken. (Man stelle sich vor, die zwei Vertriebenen!) Ich habe so viele Adressen, denen ich nicht helfen kann...

Das alles ist subjektiv. Aber es ist das, was für mich an einem Berthold Viertel für mein eigenes Schreiben, sehr egozentrisch vielleicht, wichtig ist.

Transkription von Marianne Grubers frei gehaltenem Diskussionsbeitrag beim Internationalen Berthold Viertel Symposium 1993.

Fritz Beer

Berthold Viertel bei der BBC. Meine Erinnerung

Es sollte Sie nicht überraschen, daß meine Erinnerung an Berthold Viertel in den zwei Jahren, in denen wir Kollegen im Deutschen Dienst der BBC waren, anders ist als das, was Sie hier hörten. Jedes Gedächtnis ist unzuverlässig, schon die unmittelbare Wahrnehmung eines Augenzeugen unterscheidet sich von der eines anderen. Unsere Erinnerung verdrängt, vergißt, verzerrt, bauscht auf, beschönigt; wir interpretieren das Gestern aus der Sicht von heute; wir wollen nicht wahr haben, was wir einmal sagten, taten, glaubten. Weil, wie es der Dichter Christian Morgenstern ausdrückte, nicht sein kann, was nicht sein darf. All das macht den Anspruch unglaubwürdig, daß irgendjemand aus seiner Erinnerung die ganze Wahrheit ausgraben kann.

Berthold Viertel kam 1947, am Vorabend des Kalten Kriegs, in den Deutschen Dienst der BBC. Ich arbeitete da, seit meiner Demobilisierung aus der tschechoslowakischen Auslandsarmee im Januar 1946, als Scriptwriter und politischer Kommentator und als Redakteur der »Sendung für den Deutschen Arbeiter«. Viertels Ankunft überraschte uns, aus beruflichen und politischen Gründen. Die Sendezeit und das Personal des deutschen und österreichischen Dienstes der BBC, der während des Krieges eine große Rolle gespielt hatte, waren reduziert. Für die 2½ Stunden lange Hauptsendezeit am Abend standen eine allzu große Zahl von Regisseuren, Scriptwritern und Redakteuren zur Verfügung. Unter den Regisseuren z.B. der Wiener Richard Duschinsky, der Prager Julius Gellner, der an den Münchner Kammerspielen gearbeitet hatte, der Berliner UFA-Mann Fritz Wendthausen, der Reinhardtschüler Walter Hertner und ein oder zwei andere; unter den Kommentatoren, Kunstkritikern und Scriptwritern Heinrich Fischer, Nachkriegsherausgeber von Karl Kraus, Edmund Wolf, früher Dramaturg am Burgtheater, Robert Lucas, Martin Esslin, ebenfalls Reinhardtschüler, Hans Flesch, Romancier und späterer Lebensgefährte Hilde Spiels.

Berthold Viertel wurde daher zunächst sowohl mit Freude wie mit Vorsicht begrüßt, als ein Künstlerkollege wie auch als ein potentieller Rivale, als ein weltanschaulicher und kunsttheoretischer Freund, aber auf Grund des politischen Rufes, der ihm vorausging, auch als ein Sympathisierender, ein Mitreisender der kommunistischen Gesellschaftsansichten. Die kritische Auseinandersetzung mit diesen war damals ein wichtiger Teil unserer Berichterstattung, Diskussionen und Weltanalysen.

Es stellte sich bald heraus, daß Viertel als Regisseur unserer anspruchslosen Hörmontagen und politischen Tatsachenberichte, ja selbst für die gelegentliche einfache Dramatisierung englischer klassischer Romane kein Rivale war. Er erkannte sehr schnell die Beschränkungen, die unser überwiegend politisches Programm jedem künstlerischen Ehrgeiz aufzwangen. Wir hatten auch den Eindruck, daß seine kurze Gastrolle bei uns vor allem dem Zweck diente, seine Rückkehr nach Deutschland oder Österreich vorzubereiten, Kontakte und Freundschaften zu erneuern, die der Krieg und die Emigration zerrissen hatten.

Seine McCarthy-Erfahrungen in den USA machten ihn auch zurückhaltend und vorsichtig, wo es – wie in unserer Sendung unvermeidlich – um Politik ging, also um die Bewältigung der Nazi-Vergangenheit Deutschlands und in der Debatte über die zunehmende Stalinisierung Ostdeutschlands. Ich war unter den damals etwa 110 im Deutschen Dienst der BBC Beschäftigten der einzige, der politisch aktiv gewesen war, als Funktionär und Journalist der kommunistischen Partei, die ich nach dem Stalin-Hitler-Pakt verlassen hatte. Es war unvermeidlich, daß wir oft aneinander gerieten.

Berthold Viertel war viel zu intelligent und zu sehr mit den schöpferischen Problemen seiner Kunst befaßt, mit der Ästhetik seiner Realitätsinterpretation, um die Augen vor der Kluft zu schließen, die zwischen Theorie und Wirklichkeit der kommunistischen Welt klaffte. In unseren häufigen Streitgesprächen und auf unserer Deutschlandreise nahm er eine Haltung ein, die der heutigen Einstellung mancher kritischer Exkommunisten im alten Sowjetbereich ähnlich ist. Ich möchte sie als eine »falsche Standhaftigkeit« bezeichnen, als eine Weigerung, Menschen gegenüber, die er für weltanschauliche Gegner hielt, so wie mich, die eigene kritische Haltung einzugestehen, die Zweifel an dem Gott zuzugeben, dem er sich in seiner Jugend, ich weiß nicht aus welchen ethischen, intellektuellen oder anderen Motiven, verschrieben hatte, und die, so meinte er, jetzt von unmoralischen

Weltkräften, von der »Reaktion«, vom amerikanischen Imperialismus, bedroht wurde.

Wenn er im Studio eine meiner politischen Sendungen überwacht hatte, von Regie kann nicht die Rede sein, weil er nur Stil und Betonung korrigieren konnte, fragt er manchmal resigniert und mit einer nicht völlig unterdrückten Spur von Verachtung: »Und das alles glauben Sie wirklich?«

Es überraschte uns alle, wie distanziert seine Beziehung zu Heinrich Fischer war, der damals schon die Herausgabe der Werke von Karl Kraus vorbereitete. Ich weiß keine Erklärung dafür. Wenn wir in der BBC-Kantine, in der Viertel trotz des lausigen Kaffees ein Dauerabonnement hatte, Gott und die Welt diskutierten, wies er auch Fischers Kritik an Bert Brecht leidenschaftlich zurück.

Daß die BBC Berthold Viertel mit mir auf eine Reportagereise nach Deutschland schickte, war eine freundliche Geste. Er hatte auf dieser Reise keine Aufgabe, keine Funktion. Aber in Anerkennung seiner künstlerischen Autorität und auch, weil ich sah, wie unruhig, nervös und vielleicht auch unsicher er diesem ersten Wiedersehen mit Deutschland entgegensah, diskutierte ich meine Pläne mit ihm, die Interviews und die Schilderung der Not, des Hungers, des Neuaufbaus, der Entnazifizierung und der politischen Verwirrung.

Wir fuhren in einem Zug der britischen Militärverwaltung in Deutschland ein und saßen im Speisewagen, als der Zug unerwartet in einem Bahnhof anhielt. Auf dem Bahnsteig warteten unzählige dürftig gekleidete Menschen auf einen der seltenen Pendlerzüge. Sie starrten in unseren hell erleuchteten Speisewagen, auf die weiß gedeckten Tische und auf unser Essen, das ihnen, in dem Hunger, der aus ihren Gesichtern sprach, wohl unerreichbar luxuriös erschien, obwohl es nur aus den dürftigen britischen Lebensmittelrationen zubereitet war. Ich fand die Situation unerträglich. Es gibt in so einem Augenblick kein korrektes Verhalten. Unser Anblick mußte auf die Menschen wie eine Provokation wirken. Ich zog die Fensterjalousie herunter, ich versteckte uns. »Sie haben Recht«, sagte Viertel. Aber dann lüftete er eine Ecke der Jalousie und betrachtete aus unmittelbarer Nähe zum ersten Mal seit Kriegsende deutsche Menschen. Der Zug fuhr weiter. »Ich will Ihnen sagen, wie die Deutschen aussehen«, meinte er, »aber versprechen Sie mir, daß Sie es in Ihrer Sendung nicht verwenden werden. Denn ich will es mir für meine eigene Schilderung aufheben. Sie sehen alle wie Bert Brecht aus. Aber aus seinem Gesicht spricht nicht der physische, sondern ein geistiger Hunger.«

Bei der Einfahrt in die völlig zerstörte Stadt Essen, über die ich schon eine Reportage gesendet hatte, meinte Viertel angesichts von Gebäudetrümmern, die er für das zerstörte Kruppwerk hielt: »Und all das wird jetzt mit amerikanischem Kapital wieder aufgebaut, für Geschütze und Panzer, die die Sowjetunion und den Sozialismus zusammenschießen sollen.« Ich brauste auf. Die vier Besatzungsmächte, also auch die Sowjetunion und die britische Labour Regierung, hatten Waffenproduktion in den Kruppwerken für immer verboten, und Krupp selbst, der wegen seiner Rolle im Dritten Reich vor Gericht stand, hatte schon vorher erklärt, wohl um ein milderes Urteil zu erhalten, daß er niemals wieder Waffen herstellen würde. Er hat es auch tatsächlich nicht getan. Ich verwies Viertel darauf, daß die angeblich aggressiven Westmächte und vor allem die USA schon fast völlig demobilisiert hatten, die Sowjetunion jedoch noch den größten Teil ihrer Kriegstruppenstärke unter Waffen hielt. »Stalin weiß sehr gut, warum er das tut«, erwiderte Viertel. Es war kein guter Beginn für unsere Arbeit.

Es stellte sich bald heraus, daß es zwischen uns keine Meinungsverschiedenheiten darüber gab, wie die Not und die *materiellen* Aufbauprobleme am eindrucksvollsten geschildert werden könnten. Als ich es an einem kalten Morgen in einer kleinen Ruhrstadt nicht zuwege brachte, Menschen in der Schlange vor einem Lebensmittelladen zu interviewen, weil ich mich meiner Sattheit, der Geborgenheit in meinem warmen Mantel schämte, meinte er, er sei froh, daß er es nicht tun müßte, er würde es unerträglich finden. »Legen Sie einfach das Mikrophon auf den Ladentisch«, riet er. Wir nahmen auf, was die Menschen beim Einkauf sagten. Es war der erschütterndste Teil der Reportage.

Aber wir stritten sehr heftig, wenn es um *geistige* Aufbauprobleme ging, um die Entnazifizierung. Viertel war aus den USA mit einer, wie ich meinte, simplifizierenden Ansicht über die Abrechnung mit der Nazi-Vergangenheit nach Europa gekommen.

Und die radikale Praxis der Entnazifizierung in der sowjetischen Besatzungszone bestärkte ihn in seinen Ansichten. Ich hatte schon während meiner Armeezeit, als wir Dünkirchen belagerten, gefunden, daß es keine Schwarz-Weiß-Lösung für die Beurteilung von Kollaborateuren gibt, daß die Haltung zur Diktaturmacht oft widerspruchsvoll ist; der Mut zum Widerstand sich schnell erschöpft; daß man heute ein Schuft und morgen ein Held sein kann; daß es keine klare Scheidungslinie zwischen Ja und Nein gibt, und daß es fast unmöglich ist, die Rolle eines Menschen gerecht zu beurteilen, wenn man ihn und sein Verhalten nicht genau kennt.

Viertel hörte mir skeptisch zu. Er fand sich bestätigt, als ich eine Bergarbeiterkapelle interviewte. Ihr schmieriger Dirigent drängte uns, bei den Besatzungsbehörden eine Milderung seines Spruchkammerbefundes zu erwirken. Wegen seiner Nazitätigkeit war er für ein paar Jahre in seiner Berufstätigkeit beschränkt worden. Als wir erfuhren, daß er Kapellmeister in einer SS-Einheit gewesen war, meinte Viertel: »In der Sowjetzone müßte er Straßen kehren.«

Er wurde nachdenklicher, als wir in Düsseldorf zu arbeiten begannen. Auf dem Stadttheater trat Gustaf Gründgens damals in der Hauptrolle von Zuckmayers *Des Teufels General* auf. Ich wollte eine Szene der Aufführung aufnehmen und im Foyer ein paar Zuschauer interviewen. Viertel zögerte. »Gründgens wird erfahren, daß wir im Theater sind, und ich werde eine Begegnung nicht vermeiden können. Wir kannten uns ja sehr gut. Eigentlich müßte ich ihm ins Gesicht schlagen. Seine Begabung macht sein Verhalten unter den Nazis besonders verwerflich.« Die Zwiespältigkeit von Gründgens' Verhalten war uns beiden damals nur andeutungsweise bekannt. Hatte Joseph Goebbels' Lieblingsregisseur sich wirklich, nicht immer ohne Gefahr, für jüdische Kollegen eingesetzt? »Ersparen Sie mir bitte die Verlegenheit, diesem Nazi begegnen zu müssen«, plädierte Viertel, »Sie brauchen mich ja ohnehin nicht für die Aufnahmen im Theater.« Es klang nicht sehr überzeugt. Ich hatte ihn niemals so zerfahren und unsicher erlebt.

Er kam dann doch mit, und Gründgens erfuhr von unserer Anwesenheit, wer weiß von wem, ganz sicher nicht von meiner Crew, und lud uns in der Pause in seine Garderobe ein. »Jetzt kann ich mich nicht mehr drücken«, meinte Viertel, »ich müßte ihm wirklich ins Gesicht schlagen.«

Als wir dann die Garderobe betraten, und Gründgens sich vom Spiegel zu uns wandte und überrascht tat, und die beiden sich gegenüberstanden, der Jude und der Nazi (für den Viertel ihn damals hielt), durch einen Abgrund von Grauen und Schuld getrennt und durch eine tiefe Liebe zum Theater verbunden, beide bühnenerfahrene Komödianten, im guten klassischen Sinn dieses Wortes, die in ihrem Leben alle Rollen des menschlichen Verhaltens gespielt und inszeniert hatten, da fielen sie sich in die Arme, hielten sich lange umschlungen und Gründgens sagte: »Ach, Meister Viertel, wenn ich doch einmal wieder unter Ihrer Regie spielen könnte! In der ›Möwe‹ zum Beispiel.« Ich erinnere mich nicht mehr, was dann noch gesagt wurde. Nur, daß es so klang, als ob die beiden es lange vorher geprobt hätten.

Viertel schwieg auf dem Heimweg. Ich hatte den Eindruck, er fürchtete, ich könnte ihm sein Verhalten vorwerfen. Ich weiß nicht, welche Schlüsse er aus der Begegnung mit Gründgens zog. Am nächsten Morgen, als wir Aufnahmen in einem Entnazifizierungsausschuß machten, erhielt er sich jedenfalls jeder Bemerkung über unzureichende Abrechnung mit der Vergangenheit.

Wir stritten erst wieder bei einer Aufführung von Brechts *Furcht und Elend des Dritten Reichs*, in Hamburg oder Berlin. Er war enttäuscht über meinen Mangel an Begeisterung. Ich meinte, das seien bloß simplizistische Agitpropszenen, wie wir sie in den Dreißigerjahren unter großem Zuspruch auf kommunistischen Versammlungen aufführten, dramatisierte Leitartikel, in der eindrucksvollen Brechtschen Sprache geschrieben, aber dennoch Thesen und nicht gestaltete Wirklichkeit. Der Mann z.B., der in einer Szene unvermutet auf eine Tirade von Naziphrasen, ans Publikum gewandt, Nein brüllt, spräche nur die bereits Bekehrten an, die Indifferenten und die Zweifler überzeuge er nicht. Denn ein Nein im Dritten Reich konnte nur viel komplizierteren und hintergründigeren Umständen entspringen, die in dieser Szene nicht geschildert wurden. Das Publikum hätte diesem Nein auf der Bühne so laut zugejubelt, weil es in seiner überwiegenden Mehrheit 13 Jahre lang Ja gesagt hatte. Das führte zu einer langen heftigen Debatte, zuerst über Brecht und dann über das Wesen der kommunistischen Politik. Ich will nicht behaupten, ich könnte mich heute an den Wortlaut des Gesprächs erinnern. Ich kann nur versuchen, es ungefähr zu rekonstruieren, auf Grund der vielen Funkkommentare, in denen ich mich damals mit diesem Problem auseinandersetzte. Es war mir wichtig, daß Viertel diese Ansichten erfuhr.

Ich sagte wahrscheinlich, daß die Entartung der Macht in der Sowjetunion nicht, wie viele kritische Kommunisten und wohl auch Viertel dachten, darauf zurückzuführen sei, daß die Kommunisten in einem wirtschaftlich zurückgebliebenen Land zur Macht kamen, in dem es eine lange Tradition brutaler Unterdrückung gab, die zu dem führte, was damals oft als die »asiatischen Züge des Stalinismus« bezeichnet wurde. Die Wurzeln des Übels in der Sowjetunion lägen schon bei Lenin und vor ihm bei Marx – im Begriff der Diktatur des Proletariats. Ohne einen politischen Pluralismus könne es keine Freiheit geben, keine konstitutionelle Möglichkeit, Fehler zu korrigieren.

Viertel hörte mir mit Interesse zu. Aber dann sagte ich etwas, das seine totale Ablehnung herausforderte. Ich meinte, man müsse sich vielleicht überlegen, ob das Profitmotiv nicht vielleicht auch für eine sozialistisch orientierte Gesellschaft ein unerläßlicher Leistungsansporn sei, und ob Rußland heute nicht vielleicht besser daran wäre, eine bessere Lebenshaltung hätte, wenn Kerensky die Oktoberrevolution besiegt hätte und es in Rußland eine bürgerliche Demokratie gäbe.

Das war für Viertel offensichtlich Hochverrat. Wir verabschiedeten uns am Ende der Reise recht kalt.

Das wäre das Ende unserer Beziehung gewesen, wenn die BBC mich nicht für ein Funkbild zum alljährlichen Bergarbeiterfest nach Durham geschickt und Viertel mit der Regie der Sendung betraut hätte. Die »Miner's Gala« war ein Volksfest, in dem sich damals in einer dramatischen Weise etwas verkörperte, das es heute kaum mehr gibt, und das unter Ihnen wohl nur die Älteren noch miterlebt haben, die Zeit, die auch Berthold Viertel formte, als es noch keine Wohlstandsgesellschaft gab und der Glaube an ein Millenium nicht abgegriffen oder diskreditiert war. Die Gala drückte die Tradition, die Kampferfahrung, die Solidarität und wohl auch die messianistische Hoffnung einer Arbeitergruppe aus, die durch die Härte ihres Berufes, die gemeinsame, oft gefährliche Erfahrung untertage, mehr als jede andere Gruppe

Zusammenhalt und stolzes Selbstbewußtsein gewann. Wenn vierzigtausend Bergarbeiter mit Frauen und Kindern am Morgen aus ihren Dörfern nach Durham marschierten, hinter ihren Blaskapellen, Fahnen und den großen Bannern, auf denen in melodramatischen Bildern die Etappen ihres Kampfes abgebildet waren, Streiks und Aussperrungen, Grubenkatastrophen und deren Tote, glich es dem Marsch von Grenadierveteranen, die ihre alten Schlachten feiern. Ich hielt einer jungen Frau das Mikrophon vor den Mund: Was bedeutete die Gala für Sie? Mit einem Stolz und Jubel, den kein Schauspieler oder Regisseur reproduzieren könnte, sagte sie, etwa: Die Gala – das ist Freude und Kraft, das ist die Erinnerung an Hunger und Tote; und was wir erreicht haben, weil wir zusammenhielten in schweren Tagen, so daß unsere Kinder jetzt hoffen dürfen.

Ich baute diese Worte als einen wiederkehrenden Refrain in die Reportage ein. Ich glaubte, aus der Reaktion Berthold Viertels während der Studioprobe herauszufühlen, daß ihn da etwas ansprach, daß er sich, zum erstenmal mit einem Skript von mir identifizierte. Ich sehe noch heute seine Augen, seinen Gesichtsausdruck, als wir nach der Aufnahme das Studio verließen.

Ich hatte ihn, so interpretiere ich es heute, aber vielleicht ist das nur eine Erfindung meiner Phantasie, ich hatte ihn tief getroffen. Falls er bisher meine Kritik an seinem Weltbild als die verwerfliche Haltung eines Renegaten seiner Ideen zurückgewiesen hatte, war ihm dieser Trost nun verwehrt. Meine Sendung beschwor seine eigene Welt herauf, er konnte mich nicht mehr als einen Verräter abtun, ich war, in einer verqueren Weise, die Stimme seines Gewissens geworden. Ich glaube, Berthold Viertel war in diesem Augenblick ein sehr unglücklicher Mensch.

Redaktionelle Anmerkung: *Die Reportagereise, die Fritz Beer und Berthold Viertel nach Deutschland führte, hat Ende Februar/März 1948 stattgefunden. Gustaf Gründgens inszenierte und spielte in dieser Zeit an den »Städtischen Bühnen Düsseldorf«, trat aber nicht in der Rolle des General Harras in Carl Zuckmayers »Des Teufels General« auf. Jedoch inszenierte Gründgens selbst Tschechows »Möwe«, die am 3. April 1948 Premiere hatte.*

Helmut G. Asper / Marianne Brün-Kortner

Erinnerungen an Berthold Viertel Ein Gespräch

Asper: Sie kennen Berthold Viertel noch aus ihrer Kindheit, aus England. Können Sie beschreiben, wie sie ihn kennengelernt haben, im Haus ihrer Eltern?

Brün-Kortner: Es war in London, wann genau kann ich nicht sagen, ich muß zwischen vier und fünf Jahre alt gewesen sein. Er war ja ein sehr eindrucksvoller Herr, also man erinnert sich schon, wenn man so jemanden kennenlernt. Ich hab später mit ihm gearbeitet, aber die Freundschaft war eigentlich von Anfang an da. Er hat sehr viel Zeit und Interesse gehabt, mit einem Kind zu sprechen, das heißt, ich fühlte mich nicht nur als Kind adressiert, sondern als jemand, mit dem er gern spricht. Das gibt ein Beispiel von seiner Art, ich würde sie eine pädagogische Art nennen, aber es wär' ihm nie aufgefallen als solche. Eines der ersten Male, an dem ich ihn getroffen habe, in Highgate, wo wir gewohnt haben, standen wir vor dem Haus, als er kam, und er sagte, er müsse noch einen Brief einstecken. Ich war etwas über vier und hab' behauptet, das könnte ich machen. Er gab mir den Brief und ich verschwand damit, kam später zurück, und er machte so eine kleine winkende Bewegung, es könnte eine Dankeschönbewegung gewesen sein. Aber es gab nichts von dem kleinen Kindern gegenüber Üblichen: »Hast du es auch in die richtige Stelle getan, bist du ganz sicher, daß du es gebracht hast, hast du es nicht vergessen?« Er hat nichts gefragt, er hat angenommen, daß ich das richtig gemacht habe. Ich hätte das vielleicht als Zufall angesehen, wenn nicht viele, viele Jahre später, als ich seine Assistentin am Berliner Ensemble war, er sich mir gegenüber genauso verhalten hätte. Das heißt, wenn ich gesagt hab, ich mach was, war es damit erledigt für ihn. Er hat dann vielleicht irgendwann, später gesagt, daß das gut gemacht war, aber er hat nie nachgeprüft oder nachspioniert. Er gab einen Vorschuß an Vertrauen. Und dieser Vorschuß an Vertrauen machte es für einen jungen Menschen zu einem Vergnügen, mit ihm zu arbeiten, auch für einen älteren. Es ist komisch beim Viertel; wenn man ihn ansieht, sogar wenn man ihn liest, stellt er beinah den klassischen Patriarchen dar, beinahe biblisch, würde ich sagen, in seinem Aussehen. Dennoch entsprach er keineswegs der jetzt üblichen Beschreibung des Patriarchen. Er hat sich im Gespräch respektvoll sowohl einer Frau, einem Mann, wie auch einem Kind gegenüber verhalten und immer gleich interessiert und intensiv zugehört und gesprochen. Wenn ich etwas zu sagen hatte, ob ich vier Jahre alt war oder achtzehn, dann hat er mich angeschaut, bis ich fertig gesprochen hatte. Er hat auf das, was ich gesagt habe, genauestens geantwortet, das heißt, ich hatte nie das Gefühl, ich werde beiseite gefegt oder er schaut mir über den Kopf oder interessiert sich mehr für das, was am anderen Ende des Zimmers geschah. Das ist so wichtig. Ich glaube, viele, die behaupten, daß sie Kinder sehr gerne haben, können das überhaupt nicht. Das ist für mich eine wichtige Erinnerung und Bindung an ihn. Die Freundschaft mit ihm hat dann, immer mit Unterbrechungen, unser ganzes Leben gehalten. Er hat mir in verschiedenen Zeiten, z.B. in New York, als ich sehr unsicher war über meine Zukunft und was ich machen sollte, immer beigestanden, ohne mich in eine Richtung zu schieben. Er hat mir gar nicht viel Rat gegeben, sondern nur die Art, in der er Fragen stellte, hat mich auf Gedanken gebracht. Es war eine gute Freundschaft, und eigentlich hat es eine lebenslängliche Wirkung gehabt und ich hoffe, daß ich einiges, was ich durch ihn erfahren habe an Umgang mit jungen Menschen, in meiner Arbeit als Dozentin weitergeführt habe.

Asper: Wann war das in New York?

Brün-Kortner: Das war so '46 bis '48, da habe ich alleine in New York gelebt, und habe ihn öfters gesehen. Ich arbeitete und studierte an der New School for Social Research. Political science, economics, aber dann auch ganz komische Sachen, ich wußte noch nicht, was mich interessiert. Ich wollte ein bißchen von allem wissen, und war sehr neugierig. Er wohnte damals schon mit Elisabeth Neumann-Viertel, also damals hieß sie noch Elisabeth Neumann, on the Westside Uptown, in den Seventies glaube ich, war die Wohnung. Und da habe ich sie besucht, wenn ich irgendwas wollte, konnte ich einfach anrufen und vorbeikommen und wir haben über alles gesprochen, was mich damals bewegte.

Über persönliche Probleme, Liebesgeschichten, Weltwirtschaftsprobleme, Politik, McCarthyism, als der akut wurde. Dableiben, Wegfahren, wie soll man sich entscheiden, usw.

Asper: Und wie war Viertels Einstellung dazu?

Brün-Kortner: Viertel war, glaube ich, immer oder solange wie ich ihn kannte, ein völlig überzeugter theoretischer Sozialist. Er hat nie im Sozialismus gelebt, und ich weiß nicht, wie er darauf reagiert hätte. Gewiß, das was damals im Osten entstand, war nicht der Sozialismus, von dem er mit mir geredet hat. Vor allem aber war er immer kritisch gegenüber dem Status quo. Er hat lebendig teilgenommen an allem, was in Amerika passierte, an Tagespolitik, auch an Literatur von jungen Amerikanern. Er las viel, und ich konnte Empfehlungen von ihm bekommen, wenn ich es wollte, Leserichtungen. Er war sehr dafür, daß man alles, was neu rauskommt, erst mal liest und viel später erst darüber urteilt. Er war kritisch gegenüber den USA, aber das war, weil er sie irgendwo doch liebte. Er war nicht jemand, dem Amerika egal war, oder der sagte, er lehnt das Ganze ab und will nur nach Europa. Gar nicht, sondern er war anhänglich, dankbar für vieles, aber intelligent kritisch der Entwicklung gegenüber.

Asper: Sie kannten ja auch Salka Viertel und die Söhne und das Haus in der Mabery Road in Santa Monica.

Brün-Kortner: Ja, da gingen wir als Kinder ein und aus, schon weil das Haus nah am Strand war. Alles ging aus und ein bei Salka, das war ein Zentrum, nicht nur für Emigranten, sondern für Amerikaner und für viele junge Leute. Wir sind mit den Viertel-Kindern großgeworden, mein Bruder und ich, und wir waren bei Salka immer willkommen, das war angenehm. Und wenn Viertel da war, dann kam er auch zu uns, aber sehr oft hab ich ihn nicht bei Salka gesehen. Sie war eine fabelhafte Frau, und wie sie dieses Haus geführt hat! Sie hat wirklich wahnsinnig gearbeitet, war immer eine gutgelaunte Gastgeberin und hat dauernd Gäste gehabt. Wie sie das alles geschafft hat, ist mir rätselhaft.

Asper: Was war die besondere Qualität an Salka Viertel, die doch viele Menschen sehr angezogen hat?

Brün-Kortner: Ich glaube, daß sie eine Art Großzügigkeit besaß, sowohl als Gastgeberin wie als Gesprächspartnerin, das heißt, wie soll man das sagen, sie war anders als die meisten Frauen ihrer Generation. Sie trat als selbständiger Mensch auf. Sie war nicht schüchtern, sie war nicht zurückhaltend, sie hat an allen Diskussionen stark teilgenommen, aber sie war auch nicht penetrant in irgendeiner Weise. Sie hat ungeheuer verstanden, mit Leuten sich zu unterhalten, aus ihnen das Beste rauszuziehen. Sie war auch jemand, der gut zuhören konnte. Viele von ihren Parties waren ja arrangiert, damit gewisse Amerikaner und gewisse Emigranten zusammen kamen, und das war ganz bewußt von ihr geplant, und sie hat unendlich vielen Menschen geholfen, in jeder Hinsicht. Man fühlte sich, und ich glaube jeder fühlte sich, von ihr beschützt. Ich hab mich wahnsinnig gern mit ihr unterhalten. Ja, wirklich die ganze Familie Viertel lag mir sehr. Es war etwas im Haushalt, was wahrscheinlich aus dem Östlichen kommt, dieser Gestus der Großzügigkeit und Gäste gernhaben und von allem viel geben, auch wenn man nicht viel hat. Das hab ich kaum je im Westen in dieser Weise kennengelernt. Salka kann es nicht leicht gehabt haben mit uns Kindern, die reinrasten, sich dort umzogen, eine Treppe runter zum Strand liefen, und dann wieder rauf mit dem ganzen Sand, den wir ihr ins Haus schleppten. Nie hat sie sich beklagt. Mein Vater hat sich sehr gern mit Salka unterhalten. Er hatte vor ihr einen großen Respekt als Frau und als Gesprächspartnerin. Sie war noch viel witziger im Gespräch als in ihren Memoiren. Im Gespräch war sie auch kritischer und etwas spöttischer als in ihrem Buch rauskam. Im Buch ist sie beinah zu gutherzig. Ich hab das Buch gern gelesen, und die Seite hat sie unbedingt gehabt, aber es gab auch einen etwas schärferen Humor, der mir fehlt im Buch. Wenn Viertel während der vierziger Jahre bei Salka zu Besuch war, war er immer bereit, sich mit mir zu unterhalten über Themen, die mich interessierten. Vielleicht war er ganz froh, jemand zu haben, der nicht über Studios und Filmarbeit sprach. Ich konnte sehen, daß er sich nicht wohl fühlte in Hollywood. Aber die großen Schwierigkeiten, die er dort gehabt hatte mit den Filmstudios, das war ja viel früher, Anfang der vierziger Jahre hatte er bestimmt keine großen Hoffnungen mehr, in der Filmindustrie zu arbeiten. Aber ich war noch ziemlich jung damals, elf, zwölf Jahre, da kümmert man sich nicht immer darum, warum jemand grad da ist oder welche Probleme er vielleicht hat, darüber haben wir eigentlich nicht gesprochen. Weder das persönliche Leben mit Salka, ohne Salka, noch sein Berufsleben hat mich sehr bekümmert damals, muß ich zugeben.

Asper: Wie standen denn ihre Eltern zu Viertel? Ihr Vater, Fritz Kortner, hatte eine lange Lebens- und Arbeitsbeziehung zu Berthold Viertel.

Brün-Kortner: Ja, und es gab Zeiten, wo sie sehr, sehr gut miteinander waren, und dann gab es wieder Zeiten, wo sie sich zerstritten haben. Mit Brecht, den mein Vater ungeheuer schätzte, gab's auch Zeiten, wo sie sehr verstritten waren. Mein Vater war aber durchwegs positiv in seiner Einstellung zu Viertel, doch schätzte er ihn als Dichter viel mehr denn als Regisseur, das kann die Basis einiger Schwierigkeiten gewesen sein. Er wollte ihn immer zum Schreiben bewegen.

Asper: Sie haben dann später mit Berthold Viertel am Theater gearbeitet, sie waren seine Regieassistentin bei seiner Inszenierung von Maxim Gorkis *Wassa Schelesnowa* am Berliner Ensemble, wie kam es dazu?

Brün-Kortner: Ich war bei dem von Brecht und Weigel 1949 neu gegründeten Berliner Ensemble am Anfang als Regieassistentin dabei. Meine zweite Aufgabe, nach *Puntila,* war, Viertel bei seiner Inszenierung von *Wassa Schelesnowa* zu assistieren.

Asper: Es bestand ja wohl der Plan, Viertel längerfristig ans Ensemble zu binden.

Brün-Kortner: Ja, aber ich hatte das Gefühl, daß es gleich klar war, daß er lieber als Gast dort arbeiten wollte. Er wollte die Möglichkeit hin- und herzufahren auf keinen Fall aufgeben. Für viele Remigranten war die Idee, irgendwo nicht schnell wegzukönnen und das in Deutschland, nicht angenehm. Die Ausreisemöglichkeit war so wichtig wie die Einreisemöglichkeit, und das war bestimmt beim Viertel auch ein Gedanke. Ich glaube, er wollte auch in Österreich sein, und nicht nur in Deutschland. Und das Berliner Ensemble war ein Brecht-Theater, und er wußte, daß es ein Brecht-Theater bleiben würde. Ich weiß nicht, ob Viertel dann sozusagen als Zweiter sich so wohlgefühlt hätte. Es gibt Theater, an denen viele Regisseure arbeiten können, weil sie nicht so den Stempel eines Menschen tragen. Aber bei Brecht war doch sein Stempel sehr stark auf dem ganzen Theater. Ich hab nie für einen Moment gedacht, daß Viertel bleiben würde.

Asper: Wie arbeitete Viertel auf der Probe mit den Schauspielern?

Brün-Kortner: Er fing immer mit Leseproben an, und während der Leseprobe gab er schon eine ausführliche Analyse des Stückes, und das waren eigentlich die Hauptproben, denn wer da nicht mitkriegte, was er wollte, hat es später schwer gehabt. Bei der Leseprobe hat er sich wirklich Zeit genommen und hat jede Rolle und die ganze Dramaturgie lang besprochen. Und dann erwartete er, wenn wir auf die Bühne gingen, daß sich das entfaltet. Und wer das nicht konnte, wer da viel Hilfe brauchte, hatte es schwer. Nicht, daß Viertel keine Hilfe gab – aber das war nicht seine große Begabung. Vorgespielt hat er überhaupt nicht. Brecht dagegen hat zum Beispiel fabelhaft vorgemacht, er war ein großer Schauspieler, vor allem ein großer Komiker, das haben wenige gewußt, die nicht auf Proben waren. Viertel dagegen hat lediglich Hinweise gegeben. Es gibt Schauspieler, die dann alles wunderbar alleine entwickeln können; Therese Giehse, die die Titelrolle spielte, hat gar keine Schwierigkeiten mit ihm gehabt. Aber es gab zwei Umbesetzungen, bei denen ich das Gefühl hatte, daß, wenn er den Schauspielern vorgespielt hätte, hätten die es geschafft. Er hat eben Leute genommen, die mit seiner Methode zurecht kamen. Natürlich wurde auch korrigiert und geändert. Es waren sehr interessante Proben, ganz anders, als ich sie sonst kannte, von meinem Vater oder von Brecht her. Viertel sagte, wie man etwas machen sollte, aber er hat nie auch nur einen Tonfall vorgemacht, und das war wahrscheinlich eine große Erleichterung für manche Schauspieler und unmöglich für andere. Therese Giehse, die die Wassa Schelesnowa spielte, dabei zu beobachten, wie sie gleich einem Fachmann für Feinmechanik, diese Rolle zusammengesetzt hat, das war aufregend. Jeden Tag hat man gesehen, wie sie winzige Sachen ausprobiert hat. Den großen Bogen hat sie schnell gehabt, aber sie hat dann noch dauernd daran gearbeitet. Einer Schauspielerin wie ihr konnte Viertel etwas anbieten, konnte er Unterstützung und wichtige Kritik geben. Aber das können nicht alle Schauspieler, manche müssen provoziert werden oder man muß ihnen was vormachen. Als Regieassistentin habe ich lieber mit Viertel gearbeitet als mit Brecht. Bei Brecht waren immer so viele Assistenten, daß man nur eine Sparte kriegte, und mir lag es arbeitsmäßig mehr, die ganze Verantwortung zu tragen. Und die hatte man bei Viertel! Man mußte bei ihm auch wirklich bereit sein, vieles zu tun und zu können, und zwar möglichst alles gleichzeitig. Das allein wäre wohl keine unterscheidende Beschreibung. Dazu kam aber das, wovon ich vorher erzählte: wenn er mich gebeten hat etwas zu tun, dann hat er sich darauf verlassen, auch hat er sich darauf verlassen, daß ich vieles auf eigene Initiative erledigen würde. Mit so einem Vorschuß an Vertrauen macht es Spaß, gut zu arbeiten. Man fühlte sich bei Viertel, das heißt, ich fühlte mich bei ihm nie als Befehlsempfänger, eher als stark beanspruchter aber wichtiger Mitarbeiter. Ihm war die Diskussion über die Probe, meine Meinung und Kritik über jedes Detail der Probe, mindestens so wichtig, wie das pünktliche Erscheinen seines Kaffees während der Probe. Vielleicht waren ihm die Diskussionen besonders wichtig, weil unser Bühnenbildner Teo Otto zwar ein wunderschönes Bühnenbild geliefert hat, doch kaum je auf der Probe oder auch nur in Berlin erschien. (Teo Otto war eine Frühausgabe des reisenden Theatermenschen, nicht ein Probenbesessener, wie der für mich unvergleichliche Wolfgang Znamenacek). Gegen Ende der *Wassa Schelesnowa*-Proben, habe ich Viertel im Stich gelassen, wegen eines gebrochenen Beines, und zu meinem Bedauern mußte ein anderer Assistent übernehmen.

Asper: Hat Viertel auch mit den Schauspielern diskutiert?

Brün-Kortner: Oh ja, er war immer bereit zu diskutieren. Man saß auch nachher zusammen mit Leuten, die diskutieren wollten. Nicht immer natürlich, ich meine, erst drängte man zum Essen.

Asper: Wie lange hat Viertel probiert?

Brün-Kortner: Er hat die Zeiten ziemlich eingehalten, also von zehn bis zwei. Man probte damals von zehn bis zwei an allen Theatern. Abends waren Aufführungen, und da es Ensembletheater waren, waren die meisten Leute beschäftigt, und man mußte ihnen so und soviel Zeit vor der Aufführung geben. Die zwei Monate, die Viertel für *Wassa Schelesnowa* hatte, waren sehr wenig gegenüber den langen Proben von Brecht. Mein Vater dagegen hat damals für *Julius Cäsar* keine zwei Monate gehabt.

Asper: Was hat Viertel eigentlich an Gorkis Stück *Wassa Schelesnova* gereizt? Was war da für ihn das zentrale Moment?

Brün-Kortner: Ich glaube, es war der Untergang einer Welt, die krampfhaft an allem festhält, was ist, und das Anklingen, von dem was kommt, was nie bis zur Bühne vorkommt, aber wo man im Hintergrund das Gefühl gehabt hat, es kommt etwas und schwappt über diese ganze Welt. Ich glaub', das war zumindest ein Reiz. Wie es dazu kam, daß er dieses Stück nahm, weiß ich eigentlich nicht, das war sicher ausgehandelt worden zwischen Brecht und ihm. Aber ich merkte immer wieder, daß er diesen Aspekt hervorhob in seiner Analyse.

Asper: Konnte Viertel auch die Geduld verlieren?

Brün-Kortner: Oh ja, oh ja, konnte er auch, aber es ging nicht ganz so schnell hoch und nicht so ganz schnell vorbei wie bei meinem Vater. Bei dem ging es ja ganz schnell wieder vorbei: Sobald man wieder arbeiten konnte, konnte vergessen werden – während, wenn Viertel mal mit jemandem böse war, was zwar länger dauerte, dann wollte er nicht mehr mit demjenigen arbeiten. Also, es war ernster dann. In den beiden Fällen, die ich miterlebt habe, habe ich nicht ganz genau mitgekriegt, warum er meinte, er könne mit den betreffenden Schauspielern nicht arbeiten. Es ist vielleicht eben kein Angebot von ihnen gekommen, sie haben mehr gewartet, daß er etwas sagt, und konnten vielleicht mit seiner Art, darüber zu sprechen, nicht viel anfangen – vielleicht hatte er das Gefühl, daß die Schauspieler ihm nicht lagen. Er war dann nicht ausfallend, er brauste nicht auf, sondern es war dann: »Nein, ich kann nicht mit der oder mit dem.«

Asper: Er schrie nicht auf den Proben?

Brün-Kortner: Geschrieen haben alle Regisseure, die ich kenne, immer in der Beleuchtungsprobe. Zu Beleuchtungsproben gehe ich immer mit Ohrenwachs! Auch Brecht, der sonst wirklich nicht viel geschrieen hat, aber in der Beleuchtungsprobe, bei der technischen Probe war er fürchterlich.

Asper: Warum, was irritiert die Regisseure da offenbar?

Brün-Kortner: Ich habe den Verdacht, daß die Regisseure wirklich nicht genug von der Technik verstehen; schade, daß das nicht unterrichtet wird, und daß die Regisseure, besonders in Deutschland, sich nicht wirklich für die Probleme der Technik interessieren und deshalb nicht die nötige Geduld haben. Mit Schauspielern arbeiten sie monatelang, und dann soll die Technik in einem Tag oder in zwei Tagen stehen. Es geht nicht, es gibt große Probleme, und an denen muß gearbeitet werden. Und daß die Technik, wenn sie so behandelt wird, als sei sie Nebensache, etwas renitent wird, ist für mich verständlich. Die Bühnentechniker oder die Beleuchter sagen dann oft erst: »Nein, es geht nicht«, und dann gibt es Kampf – und dann geht vieles doch. Aber auf diese Weise, weil sie erst sagen, es geht nicht, kriegen sie endlich die Zeit und die Auseinandersetzung, die ihnen sonst fehlt. Und auch Viertel haben technische Sachen nicht so interessiert, aber es hat ihn ja interessiert, daß sie funktionieren. Also, das sind immer diese kleinen Brüche, die bei den Herren existieren.

Asper: Sind Sie Viertel später, nach ihrer gemeinsamen Arbeit am Berliner Ensemble, nochmal begegnet?

Brün-Kortner: Ja, wir haben uns mal in München gesehen, so auf der Durchreise, und das letzte Mal habe ich ihn in Wien gesehen, kurz vor seinem Tod, im Frühjahr 1953. Ich habe ihn in seiner Wohnung besucht und erinnere mich, daß es ihm gar nicht gut ging, obwohl er noch wohlauf war. Ich war ganz kurz damals nur in Wien und bin einen Nachmittag in die Wohnung gegangen, das war das letztemal, daß ich ihn traf.

Asper: Wenn Sie sich an Berthold Viertel erinnern, was ist Ihnen heute noch an ihm, an dem Regisseur, an dem Menschen Viertel besonders wichtig?

Brün-Kortner: Was Viertel so auszeichnete – im täglichen Gespräch oder als Regisseur – das war diese Fähigkeit zur Analyse; ob es ein Stück war, oder ein Problem oder eine politische Situation. Er hatte eine Fähigkeit, das in seine Bestandteile auseinanderzunehmen, wieder zusammenzusetzen und sehr klar zu formulieren, und das wurde begleitet von einem Blick, der sowohl etwas von einem weisen Mann als auch von einem Kinde in sich hatte. Es war dieser intensive Blick, der der Welt galt, er guckte sich alles an, er sah genau und er sah einen genau an, es war dieser ungeheuer interessierte und lebendig an allem teilnehmende Blick, der so rar geworden ist in dieser Welt.

Das Gespräch wurde am 9.12. 1993 in Berlin geführt. Mitarbeit: Ulrike Oedl.

Anmerkung *zur Aufführung von Maxim Gorkis »Wassa Schelesnowa« in Berlin: Regie: Berthold Viertel; Bühnenbild: Teo Otto; Darsteller: Wassa Schelesnowa – Therese Giehse, Sergej Petrowitsch – Friedrich Gnass; Prochor B. Chrapow – Erwin Geschonneck, Ludmilla – Regine Lutz, Natalja – Gerty Soltau/Carola Braunbock, Rachel – Maria Schanda/Hanna Rieger, Anna Onoschenkowa – Angelika Hurwicz u.a. Es fanden vier Vorproben, 29 Bühnenproben und zusätzlich Musik- und Tanzproben statt. Premiere: Berliner Ensemble (in den Kammerspielen des Deutschen Theaters), 23. Dezember 1949.*
Literatur dazu: Theaterarbeit. 6 Aufführungen des Berliner Ensembles. Hg. vom Berliner Ensemble/Helene Weigel. Berlin ^{2}1961, S. 47–66. Berthold Viertel: Schriften zum Theater. München 1970, S. 221–225.

Felix Kreissler

Das fortschrittliche Österreichertum Berthold Viertels

Titel und Inhalt dieses Beitrags sind eine bewußte Provokation zum Nachdenken und zum Erinnern. Denn so manche kritische Geister fragen sich besorgt: wie kommt Fortschrittlichkeit mit Österreichertum zusammen? Besteht da nicht ein absoluter Gegensatz, eine unüberwindliche Aporie? In der Beantwortung dieser Frage liegt der Hund begraben, oder darin besteht des Pudels Kern. Wenn es gelingt, die gleichzeitige Fortschrittlichkeit und das Österreichertum Viertels zu beweisen, wird aus der Provokation ein Axiom: es gibt ein fortschrittliches Österreichertum.

Es gehört heute allerdings zum guten Ton, den menschlichen Fortschritt überhaupt zu bezweifeln, auf den Spuren des smarten Managers Fukuyama, der uns das Lied vom Ende der Geschichte singt. Doch kann der Mensch ohne Prinzip Hoffnung leben, ohne anzustrebende Utopie einer Gesellschaft der Solidarität? Das ist die erste Frage. Das andere Problem besteht darin, daß auch heute noch oder heute wiederum »Österreichertum« mit jenem Abklatsch verwechselt wird, der uns als ein solches seinerzeit vorgegaukelt wurde, jenes auf einer rührselig-nostalgischen, schwarz-gelb durchtränkten, autoritär auftrumpfenden, missionarisch-nationalistischen Ideologie beruhende, eben das Dollfuß-Österreich, das gegen das Ende, ganz knapp vor der Katastrophe von Schuschnigg auf die Formel gebracht wurde: »Bist Du für ein freies und deutsches, unabhängiges und soziales Österreich, für ein christliches und einiges Österreich, für Frieden und Arbeit, für die gleichen Rechte aller, die sich zu Volk und Vaterland bekennen?« Es ist klar, daß ein solches Sammelsurium einander widersprechender Losungen, die gespenstisch bis in unsere heutige Zeit herüberwirken, vielen der gegenwärtig jungen Generation die Aussicht auf das echte Österreichertum verstellt, dem Viertel auf die natürlichste Art verhaftet war. Dieses beruhte nicht auf theoretischen Überlegungen und Definitionen, mit denen wir alle – zumindest ich für meine Person – uns schon genug abgeplagt haben, sondern auf der Existenz konstitutiver Elemente, die im Leben und in den Werken Viertels die bestimmende Rolle gespielt haben. Ich habe vorher von des Pudels Kern gesprochen: Berthold Viertel war bei Gott Zeit seines Lebens ein fahrender Scholast, und zahlreich waren die Stationen seines Lebens, von denen ich hier bei weitem nicht alle und vor allem nicht in chronologischer Reihenfolge behandeln kann. Ich werde versuchen, die meiner Meinung nach wichtigsten Aspekte Viertelscher Wesenheit in aller Knappheit vorzustellen, um meine Beweisführung zu erhärten. Dazu muß ich notwendigerweise den Betroffenen selbst zu Wort kommen lassen, das heißt eine Reihe von Zitaten anführen – lückenhaft und fragmentarisch – die zu einer Beweiskette zu verdichten ich mich bemühen werde, eingebettet in die Logik meiner eigenen Reflexionen. Diese sind subjektiv und politisch, wie auch ein unpolitischer Dichter, oder überhaupt ein schöpferischer Mensch, nicht denkbar ist, was auch immer die Verteidiger und Vertreter des berühmten Elfenbeinturmes behaupten und verkünden mögen.

Mit den folgenden vier Aspekten will ich mich auseinandersetzen:

1. Kindheits- und Jugendeindrücke und Erinnerungen
2. Die österreichische Komponente in Viertels Tätigkeit
3. Der Emigrant honoris causa: 1938 – Ein historisches Erdbeben
4. Die Hinwendung zu Österreich: 1948–1953 – Heimkehr oder Rückkehr

1. Kindheits- und Jugendeindrücke und Erinnerungen

Daß sich Viertel in seinen autobiographischen Fragmenten auch sehr mit seiner jüdischen Herkunft beschäftigt und auseinandersetzt, ist nur natürlich, so wie es auch natürlich ist, daß bei solchen Schilderungen, entsprechend dem Wort des einstmaligen Bundespräsidenten Rudolf Kirchschläger, daß die Juden die österreichischsten Österreicher sind, auch so manche wehmütigen Erinnerungen an das »alte Wien«, die sterbende Monarchie, die österreichische Komponente oft zum Tragen kommen.

Doch hier geht es nicht darum, Kindheit und Jugend des Berthold Viertel nachzuzeichnen, dies wird vielleicht im Verlaufe unserer Tagung noch passieren, sondern eher die geistigen Meilensteine des jugendlichen Viertel, die ihn aber zeitlebens begleiteten, unter die Lupe zu nehmen, wenn auch nur sehr gerafft. Vier Namen kommen über alle seine Schriften verstreut, immer wieder zum Durchbruch: Peter Altenberg, Victor Adler, Karl Kraus, Hugo Breitner.

Was Altenberg betrifft, so kann man ihn als Jugendidol Viertels betrachten, doch erkennt man an seiner jungenhaften Begeisterung bereits, zu welchem Lager Viertel tendiert: eher zu dem der Außenseiter, oder besser gesagt der Aufmüpfigen, die sich dem herrschenden Konformismus entgegenstellen. Seine Verehrung für Altenberg brachte ihn nicht nur ins Café Central, dessen ständiger Gast er wurde, diesen »Hof, diesen Wiener Schacht (welcher) der Ort des raffiniertesten Geisteslebens« war, sondern er erhielt damals von Peter Altenberg auch eine Lektion, die er sein Leben lang nicht vergessen sollte; Viertel hatte ihm zwei Manuskripte zur Beurteilung gebracht und als er entschuldigend sagte, das Manuskript sei eine »Phantasie«, entschied Altenberg »unversöhnlich«: »Das gibt es nicht!«, und mit der Härte eines Robespierre setzte er fort: »Man schreibt keine Phantasien mehr! Man hat heute keine Phantasie, Phantasie ist bei Dichtern eine Arroganz! Goethe, wenn er heute lebte, hätte auch keine Phantasie! Zuerst erleben Sie etwas: ich habe bis zum achtunddreißigsten Jahr nur *gelebt*! Dann erst habe ich geschrieben!«[1]

Viertel ließ es sich gesagt sein – und er erlebte. Doch kam er in seinen Schriften des öfteren auf die Lektion Peter Altenbergs zurück, so zum Beispiel als er schrieb: »Als ich im Dezember 1948 nach Wien zurückkehrte [...], galt mein erster Weg der Herrengasse und dem Café Central,« und tief enttäuscht muß er feststellen, daß es kein Café Central mehr gab, dieses Café, in welchem er den Meistern und Lehrern seiner Jugend begegnete: Altenberg, Kraus und Polgar[2].

Sehr bald schon »schwingt er sich zu einem utopischen Sozialismus auf, aber von heute aus gesehen überwiegt in seiner Anschauung, die sich früh dichterisch äußert, das anarchische und nihilistische Element. [...] Das bringt ihn in scharfen Gegensatz zum ›Wiener Olymp‹ der Schnitzler, Hofmannsthal, Beer-Hofmann [...]«.[3]

Auf Hofmannsthal insbesondere war Viertel nicht gut zu sprechen, und noch viel später – ich greife hier der Chronologie vor – warf er einen kritischen Blick auf die Ästheten, das heißt auf jene, die von der Realität nichts wissen wollten oder konnten, wobei er sich selbst nicht ausschloß. So heißt es im Kapitel II seiner »Skizze einer Epoche« *Geburtstage*:

In Österreich, mehr als sonstwo, blieben Politik und Kultur sorgfältig getrennte Gebiete. Weder die Christlich-Sozialen [...], noch die Deutsch-Nationalen hatten einen nennenswerten Kulturverbrauch aufzuweisen; während die Debatten der sieben Nationen im Abgeordnetenhaus an dramatischer Hochspannung längst das Burgtheater überboten. Wir Wiener Gymnasiasten wiegten uns in der Balance eines schwarmgeistigen Libertinertums; wir besuchten zwar am Sonntag Nachmittag das Arbeiterheim in Favoriten, nachts aber das Café Ronacher [...] Der soziale Zustand litt an Schizophrenie. Geliebt wurde bekanntlich das süße Mädel aus Schnitzlers Vorstadt, geheiratet standesgemäß. Das Erstlingswerk des reichen Knaben von Hugo von Hofmannsthal hieß »Gestern«. Dann schrieb er, kaum zwanzigjährig, seinen Faust: »Der Tor und der Tod«. Darin starb ein Jüngling an Übersättigung und bedauerte, alles gewußt und nichts erlebt zu haben.[4]

Der Sehnsucht nach einer besseren Welt ist Viertel Zeit seines Lebens treu geblieben, auf allen seinen Stationen, hießen sie nun Wien, Berlin, Zürich, Paris, London oder auch Hollywood.

Auch die Richtung, in welche sich diese Sehnsucht bewegte, erfahren wir aus den zahlreichen Fragmenten, die er hinterlassen hat.

Dem Knaben erschließt sich der Sozialismus, und er lernt aus einer Freundschaftsverbindung einen der größten Österreicher dieser Zeit kennen, Dr. Victor Adler, den Begründer der österreichischen Sozialdemokratie, an Objektivität und unpersönlicher Arbeitstreue ein kleiner Lenin. Er hat sein Privatvermögen geopfert, um die Partei zu gründen, und erlebt in seinen Genossen und seinen Mitarbeitern in seiner Weise die Tragödie Österreichs. Es fehlt die Möglichkeit eines großen Durchstoßes und so kommt er auch zu einem abwegigen Skeptizismus, der sich in der Partei vergröbert.[5]

Doch war in seinen Bemerkungen zu Victor Adler, neben dem kritischen Element, das des Bewunderns bei weitem überwiegend, wenn er z.B. ohne Umschweife schreibt:

Der an staatsmännischer Weisheit überragende Kopf der österreichisch-ungarischen Monarchie war keiner der Diploma-

ten, welche deren Ende herbeiführen geholfen haben; auch keiner der offiziellen Reichsbewahrer und Reichsversorger, sondern der Sozialist Victor Adler auf der Höhe seiner Besonnenheit. Damals entwarf er den utopisch-praktischen Plan eines Commonwealth der im Reichstage vertretenen Königreiche und Länder. Es war zu spät. Die Monarchie, und mit ihr ganz Europa, befand sich bereits mitten in der Katastrophe.[6]

Seine Bewunderung für die tatsächlichen Leistungen des Roten Wien legt Viertel – ausgerechnet – in dem Artikel zum 60. Geburtstag Karl Kraus' dar, knapp nach dem 12. Februar 1934 geschrieben, in dem er die Majorität der Überlebenden jener Katastrophe züchtigte:

Sie entschlagen sich der Verantwortung an dem Geschehenen, anders könnten sie nicht weiterexistieren. Sie sind »es« nicht gewesen, anders könnten sie nicht sein. Haben sie die Gemütlichkeit eingebüßt? Nicht in Wien. Es gibt zwar auch solche, die Ärgernis erregen, immer wieder gibt es sie. Da war – im verarmten Nachkriegs-Wien – ein Stadtrat, der Häuser für die Arbeiter baute. Aber die Bourgeoisie dieser Stadt, deren ohnehin nicht mehr so leichtes Leben er durch Luxussteuern erschwerte, liebte diese Häuser nicht. Und schließlich erlebten wir, daß Artillerie auffuhr und diese unbeliebten Wiener Häuser samt Inhalt an Frauen und Kindern beschoß. Der Stadtrat hatte auch Spitäler und Bäder für das Volk gebaut, in knapper, geldknapper Zeit. Er war ein ungemütlicher Mann. Er besteuerte das Operettenvergnügen, um sich die Subsidien zu verschaffen für seinen Krieg – den Krieg gegen die Schwindsucht der Wiener Kinder. Ein Wiener, der kein goldenes Herz hatte, aber vielleicht ein lebendiges. Er sitzt heute im Gefängnis.[7]

Es ist Zeit, Viertels Beziehungen zu jenem Meister in aller Knappheit zu erwähnen, dem er in seinem ganzen Leben in Bewunderung, aber auch da nicht unkritisch, die geistige Treue gehalten hat: zu Karl Kraus, dem österreichischsten aller Anti-Österreicher, wie ihn Viertel so oft bezeichnet hat.

Aus dem Nachlaß kommen jene Bemerkungen, aus denen die Filiation Kraus' so eindeutig dargestellt wird:

Unsere Vaterstadt hieß Wien und so heißt sie immer noch – ist es aber nicht mehr. Oder war sie immer dieselbe, ist sie nur geblieben, was sie war? Ist nicht hier Schubert verhungert und

Grillparzer verbittert? Haben sich nicht Raimund und Stifter selbst gemordet? War Beethoven glücklich? Wurde nicht Hugo Wolf von der Wiener Presse in den halben Wahnsinn geärgert, bis der ganze ihn Wien vergessen ließ? Und hat nicht Anton Bruckner geglaubt [...], seinen Wiener Kritikern die Hand küssen zu müssen? Existiert nicht der Wienerwald nur, weil Schöffel ihn vor dem gierigen Zugriff der Spekulanten gerettet hat? Läuft nicht von Abraham a Sancta Clara, dem scheltenden Bußprediger, bis zu Nestroy, dem satirischen Possenschreiber von dem Publizisten Kürnberger bis zu Karl Kraus, dem Überlebenden der Monarchie, die Luftlinie einer Tradition der Ungemütlichen, der Anti-Wiener, der Spielverderber, die nicht mitmogeln wollten, die Störenfriede jener vielgerühmten Wiener Gemütlichkeit, die so ungemütlich werden kann, wenn es gilt, Pferde zu malträtieren oder das Volk zu massakrieren?[8]

Ist in diesen Zeilen auch nur ein Hauch von jenem rührseligen Österreichertum zu spüren, das unsere subversiven Fortschrittler – mit Recht – so sehr in Verruf bringen? Und hier kurz Viertels Glaubensbekenntnis zu Karl Kraus:

Der Autor der »Letzten Tage der Menschheit« ist sechzig Jahre alt geworden. Wie hat er seine Zeit genützt? Er hat nie eine andere Partei genommen als die der Humanität, die es versäumt hat, an seinem Widerspruchsgeist zu erstarken. Die Humanität zog es vor – gestern genau so wie im Jahre 1914 –, sich gleichschalten zu lassen. Karl Kraus ist nicht gleichzuschalten, mit keinem politischen Programm, mit keiner Macht und Meinung. Er war es nie und er wird es niemals sein.[9]

Trotz dieser apodiktisch ausgedrückten Meinung begann und endete die Brüderschaft Kraus-Viertel mit schweren Meinungsverschiedenheiten – nicht mit einem Bruch jedoch. Am Anfang stand die Debatte um den Kraus-Essay *Heine und die Folgen*, gegen den Viertel Widerspruch anmeldete, doch nach eigenem Geständnis nicht in der Lage war, der Dialektik Kraus' tatsächlich zu widerstehen. In der gleichen Erinnerung evoziert Viertel auch seinen zweiten weit wichtigeren Widerspruch zu Kraus. Er kehrte zu Weihnachten 1935 eigens von London nach Wien zurück, um diese letzte Auseinandersetzung zu führen, die »von 9 Uhr abends bis 5 Uhr früh dauerte«, wie er berichtet, wobei jedoch, ebenfalls nach Viertel, keiner den anderen überzeugte. Zitat:

Es handelte sich um seine Einstellung zum 12. Februar 1934, nicht etwa um Krausens Beurteilung der Hitler-Katastrophe, deren Bedeutung er wie nur die wenigsten erfaßte. Die hat er wahrlich nicht unterschätzt, im Gegenteil. [...] Karl Kraus sah in Dollfuß einen Märtyrer, in den gefallenen Arbeitern dagegen die von einer falschen Politik verführten, vergeblichen Opfer. Ich sah es vom Ausland her anders, und ich konnte bei dem geistig Überlegenen die Blendung des Blicks nicht verstehen, die auch nur für den kürzesten Moment einen Starhemberg, den Pagat Ultimo in einer blutigen Tarockpartie um die Macht, die doch verloren gehen mußte, für einen Retter nehmen konnte.[10]

Sein Tod im Jahre 1936 hat Kraus das Ärgste erspart.

Immer wieder tauchen in den Reflexionen oder Rezensionen Viertels Hinweise auf Karl Kraus und im amerikanischen Exil – ich muß hier vorgreifen – hat er seinem Idol zwei große Artikel gewidmet, obgleich auch in seiner Laudatio wieder die Kritik über die Haltung von Kraus nach dem Februar '34 eindeutig ausgedrückt wird. Der erste Artikel, im Mai 1944 in der *Austro American Tribune* publiziert, ist mit *Die letzten Tage der Menschheit* überschrieben, und da heißt es abschließend:

Der strafende Moralist aus Menschheitserbarmen war durch kein politisches Parteiprogramm zu binden, durch keine Tagesmeinung in seiner freien Reaktion zu beschränken. Als im Februar 1934 die österreichische Arbeiterschaft, deren Freund er immer gewesen war, sich zur Notwehr setzte gegen den verhängnisvollen Bruch der demokratischen Verfassung, da verkannte er die Situation. Er sah nur noch eines: die Rettung Österreichs als eines letzten Erdenflecks deutschsprachiger Kultur – und er meinte, sie könnte durch einen Mussolini geleistet werden. Diese Diagnose war ein tragischer Irrtum.[11]

Doch 1947, nach dem Wiedererstehen Österreichs, widmete Viertel dem Meister noch eine ausführliche Erinnerung, in der er, sich auf Kraus berufend, die Österreicher vor dem Vergessenwollen warnte:

Auch heute noch existiert eine Spielart von Österreichern, wie sie Karl Kraus nach dem ersten Weltkrieg festgestellt und beschrieben hat: Diese Spielart von Mensch, die, nicht verstehend, was die Welt gelitten, aber alles verzeihend, was sie selbst getan hat, [...] immer bereit, ihre eigene Schuld zu vergessen und für die Abschlachtung der Menschheit auf die mildernden Umstände einer landgeborenen Kultur zu verweisen [...]. Umso lebhafter ist es zu begrüßen, daß das neue Österreich in Viktor Matejka einen im Konzentrationslager geschulten Kulturrat besitzt, der es nicht mit dem Barock und dem Jesuitentheater abspeisen will, zum Ersatz für eine wesensandere geistige und leibliche Erscheinung.[12]

Freilich mußten wir an die fünfzig Jahre warten, bis es zu einer Kraus-Renaissance kam, und auch die hat bisher nur einen kleinen Kreis erfaßt.

2. Die österreichische Komponente in Viertels Tätigkeit

Es ist üblich, sowohl von seiten der »fortschrittlichen« wie auch der »rückschrittlichen« Österreich-Negierer, vom tiefgreifenden Provinzialismus zu sprechen, der hier allüberall herrscht. Dies kann sich jedoch keinesfalls auf Viertel beziehen, der seit seiner frühesten Jugend sowohl einen Zug in die weite Welt offenbart, als auch eine soziale Ader, die ihn immer nach einer Gemeinschaft Ausschau halten ließ.

Wie Viertel später selbst sagte, ging es vor allem um das Zueinanderfinden seiner hauptsächlichen Beweggründe: des Sozialen und des Künstlerischen.

Die österreichisch-soziale Komponente drückte sich schon sehr früh in seiner Bewunderung für Victor Adler aus, dessen Sohn Karl er aus der Schule kannte und mit dem ihn bald eine so intensive Freundschaft verband, daß er mit ihm gemeinsam den ersten Ausbruchsversuch aus der bürgerlichen Welt unternahm, der allerdings in Paris ein rasches Ende fand.

Was das Künstlerisch-Literarische betrifft, so waren seine Freundschaften nicht minder aufschlußreich: neben Altenberg und den bewunderten Kraus traten bald Polgar, Loos, Kokoschka, Weininger – also lauter »Verdächtige«. Sie lieferten ihm die Themen seiner Reflexionen und erzogen ihn zu jener Skepsis, die man auch »österreichische Skepsis« nennen kann, die er unter anderem in einer seiner Jugenderinnerungen – der Gymnasialzeit – glänzend skizziert und analysiert hat, als er schrieb:

Es gab ein Lächeln des Besserwissens und Übelmeinens. Alle diese und andere Spielarten des Lächelns, die in Österreich vorkamen, wie besonders das pfäffische und das jesuitische Lächeln, hatten [...] nichts gemein mit dem Lächeln der österreichischen Skepsis [...]. Wo kam es her, das österreichische Lächeln in all seinen Formen und Arten? Es hatte die Schule Metternichs durchgemacht und den Vormärz; es wußte um die so blutig niedergeschlagene Revolution von 1848; und ein aufmerksamer Beobachter konnte es im ersten Weltkrieg, schon im August 1914, sogar bei k.u.k. Generälen wiederfinden, Männern in Uniform, welche die Kriegsbegeisterung der Pflege durch den Auditor und der Heilung durch den Strick anvertrauten, die aber selbst nicht an den Sieg glaubten und daher von vornherein nicht an den Krieg, als dessen Folge sie das Ende der Monarchie, den Verfall des Staatengebildes Österreich-Ungarn voraussahen. Bei diesen grausamen Bewahrern eines Erbes, das sie selbst als längst verschleudert erachteten, sah das Lächeln freilich anders aus als etwa bei der frommen, rechtsgläubigen Domestikenseele des Valentin im »Verschwender«. Ja, anders lächelte der melancholische Märchendichter Raimund, bevor er sich entleibte, anders der tröstliche Adalbert Stifter, der vergebens in die Natur, in die hinterwäldlerische Idylle geflohen war, bevor er sich die Kehle durchschnitt, anders der zum Überleben satirisch gerüstete Nestroy.[13]

In diesem Absatz über das österreichische Lächeln läßt Viertel seine eigene Skepsis gegenüber den fruchtlosen Nostalgikern einer Vergangenheit einfließen, deren Etappen wohl das Österreichertum geprägt, gleichzeitig jedoch den Österreichern jenen revoluzzerischen »Nipf« – das Aufrührerische – genommen hatten, der zwar manchmal wie ein erratischer Block der Vergangenheit aufflackert, um aber gleich wieder in jenem rückschrittlichen Einheitsbrei unterzugehen, den anzuprangern Viertel in seinen vielfachen Lebenslagen nicht müde geworden ist.

Viertels zweiter und entscheidender Ausbruch aus der bürgerlichen Welt war sein Eintritt in die Freie Volksbühne in Wien im Jahr 1912, deren Dramaturg und Regisseur er wurde. Auch dabei interessierte ihn vor allem die Tatsache der Schaffung eines Kollektivs; diese Tendenz verfolgte er auch nach dem Krieg zweimal: als er in Dresden schon am 9. November 1918, anstatt alleiniger Intendant zu sein, in das kollegiale Leitungsgremium, bestehend aus Schauspielern und Bühnenarbeitern, eintrat und dann 1923 mit Fritz Kortner ein genossenschaftliches Ensemble »Die Truppe« schuf, die allerdings schon ein Jahr später Schiffbruch erlitt. Doch das ist eine andere Geschichte.

Wie ein roter Faden durchzieht die gesamte Regietätigkeit Viertels, über die Jahrzehnte hinweg bis zum letzten Kapitel im Burgtheater nach dem Zweiten Weltkrieg, seine Öffnung sowohl in geographischer als auch in literarischer-weltanschaulicher Hinsicht.

In der Volksbühne in Wien inszenierte Viertel bis zum Kriegsausbruch Eulenberg, Sternheim, Hauptmann, Goethe, Turgenjew, Strindberg, Galsworthy und so manche andere. Als typisch für die Wiener Tätigkeit Viertels kann die Aufführung des Eulenberg-Stückes *Alles um Geld* (1913) betrachtet werden, das ich sofort symbolisch mit jenem Film in Verbindung bringen möchte, mit dem, ein Jahrzehnt später (1926, um genau zu sein), Viertel die größte Anerkennung als Filmregisseur erlangte: *Die Abenteuer eines Zehnmarkscheins* nach einem Drehbuch von Béla Balász, einem großen Vergessenen von heute.

Vor seiner Berliner Zeit war Viertel auch in Prag tätig gewesen, als Journalist, dort hatte er bezeichnende Freundschaften geschlossen mit Franz Kafka, Max Brod, Anton Kuh, Egon Erwin Kisch, Alexander Zemlinsky und Anton von Webern. Diese Freundschaften hatten mit Provinzialismus und nostalgischem Österreichertum aber schon gar nichts zu tun.

Da es keineswegs meine Absicht ist, hier den Ablauf des Lebens und der mehrfachen Karrieren Viertels zu geben, will ich auch von seiner filmischen Tätigkeit nur einige bemerkenswerte Episoden herausgreifen: In enger Verflechtung mit der Theatertätigkeit begann Viertel bereits 1922 mit der Filmregie und es ist bezeichnend, daß er seinen ersten Filmregieversuch mit Ibsens Thema der *Nora* unternahm, daß er ein Drehbuch für Murnau schrieb, für den Film *Unser täglich Brot* (*Our Daily Bread*), und daß sein letzter Stummfilm, *Seven Faces* (1929), mit Paul Muni war. Dies zeigt die Spannweite seines geistigen Horizonts. Dann wurde er zum Gefangenen Hollywoods, das er selbst einen Zaubersumpf genannt haben soll. Trotz mancher großer Erfolge widerte ihn jedoch der dortige Filmbetrieb an und 1932, knapp vor der Machtübergabe an Hitler, versuchte er in Deutschland wieder Fuß zu fassen. *Zeichen der Zeit*: Viertel arbeitete an einem Filmprojekt *Juden*, das natürlich im Berlin von 1933 nicht durchgeführt werden konnte. Genau so wie der zuletzt projektierte Film nach dem Roman Hans Falladas *Kleiner Mann – was nun?*, an dem auch Caspar Neher und Kurt Weill teilnehmen sollten. Dabei mußte er die Erniedrigung hinnehmen, daß ihm, wie er schrieb »ein deutscher und nicht jüdischer Regisseur« zur Seite gestellt wurde. In dem betreffenden Brief an seine Frau Salka bezeugt Viertel sowohl sein Aufbäumen, wie seine jüdisch-österreichische Herkunft:

Natürlich habe ich den Herren von der Europa [der Filmgesellschaft] *klargemacht, daß ich sowohl ein unbelehrbarer Jude als auch ein geborener und gebliebener Österreicher bin – was ich beides nicht als Verbrechen anerkenne [...]*[14]

3. 1938 – ein historisches Erdbeben – der Emigrant honoris causa

Wie viele österreichische Kulturschöpfer – und noch mehr Politiker – war ursprünglich auch Viertel, trotz der konkreten Erfahrung der kakanischen Realität, sehr lange in dem Irrtum befangen, »der deutschen Kultur« zugehörig zu sein, und wie Kaiser/Roessler[15] so treffend feststellen, erst der Einzug Hitlers in Wien am 15. März löste bei Viertel einen Bewußtwerdungsprozeß aus, der ihn zum tiefempfundenen Österreichertum führen sollte. Ich würde eher sagen, es verstärkte und beschleunigte diesen Prozeß, denn schon vor der Annexion Österreichs hatte sich Viertel sehr ausführlich mit dem Hitlerismus auseinandergesetzt, eine Auseinandersetzung, die sich klärend auf sein Bewußtsein auswirken sollte.

In seinen Jugenderinnerungen befindet sich auch eine Art Glosse: *Der Mitschüler Hitler*, dessen Neid- und Haßkomplex er auch bei manchen seiner Mitschüler fand, »solche wie er, von gleicher nationaler und sozialer Wurzel, von gleichem seelischen Antrieb, von gleichem Horizont. [...] Kleine deutschnationale Trommler, die wie er, ein Nichtgenügend in deutscher und französischer Sprache erhielten [...], dagegen ein Vorzüglich in Turnen.«[16]

Tiefgehender hat sich der im Exil geschriebene Essay *Hitler und Österreich* mit dem Phänomen auseinandergesetzt, in welchem er bis heute gültige Gedanken vorbrachte:

Der Österreicher Adolf Hitler war beim Ausbruch des Krieges in die Knie gesunken, um Gott für dieses unverhoffte Glück zu danken. Freilich bedeutete der Kniefall für ihn den Ausweg aus der kaum noch erträglichen Lage einer verpfuschten Existenz eines Armenhäusler- und Lumpenproletarierdaseins. Nicht länger war er ein verkommener Kleinbürger, der sich zum Bohemien hinaufstapelte und nur am Biertisch seine weltumwälzenden Schlachten schlug. Nun wälzte sich die Welt von selbst um [...]. Das Erste, was er tat, war, daß er mit der Zivilkluft sein Österreichertum abstreifte und nach Deutschland hinübereilte, um sich dort zu stellen. Dieser Kopfsprung ins Reich gelang; er wurde angenommen. Wie schon Irredentisten sind: er war deutscher als die Deutschen. Kein Preuße war so aufs patriotische Schlagwort dressiert, wie er sich selber dressiert hatte. Keiner konnte es an Diensteifer, an hysterischem Kadavergehorsam mit ihm aufnehmen. [...] Ist es ein Wunder, daß den im deutschen Glauben an die Weltvernichtung so weit fortgeschrittenen Österreicher das, was von seiner früheren Heimat übriggeblieben war, eben nichts weiter war als jene Ostmark, die im gegebenen Augenblick mit allen Mitteln dem kriegerischen Reich einzuverleiben war? Mit allen Mitteln: denn es geschah ihr damit nur das denkbar Beste – und wahrlich unverdient Gutes [...]. Der einstige Armenhäusler aber zog in Wien ein. Von den Kirchen und Prachtbauten wehten die Fahnen mit dem – wie zum teuflischen Hohne – ausgerenkten Kreuz. Ehrenjungfraun zogen ihm entgegen, und das leichtgläubige Volk schrie Bravo. Dafür ist das einst so glänzende Wien zu einer Provinzstadt geworden [...].[17]

In der *Neuen Weltbühne* hatte Viertel bereits am 28. April 1938 die Barbarei des Unösterreichischen in der Glosse *Selbstmörder* angeprangert:

Als die deutsche Armee, eine halbe Million Mann stark, in Wien einmarschierte, erfolgte großer Jubel und eine Serie von Selbstmorden. Offiziere, Beamte, Wissenschaftler, Literaten, Industrielle, Monarchisten, Faschisten und Liberale bekannten sich durch die Tat zu dem Grundsatz: finis Austriae – finis vitae. Sie zogen die Gleichschaltung durch den Tod einem gleichge-

schalteten Leben vor. [...] Ein Österreicher war gekommen und hatte sie von der Unmöglichkeit überzeugt, noch länger Österreicher zu sein. [...] Es entleibten sich Militärs, die einige Jahre vorher in der Illusion, dadurch die Selbständigkeit des Landes zu retten (indem sie sie in den Schutz eines ehemaligen Erzfeindes gaben), gegen ihre eigene arbeitende Bevölkerung eine Schlacht geschlagen und – wie sie jetzt erkennen mußten – damit einen Pyrrhus-Sieg davongetragen hatten.[18]

Nun nach der Annexion begann erst das wahre Exil, diese Krankheit, von der zu heilen fast unmöglich ist; wenn überhaupt.

Viertel, Vater dreier amerikanisch gewordener Söhne und Mann einer zur Amerikanerin gewordenen Auswanderin, war materiell privilegiert gegenüber jenen, die sich ins materielle Nichts gerettet hatten. Er selbst erlangte ja auch im Jahr 1942 die amerikanische Staatsbürgerschaft. Trotzdem war vom ersten Augenblick an Viertels Solidarität, mehr noch seine Einreihung in das Kollektiv der Exilanten, für ihn eine selbstverständliche Notwendigkeit, ein menschliches und politisches Gebot. Man kann sagen, daß ihn das Exil gewaltige Schritte in Richtung Österreich vollbringen ließ, ohne ihn jedoch von dem weiten Horizont der universellen Kulturschöpfung und deren Trägern abzuschneiden.

So kam es, daß sich Viertel als Exilant ehrenhalber betrachtete, als Exilant honoris causa.

Wir gingen ins Exil wie entthronte Könige. Einige von uns hausten tatsächlich wie solche an der Riviera. Andere würgten das Brot der Armut und der Knechtschaft. – Ich verließ kein Königreich. Meine Arbeit hatte im Treibsand zerbröckelnder Verhältnisse begonnen. Sie blieb provisorisch und auf Abruf getan. Kein größeres Werk gelang mir. Keine geschlossene Abfolge meines Wirkens [...]. Nirgendwo war ich daheim, mich einzureihen vermochte ich nicht, obwohl ich am Lagerfeuer der Zukunft eine Stimme im Rate der vorwärts Gerichteten innehatte.[19]

Wie bescheiden und ungerecht gegen sich selbst. Denn Viertels Stimme am Lagerfeuer der Zukunft wurde sehr gut und sehr eindringlich wahrgenommen. Entfaltete er doch schon in den ersten Jahren der Hitlerherrschaft eine publizistische und politbildnerische Tätigkeit, deren Spuren auch heute noch sehr sichtbar und für alle, die sehen und hören wollen, auch sehr fruchtbar ist. Wo immer sich ihm eine Möglichkeit bietet, aufklärend und klärend zu wirken, tut er es: in den Exilzeitschriften (*Das Neue Tagebuch*, *Die Neue Weltbühne*, *Nouvelles d'Autriche*), in Kulturgemeinschaften, in Theaterinszenierungen – insbesonders zu erwähnen Brechts *Furcht und Elend des Dritten Reiches*.

Mir geht es hier um den Beweis meiner zwei ursprünglich angemeldeten Thesen: Viertel war ein Fortschrittsmensch und Viertel war ein österreichischer Mensch.

Für beides zeugen drei seiner Tätigkeiten in den Exiljahren 1941 bis 1947: Seine Sehnsucht nach gemeinsamem Schaffen, nach dem Ensemble, kam in der Beteiligung an der Arbeitsgemeinschaft »Die Tribüne. Für Freie Deutsche Literatur und Kunst in Amerika« zum Ausdruck, die er gemeinsam mit Oskar Maria Graf, Ferdinand Bruckner, Paul Dessau, Wieland Herzfelde, Friedrich Alexan und anderen im Jahre 1941 gründete. Hierin kam entgegen der Behauptung fortschrittlicher Anti-Österreicher – gibt es solche wirklich? – das Nichtprovinzielle Viertels zum Ausdruck; genauso wie die nächste Aktion Viertels schlagend die Behauptung widerlegt, daß ein Verteidiger der österreichischen Eigenart unbedingt gleichzeitig deutschfeindlich sein muß; diese Aktion Viertels bestand in der Beteiligung an der Gründung des berühmten Aurora-Verlages 1943, gemeinsam mit Ernst Bloch, Bertolt Brecht, Ferdinand Bruckner, Alfred Döblin, Lion Feuchtwanger, Oskar Maria Graf, Wieland Herzfelde, Heinrich Mann, Ernst Waldinger und F.C. Weiskopf, also einer Mehrzahl allerdings fortschrittlicher, antifaschistischer deutscher Schriftsteller. Jemandem, der sich in diese mehrheitlich deutsche Gesellschaft begibt, eine etwaige Deutschfeindlichkeit vorzuwerfen, ist also mehr als absurd.

Die dritte Hauptaktion Viertels im amerikanischen Exil war seine intensive Mitarbeit an der von Elisabeth Freundlich geleiteten Kulturbeilage der *Austro-American Tribune*, einer Mitarbeit, die bis ins Jahr 1947 ging. War die gesamte Beilage nicht nur ein engherziges Organ der österreichischen Emigration, sondern ließ so manche deutsche Kulturschaffende zu Wort kommen, so zeigt sich diese Offenheit auch und vor allem in den Artikeln Berthold Viertels; für wen interessierte sich Viertel, für wen trat er ein? Genausogut für den »Dramatiker Bertolt Brecht« wie für den »Angeklagten Knut Hamsun«, für Heinrich Mann und Gerhart Hauptmann, dem er einen kritischen Nachruf widmete, für

Hermann Broch und Bruno Frank, für Theodor Kramers »Zeitgedichte« und Chaplins *Monsieur Verdoux*, für Lion Feuchtwanger und »last but not least«, immer aufs neue für Karl Kraus.

Ich kann es mir hier nicht versagen, die Gegenfrage zu stellen: wer von seinen Exilgenossen interessierte sich für Berthold Viertel? Es waren nicht wenige, die sich in der Nummer der *Austro American Tribune*, die seinem 60. Geburtstag gewidmet war, zu Wort meldeten. Aus der Reihe jener, die sich Richard Beer-Hofmann, William Dieterle, Albert Ehrenstein, Hanns Eisler, Lion Feuchtwanger, Alexander Roda Roda, Otto Zoff, Carl Zuckmayer, Bertolt Brecht, Ernst Waldinger und Günther Anders nannten, möchte ich wohl viele, kann aber aus Zeitgründen nur den ersten und den letzten zitieren, Beer-Hofmann und Günther Anders.[20] Den ersten mit einem Satz: »[...] außer Ihrem schönen und nach vielem ausgreifenden Schaffen war Ihr Name immer zu finden, wo Neues sich vorbereiten zu schien [...].«

Günther Anders mit seinem Gedicht

Warum wir angeblich Jüngeren gratulieren:

Weil man dich braucht, wo du dich hingestellt,
Als Sprecher aller niemals Angehörten
Und als den lebenslänglichen empörten
Begleiter der Gemeinheit dieser Welt.
Weil du erträgst, daß immer dir der Schlag
Von morgen heut schon in den Nacken fällt,
Weil deine Hoffnung jeden neuen Tag
Doch deinen Argwohn niederhält,
Weil du nie lernen konntest, etwas stumm
Und stumpf zu werden, wie's bequemer ist,
Kurz Berthold, weil du stets der Alte bist:
Das Gute nie, den Vorteil stets vergißt,
Darum.

Natürlich ist es ungerecht, etwa Hanns Eislers bewundernde und Ernst Waldingers herzliche Worte – wie auch andere – nicht vorzutragen, doch was zuviel ist, ist zuviel.

Hier möchte ich zwei Zitate aus dem viel zu bescheiden als »Nachwort« übertitelten Forschungsbericht von Konstantin

Kaiser und Peter Roessler einflechten, die gestrafft den Entwicklungsweg Viertels zum bewußten Österreichertum zeigen:

Viertel war Wien als der »Stadt der Kindheit« emotional verbunden; der Einzug Hitlers in Wien am 15. März 1938, den er in London am Radio verfolgt hat, traf ihn tiefer und stärker als der Machtantritt des Nationalsozialismus am 30. Jänner 1933, den er in Berlin [...] erlebt hatte.

Trotzdem fühlte sich Viertel als »Mann des Theaters« der »deutschen Kultur« zugehörig; und ein Verständnis für die Lebensfragen Österreichs, das über die emotionale Bindung hinausging, entwickelte er erst, als ihn der antifaschistische Widerstand in Österreich selbst und die Proklamationen des österreichischen Exils überzeugt hatten, daß nun zumindest der Wille da war, ein demokratisches Österreich nicht nur aus Verlegenheit zu errichten.[21]

Und für das Österreichertum Viertels spricht folgender Satz des »Nachworts«:

Er wurde sich, indem er sich mit all jenen, die gegen Hitler, Franco und Mussolini ankämpften, solidarisierte und seinen eigenen – geringen – Beitrag in diesem Kampf leisten wollte, der Besonderheiten des eigenen Daseins, des »Typus«, dem er angehörte, erst wirklich bewußt: so seiner jüdischen Herkunft, seiner Geprägtheit durch das Wien der Jahrhundertwende, seiner spezifischen Menschenfreundlichkeit.[22]

Vor seiner Rückkehr nach Europa hat Viertel, in zwei seiner Artikel für die *Austro American Tribune*, in Sätzen von schneidender Eindringlichkeit seine Hinwendung zu Österreich skizziert. Im September 1944, in *Geburtstage. Skizze einer Epoche* über das österreichische Exil:

Eine enterbte Generation, die vielleicht niemals ganz besaß, was sie hatte; weder Land, noch Frau, noch Werk. Erst im Ausland kam sie darauf, daß sie jemals beheimatet gewesen. Sie entdeckte Österreich, als sie wahrlich Grund hatte, es zu vergessen.

Und im Jänner 1945, im Aufschrei *Austria Rediviva*:

Die Erlösung Österreichs von dem Fluch, Ostmark des Dritten Reiches zu sein, ist an sich eine große Sache. Ferner: welch eine Möglichkeit, hier einen neuen Anfang zu setzen! [...] es häufen sich die Nachrichten, daß auch im Innern Österreichs heroisch und opferwillig gegen die Gewaltherrschaft angekämpft wird. Es gibt nationale Helden und Märtyrer in Österreich. Ebenso zweifle ich nicht daran, daß dort Leute zu finden sind, die den Plan einer progressiven Demokratie im Herzen tragen und ihn zur Ausführung zu bringen tatkräftig versuchen werden.[23]

Ein Enthusiasmus, dem sehr bald schon die harten Tatsachen Nachkriegsösterreichs eine kalte Dusche versetzen sollte.

4. Die Hinwendung zu Österreich: Heimkehr oder Rückkehr?

Aus Gründen zeitlicher Beschränkung greife ich nun reichlich auf die von Kaiser, Roessler und Siglinde Bolbecher ausgearbeiteten Dokumentationen zurück, wofür wir alle ihnen zu danken haben. Im »Nachwort« (bereits zitiert) heißt es in bezug auf Viertels Rolle im Exil, die für meine Betrachtungen relevant ist:

Durch seine Herkunft und seinen beruflichen Werdegang zählte Berthold Viertel gleichermaßen zum österreichischen und zum deutschen Exil und verstand es, die gemeinsamen kulturellen Interessen wahrzunehmen, ohne sich über die Unterschiede einfach hinwegzusetzen. [...] »Sein Herz war«, wie Ernst Fischer [der ihn schon 1945 als Unterrichtsminister eingeladen hatte, nach Wien zurückzukehren] *sagte, »links, wohin es gehört«, doch blieb er für Liberal-Konservative* [auch das ist zu unterstreichen] *ebenso ein Gesprächspartner wie für Sozialisten und Kommunisten. Eine scharfe Trennungslinie zog er nur zu den österreichischen Monarchisten und den Austrofaschisten, die noch im Exil vom Habsburgerreich bzw. vom »Christlichen Ständestaat« träumten.*[24]

Als dann Viertel im Dezember 1948 nach Wien zurückkehrte, war Fischer schon nicht mehr Minister, und die Zeiten hatten sich wieder einmal geändert. Viertel, der seine »linken« Freundschaften nicht verleugnete, war so manchen Feindseligkeiten ausgesetzt – wie ich gleich darlegen werde – er erhielt bis knapp vor seinem Tod keine Wohnung und erlangte die österreichische Staatsbürgerschaft erst durch die Intervention des Bundespräsidenten Theodor Körner.

Der Kalte Krieg verschonte Berthold Viertel nicht. Am gleichen Tag, da in der *Wiener Zeitung* von Edwin Rollett die »unübertreffliche Regiekunst« Viertels anläßlich der Aufführung des *Zerbrochenen Kruges* im Burgtheater gerühmt wurde (18. September 1951), erschien in der *Presse* ein wutschnaubender Artikel eines gewissen Rudolf Holzer, in welchem Viertel, ohne genannt zu werden, als »wesensfremdes, arrogantes Element« und »ramponierter Regisseur« und seine Methoden als Sensationsmacherei, Bluff und Kitsch herabgesetzt wurden.

Auch die Versuche Viertels, die ihm selbstverständlich zustehende österreichische Staatsbürgerschaft wieder zu erlangen, wurden z.B. im Wiener *Montag* (11. Oktober 1952) hinterhältig attackiert und denunziert: »Wie der *Montag* erfährt, bemüht sich die Bundestheaterverwaltung, dem Gastregisseur des Burgtheaters Berthold Viertel, der *der kommunistischen Partei nahestehen soll,* die österreichische Staatsbürgerschaft zu verschaffen. Bundesminister Dr. Kolb jedoch hat bis jetzt die von ihm erbetene Unterschrift verweigert. Es ist nicht ausgeschlossen, daß Sektionschef Dr. Hilbert [auch er als ehemaliger KZler verdächtig], der Leiter der Bundestheaterverwaltung, aus dieser Weigerung die Konsequenzen ziehen wird.« (Hervorhebungen durch den Verf.)

Allein der so ausgedrückte Haß aller damaligen Anti-Österreicher beweist a contrario das Österreichertum Viertels, der sich besonders 1950, auch im Zusammenhang mit dem berühmten Oktoberstreik – zum Putschversuch hochstilisiert – zahlreichen Angriffen Hans Weigels ausgesetzt sah, der in der *Welt am Montag* gegen alle Unbotmäßigen niveaulose Nadelstiche von sich gab, wie z.B. in bezug auf Viertel, am 9. Oktober 1950: »Innerhalb und außerhalb des Burgtheaters darf Berhold Viertel ungehindert seine Sympathien mit jenen äußern, die die Bundesregierung (von welcher er reichlich Gage und Diäten bekommt), als ›verbrecherisch‹ bezeichnet.« So stand es damals mit dem Demokratieverständnis, sowohl der Regierung als auch deren literarischen Aushängeschildern.

Viertel hat in einer erst 1989 veröffentlichten Notiz auf die ständigen publizistischen Untergriffe Weigels – der sich dann im hohen Alter als Förderer unbotmäßiger Talente und Beglückwünscher Viktor Matejkas als Kulturmensch ausweisen wollte – geantwortet, die ich wegen ihrer polemischen Würze etwas länger zitieren will:

Ich schleppe den Kulturglossen-Schreiber der »Welt am Montag«, Hans Weigel, mit mir herum wie eine Laus – oder eine Zecke im Pelz. Er belauscht meine privaten Äußerungen innerhalb und außerhalb des Burgtheaters und untersucht sie auf ihren Gehalt an politischer Meinung und Gesinnung, was einen Teil seiner beruflichen Obliegenheiten auszumachen scheint. Zwar habe ich keinen Umgang mit Hans Weigel, aber er scheint mit verschiedenen Mitgliedern des Burgtheaters umzugehen. [...] Hielte er sich an diejenigen, mit denen ich beruflich zu tun habe, dann wüßte er, daß ich innerhalb des Burgtheaters keine politischen Ansichten zu äußern pflege. Da solche von mir in der Öffentlichkeit überhaupt nicht wahrzunehmen sind, so frage ich mich, aus welcher Luft Hans Weigel sie greift. Irgendwelcher Sympathiekundgebungen anläßlich der Vorfälle der Streikwoche, privater oder öffentlicher, bin ich mir nicht bewußt. Tatsache ist einzig und allein, daß ich knapp vorher das Theater in der »Scala« besucht und bei den Premieren von Lenz-Brechts »Hofmeister« und von Romain Rollands »Die Zeit wird kommen« öffentlich applaudiert habe. Das mag sich der eine oder andere Aufpasser als eine Stellungnahme zum Streik ausgelegt haben. [...] Auch in den Anblick einer Theateraufführung versenkt läßt nämlich Hans Weigel den Kalten Krieg nicht aus den Augen. Er beurteilt die Leistung eines Künstlers und kontrolliert gleichzeitig seine politische Gesinnung. [...] Als Thomas Mann in Weimar erklärte, für ihn gäbe es nur ein Deutschland und keine Teilung in West und Ost, da pfiff Hans Weigel ganz leise nach dem Staatsanwalt. Er fragte rhetorisch, warum man denn eigentlich diesen Mann frei herumlaufen ließe.[25]

Welch treffliche Charakterisierung eines Kalten Kriegers, welch glänzende Raffung der Atmosphäre jener Zeit. Allerdings hat sich vieles davon – über den Berliner Mauerfall und den Sturz des »realen Kommunismus« hinweg – bis in die heutige Zeit herübergerettet, wenn man so sagen kann.

Leider hat Viertel seine Rehabilitierung nicht mehr erlebt, da er ja mitten im Kalten Krieg gestorben ist. Auch seine jüdischen Vorfahren hat er nie verleugnet, und das ist ein anderer Aspekt seines Österreichertums, das wie ich so ausführlich dar- und klargelegt habe, keineswegs mit engstirnigem Nationalismus oder auch mit dem Nostalgie-Österreichertum aus Dollfuß-Zeiten verwechselt werden kann.

Die Erfahrungen, die Viertel im Kalten Krieg machte, das Heraufkommen der kaum vier Jahre niedergeschlagenen Ideologie des Hasses und vor allem des Vergessens, dieses Vergessens, das erst 1986 wieder in Frage gestellt wurde, hat Viertel zu dem Gedicht *Der Heimgekehrte* veranlaßt, das um 1950 entstanden sein soll:

Daß sie vergessen,
Was sie verbrochen haben,
Erregt seine Verwunderung,
Kann er doch nicht vergessen!
Aber die Vergeßlichen
Sind auch die Lebendigen.
Und er sieht ihnen zu,
Wie sie aus den Trümmern hervorkriechen
Und wieder zu bauen beginnen.
Er kam, um Abschied zu nehmen,
Kam zurecht, ach,
Zu seiner eigenen Grablegung.
Sie aber sind im Begriff aufzuerstehen
Mit all ihren Sünden![26]

Bedarf es eines Kommentars? Ich denke nicht.

Seine zahlreichen Gedichte, zu denen ich leider noch nicht Zugang hatte, bezeugen laut seiner Witwe Elisabeth Neumann-Viertel, wie sehr er den Untergang der Welt durch den Nationalsozialismus erlitten hat. Im gleichen Interview beantwortet Neumann-Viertel auch eine Frage nach der Einstellung zu Österreich, bezeichnet zunächst den Kreis Viertels in Amerika als lauter Ur-Österreicher, um dann von sich und Berthold zu sagen: *Österreich ist erst nach den Nazis wieder Österreich für mich geworden, dem Gefühl nach. Vielleicht hat sich meine Einstellung auch durch meinen Mann verändert, der ein sehr bewußter Österreicher war, und so ein Typus eines Österreichers. Jetzt gibt es diese Typen leider nicht mehr.*[27]

Zum Abschluß ein Geständnis: Ich habe ursprünglich versucht – vergeblich – das Fortschrittliche und das Österreichertum bei

Viertel getrennt zu behandeln – wie zwei Parallelen, die sich erst im Unendlichen treffen; im Verlauf meiner Arbeit bin ich draufgekommen, daß dies nicht zu trennen ist, und daß ich mich geirrt hatte. Bei Berthold Viertel war das Österreichische seit der Kindheit vorhanden und das Fortschrittliche seit seiner frühesten Jugend. Im Zueinanderfließen dieser beiden Schienen gab es zwei qualitative Sprünge, die es ermöglicht haben, daß sie sich rascher miteinander vereinigten: die Annexion 1938 und die Befreiung 1945. Dazwischen lag das Exil, ein Gestationsprozeß von sieben Jahren, wenn nicht mehr.

Die Lektüre und die Zitatauswahl der Viertelschen Texte hat das Zusammenfließen dieser Linien bestätigt und hat die Existenz des fortschrittlichen Österreichertums Viertels im Nachvollzug vor mir selbst überzeugend bestätigt. Sie, werte Zuhörer, werden sich hoffentlich von der von mir durchgeführten Beweisführung ebenfalls überzeugen lassen. Dies ist mein Wunsch für Sie und für mich, und da ich optimistisch bin, danke ich Ihnen im voraus für Ihre Zustimmung.

Anmerkungen

1 BV 2, 131–138 (Erinnerung an Peter Altenberg).
2 Ebd., 249.
3 Konzept, Manuskript um 1950.
4 BV 1, 192 (Erstdruck: *Austro American Tribune*, September 1944).
5 BV 2, 322f.
6 BV 1, 131.
7 BV 1, 18.
8 BV 1, 17f.
9 BV 1, 19.
10 BV 2, 191f.
11 Auch BV 1, 168–171.
12 *Austro American Tribune*, April 1947.
13 BV 2, 94f.
14 Zitiert nach VW, 29.
15 BV 1, 397.
16 BV 2, 125.
17 BV 1, 131–137.
18 BV 1, 53–58.
19 BV 2, 211.
20 *Austro American Tribune*, Mai 1945

21 BV 1, 397.
22 Ebd., 405.
23 Ebd., 196.
24 Ebd., 405f.
25 BV 1, 293f.
26 BV 3, 417.
27 Aus: Dokumentationsarchiv des österreichischen Widerstandes (Hg.): Erzählte Geschichte I. Wien 1985, 219.

Gerhard Scheit

Über das Geschlechtsleben der blonden Bestie Berthold Viertel und der Irrationalismus

»Das erleben wir ja jetzt, das Herrenmenschentum« – schrieb staunend Berthold Viertel über Nietzsches unvermutete Aktualität in der Epoche des Faschismus. Nietzsche mag »schuld sein an vielem Furchtbaren, das heute in Europa geschieht [...]. Jedenfalls hat er es einer Horde von Verbrechern, von blond gefärbten Bestien möglich gemacht, sich auf ihn auszureden. – Es gibt Mißverständnisse, deren Verantwortung man einem Autor zuschieben muß.«[1] Mit solcher Umwertung der Werte Nietzsches hat sich Viertel immer wieder im Exil beschäftigt – sie konnte nicht ohne Folgen für seine Bewertung der Dramatik bleiben. Und so fragt er sich denn zur gleichen Zeit: »Nietzsche und die Folgen, deren eine Frank Wedekind gewesen ist?« – Doch er hat die Antwort schon gefunden: »[...] seine dramatische Perspektive, unterscheidet einen Wedekind von einem Nietzsche«[2]. Die dramatische Perspektive unterscheidet natürlich jeden Dramatiker von jedem Philosophen. Doch Viertel meint offenbar, daß im Falle von Wedekind und Nietzsche diesem Unterschied eine besondere Bedeutung zukäme, eine Bedeutung, die selber philosophisch wäre – eine Bedeutung, wie sie etwa der Differenz zwischen einem Goethe und einem Hegel, einem Lessing und einem Mendelssohn keineswegs zukommt.

Merkwürdig ist aber nun an diesem Wedekind-Artikel aus dem Jahre 1938, daß Viertel fast nur philosophisch, oder genauer: ethisch weiterargumentiert, statt jene dramatische Perspektive näher zu untersuchen, die doch eigentlich seiner Profession näherliegen würde.

Während Nietzsche der Kranke, der Schwache, der Mitleidige von der robusten Gesundheit, von der brutalen Kraft geträumt und sie – die er nicht kannte – sehnsüchtig verherrlicht hat (und um dieses Ideals willen sich selber), kannte und bekannte Wedekind sich in seinen dramatischen Ebenbildern als einen Jammerlappen und Jammermenschen, als einen anständigen Kerl nämlich, dem die Menschen leid tun, und der ihnen helfen zu wollen nicht umhin konnte.[3]

Auf den Linien der dramatischen Perspektive liegt es nun keineswegs, nach den Ebenbildern des Autors im Drama zu forschen: Berthold Viertel sucht den Standort des Erzählers in einem Stück, das keinen Erzähler hat.

Wedekind – so Viertel weiter – »war weniger ein Prophet des Übermenschen als ein Kenner und zwerchfellerschütternder Darsteller des Untermenschen, der darankommen sollte. Er war nur im Nebenberuf Schönfärber des Satanischen, im Hauptberuf aber Dramatiker, der Unerbittlichsten einer. Die blonde Bestie wurde von ihm nicht professoral idealisiert, sondern in der dramatischen Praxis auf die Menschheit losgelassen. Sie sprang, schlug mit ihren Pranken nieder und fraß den noch warmen Leib der Haustiere, die zugleich das Publikum bildeten.«[4] Wer wäre aber die blonde Bestie, die nicht professoral idealisiert wird, sondern in der dramatischen Praxis auf die Menschheit losgelassen, den warmen Leib der Haustiere fressend? Eine Frau namens Lulu. Über sie erfährt man bei Viertel fast nichts, außer daß sie mit den »Schwachen und Überflüssigen aufgeräumt« hätte.

Dabei läßt diese Figur wie vielleicht keine andere Gemeinsamkeit und Unterschied zwischen Nietzsche und Wedekind hervortreten. Scheinbar hatte Nietzsche sie in seiner emphatischen Interpretation von Bizets *Carmen* bereits entworfen:

Endlich die Liebe, die in die Natur zurückübersetzte Liebe! Nicht die Liebe einer ›höheren Jungfrau‹! Keine Senta-Sentimentalität! Sondern die Liebe als Fatum, als Fatalität, zynisch, unschuldig, grausam – und eben darin Natur! Die Liebe, die in ihren Mitteln der Krieg, in ihrem Grunde der Todhaß der Geschlechter ist![5]

Der Unterschied zu Nietzsche besteht nun tatsächlich darin, daß Wedekind diesen Krieg in Szene setzt, und nur im Prolog steht mit der Peitsche der verehrte Philosoph selbst auf der Bühne. In den folgenden Akten werden dann die handelnden Männer nicht mit handelnden Frauen – als zwei Kriegsparteien – konfrontiert, sondern mit ihrer eigenen Phantasie, die handelnd geworden ist. Geschaffen hat Lulu nicht die Natur, wie das Motto es behauptet, sondern, wie die Handlung zeigt, die Männer. Die weibliche Bestie Lulu ist eine Männerphantasie – aber eine, die den Männern mehr Angst einjagt als die romantische Carmen.

Auf diese merkwürdig vermittelte, in der Geschichte des Dramas durchaus singuläre Weise gewinnt Wedekind eine dramatische Perspektive. Silvia Bovenschen hat sie als »Inszenierung der inszenierten Weiblichkeit« entziffert:

[...] wenn Lulu ihre Pandora-Büchse öffnet, stürzen sich die glücksverheißenden, vor allem aber die bedrohlichen Ausgeburten der männlichen Weiblichkeitsphantasien auf das Publikum und die Männer im Stück. [...] So wird Lulu einerseits zum Mythos dessen, was die männlichen Figuren in ihr sehen, andererseits ist sie konstituiert als eine Gestalt, die diese Bilder immer wieder zerstört, indem sie die eine Imago abwirft, um eine neue anzunehmen: Lulus gefährlicher Tanz in der schwindelerregenden Höhe der Projektionen. [...] Die Männer nehmen in Lulu lediglich die Spiegelbilder ihrer Weiblichkeitsvorstellungen wahr. Die Katastrophen setzen ein, wenn sich das Bild, das sie sich jeweils von Lulu gemacht haben, mit dem Handeln und der Erscheinungsform dieser Figur nicht mehr deckt, weil sie in eine neue Rolle geschlüpft ist.[6]

Sie zerstört also auch Nietzsches Ausgeburten, seinen Carmen-Mythos: auch er nur eine Imago, die Lulu abwirft, um damit einen Mann in die Katastrophe zu stürzen. Nietzsche hätte das Stück gewiß mißfallen. Die Frau, die hier auf die Männer losgelassen wird, wäre ihm zu mächtig erschienen, bloße Eifersucht vermag sie nicht zu töten: sie fordert die Männer solange heraus, bis der Mord an ihr jede ethische Rechtfertigung, auch im Sinne einer Umwertung aller Werte, verloren hat, eine Rechtfertigung also, die Don José oder auch Woyzeck durchaus noch besitzen: Jack the Ripper führt aus, was die bürgerlichen Männer verfehlten. (Alban Berg läßt in seiner Oper die Rolle des Mörders von jenem Sänger spielen, der Dr. Schön, Lulus dritten Mann, gespielt hat – und er läßt dazu, wie um jedes Mißverständnis zu vermeiden, Dr. Schöns musikalische Signatur erklingen.) Für die romantische Carmen hat Nietzsche, nebst dem Eifersuchtsmord, ein einfaches Rezept parat: »Hat man meine Antwort auf die Frage gehört, wie man ein Weib kuriert – ›erlöst‹? Man macht ihm ein Kind. Das Weib hat Kinder nötig [...]. ›Emanzipation des Weibes‹ – das ist der Instinkthaß des mißratenen, das heißt gebäruntüchtigen Weibes gegen das wohlgeratene.«[7] Eben dies scheitert bei Lulu – sie ist ein absichtlich gebäruntüchtiges Weib, und die Haustiere, die vom »wilden, schönen Tier« gerissen werden, sie leben in Familienordnung.

Die dialektische Interpretation widerspricht der Auffassung von Karl Kraus, die dieser nicht nur bei Gelegenheit der Wiener Privataufführung der *Büchse der Pandora* zum Besten gab: wie Viertel sucht Kraus nach positiven Identifikationsfiguren im Text, im Unterschied zu Viertel aber findet er eine: Alwa. Er schließt sich der Ansprache unmittelbar an, die Alwa im letzten Akt vor dem Portrait Lulus hält: »Diesem Portrait gegenüber gewinne ich meine Selbstachtung wieder.«[8] Eben dies liegt nicht im Sinne der Dramaturgie Wedekinds, die auch Alwas Gestalt nicht ungeschoren läßt – am deutlichsten wohl, wenn sie ihn mit dem Zirkusathleten Rodrigo konfrontiert:

Und wissen Sie, was aus Ihnen geworden wäre, wenn Sie das Käseblatt, das Ihr Vater redigierte, nicht um zwei Millionen veräußert hätten? Sie hätten sich mit dem ausgemergeltsten Ballettmädchen zusammengetan und wären heute Stallknecht im Zirkus Humpelmeier. Was arbeiten Sie denn? – Sie haben ein Schauerdrama geschrieben, in dem die Waden meiner Braut die beiden Hauptfiguren sind und das kein Hoftheater zur Aufführung bringt.[9]

Wedekinds Alwa möchte, wie Nike Wagner schreibt, »aus seinem Erlebnis mit Lulu sofort Literatur machen, ein poetisches Boulevard-Verfahren, das von der stofflichen Sensation ausgeht, im Oberflächlich-Stofflichen dann auch hängenbleibt und damit das Erlebnis desavouiert.«[10] Seine Liebe zu Lulu ist darum nicht zuletzt eine Karikatur des Feuilletonismus: »Durch dieses Kleid empfinde ich deinen Wuchs wie eine Symphonie. Diese schmalen Knöchel, dieses Cantabile; dieses entzückende Anschwellen; und diese Knie, dieses Capriccio; und das gewaltige Andante der Wollust.«[11] Der Identifikationswunsch, den Karl Kraus hegt, wird also nicht erfüllt; Alfred Pfabigan hat wohl als erster diese Differenz festgehalten, die ein einheitliches Frauenbild der Jahrundertwende oder auch nur der Anti-Moderne der Jahrhundertwende in Frage stellt: mag Kraus, Wedekind und Weininger eine gemeinsame »Theorie der Frau« verbinden[12], ihre literarische Praxis trennt sie unversehens: »Trotz der Berufung auf Wedekind stammen [...] Kraus' Vorstellungen nicht von diesem, ja man könnte ihn sogar als eine der Figuren auffassen, die in Wedekinds

Männerpanoptikum ›das Weib‹ umkreisen.«[13] Die Dramaturgie raubt den Männern jede Möglichkeit der Identifikation, bis schließlich nur mehr Jack the Ripper bleibt: Ihn hat bekanntlich bei der Wiener Aufführung Wedekind selbst gespielt.

Warum aber läßt sich Berthold Viertel so wenig auf die dramatische Perspektive, auf die dramatische Praxis des *Erdgeistes* ein? Auch in seiner Theaterkritik einer Aufführung des *Erdgeists* aus dem Jahre 1911 widmet sich Viertel fast nur der Figur des Dr. Schön, doch mit einem Nebensatz erfaßt er hier Lulus Wesen, wenn er von Dr. Schöns erbittertem Kampf gegen den Dämon spricht, »der in ihm selbst wütet und durch Lulu nur äußere Gestalt bekommt«[14]. Viertels philosophisch-ethische Argumentation in dem Artikel der Exilzeit erscheint dagegen wie eine Umgehung des Problems. Merkwürdig ist in diesem Zusammenhang auch, daß Viertel seit den dreißiger Jahren Wedekind kein einziges Mal inszeniert hat, obwohl er in seinem Artikel eindrucksvoll bekundet, wieviel ihm der Dichter bedeutet: *Er führte uns mit seinem satanischen Grinsen, das so abgründig höflich und so kalt melancholisch war, in die Mysterien einer Wirklichkeit ein, die dort begann, wo die Anschauung begütigender Dichter endete [...] Er lehrte uns, daß die bürgerliche Moral nur ein anderer Name für gute Geschäfte war.*[15]

Ist ihm Viertel, der Regisseur nicht gefolgt? Ja hat er ihm nicht widersprochen, wenn er immer wieder den von Wedekind so gehaßten Ibsen inszenierte? In Max Cattos Stück *They Walk Alone*, das Viertel 1939 – also ein Jahr nach dem Wedekind-Artikel – mit großem Erfolg in London aufführte, könnte man allerdings eine angelsächsische Version des *Erdgeists* vermuten, soweit man Hans Reichenbach trauen darf, der das Stück in der *Neuen Weltbühne* rezensierte: die Hauptfigur, das Kindermädchen Emmy, ist eine Männermörderin; aber im Unterschied zu Lulu dringt sie nicht in die Welt der Familie ein »um zu zerstören, im Gegenteil, in dieser warmen Freundlichkeit, die das Zusammenleben der Talents auszeichnet und die auch ihr entgegengebracht wird, sucht sie Schutz – vor sich selbst. Emmy hat eine Doppelnatur [...]. Eine manisch Besessene, die im Sexualrausch tötet [...]. Dabei ist Emmy von sinnlichem Reiz, der ihr die Opfer zutreibt. Kaum ist sie von auswärts in diese Gegend vertrieben, da werden junge Burschen in der Nachbarschaft aufgefunden.«[16] Also doch eher ein Edgar Wallace-Thriller: Die gesellschaftliche Aktion der Wedekindschen Figur wird zu einem heimlich befriedigten, krankhaften Bedürfnis gemacht – oder vielleicht sogar zu einer Ibsenschen Erbkrankheit? Im übrigen jedenfalls hat Viertel als Regisseur wie auch als Übersetzer seit den dreißiger Jahren jene Stücke der zeitgenössischen Dramatik bevorzugt, die nach dem Verständnis Wedekinds der Dramaturgie der Haustiere zugehören – Arthur Miller, Tennessee Williams, T.S. Eliott.

Noch einen anderen Dramatiker sieht Berthold Viertel durch die Nähe zu Nietzsche kompromittiert; auch für ihn hat er einstmals viel, wenn auch anderes, empfunden. An dem »Hakenkreuzweg«, schreibt Viertel, »treffen sich Nietzsche und Richard Wagner, zwei vielleicht zu Unrecht beschworene Schatten – aber sie kamen zum Rendezvous.«[17]

[...] nicht nur Hitler, sondern der deutsche Kulturmensch en masse [hat] *sich am Todesglück der Wagnerischen Götterdämmerung, an ihren magisch-suggestiven Klängen berauscht: ein Kulturbegriff erlesenster Art, nicht nur nach der Meinung des bekehrten Wagnerapostels Nietzsche, der heute noch weit über Deutschland hinaus wirksam ist, ja in der ganzen Welt, so weit die bürgerliche Kultur reicht, höchst umständlich und feierlich aufgetischt und genossen wird. Die bei diesen Bühnenmysterien verwendeten rituellen Gesten sind noch immer nicht entlarvt und der Lächerlichkeit anheimgefallen; die religiösen und die sexuellen Ingredienzien dieser Zustände sind auch heute noch nicht auf den Platz verwiesen, wohin sie gehören.*[18]

In seiner anschließenden Interpretation aber entlarvt auch Viertel nicht die rituellen Gesten Wagners – und insbesondere weicht er den sexuellen Ingredienzien aus. Viertel beginnt, im Gegenteil, eine politische Ehrenrettung Wagners:

Was Wagner nun schuf und schmiedete, war nicht nur die moderne Musik – es war – nach Goethes Faust – ein zusammenfassendes Weltanschauungsdrama, der letzte große bürgerliche Stilversuch. Nach ihm begann bereits die Decadence – Nietzsche meint, mit ihm. Ein altertümelnder und mittelaltertümelnder Mythos – aber einer, den ein so wackerer Zeitgenosse wie Bernard Shaw als ein Werk moderner Sozialkritik, als verkleideten Sozialismus verstand und interpretierte. War nicht das Rheingold, das die Macht- und Klassenkämpfe entfesselte und so eine

Weltkatastrophe herbeiführte, das Kapital? Die Gier nach dem Geld, welche die Liebe zur Ware machte –: meinte der junge Marx nicht das Gleiche mit seiner Theorie der Entfremdung? [...] Wer aber war der Held und Befreier, welcher nicht durchdringt und der Tücke – eigentlich seiner treuherzigen Ahnungslosigkeit zum Opfer fällt, Jung Siegfried? War er das deutsche Volk? Oder doch nur die vom düsteren Machtwillen ermordete bürgerliche Revolution? Jedenfalls, und das ist wissenswert, war Siegfried, seinem Wesen und seiner Erziehung nach, bereits Parsifal, der reine Tor, der zwar die Sprache der Vögel verstand, aber sich in der Politik nicht auskannte.[19]

Kannte er sich wirklich nicht aus – immerhin erschlug er Mime, in dem doch Viertel – nicht anders übrigens als Adorno – Wagners Karikatur des »zwischenhändlerischen Judentums« zu erkennen glaubt. Viertel aber macht aus Siegfried, der Mime erschlug, eine revolutionäre Gestalt, und Bismarck ist – in seiner Sicht – der Realpolitiker, der an Siegfrieds Stelle trat:

Er schmiedete den Nothung aus seinen Bruchstücken zusammen – er schuf das Reich. Allerdings gab er es nicht dem deutschen Volk, das es sich auf den Schlachtfeldern erkämpft hatte, sondern den Hohenzollern, dem deutschen Kaiser. Und Richard Wagner schrieb den Kaisermarsch als schmetterndes Zeichen seines Einverständnisses. Aber er schrieb auch den Parsifal – die heilige Oper der Entsagung.[20]

Viertel interpretiert nicht nur Siegfried als verhinderten Revolutionär, sondern Parsifal als den politisch Entsagenden; ganz so, als wäre Siegfried ein Geschöpf des deutschen Sturm und Drang und Parsifal eines der Weimarer Klassik. »Er [Wagner] war tief genug, um zu wissen, daß das Reich nicht die Erlösung gebracht hatte. Sein Alterswerk war zugleich das Schwanenlied des deutschen Bürgertums. Entsagen sollst du, sollst entsagen!«[21] Die Frage ist bloß: wem? In Wagners Oper ist es nicht die Politik, sondern die Frau, der entsagt wird: Kundry ist die Verführerin, von dem bösen Zauberer Klingsor gelenkt, die Ritter vom heiligen Gral zu verderben. Amfortas ist ihren sexuellen Verführungskünsten erlegen und hat eine Wunde davongetragen, die sich nicht mehr schließt. Sie verheilt erst, als Parsifal, der reine Tor, Kundrys Verführung widersteht. Am Ende wird Kundry erlöst, das heißt vernichtet. »Auf ihrer düstersten Ebene«, schreibt

Robert Gutman in einer der luzidesten Interpretationen der Oper, »ist *Parsifal* die Allegorie von Fall und Erlösung des Ariers [...]. Bei Amfortas steht das göttliche Blut Christi in Gegensatz zu seinem eigenen sündigen Blut, das durch den Geschlechtsverkehr mit der rassisch unterlegenen Kundry geschändet ist [...]. In *Parsifal* wird mit Glockengetön und Anklängen an Messe und Passion eine Religion der Rasse unter dem Deckmantel einer christlichen Legende vorgetragen.«[22] Wie aber gelangt Viertel dazu, diese Handlung als Entsagung des deutschen Bürgertums von der Politik zu interpretieren, wo es sich doch um die Einführung einer neuen Politik handelt: jener, der es um die Heiligkeit des deutschen Blutes zu tun war, und dessentwillen der »ewige Jude« und die »femme fatale« – Klingsor und Kundry – vernichtet werden mußten. Otto Weininger hat den *Parsifal* besser verstanden.

Die Wagnerianer mögen Viertel für die Verwechslung Wagners mit Goethe dankbar sein. Sie mag damit zusammenhängen, daß sich Viertel mit der wirklichen politischen Entsagung in der deutschen Kultur – mit der Entsagung in der Weimarer Kunstperiode – kaum jemals intensiv beschäftigt hat. (Der Politikbegriff in Viertels Aufsatz über *Maria Stuart* aus dem Jahre 1926 ist selber eine politische Entsagung: »Die Durchsetzung der Weibnatur mit Politik bis zur Greuelhaftigkeit ist dem Dichter unvergleichlich gelungen.«[23]) Aufklärung und Klassik sind Viertels Blicken eigenartig verstellt – und es war, das Zitat über Schiller kann als direkter Hinweis gelesen werden, die gewaltige Gestalt des großen Satirikers, an der in Österreich keiner ungeschoren vorbeikam, der nach links ging – es war die Gestalt von Karl Kraus, die Viertels Blickwinkel einschränkte. Für Kraus war die Weimarer Klassik eine magische Periode: Ursprung der deutschen Poesie, Tempelbezirk der heiligen Sprache, der dann von Journalisten beschmutzt wurde. Goethes Dichtung war jener göttliche Frauenkörper, dessen Mieder Heinrich Heine so sehr gelockert habe, daß alle Kommis an seinen Brüsten fingern können.[24]

Die Metaphorik, mit der Karl Kraus Heinrich Heine erledigen wollte, zeigt, daß es sich hier nicht um eine Bildungslücke handelt, sondern um einen Abgrund – es geht um den sexuellen Irrationalismus von Karl Kraus. Ihm ist es gelungen, Nietzsches

Frauenbild auf die Sprache zu projizieren, womit den wirklichen Frauen nur mehr die Rolle der Prostitution übrigblieb. Die französische Sprache, sagt Kraus, »gibt sich jedem Filou hin. Vor der deutschen Sprache muß einer schon ein ganzer Kerl sein, um sie herumzukriegen, und dann macht sie ihm erst die Hölle heiß. [...] die deutsche Sprache ist eine Gefährtin, die nur für den dichtet und denkt, der ihr Kinder machen kann.«[25] Wenn sich nun Berthold Viertel bei Wagner ebenso wie bei Wedekind scheut, die sexuelle Dimension der Dramaturgie beim Namen zu nennen, über die sich erst die politische Bedeutung entschlüsseln ließe, dann vermutlich darum, weil er sich von diesem Abgrund fernhalten möchte. Das war – wie angedeutet – nicht immer so. In seinem großen Essay über Kraus aus der Zeit des Ersten Weltkriegs war Viertel angetreten, ihn wie eine Schatzgrube der Männlichkeit vor allen liberalen Anstürmen zu verteidigen:

Während er selbst mit aller Schroffheit seiner männlichen Bestimmung folgte, gehörte sein inbrünstiger Dank den Frauen, die die ihrige erfüllten und in diesem kurzen Dasein die Wohltat der Natur spendeten; ästhetische Entschädigung für all den schweren ethischen Schaden ringsum. [...] Wenn der Künstler so die Naturwerte der Frau bejaht, vollzieht er eine ethische Rettung an der ganzen amoralisch blühenden Natur und rettet nicht zuletzt den verantwortlichen Charakter des Mannes als eines Liebenden, eines Führenden, eines Beschützenden des Lebens, das in seine Hand gegeben.[26]

Eben diesen verantwortlichen Charakter des Mannes als eines Liebenden, eines Führenden, eines Beschützenden hat Lulu auf so anschauliche Weise und vollständig ruiniert.

Ich weiß nicht, ob Viertel jemals das Frauenbild von Karl Kraus wirklich geteilt hat – jenes Vexierbild aus Frauenverehrung und Frauenverachtung –, ich weiß nur, daß er es dort, wo er sich jetzt befand, nicht mehr teilen konnte. Manche Erfahrungen Viertels in Deutschland, dann in Amerika, die Begegnungen mit engagierten und selbstbewußten Frauen aus der deutschen Theaterwelt und aus der amerikanischen Filmwelt, mit Frauen wie Therese Giehse und Greta Garbo, vor allem aber die Verbindung mit Salomea Steuermann, später mit Elisabeth Neumann, machten jenen Antifeminismus wohl unmöglich, der in der Wiener Moderne die schönsten Blüten getrieben hatte. Es geht wohlgemerkt nicht um die traditionelle, sozusagen gewöhnliche, aus allen Perioden des Okzidents bekannte Frauenfeindlichkeit, es geht nicht um das sogenannte Frauenbild von Rousseau, Goethe, Shakespeare oder wen immer man sich hierzu herausgreifen mag – es geht vielmehr um jenen exponierten, militanten Antifeminismus, der bereits eine Reaktion darstellt auf die Erosion der Familienordnung. Nur sie konnte Karl Kraus etwa den Aphorismus eingeben: »Ein Weib ist unter Umständen ein ganz brauchbares Surrogat für die Freuden der Selbstbefriedigung. Freilich gehört ein Übermaß von Phantasie dazu.«[27] Der Wiederabdruck dieses Aphorismus im Jahre 1924, in dem Band *Sprüche und Widersprüche* mag veranschaulichen, daß Kraus später um Abschwächung bemüht war: er strich »die Freuden« bei den »Freuden der Selbstbefriedigung«[28].

Nicht zuletzt reagierte diese Haltung auf die Frauenbewegung: Karl Kraus, der sonst gern gegen die »Seelenschlieferln« der Psychoanalyse polemisierte, hat seinen Phantasien hier freien Lauf gelassen, etwa wenn er sich wünscht, die Teilnehmerinnen eines Frauenkongresses sollten von St. Marxer Viehtreibern vergewaltigt werden: »Ich spaße nicht«, fügt er hinzu, um eine verharmlosende Interpretation des nun folgenden Ansinnens auszuschließen:

Alles in dieser Welt des zerfallenden Intellekts ruft nach barbarischer Knechtung. Nur ein Wunder der Diktatur könnte die Freiheit vor sich selbst retten. Ich würde den Anfang damit machen, daß ich einen Frauenkongreß von St. Marxer Viehtreibern einfangen und so behandeln ließe, wie das Geschlecht es meint, wenn der Mund: Fortschritt sagt. Wenn sie die Augen zu verdrehen beginnen, rufe man mich. Ob es meinem erotischen Geschmack entspricht, dabei zu sein, ist meine Privatangelegenheit.[29]

Das übertrifft wohl alles, was das Abendland zu bieten hatte, mit Ausnahme von de Sade vielleicht, von dem übrigens in der *Fackel* zweimal Texte abgedruckt werden – und zwar jedesmal auf der ersten Seite[30]; dessen Roman *Juliette* ließ Kraus nicht nur in seiner Zeitschrift von Karl Hauer würdigen, er empfahl ihn auch seiner Freundin Berthe Maria Denk zur Lektüre.[31] Nicht viele haben seither auf diese dunkle Seite von Karl Kraus zu blicken gewagt – ohne sie sogleich als eine Farbnuance der

Wiener Moderne zu katalogisieren, zu ihnen gehören Nike Wagner und Alfred Pfabigan. Es ist durchaus nicht so, daß Kraus sie mit allen Geistern seiner Zeit geteilt hätte – auch nicht mit jenen Kreisen, die man vielfach die Anti-Moderne nennt; sie stellt eine spezifische Ausprägung dar, die man bei manchen der ihm nahestehenden Autoren und Denkern vergeblich suchen wird. Adolf Loos etwa bietet einen ganz anders aufgeklärten Blick auf das Verhältnis der Geschlechter: »Die erweckung der liebe«, schreibt er, »ist die einzige waffe, die das im kampf der geschlechter gegenwärtig besitzt.« Das schließt andere Waffen nicht nur nicht aus, es beschwört sie förmlich herbei:

Das edle am weibe kennt nur eine sehnsucht, sich neben dem großen starken manne zu behaupten. Diese sehnsucht kann gegenwärtig nur erfüllt werden, wenn sie die liebe des mannes erringt. Aber wir gehen einer neuen, größeren zeit entgegen. Nicht mehr durch den appell an die sinnlichkeit, sondern die durch die arbeit erworbene wirtschaftliche unabhängigkeit der frau wird eine gleichstellung mit dem manne hervorgerufen.[32]

Zu dieser von Loos 1898 entworfenen Perspektive schweigt Viertel beharrlich.

Den Antifeminismus, den Übermann also, hat Berthold Viertel nicht überwunden, er hat sich stillschweigend davongemacht, wie alle anständigen Krausianer. Aus Viertels letztem Gedicht für die *Fackel* läßt sich aber ein leiser Abschied heraushören: In der dritten Strophe von *Einsam* heißt es:

Freundin, Verlorne, ich könnte dich bitten.
Aber du wirst mich um Geld erhören.
Und wir eilen mit ungleichen Schritten,
Um uns tiefer noch zu zerstören.[33]

Dann wird es bei Viertel still um die Frauen. Wo einstmals das Frauenbild von Otto Weininger und Karl Kraus geprangt haben mag, da klafft nun ein schwarzes Loch: in ihm verschwindet die Gestalt Lulus ebenso wie das Schicksal Kundrys. Auch die merkwürdige Abwesenheit der Frauen in seinen autobiographischen Fragmenten, die Siglinde Bolbecher und Konstantin Kaiser in ihrem Nachwort notierten, gehört hierher. (Das Gedicht über die »Frauen«, die »durchs Exil uns trugen«[34], bildet eine Ausnahme. Es erscheint mir wie der Versuch, zu einem vormodernen Frauenbild zurückzukehren.)

»Eine enterbte Generation, die vielleicht niemals ganz besaß, was sie hatte: weder Land, noch Frau, noch Werk. Erst im Auslande kam sie darauf, daß sie jemals beheimatet gewesen. Sie entdeckte Österreich, als sie wahrlich Grund hatte es zu vergessen.«[35] So schrieb Berthold Viertel über seine Generation im Jahre 1944 in der *Austro American Tribune*. Die Zusammenstellung der Frau mit Land und Werk, die auf den ersten Blick wie eine landläufige Männerphantasie erscheint, erweist sich als einigermaßen aufschlußreich: der Verlust des Landes, der Sieg des Faschismus in Deutschland und Österreich, war für Viertel wesentlicher Impuls, sich zu verändern, um sich – mit Brecht zu sprechen – treu zu bleiben: die Überwindung des Übermenschen, die sich in seiner Auseinandersetzung mit Hamsun und Nietzsche, D'Annunzio und Gerhart Hauptmann dokumentiert, wurde vom Kampf gegen den Faschismus ausgelöst. Zum großen abgeschlossenen Werk war Viertel ohnehin auf Distanz gegangen und hatte sich dem kleinen – der Lyrik – zugewandt und der analytischen Kunst des Regisseurs. Skeptisch betrachtete er von dort aus die teleologischen Weltbilder seiner Zeit; weder die Geschichtsteleologie der kommunistischen Bewegung noch die negative oder utopische Teleologie der Avantgarde-Strömungen fanden in ihm einen treuen Anhänger. Solche Skepsis bewahrte ihn auch davor, seine Autobiographie teleologisch zu konzipieren, sie zerfällt in zahllose Fragmente und findet darin zur einzig angemessenen Form des Genres. So hat Viertel Heinrich Heine nicht nur gegen Karl Kraus verteidigt, er hat von Heine sein Hauptthema gelernt, freilich erst, als die *Fackel* nicht mehr erschien: »Die ewig weiter schreitende Häutung der Illusionen. Mein Hauptthema«[36], heißt es in einem der autobiographischen Fragmente. Die Häutung der Männerphantasien fand in Berthold Viertel einen bloß stummen Chronisten; daß seine Generation die Frau nicht mehr ganz besitzen konnte, verschlug ihm die Rede. Vielleicht war es Scham.

Der heutige Humanist aber müßte sich als ein merkwürdig verklemmter Postmoderner entpuppen, wenn er nichts anderes vermag, als über dieses Schweigen hinwegzureden – etwa unter dem Titel: Berthold Viertels Weg vom Irrationalismus zum Humanismus. Ein heiler Begriff des Menschen läßt sich weder aus der Aufklärung noch aus der Kultur des Exils gewinnen (auch nicht dann, wenn der Kalte Krieg vorüber ist); seine Konstruktion, sorgsam darum bemüht, die klassischen Kategorien in der Vergangenheit zu reinstallieren, steht tief unter jenem prononcierten »Antihumanismus«, der sich immerhin die Frage stellt, ob es den Menschen denn überhaupt gibt: nicht mehr als eine schöne alte Fassade für neue billige Kompromisse.

Anmerkungen

1 Berthold Viertel: Zwischenbemerkung. Typoskript aus dem Nachlaß. Sammlung Elisabeth Neumann. Mappe XV (Politische Aufsätze)/Inventarnummer ES 89a, 1f.
2 Berthold Viertel: Zwei Dichter. In: *Die neue Weltbühne*, 10.3. 1938. Hier zit. nach BV 1, 49.
3 Ebd., 49.
4 Ebd., 49.
5 Friedrich Nietzsche: Ecce Homo. In: Ders.: Werke (hg. von Karl Schlechta). München 1969, 907.
6 Silvia Bovenschen: Die imaginierte Weiblichkeit. Exemplarische Untersuchungen zu kulturgeschichtlichen und literarischen Präsentationsformen des Weiblichen. Frankfurt 1979, 44ff.
7 Nietzsche. Wie Anm. 5, 1106.
8 Karl Kraus: Die Büchse der Pandora. In: *Die Fackel* 7 (1905) 182, 2.
9 Frank Wedekind: Gesammelte Werke. Bd. 3. München, Leipzig 1913, 131.
10 Nike Wagner: Geist und Geschlecht. Karl Kraus und die Erotik der Wiener Moderne. Frankfurt 1982, 183.
11 Wedekind. Wie Anm. 9, 143.
12 Ebd., 155.
13 Alfred Pfabigan: Karl Kraus und der Sozialismus. Eine politische Biographie. Wien 1976, 115.
14 ST, 281.
15 BV 1, 46.
16 Hans Reichenbach: Viertel insceniert in London. In: *Die Neue Weltbühne* 35 (1939), 313. Wiederabgedruckt in: VW, 33.
17 Viertel. Wie Anm. 1, 2.
18 BV 1, 172f. Vermutlich ein Entwurf zu einem Vortrag, wie die Herausgeber schreiben, siehe BV 1, 352.
19 BV 1, 175.
20 BV 1, 175.
21 BV 1, 175f.
22 Robert Gutman: Moralischer Zusammenbruch: »Heldentum« und »Parsifal«. In: Richard Wagner: Parsifal (hg. von Attila Csampai/Dietmar Holland). Reinbek 1984, 215ff.

23 ST, 35.
24 Vgl. Karl Kraus: Heine und die Folgen. In: *Die Fackel* 13 (1911) 329–330, 11.
25 Ebd., 7f.
26 DD, 245ff.
27 Karl Kraus: Kehraus. In: *Die Fackel* 9(1907)229, 2.
28 Karl Kraus: Sprüche und Widersprüche. Wien, Leipzig 1924, 42. Vgl. hierzu: Pfabigan. Wie Anm. 13, 130.
29 Karl Kraus: Glossen. In: *Die Fackel* 13 (1912) 345–346, 2f.
30 Marquis de Sade: Sätze. In: *Die Fackel* 8 (1906) 203, 1–5. Ders.: Sätze. In: *Die Fackel* 8 (1906) 206, 1–4.
31 Vgl. hierzu: Wagner. Wie Anm. 10, 141.
32 Adolf Loos: Damenmode. In: Ins Leere gesprochen (hg. von Adolf Opel). Wien 1981, 126ff.
33 Berthold Viertel: Einsam. In: *Die Fackel* 13 (1911) 334–335, 37.
34 DD, 58.
35 BV 1, 194.
36 BV 2, 220.

Peter Roessler

Berthold Viertel und das moderne Drama

I.

»In der Diskussion über Wahrheit und Ideal, Ideal und Wahrheit rückt der Schüler dem Lehrer sofort mit Ibsen und Zola auf den Leib [...]«.[1] Der Schüler Berthold Viertel hat aber noch ganz andere Gifte der »Dekadenzliteratur« in petto, denn er liest »die anarchistischen und nihilistischen Totengräber der bürgerlichen Kultur«[2] täglich unter der Schulbank: Wedekind, Hauptmann, Strindberg und Hamsun. Und er zögert nicht, ihre Gestalten und Gedanken dem Lehrer für Griechisch und Latein als Zeugnisse eines wahren Lebens entgegenzuschleudern, als dieser nach der Unterrichtsstunde mit dem Knaben einen Konflikt mehr beilegen als austragen möchte. Dem bestürzten Pädagogen, der die Werke dieser Autoren nur aus warnenden Rezensionen kennt, scheint dem Chronisten zufolge der Knabe weniger ein Fall für den Lehrer als für den Arzt zu sein.

Folgt man den autobiographischen Fragmenten Berthold Viertels, so eröffneten die genannten Autoren dem Knaben eine Perspektive, die in ebenso scharfer Opposition zum merkantilen Treiben der Eltern wie zum verknöcherten Humanismus des Gymnasiums stand. In ihnen fand er radikal ausgedrückt, was er »mit dem Instinkt der Jugend, der auf Unerbittlichkeit hinzielt«[3], empfand, daß etwas zu Ende ging. Es war die Radikalität, die ihn anzog, deren Richtung unbestimmt war, aber einen Ton anstimmte, der sich nicht in der gepflegten Elegie der Vertreter des Wiener Olymp verlor, für die sich der jugendliche Karl Kraus-Verehrer selbstverständlich nicht erwärmen konnte.[4] Es war das Erlebnis einer Literatur, die der muffigen Enge ihren Zerrspiegel vorhielt oder dem Untergang den Takt schlug, jenseits dieses Untergangs aber die Hoffnung auf ein ganz anderes Leben beschwor, das mitunter auch Tod heißen konnte. Ein Leseerlebnis war hier zu haben, bei dem die eigene »tabula rasa-Stimmung« sich den Abenteuern einer so unerschrocken wirkenden Literatur ergab, die ihre Moralität wie Amoralität Nietzsches Kulturkritik entlehnte, ein Leseerlebnis, in dem die unterdrückte Sexualität des Heranreifenden, sich mit Erotik, Sexualität und Geschlechterbeziehungen als zentralen Themen der Literatur der Jahrhundertwende verband.

Dabei konnte die Aura des Dichters die Faszination des Werkes steigern oder dieses sogar übertreffen. Frank Wedekind, Viertels »damaliger Gott«[5], provozierte die Vermischung von Literatur und eigener Biographie nicht zuletzt durch die schauspielerische Mitwirkung an den Aufführungen seiner Stücke, und Viertel beschwor in der Folge immer wieder das Bild des vermummten Herrn oder des Mannes mit der Laute, der die Empörung des Publikums provozierte und diese dann unbeirrt über sich ergehen ließ. Viertel war damals einer unter vielen, denen Wedekind zur Bestätigung und zum Wunschbild wurde, wie etwa auch der Nachruf in der *Augsburger Zeitung* zeigt, den der junge Bertolt Brecht auf Wedekind verfaßte.[6] »Damals vor 35 Jahren ist uns Knaben Frank Wedekind der vermummte Herr seines (unseres) Frühlingserwachens gewesen,« schreibt Viertel noch 1938 – nunmehr längst unter den Bedingungen des Exils – in einem Essay für die *Neue Weltbühne.*[7] An diesem Beitrag, auf den später noch ausführlich zurückzukommen sein wird, läßt sich ablesen, warum die Frage nach Berthold Viertels Beziehung zum modernen Drama, die hier primär in bezug auf die Essays gestellt werden soll, nicht nur ihren Umweg über die autobiographischen Schriften nehmen, sondern beständig auf sie bezogen bleiben muß. Es ist ein durchgehender Zug der Essays Viertels, immer wieder ins Autobiographische umzuschlagen. Die Auseinandersetzung mit den Dramatikern der Moderne scheint eines jener Themen zu sein, die diese Tendenz besonders hervorrufen. Über alle Brüche hinweg bleibt spürbar, wie sehr sie einst sein Lebensgefühl prägten oder verstärkten und seinen Weg zum Theater beeinflußten, konnte er doch in seinen Anfängen bei der Freien Volksbühne die Autoren seiner jahrelangen privaten Lektüre öffentlich machen.

Berthold Viertels wohl wichtigster Mentor war auch auf dem Gebiet des Dramas der Moderne zunächst Karl Kraus. Die erste persönliche Begegnung mit Kraus fiel mit der von diesem veranstalteten erstmaligen Aufführung von Frank Wedekinds *Die Büchse der Pandora* im Trianon Theater am 29. Mai 1905 zusammen. Der Eindruck dieser Unternehmung, insbesondere das

Auftreten Karl Kraus' als kaiserlicher Prinz von Uahubee und Frank Wedekinds als Jack the Ripper, findet sich gleichermaßen in den autobiographischen Aufzeichnungen wie den Essays Viertels wieder, wobei sich in der Erinnerung gelegentlich die Konturen verwischen und nur mehr die Bilder der beiden Persönlichkeiten als Bühnenakteure bleiben.

Der Horizont der Wedekind-Verehrung läßt sich vielleicht am Vortrag von Karl Kraus ermessen, welcher der Aufführung voranging und, wie noch zu zeigen sein wird, im jungen wie im alten Viertel seinen Nachklang finden wird. Wedekinds Drama wird darin gegen einen Handlungstypus der alten Moralität gehalten, der sich auf »die Tragik der verlorenen Virginität« reduziere, und Kraus scheut sich nicht, hierfür einen Friedrich Hebbel mit seiner *Maria Magdalene* an den Pranger zu stellen. Die neue Moralität bestünde darin, eben gegen eine Sittlichkeit zu sein, die in der Vermehrung der Freude einen Verlust an Ehre sehen würde. Kraus spricht von Lulu als einem Weib, »das zur Alleinzerstörerin wurde, weil es von allen zerstört ward«.

Ich sehe in der Gestaltung der Frau, die die Männer zu »haben« glauben, während sie von ihr gehabt werden, der Frau, die Jedem eine andere ist, Jedem ein anderes Gesicht zuwendet und darum seltener betrügt und jungfräulicher ist als das Püppchen domestiker Gemütsart, ich sehe darin eine vollendete Ehrenrettung. In der Zeichnung dieses Vollweibes mit der genialen Fähigkeit sich nicht erinnern zu können, der Frau, die ohne Hemmung, aber auch ohne die Gefahren fortwährender seelischer Konzeption lebt und jedes Erlebnis in der Wanne des Vergessens abspült.[8]

Dem Vortrag hat Kraus sein »Geschlechter-Schema«, das »Wunschgebilde des immerwährend schöpferischen Mannes und der immerwährend geschlechtlichen Frau«[9] unterlegt. Dieses Schema ist innerhalb der Erotik- und Geschlechtermetaphorik der Jahrhundertwende angesiedelt und setzt hier seine spezifischen Akzente. Die Depravation der merkantilen bürgerlichen Männerwelt und -halbwelt durch die allegorisierte Sexualität der Lulu findet den Beifall des Satirikers, der sich zu ihrem Herold macht und dabei die Konturen des Dramas Wedekinds unmerklich verschiebt. Alwa erhält gegenüber den anderen Männern eine Aufwertung, er ist Künstler, eine Art alter ego von

Kraus, und so kann dieser sein System am Drama demonstrieren. Nike Wagner hat dies analysiert: Statt der feindlichen Beziehung zwischen den Geschlechtern, wie bei den von Kraus verehrten Strindberg und Wedekind, herrscht bei ihm eine »komplementäre Beziehung«, »was die weibliche Sexualität an Gedanken schenkt, erstattet ihr der Körper des Mannes an Lust zurück [...]. Typologisch ausgedrückt hieße es: Komplize des Künstlers ist die Hure.«[10]

Neben der Entfaltung dieses »Geschlechter-Schemas« und des schillernden Verständnisses von Amoralität und Moralität geht es Kraus darum, Wedekinds Drama einer Dramatik des Naturalismus oder – wie es damals hieß – des »Realismus« entgegenzuhalten. Wedekind sei ein »Menschenschilderer«, dies hebe ihn bereits »himmelhoch« über die »Milieuschilderer« empor. Er sei »der erste deutsche Dramatiker, der wieder den Gedanken den langentbehrten Zutritt auf das Theater verschafft« habe, »[a]lle Natürlichkeitsschrullen« seien »wie weggeblasen«. »Was in und hinter den Menschen wirkt«, sei wieder wichtiger.[11] Kraus preist in diesem Zusammenhang die Vieldeutigkeit des Dramas. In den Schlußpassagen gerät der Vortrag von Kraus ins Programmatische, der Dramatiker Wedekind wird mit einer seiner Figuren identgesetzt, mit Hetmann aus *Hidalla*, dem verworrenen Künder der befreiten Sinne und der höheren Rasse, und als Zeuge für die Unterdrückung und den Befreiungskampf auf dem Felde der Liebe zitiert. Die Naturalismus-Kritik hat bei Viertel ihren Nachhall hinterlassen. Der agierende Mensch und die gedankliche Schärfe werden in Viertels Schriften zum modernen Drama stets dem Milieudeterminismus entgegengehalten. Die Naturalismus-Kritik von Kraus ist jedoch in sich zutiefst problematisch, bezieht sie doch ihr Movens aus dem »Geschlechter-Schema«. Können zudem die Jünger des Satirikers aus dessen Plädoyer für die Vieldeutigkeit des Dramas nicht ein Plädoyer für die ins Ekstatische gesteigerte Beliebigkeit, aus dessen Spott über die sittliche Entrüstung des bürgerlichen Publikums nicht das zynische Einverständnis mit dem Lauf der Dinge herauslesen?

Von Karl Kraus' Wedekind-Verständnis läßt sich noch ein Blick auf dessen Einschätzung von Henrik Ibsen werfen. Ibsen, der Vater des modernen Dramas, gilt in der *Fackel* als weitgehend überholt. Kraus veröffentlicht in der *Fackel* einen Brief

Karl Hauers, der mit Dostojewski und Nietzsche gegen Ibsen polemisiert. Kraus stimmt ihm zu, möchte aber den frühen Dramatiker, den Autor von *Brand* und *Peer Gynt* gegen den späteren »lebertranigen Moralisten«[12] verteidigen. Eine andere Vorstellung von Sittlichkeit, von Realität und Menschenschicksal, ein anderes Verständnis des Geschlechterverhältnisses, werden gegen Ibsen ins Treffen geführt: Als Überwinder Ibsens akklamiert Kraus August Strindberg und Frank Wedekind, dessen Ibsen-Kritik er in der *Fackel* abdruckt.[13]

Mit den »großen Autoritäten eines Verlaine, eines Baudelaire, Peter Altenbergs und Frank Wedekinds« hatte der junge Berthold Viertel sich zu diesem Zeitpunkt längst gewappnet, als es gegolten hatte, den Bedenken gegen den einmaligen Besuch bei einem Mädchen der Spittelberggasse zu begegnen. »Die soziale Bedeutung der Prostitution«, so schreibt er in seinem Fragment gebliebenen Werk *Die Stadt der Kindheit*, »wurde nur so verstanden, als ob die Huren die Zwänge der bürgerlichen Welt heroisch durchbrochen und sich durch die Freiheit ihrer anarchischen Lebensweise zu den vollberechtigten Gefährtinnen der Künstler und Dichter gemacht hätten.«[14]

Als Berthold Viertel in seiner Funktion als Theaterkritiker 1910 Frank Wedekinds *Liebestrank* in der Residenzbühne in Wien besucht, schätzt er besonders die Naivität, die scheinbare Absichtslosigkeit des Frühwerks, die ihm beim späteren Wedekind abhandengekommen scheint. Es ist das Vieldeutige, das Viertel hier anzieht, und das auch Karl Kraus an Wedekind gepriesen hatte. Dies und die Kunst, dem banalen Sujet eine Vielzahl an Situationen abzuringen, ist ihm das Amt des wahren Dramatikers. Diese beiden Momente entheben ihn der Frage, wie denn die dargestellten Personen zu bewerten seien, und hier entfernt sich Viertel in gewisser Weise von Kraus' Vortrag über Wedekind. Besser gesagt, er geht einen Schritt weiter, denn während sich dort als Folge der Wedekind-Preisung in den Argumenten das vermeintlich Naturhafte mit dem Gesellschaftlich-Bedingten verband, wird hier das Naturhafte betont, und das Moment der Faszination überlagert gänzlich die kritische Distanz zum dargestellten Milieu. »Die Peitsche der Gier jagt ein Rudel Geschlechtstiere in die Arena. Sie haben Rasse. Das macht auch ihre lächerlichen Sprünge schön. Auch die schäbigsten, niedrigsten

Exemplare unter ihnen haben Geist, Elektrizität ihres so echten Blutes.«[15] Die Geister, die Kraus auf Wedekind gestützt beschwor, indem er Hetmann zu dessen Sprachrohr erklärte, scheinen aus der Sicht des Jüngers nun Bühnenwirklichkeit geworden zu sein. Des Theaterkritikers Viertel Gebot lautet »Galopp«, vor allem der Zuschauer, namentlich der jugendliche Zuschauer, soll sich vom Galopp des Wedekindschen Zirkus mitreißen lassen und mit den »Bestien« laufen, wer sich dieser rasanten Bewegung entzieht, um die einzig es ihm zu gehen scheint, wird von Viertel verhöhnt, da er nur nach dem »Tatbestand« suche.

Hier wird deutlich, warum die zeitgenössischen modernen deutschen Dramatiker für Viertel zeitweilig größeres Gewicht hatten als die österreichischen. Drängt doch für Viertel bei diesen alles nach vorwärts, wo jene in Melancholie verharren. Das Wedekindsche Personal ist ihm ein vom Geschlechtlichen und Materiellen getriebenes Bestiarium, das zum Gelächter reizt, zugleich aber auch ein Bestiarium, das über die Gegenwart des zögernden Zuschauers steigt, und dem man zynisch folgen muß, um nicht zurückzufallen oder, wie es mit offenkundigem, wenn auch verspätetem Blick auf den Naturalismus heißt, »auf dem harten Boden der Tatsachen«[16] sitzen zu bleiben. Ein Gedanke, der hier aufblitzt, Viertel mag auch ihn vom Satiriker Kraus geerbt haben, ist die Bedeutung des Genres der Komödie oder Tragikomödie, mit der das Sujet zu fassen sei. Vom »aufpulvernden Mut der Tragikomödie« wird Viertel 1911 anläßlich der Besprechung einer Aufführung von Wedekinds *Kammersänger* an der gleichen Bühne sprechen. Allerdings bedingen aus Viertels Sicht weniger die dargestellten Verhältnisse die Komödie als umgekehrt die Komödie die Verhältnisse, diese erscheint mystifiziert als das primäre, eine Art genuin zynische Weltsicht, innerhalb derer sich die Personen bewegen und dabei unbedingt oben halten müssen, was wiederum das Komödiantische forciert, vor allem aber dem goutierten Galopp immer neuen Antrieb verleiht.

Früh war Viertel, der seinen Ausgangspunkt in der Literatur hatte, bereit, in seinen Essays das Drama gegebenenfalls gegen das Theater zu verteidigen. In seiner Kritik der *Erdgeist*-Aufführung an der Residenzbühne (1911) beklagt er die Fallhöhe zwischen Buch und Bühne und listet penibel die Defizite der Bühnenrealisation auf, keine Bühne der Gegenwart vermag seiner

Meinung nach »den deliranten Rhythmus dieses Dramas, dieses ›Marsch-Marsch‹-Tempo«[17] zu erreichen. Früh auch ging es dem literarisch argumentierenden Viertel bei aller Berauschung an Tempo und biologischer Getriebenheit um Haltungen von Figuren, vor allem aber um Konflikte, die die dramatische Form erst ermöglichen. Wedekind mußte ihn in dieser Phase auch deshalb interessieren, weil bei diesem die scharfe Zeichnung der Figuren auf problematische Weise mit einem Mysterium des Biologischen einherging, und beide einander in der dramaturgischen Konstellation bedingten.

An der Notwendigkeit des Konfliktes für das Drama hellsichtig festhaltend, folgte Viertel dem Weg Wedekinds, der die Fremdheit zwischen den Personen festschrieb, den Konflikt jedoch über eine dämonisierte Sexualität aufrechthielt, die er in der Figur der Lulu allegorisierte. »Seine [Dr.Schöns, Anm.] zähe Gegenwehr«, schreibt Viertel, »sein erbitterter Kampf gegen den Dämon, der in ihm selbst wütet und durch Lulu nur äußere Gestalt bekommt, die konvulsivischen Zuckungen, die den mächtigen Bau seines Lebens durchlaufen, sein Wanken, entwurzeltes Kreisen, Niederkrachen: das erst gibt dem Drama Größe.«[18] In seiner autobiographischen Skizze *Die Stadt der Kindheit* rückt Viertel die Wirkung Otto Weiningers auf den Knaben in die Nähe des Einflusses von Strindberg und Wedekind.

»Das Zusammentreffen der beiden Motive, des Sozialen und des Künstlerischen«, das Berthold Viertel 1912 zur Freien Volksbühne gebracht hatte, äußerte sich in einer Sympathie für jene Dramatik, in der das Gesellschaftliche derart in die Konstitution der Individuen projiziert ist, daß die Individuen einander – wie es allerdings der dramatischen Form entgegenkommt – direkt mit ihren Emotionen und Trieben gegenüberstehen. Wenn Berthold Viertel am raffinierten »Galopp« von Wedekinds Dramatik seine besondere Freude hatte, so befragte er auch ganz anders geartete Werke der modernen Dramatik nach Möglichkeiten, in denen die Subjekte in der angesprochenen Weise aufeinandertrafen. Wobei er in der unübersichtlichen inneren Landschaft der Subjekte auch die Subjektivität des Dramatikers ausgedrückt fand. An Gerhart Hauptmann rühmt er zur Zeit der Wedekind-Aufsätze in einer Art Verteidigungsschrift, veröffentlicht in der *Fackel*, daß dieser es vermocht habe, »dem deutschen Drama eine neue Innerlichkeit zu geben, einen kostbaren Subjektivismus«, »auf immer eigensinnigeren Wegen furchtlos in sein Inneres« vorgedrungen sei und sich vom »naturalistischen Krieche[n]« entfernt habe.[19] Die Entkoppelung des dramatischen Subjekts von der Herrschaft des Milieus war Viertel Garant für die Möglichkeit des Dramatischen. Daß nun das dramatische Ineinander von Subjekt und Objekt sich von der anderen Seite aufgelöst hatte und sich der Dramatiker mit der nach außen projizierten unübersichtlichen inneren Landschaft der Subjekte ins Spiel brachte, wird von Viertel als Höherentwicklung gedeutet. Erkannt werden kann zu diesem Zeitpunkt nicht, daß es sich bei dieser Wegentwicklung vom Naturalismus durchaus um einen Naturalismus mit anderen Vorzeichen handelte, der das Milieu ins Seelische verlegt hat und die Individuen weitgehend in ihrem So-Sein fixiert. Bereits der Dachboden in den *Ratten* mit seinem »teuflisch-beziehungsvollen Durcheinander« wird Viertel primär zum rasenden Pandämonium, wie er es aus den Werken Frank Wedekinds herausliest. Und je mehr sich der Dramatiker in der Ausstellung der seelischen Abgründe seiner Personen ergeht, desto mehr ist ihm der Beifall Viertels gewiß. Allerdings liegen im Hauptmann-Essay die Freude am zynischen Galopp, die auch in eine Apologie des Verbrechens umschlagen kann, und die mitleidende Anteilnahme am Schicksal der Figuren nebeneinander, ja bedingen einander auf verworrene Weise. Wobei das Ganze passagenweise diffus auf soziale Verhältnisse bezogen wird. Viertels Maßstab ist in dieser Hinsicht das Werk Dostojewskis, als dessen Wiederkunft ihm die moderne Dramatik gilt:

Ich prophezeie in die Vergangenheit: Dostojewski hätte dieses Chaos, diese Fülle an menschlicher Katastrophe, diesen Wirbel an Herzenskrisen, diese grausam-vergeblichen Kämpfe mit tiefer Rührung betrachtet.[20]

Berthold Viertel begriff seine literarischen Vorlieben nicht als Gegensatz zum »Sozialen«, sie gelten ihm vielmehr als dessen »echter« Ausdruck. Die gesellschaftlichen Umwälzungen um und nach 1918/19, die Viertel begrüßt, schlagen sich demnach nicht in einem radikalen Bruch mit den eigenen Vorstellungen vom Drama nieder, sosehr sich für ihn das Feld der modernen Dramatik erweitert. Viertel sieht in der Entwicklung des zeitgenössischen Dramas nunmehr eine Steigerung jener Momente, die das moderne Drama der Jahrhundertwende ausgemacht haben, eine Steigerung, die er – nun in Deutschland lebend – in seiner Bühnenpraxis durchaus mitvollzieht, wobei er in den Schlachten des Expressionismus insofern einen skeptischen Blick bewahrt, als er konstatiert, daß sich die Moderne »jetzt im Expressionismus endlich aufzulösen scheint.«[21] Die Dramen Strindbergs und Hamsuns sind ihm Belege dafür, »wie unmerklich die Grenze zwischen »Impressionismus« und »Expressionismus« verlaufen kann.«[22]

Während Berthold Viertel als Regisseur die Dramatiker Friedrich Wolf, Walter Hasenclever, Georg Kaiser, Eugene O'Neill durchzusetzen hilft, ist ihm das Propagieren einer Richtung – des Expressionismus oder der Neuen Sachlichkeit – nicht wesentlich. Die verehrten Dramatiker seiner Jugend bleiben auch in den 20er Jahren Leitbilder. Ist ihm Hauptmann in manchem zu sehr ein den Stimmungen der Zeit Nachschreibender, so gelten Viertel doch weiterhin Hauptmann, Strindberg, Wedekind als Dramatiker einer fundamentalen Entdeckung des Subjekts. Obwohl er anerkennt, daß die dargestellten Probleme längst nicht erledigt sind, betrachtet er Ibsens Dramen als überholt, als zu bieder. Man könnte auch sagen, als zu wenig irrational. Die ins Innere verlegte Fremdbestimmtheit der Figuren ist noch nicht voll entfaltet: Dem Tischler Engstrand aus den *Gespenstern* ruft er 1926 zu: »Aber wie hätte ihn Strindberg zu einem Alpdruck verdichtet, wie Knut Hamsun, der große Überlebende ihn undurchsichtig gemacht! Zurück in den Fundus, alter Knabe!«[23] Die Abwertung der *Gespenster* geht mit der Wertschätzung des *Peer Gynt*, als Drama des frühen Ibsen, einher.

Der König der modernen Literatur aber ist Viertel Knut Hamsun, neben dem er zeitweilig keinen anderen Autor gelten läßt, dessen Epik er propagiert und für dessen Durchsetzung als Dramatiker er kämpft. Hamsuns Zivilisationskritik, die von einer fundamentalen Entfremdung des Menschen von der Natur im Sinne eines Urübels ausgehend, sich des »Urwald[s] der Seele« als einzig dauerhafter Realität besinnt und von diesem aus – wenn überhaupt – zur Rettung anhebt, hatte für zahlreiche Intellektuelle der Weimarer Republik, die sich politisch der Linken zuzählten, ungeheure Attraktivität.[24] Die virulente Krise der bürgerlichen Gesellschaft, »die unheilbare Krisis Europas«, wie Viertel schreibt, schien hier radikal ausgedrückt. Von Viertel und anderen in der Darstellung von Verstrickung und Verbrechen als Nachfahr des verehrten Dostojewski angesehen, hatte er den vermeintlichen Vorzug, dessen ins Religiöse gehende Wendungen nicht zu teilen. Das verlieh seinen Werken das Aroma des Unerschrockenen, der Naturalismus der Seele ist zur einzig wahren Zivilisationskritik geworden.

[Hamsun] dichtet das unverkümmerte, aus der mechanistisch-technisch-kapitalistischen Zivilisationshölle errette Ideal seiner Rasse, den Urtraum. Hamsun, der Jäger, der Wanderer, der Waldläufer, der Fischer, der Land- und Handarbeiter – ein merkwürdiger Pfadfinder, der auch noch in der Großstadt, der mitten in der Seele des modernen Menschen Urwald entdeckt, um sich darein zu verlieren.[25]

Das Verhältnis zur Realität ist hier so begriffen, daß der Autor die Kräfte eines mystifizierten Lebensstroms aufnimmt, dann aber in einer Art von Traum nach den nur ihm eigenen Maßstäben die Realität neu zu schaffen hat. Das Geheimnis der »Hamsun-Seele« besteht für Viertel im antizivilisatorischen Rückzug zu einer unentfremdeten »Urwurzel«. Der Dramatik Hamsuns spricht Viertel eine »Dämonie« zu, welche die »Seelen bis in die Wurzeln verwandelt«[26], einem befreienden Akt gleich, der die Verhältnisse mittels des »Mythos« sprengt. Der Mythen schaffende Autor wird dem bloßen »Autor der Zeit« entgegengehalten. Hamsun schafft nach Viertel einen – freilich rational nicht bestimmbaren – »Mythos« und verwandelt sich dabei selbst zum »Mythos«. Diese Fähigkeit, sich in den »Mythos« zu verwandeln, gesteht Viertel außer Hamsun nur Strindberg zu.

Das konnte der wilde Strindberg – Strindberg, Europas gewaltiger Sucher und Empörer, Zweifler und Leugner, Ankläger und Schuldiger, Büßer und Beter, Irrer und Weiser! Strindberg, der alle geistigen Methoden der Zeit vergeblich anwandte, ist uns dennoch ein Mythos geworden.[27]

Nachhaltig wirken diese Kriterien auch bei der Rezeption der klassischen Dramentradition weiter. Auf Berthold Viertels Interpretation von Schillers *Maria Stuart* als Allegorisierung einer Ethik des barbarischen Egoismus bin ich an anderer Stelle bereits eingegangen.[28] Die Abqualifizierung Schillers durch Nietzsche und Weininger wird dabei zwar zurückgewiesen, aber mit Berufung auf die literarische Welt eines Dostojewski, »des Seher[s], der alle beide, Nietzsche und Weininger in sich enthält.« Auch wirkt hier die Dämonisierung des Weiblichen als Topos der Jahrhunderwende deutlich weiter, denn eine Interpretation des Stücks als »die Durchsetzung der Weibnatur mit Politik bis zur Greuelhaftigkeit«[29], zielt darauf, Schiller mit Weininger zu verbinden. Viertel, der seine Position als eminent politisch begreift, kämpft gegen zwei Seiten, gegen die bildungsbürgerlich schulmeisterliche Wertschätzung eines Schillers der Ideendramen und gegen die agitatorische Indienstnahme Schillers, wie es Piscator mit seiner Volksbühnen-Inszenierung der *Räuber* versuchte.

Doch zurück zu Berthold Viertels Auseinandersetzung mit dem modernen Drama. Einerseits wird während der zwanziger und frühen dreißiger Jahre bei Viertel das soziale Interesse durch einen radikalen Individualismus aufgesogen, die leidenschaftliche Getriebenheit des Subjekts wird als die höhere Realität betrachtet, die die sozialen Fragen an Radikalität weit übertrifft. Die Wildnis der Seele ist die eigentliche Wirklichkeit, die zu Erkunden und zu Preisen es gilt. Andererseits bewirkt doch das starke Interesse an sozialen Prozessen, vor allem aber die Empörung über das Unrecht, daß jene Sichtweise vielfach durchbrochen wird.

Man kann dieses Unentschiedene, dieses Schillernde zwischen den Positionen etwa an Viertels Stellung zur modernen Komödie erkennen. Was sich in den Essays vor dem Ersten Weltkrieg gelegentlich andeutete, die Notwendigkeit und der Wert von Satire, wird nunmehr mit einer gewissen Konsequenz weitergedacht. Schon damals zeigte sich, daß für Viertel das Komische nicht ausschließlich im zynischen Belachen aufging. So verteidigt Viertel den Satiriker als »Idealisten, dessen Sarkasmus eine höchst schöpferische Menschenbetrachtung war.«[30] Welche Richtung allerdings diese Menschenbetrachtung ansteuert, bleibt ungewiß. Sternheim, der Maß an einem künftigen Übermenschen nahm, dem gegenüber sich die scharf gestalteten egoistischen Bürger seiner Komödien als Zwerge ausnahmen, was aus der Sicht des Dramatikers ihre Lächerlichkeit erst wahrhaft ausmachte, wird von Viertel geschätzt. Er preist Sternheims Figuren als »Zerrbilder, von einer gehofften Zukunft her gesehen«[31], ohne diese Perspektive in Frage zu stellen, ist aber doch von ihrem Eingefrorensein ins Groteske unbefriedigt. Näher bleibt ihm Frank Wedekind, dessen Komödien bei aller Verwandtschaft zum Sternheimschen Weltbild doch niemals gänzlich jene kalte Statuarik annehmen und daher auch »schneller noch ins Tragische« übergleiten können. Näher bleiben ihm auch die Menschen der Dramen Strindbergs, in deren Tragödien er das Komödienhafte aufspürt. Sogar dem als überholt erklärten Ibsen wird sein Beitrag zur Komödie zugestanden.

Da Berthold Viertels Schreiben sich auf konkrete Handlungszusammenhänge richtet und nach dem besonderen Agieren der Personen im zwischenmenschlichen Bezug fragt, bleibt der Horizont für spätere Korrekturen offen.

II.

»Ich muß mich nach achtundzwanzig Jahren, in denen so viel zu lernen wahr, desavouieren.«[32] Als sich Berthold Viertel 1938 im Exil daranmacht, Werk und Person Gerhart Hauptmanns angesichts dessen Rolle im faschistischen Deutschland zu untersuchen, knüpft er an den Artikel von 1911 an, indem er denselben Titel wählt: *Für Gerhart Hauptmann*. Der Artikel ist eine Widerlegung der damals eingenommenen Position, die im Weg Gerhart Hauptmanns eine schrittweise Höherentwicklung sah. Viertel konturiert am Fall Hauptmann wesentliche Züge des modernen Dramas, vor allem das Schwankende einer Modernität, die im Fluß des Geschehens ihre Modernität ständig erneuert, dabei aber keine Position sucht, da sie diese nur innerhalb der sozialen Wirklichkeit gefunden hätte. »Er hat jede Haltung eingenommen, die einem Menschen seiner Zeit nur möglich war,« konstatiert Viertel. Die Faszination, die in Hauptmanns Abwendung von der deterministischen Objektivität hin zu einem »kostbaren Subjektivismus« – wie es im *Fackel*-Artikel von 1911 geheißen hatte – lag, begreift Viertel rückblickend als in der unleugbaren Könnerschaft von Hauptmanns Menschendarstellung begründet. Jetzt aber arbeitet er heraus, wie diese Menschendarstellung sich in beliebigen Möglichkeiten verlieren konnte und oft bloß Maske einer leeren Subjektivität blieb.

Der Schock, den es bedeutet, jenen Autor von der NS-Kulturpolitik umarmt zu sehen, mit dem man lange einen Aufbruch des Dramas und Theaters hin zu etwas Neuem verband, das man selbst nur vage bestimmen konnte, das aber doch im unversöhnlichen Gegensatz zu jenen Kräften gesehen wurde, die die Entfremdung des Menschen bedingten, zwingt zur Reflexion der Gründe des scheinbar Unvereinbaren. Eine Reflexion, die sich auch auf die anderen Säulenheiligen des modernen Dramas ausdehnen wird. Während in den autobiographischen Fragmenten der Faszination nachgesonnen wird, die die modernen Dramen für den Knaben hatten, streben die Essays nunmehr deren kritische Überprüfung an. Viertels Theateressays erhalten hierdurch weit schärfere Fragestellungen als zuvor, da sie sich häufig von der Begeisterung des Augenblicks tragen ließen. Sie behalten jenen Gestus der gedankenreichen Assoziationen bei, der Fragen mehr als Antworten liefert und sich im prägnanten Nacherzählen von Inhalten und Figurenschicksalen bewegt, dieser Gestus erhält jedoch nunmehr ein Zentrum, das aus den Erfahrungen des antifaschistischen Exils erwächst.

Ein Ausgangspunkt ist die Frage, wohin jener Aufbruch führte, den das deutsche Theater ab der Jahrhundertwende mit der modernen Dramatik im Bunde signalisierte. Das Problem wird zunächst als rückläufige Bewegung begriffen, die den enthüllenden Impetus der Dramen Ibsens hinweggefegt habe. »Die Menschwerdung, die damals geschah, ist seitdem unterbrochen worden,«[33] schreibt Viertel. Diese Sicht impliziert eine Neubewertung des mitunter so mißachteten Ibsen, Viertel geht von einer zum Stillstand gekommenen Aufklärung aus, die es wieder in Gang zu setzen gilt, wobei er nochmals auf einer geheimen Komik der Ibsenschen Dramen, auch der Gesellschaftsdramen, besteht und sie nur mehr als Satire gespielt sehen möchte. Die Deutung blendet zahlreiche Seiten der Dramatik Ibsens aus, entfaltet und riskiert aber den Gedanken eines satirisches Panoramas des bürgerlichen Subjekts. Die Häutungen des Peer Gynt werden direkt auf die Gegenwart und deren Vorgeschichte bezogen, der Akzent auf die Darstellung des Spekulanten, des Kolonisators, des Ausbeuters sowie auf »dessen nietzscheanische Selbst-Vergottung« und den »cäsarenwahnsinnige[n] Individualist[en]« gesetzt. Was sich in dieser Zusammenstellung andeutet, ist der Versuch, einer Philosophie auf den Grund zu kommen, der Viertel zwar nie ganz erlegen, der er aber im ästhetischen Bereich doch beträchtlich nahe gekommen war.

Mit dem *Peer Gynt* hatte sich Viertel wiederholt auseinandergesetzt, und trotz der veränderten Sicht auf Ibsen bleibt dieses Stück ein wesentlicher Bezugspunkt Viertels. Das Werk, das Karl Kraus in seinem »Theater der Dichtung« gelesen[34] und dem Otto Weininger einen Aufsatz gewidmet hatte[35], war das letzte Inszenierungs-Projekt Viertels an den Kammerspielen des Deutschen Theaters 1928 gewesen, bevor er nach Hollywood übersiedelte. Das rastlose Vorwärtsschreiten des Peer Gynt, die stolze Selbstverwirklichung, die sich gleichermaßen als Unterjochung der anderen wie als Häutungen des eigenen Ich entpuppt, die Posenhaftigkeit, die auf Lüge gründet, das lockende Angebot der Trolle, sich selbst zu genügen, das waren die Probleme, die Berthold Viertel in den autobiographischen Schriften besonders während seines Aufenthalts in Österreich (1933) nach der Rückkehr aus den USA aufgeworfen hatte.[36] Der rückkehrende Peer Gynt war ihm damals als ein Auswanderer erschienen, an dessen Schicksal sich die Identitätsproblematik des modernen Subjekts deutlich demonstrieren ließ, und Viertel hatte diese Figur direkt auf seine persönlichen Erfahrungen umgelegt. Auf der Suche nach den modernen Peer Gynts war die Figur jedoch nicht nur auf das Leben des Autors bezogen geblieben, Viertel hatte sie bereits hier kritisch mit der nietzscheanischen Idee des Übermenschen verbunden – und sie, auf für ihn selbst erschreckende Weise, zu Adolf Hitler in Beziehung gesetzt. Das Allegorische des Peer Gynt hatte die assoziative Zuordnung erleichtert. Was hier aber literarisch im autobiographischen Erinnern entstanden war, die Bezogenheit einer Figur des modernen Dramas auf die eigene Person, die wenig später ins Exil getrieben wird, auf einen Autor, der den *Zarathustra* schrieb und auf Adolf Hitler, verweist bereits auf Fragen, die schmerzhaft in den Essays des Exils thematisiert wurden.

Ging also Berthold Viertel in den Exilschriften anfänglich eher von einer rückläufigen Bewegung der Gesellschaft und mit ihr des Dramas aus, eine rückläufige Bewegung, von der er meinte, daß ihr auch der nicht genug »standfest[e]« Gerhart Hauptmann erlegen sei, so mußte er bald die Widersprüche der modernen Dramatik schärfer in den Blick nehmen. Viertels Selbstkritik in *Für Gerhart Hauptmann* von 1938 ist bereits ein Versuch in diese Richtung, im August 1946 schreibt Berthold Viertel einen »kritischen Nachruf« auf Hauptmann. Er arbeitet darin dessen soziale Interessen heraus, die zu Dramen wie *Die Weber*, »eines Werkes von unzweifelhaftem Rang und hoher Seltenheit in der Literatur«, geführt hätten, aber auch zu den »politischen Komödien« *Biberpelz* und zum *Roten Hahn*, »von wahrer Volkstümlichkeit, wenn auch mit engem Radius«[37]. Diesen Zug – Viertel spricht von der »realistisch-sozialkritischen« Linie – sieht er in einem Widerstreit mit der letztlich sieghaften »romantisch-metaphysischen Linie«. *Und Pippa tanzt* ist ihm in diesem Sinne ein »verräterisches Werk«, in dem sich zwar die soziale Thematik erhalten hat, diese jedoch aufgesogen wird durch das Zurückkriechen in ein metaphysisch gefaßtes Inneres, das sich eines Aristokratismus des Lebendigen gegenüber der als bedrohlich empfundenen Realität erfreut:

Ein verräterisches Werk, dieses Märchen vom Erblinden des deutschen Michels, der sich seinen Schönheitstraum nur bewahrt, weil er die Wirklichkeit nicht mehr sehen kann! Das Zeitsymptomatische solcher Weltflucht ist heute klar erkennbar![38]

Die fatalen Folgen jenes – bei Hauptmann stets autobiographisch gefärbten – Zurückkriechens in ein Inneres werden in diesem Essay von einem Vertreter des Exils herausgearbeitet, der von jenen vertrieben wurde, denen ein Dramatiker folgte, der sich sein Inneres ungetrübt bewahren wollte. Der Aristokratismus der Innerlichkeit war einst neben dem Spaß am »teuflisch-beziehungsvollen Nebeneinander«, zu dem ein Stück wie *Die Ratten* erklärt wurde, ein Kriterium der Wertschätzung Hauptmanns durch Viertel. Während Viertel also nunmehr der Hypostasierung des Subjekts zugunsten dessen Verankerung in der sozialen Realität eine Absage erteilt, hebt Viertel zugleich bei den *Ratten* die satirischen Möglichkeiten des modernen Dramas hervor. Nicht mehr das zynische Vergnügen am Untergang wird herausgelesen, sondern die satirische Entlarvung der untergehenden Gründerzeit. Mit der stets auf die konkreten Dramen bezogenen Ortung der Widersprüche im Werk Gerhart Hauptmanns unterzieht sich Viertel der Aufgabe einer kritischen Sichtung, die zugleich Rettung ist.

Auf die *Peer Gynt*-Thematik des autobiographisch geprägten Vortrags von 1933 bezogen, könnte man sagen, daß es bei der Gerhart Hauptmann-Kritik gewissermaßen um Probleme geht, die Viertel mit der Troll-Haltung und der Posenhaftigkeit angesprochen hatte. Obwohl sich dies im Falle Haupmanns im Zusammenhang mit der Figur des Sozialreformers Loth aus *Vor Sonnenaufgang* angeboten hätte, werden jene Probleme nur am Rande gestreift, die mit dem Bild des den »Zarathustra« verfassenden Peer Gynt aufgerissen wurden.[39] Diese stehen im Zentrum der Auseinandersetzung mit Knut Hamsun, Viertels einstigem König der modernen Literatur, der zum Verehrer Hitlers geworden war.

Der Essay *Der Angeklagte Knut Hamsun*[40] ist erneut Zeugnis, wie sehr bei Berthold Viertel autobiographisches Schreiben und Essay einander durchdringen. Denn Viertel bezieht sich direkt auf die Erfahrungen seiner Jugendzeit, auf seine Liebe zum Dichter Hamsun, die er mit Teilen der »Intelligenz Europas« geteilt hatte. Diese Liebe führt Viertel auf den verstockten »Anti-Intellektualismus« Hamsuns zurück, der vielen als Ausweg aus einer kalten Zivilisation erschien, zumindest aber wohlige Schauer erzeugte. Dabei gebraucht Viertel Termini, die er in den früheren Aufsätzen in hymnischer Weise auf das Werk Hamsuns angewandt hatte. Vom »Tierblick« des Autors ist die Rede, vom »Urwald in der Menschenseele«, allerdings erscheinen diese Begriffe nun in einem anderen Licht. Das Verfahren des Selbstzitates signalisiert bereits auf der sprachlichen Ebene, wie wenig sich Viertel hier als einstiger Bewunderer Hamsuns aus der Verantwortung stehlen möchte. Penibel wird konstatiert, wie antisemitische Stellen – »der Streicherschen Spielart nicht gar zu unähnlich« – überlesen wurden und wie sich das anarchistische Lebensgefühl des Jugendlichen von dem radikalen Individualismus angezogen fühlte, der als Gegenstoß zur Sozialkritik Ibsens gefeiert wurde. Vom Dichter, »der seinen Nietzsche gelesen« hat, bis zum Helden des Romans *Hunger* spannt Viertel den Bogen seiner Betrachtungen, der zur Bemerkung führt, daß »Hitler der Held einer Hamsunschen Dichtung gewesen sein« könnte. »Verklärt wurden, auf eine höchst individuelle Art, der Zufall und die Unbarmherzigkeit des Kampfes ums Dasein, die Grausamkeit der Zuchtwahl.«[41]

Auch hier bedingt die typische Schreibweise Viertels, daß es sich nicht um eine systematische Analyse des komplexen Zusammenhangs zwischen der Philosophie Nietzsches, der Literatur eines Hamsun und der Ideologie des Faschismus handelt. Es geht mehr um das Aussprechen des Zusammenhangs, vor allem aber um das Ausloten der Frage, worin der Reiz einer in Literatur gefaßten Haltung lag, die von dem Ritt über die Schlachtfelder träumt, in den sozialen Kämpfen »nichts als Neid und Gier der Untüchtigen« und in einer Mobilisierung aller barbarischen Instinkte die individuelle und allgemeine Perspektive erblickt. Gewandelt hat sich dabei der Bezugsrahmen, nicht mehr wird den Werken Hamsuns mit den aus Dostojewskis Romanen gewonnenen Kriterien gehuldigt, es soll ihnen vielmehr mit Maxim Gorkis Werken Paroli geboten werden.

Zwang sich das Überdenken eigener Einschätzungen bei Hauptmann und Hamsun allein durch ihr Verhalten im Faschismus auf, so war doch Berthold Viertels Versuch einer Kritik des modernen Dramas weiter gefaßt, sie umfaßt auch das Werk Wedekinds. Der Wedekind-Aufsatz von 1938, der bereits zitiert wurde, um jene stark autobiographische Grundierung beim Nachdenken Viertels über das moderne Drama zu belegen, knüpft in mehrfacher Weise an eigenes Schreiben und Erleben an. Als der junge Theaterkritiker 1911 die Inszenierung des *Kammersängers* lobte, verriß er zugleich den am selben Abend präsentierten *Traum eines Frühlingsmorgens* von Gabriele d'Annunzio. Mit d'Annunzio war er damals rasch fertig geworden, zu deutlich schimmerte ihm die fehlende dramatische Substanz hinter der Maske aus Prunk und Rhetorik durch. Wedekind wurde hier von Viertel in einem Dualismus von »echt« und »falsch« als der wahrhaftige Gegenpol zur geschminkten Lüge eines d'Annunzio gesehen. Als er nun 1938 unter dem Titel *Zwei Dichter* seinen Wedekind-Beitrag mit einem Aufsatz zu d'Annunzio kombiniert, ist die Erinnerung an die Theaterkritik von 1911 offenkundig gegenwärtig, die fraglose Gegenüberstellung der beiden Autoren jedoch brüchig geworden. Den Faschisten d'Annunzio sieht Viertel im aristokratisch ästhetizistischen d'Annunzio der Jahrhundertwende vorgeprägt, sein »sacro egoismo« ist ihm eine elegant drapierte Spielart des »Übermenschentums«. Die Preisung des »echten« Wedekind hat allerdings einem Nachdenken über einst Akklamiertes Platz gemacht, denn »echt« war ihm einst auch Hamsun gewesen.

»Nietzsche und die Folgen, deren eine Frank Wedekind gewesen ist?«[42] lautet die Frage, die er an das Werk seines »Gottes« der Jugendzeit richten muß. Berthold Viertel ist den wechselnden Perspektiven der Dramatik Wedekinds auf der Spur, man könnte sagen, er setzt sich ihnen aus, er ringt um eine Klärung, wobei der Ausgang von Formulierung zu Formulierung wechseln kann. Wo ist bei Wedekind die Satire und wo beginnt die Apologie?.

Noch immer wirkt – wie Formulierungen und Zitatauswahl verraten – der Wedekind-Vortrag von Karl Kraus deutlich nach, ohne daß sich Viertel auf diesen direkt bezöge. Aber während der junge Viertel Kraus in seinen Äußerungen zu Wedekind, wie gezeigt, im zynischen »Galopp« überholte, versucht er nun die entgegengesetzte Richtung einzuschlagen. Der Weg, den Wedekinds Keith oder Hetmann gehen, ist ihm nur mehr vor dem Hintergrund der Verbrechen des Faschismus befragbar. Der von Kraus emphatisch zitierte »Prophet« Hetmann aus *Hidallah* beispielsweise wird nun einer kritischen Betrachtung unterzogen, dabei von der »Wurzel seines Denkens und Fühlens« her von den Ideologen des Dritten Reiches unterschieden, dann aber wieder in ihre Nähe gerückt. Wiederholt verschieben sich die Akzente, die Ambivalenz der Dramatik Wedekinds geht durch den Essay, der eben diese zu fassen sucht.

»Weibes Schoß: Quell aller Lebens- und Schaffenslust, zugleich die Büchse der Pandora«[43], ruft Viertel aus, als säße er noch 1905 als Enthusiast im Trianon Theater. Die Allegorisierung der Sexualität mit der Figur der Lulu wird nicht problematisiert, sondern akklamiert, genußvoll kolportiert wird das Versagen der »Männer in Amt und Würden« und – ganz im Sinne von Kraus – der Mord Jack the Rippers an Lulu. Gerade der Transport des »Geschlechter-Schemas«, das Aussetzen des kritischen Blicks bei der für das Weltbild Wedekinds so zentralen Thematik, scheint mir aber einer der wesentlichen Gründe für das Schwankende, Ringende des Artikels zu sein.[44]

Die Antwort, die Viertel auf die Frage nach dem Unterschied zwischen der Philosophie Nietzsches und der Literatur Wedekinds zu geben sucht, knüpft in gewisser Weise an zwei Motive an, die ihn bereits in seinen frühen Jahren vielfach beschäftigten. Das eine Motiv war, wie gezeigt, als ein Korrektiv gegen die deutsche Professorenphilosophie wirksam: Die Frage nach den Figurenschicksalen und dem Aufspüren des sozialen Unrechts. Das andere Motiv ist die Frage nach den Möglichkeiten des Dramas. »Er [Wedekind] war nur im Nebenberuf Schönfärber des Satanischen, im Hauptberuf aber Dramatiker.«[45] Und gerade die »dramatische Perspektive« unterscheide einen Wedekind von einem Nietzsche: Nietzsche, der Philosoph, der von der »brutalen Kraft« träumt, und Wedekind, der Dramatiker, dessen Perspektive in der Zuneigung zu den Schwachen liege, dessen »tragische Ironie, den Wert der Güte am Sieg des Bösen zu erhärten sucht.«

Wenn zuvor von der Ambivalenz des Essays gesprochen wurde, dann läßt sich das an dieser zentralen Aussage festmachen. Mit der Unterscheidung zwischen Philosophie und dramatischer Praxis wird ein Weg geöffnet, die Einschätzung soll sich nicht mehr auf die Aussagen einzelner Figuren beschränken, etwa auf den vermummten Herrn, wie in Viertels Tagen des jugendlichen »Frühlingserwachens«, sie soll die dramatische Perspektive auch nicht auf eine zynische Apologie des Bestehenden verengen, wie in den Tagen, als der junge Theaterkritiker Viertel den rasenden »Galopp« feierte. Was Viertel intendiert ist, über das Begreifen der Ambivalenz hinausgehend, den Werken Wedekinds eine Perspektive des Humanismus abzuringen. Dies aber ist so umstandslos nicht möglich. Hier kommt der Regisseur dem Essayisten auf problematische Weise zu Hilfe. Das Satirische bei Wedekind wird betont, aber so interpretiert, daß der feste Boden des Dialogs verlassen und der Dramatiker Wedekind mit den unterliegenden Figuren identifiziert wird.

Berthold Viertels Ringen mit den Widersprüchen des modernen Dramas läßt sich auf vielfältige Weise in den Essays des Exils und der Nachkriegperiode verfolgen. Zum Abschluß sei hierzu noch eine knappe Skizze der einschlägigen Themen seiner Theateressays gegeben, die weniger zu einem Resümee als zu weiteren Fragen führt. Berthold Viertels Interesse und sein Einsatz für das Werk Bertolt Brechts ist ein Engagement für den praktischen Kritiker des modernen Dramas. Im Auffinden von Gemeinsamkeiten zwischen Karl Kraus' *Die letzten Tage der Menschheit* und Sean

O'Caseys *Der Preispokal* werden die Möglichkeiten des Satirischen, die Viertel im modernen Drama wiederholt entdeckt hatte, im Zusammenhang mit der Selbstzerstörung der menschlichen Gattung durch den Krieg und der ihn verursachenden Kräfte ausgelotet. Die satirischen Möglichkeiten geraten auch beim neuerlichen Schreiben über Gerhart Hauptmanns *Die Ratten* in den Blick, wobei Viertel die Ambivalenz des Stücks und seiner Symbolik – die Ratten als Symbol destruktiver Kräfte, die politisch konträre Deutungen zulassen – nicht beklatscht, sondern zu benennen sucht[46]. Die Dramatik eines Tennessee Williams und eines Arthur Miller, für die Viertel als Übersetzer und Regisseur eintrat, berührt sich in ihrer analytischen Technik, die über die mangelnde Gegenwart der Figuren ihre Vergangenheit enthüllt, mit den Dramen eines Ibsen. Zugleich findet Viertel hier das Pathologische und Irrationale nicht in der Dämonie des Übermenschlichen, sondern – wie er schreibt – als »gesellschaftlich genau bedingten Fall«[47] gestaltet. Viertel entzaubert die Wirkung der existentialistischen Dramen auf dem Nachkriegstheater, indem er sie mit der Dramatik Strindbergs kontrastiert. »Aus den Rissen der Ehe«, schreibt Viertel 1947, »grinsen bei ihm gespenstisch die Tabus seiner Zeit und seiner Klasse. Wo die individuelle Existenz Brüche aufweist, werden zugleich die berstenden gesellschaftlichen Fundamente sichtbar.«[48] Kenntlich wird durch diesen Vergleich auch der Verlust einstiger Impulse des modernen Dramas: Die mit der Philosophie des Existentialismus eingefärbte Dramatik, für die alle Welthaltigkeit beansprucht wird, gerät zur dürren Abstraktion, »nicht geeignet«, wie am Beispiel von Jean-Paul Sartres *Huis clos* formuliert, »einen tieferen, allgemeineren Kummer über das menschliche Verhalten zu erregen.«[49] Viertel selbst versucht mit der *Kronbraut*-Interpretation, die er 1949 anläßlich seiner Inszenierung am Akademietheater schrieb, ein Drama Strindbergs auf das Maß eines Volksmärchens, in dem sich die sozialen Verhältnisse eines Dorfes spiegeln, zurückzuführen. Dies allerdings geht nicht ohne gewaltsame Konstruktionen, die die problematischen Seiten gleichsam weginszenieren. Umgekehrt aber lugt Strindbergs Sicht des Geschlechterkampfs oder vielmehr die Otto Weiningers noch in den 50er Jahren hinter der humanistischen Shakespeare-Interpretation Viertels hervor, diese mitunter depravierend.[50]

Berthold Viertels Auseinandersetzung mit dem modernen Drama ist im Sinne eines unabgeschlossenen Prozesses begreifbar: *Der Kampf um das Drama* lautete der Titel eines Vortrags, den Berthold Viertel um 1938 im Exil vor der stage society in London hielt. Der Kampf um das Drama – oder wie es an anderer Stelle heißt: »für das Drama« – wäre ein Leitmotiv für Viertels Auseinandersetzung mit der modernen Dramatik. Ein Kampf, bei dem es immer um die Frage des Individuums, seines Handelns und Sprechens ging, bei dem sich aber gerade deshalb die Perspektive mit den eigenen geschichtlichen Erfahrungen radikal wandeln mußte. Dem jungen Viertel schien die moderne Dramatik, wenn sie den Dialog nicht gerade in der naturalistischen Milieudetermination einfror, nahezu generell als Garant eines Lebens jenseits der in ihrer Krise wahrgenommenen bürgerlichen Kultur. Dem für die Durchsetzung der Dramatik Kämpfenden war vorerst nicht unbedingt wahrnehmbar, wie sehr dieser Dramatik die Krise bereits eingeschrieben war. Die Krise der dramatischen Form wurde ihm – und nicht nur ihm[51] – deutlich sichtbar erst in den 20er Jahren, da er die Möglichkeit des Dramatischen überhaupt bedroht sah. »Das Ich kann nicht ausgeschaltet werden, im Leben so wenig wie im Drama«, schreibt Viertel 1925 in einer Schrift, die übrigens den Titel *Bemerkungen zum Kampf um das Drama* trägt. Im Versprechen des Dramatischen lag für ihn die Möglichkeit des Sich-Behauptens der menschlichen Gattung. Er postulierte dabei zunächst eine Dramaturgie, die auf die Gestaltung einer überhistorisch gesetzten Menschennatur hinauslief, deren Abgründe gegenwärtiger Schauer und künftige Hoffnung sein sollten. Die Essays des Exils und der Nachkriegsperiode enthalten dann jedoch schmerzlich-zornige Abschiede ebenso wie das Bemühen, die produktiven Impulse des modernen Dramas herauszuarbeiten. Der Kampf um und für das Drama war hier untrennbar mit dem Kampf gegen den Faschismus verknüpft. In seinen essayistischen Erkundungen sucht Viertel auf dem Boden des Historischen die Wandlungen und Krisen des Dramas zu verstehen. Die Polarisierung zwischen einem Humanismus, der nur in seiner verknöcherten Form wahrgenommen, und einer Modernität, die nur als Flucht oder Apologie genossen wurde, ist einer Spannung gewichen, in der das eine durch das andere begriffen, damit aber auch umgeformt werden soll.

Anmerkungen

1 Berthold Viertel: Die Stadt der Kindheit. In: BV 2, 109.
2 Ebd., 78.
3 Ebd., 317 f.
4 Ebd., 318.
5 Ebd., 81.
6 »Es war die enorme Lebendigkeit dieses Menschen«, schrieb Brecht, »die Energie, die ihn befähigte, von Gelächter und Hohn überschüttet, sein ehernes Hohelied auf die Menschlichkeit zu schaffen, die ihm auch diesen persönlichen Zauber verlieh.« Vgl. Bertolt Brecht: Frank Wedekind. In: Ders.: Schriften 1 (hg. von Werner Hecht, Jan Knopf, Werner Mittenzwei, Klaus Detlef Müller). Bd 21. Berlin, Weimar. Frankfurt 1992, 35.
7 Berthold Viertel: Zwei Dichter. Frank Wedekind. D'Annunzio. In: BV 1, 46.
8 Karl Kraus: Die Büchse der Pandora. In: *Die Fackel* 7 (1905) 182, 2 und 12f.
9 Nike Wagner: Geist und Geschlecht. Karl Kraus und die Erotik der Wiener Moderne. Frankfurt 1982, 162f.
10 Ebd.
11 Kraus. Wie Anm. 8, 7.
12 Karl Hauer: Ibsen. In: Die Fackel 8 (1906) 205, 1–5.
13 Frank Wedekind: Schriftsteller Ibsen und »Baumeister Solneß«. In: Ebd., 5–20.
14 Viertel. BV 2, 105.
15 Berthold Viertel: Residenzbühne. Wedekinds »Liebestrank«. In: ST, 273.
16 Ebd.
17 Berthold Viertel: Frank Wedekind: »Der Erdgeist«. In: Ebd., 282.
18 Ebd.
19 Berthold Viertel: Für Gerhart Hauptmann. In: Ebd., 157.
20 Ebd., 160.
21 Berthold Viertel: Dramen von Hamsun. In: Ebd., 153.
22 Ebd., 256.
23 Berthold Viertel: »Gespenster«. In: Ebd., 63.
24 Klaus Mann bezeichnete Knut Hamsun 1929 »als den größten Lebenden«. Klaus Mann: Zu André Gides 60. Geburtstag. In: Ders.: Die neuen Eltern. Aufsätze, Reden, Kritiken. 1924–1933 (hg. von Uwe Naumann/Michael Töteberg). Reinbek b. Hamburg 1992, 238.
25 Berthold Viertel: Dramen von Hamsun. In: ST, 151.
26 Ebd., 156.
27 Ebd., 153.
28 Vgl. Peter Roessler: Humanität und Geschichtlichkeit. Berthold Viertels Essays zum Theater. In: Vertriebene Vernunft II. Emigration und Exil österreichischer Wissenschaft (hg. von Friedrich Stadler). Wien, München 1988, 588.
29 Berthold Viertel: »Maria Stuart«. In: ST, 35.
30 Berthold Viertel: Die ultrabürgerliche Komödie. In: Ebd., 149.
31 Ebd., 150.
32 Berthold Viertel: Für Gerhart Hauptmann. In: BV 1, 42.

33 Berthold Viertel: Ein deutscher Dramaturg. In: Ebd., 37. (Der Beitrag erschien 1937).
34 Vgl. Kurt Krolop: »Ahnenwerthes Ahner« – Zur Genesis und Funktion der Traditionswahl bei Karl Kraus. In: Ders.: Sprachsatire als Zeitsatire bei Karl Kraus. Neun Studien. Berlin 1987, 170.
35 Für Otto Weininger war *Peer Gynt* literarisches Material seines »Geschlechter-Schemas«, von hier aus vertrat er die Ansicht, daß »Ibsen [...] im Laufe seines Lebens leider aufgehört [habe], gleich Großes zu wollen, wie zu der Zeit, da er den *Peer Gynt* schrieb.« Vgl. Otto Weininger: »Peer Gynt« und Ibsen. In: Ders.: Über die letzten Dinge. München 1980, 53. – Berthold Viertel bezog sich in seinem Vortrag *Heimkehr nach Europa* mehrfach auf diesen Aufsatz, an dem er schätzte, daß Weininger die »Allgemeingültigkeit« des *Peer Gynt*-Dramas erwiesen hätte. Vgl. Berthold Viertel: Heimkehr nach Europa. In: BV 2, 275.
36 Vgl. ebd., 269ff.
37 Vgl. Berthold Viertel: Gerhart Hauptmann. Ein kritischer Nachruf. In: BV 1, 229f.
38 Ebd., 230.
39 Hier spricht Viertel nur von der unfreiwilligen Lächerlichkeit Loths.
40 Berthold Viertel: Der Angeklagte Knut Hamsun. In: BV 1, 215–219.
41 Ebd., 217.
42 Viertel. Wie Anm. 7, 48.
43 Ebd., 47.
44 Vgl. auch den Beitrag von Gerhard Scheit in diesem Band.
45 Viertel. Wie Anm. 7, 49.
46 Berthold Viertel: »Die Ratten«. Anläßlich der Aufführung des Burgtheaters zum 90. Geburtstag Gerhart Hauptmanns. In: ST, 69.
47 Berthold Viertel: »Bornierte Analyse«. In: BV 1, 290.
48 Vgl. Berthold Viertel: Jean-Paul Sartres Höllenfahrt. In: Ebd., 238f.
49 Ebd., 238f.
50 Vgl. Berthold Viertel: »Antonius und Kleopatra«. In: ST, 30.
51 *Stirbt das Drama?* lautete 1926 eine Umfrage der *Vossischen Zeitung* in Berlin, an der sich neben Berthold Viertel u.a. Elisabeth Bergner, Bertolt Brecht, Arnolt Bronnen, Leopold Jessner, Klabund, Fritz Kortner und Jakob Wassermann beteiligten. Vgl. Brecht. Wie Anm. 6, 641.

Klaus Völker

Berthold Viertels dramatische Opposition und sein Bemühen um ein Theater der Ensemblekunst im Berlin der Zwanziger Jahre

1922 kam Berthold Viertel, seit der Spielzeit 1918/19 leitender Regisseur am Sächsischen Staatstheater, von Dresden nach Berlin. Das ehemals Königliche Dresdner Schauspielhaus war 1918 reformiert worden, und ein kollegiales Leitungsgremium, zu dem Viertel gehörte, hatte gegen viele Widerstände versucht, hier dem neuen Drama und dem republikanischen Geist zum Sieg zu verhelfen. In Fortführung der expressionistischen Experimente am Albert-Theater, wo Hasenclevers Drama *Der Sohn* uraufgeführt worden war, nahm sich Viertel der modernen Dramatik an, und daß gleichzeitig ein weiterer Schwerpunkt seines Interesses Shakespeare galt, stand dazu nicht im Widerspruch. Der Autor Berthold Viertel arbeitete an der Dresdner Zeitschrift für Weltanschauung, Theater und Kunst *Der Zwinger* mit, und er hatte auch maßgeblichen Einfluß auf die Dresdner Dramaturgie. Ein Zuckerschlecken war die Tätigkeit am Sächsischen Staatstheater dennoch nicht. Es fehlten kompetente Mitstreiter. Der Spielplan blieb immer ein Kompromiß. Die Dresdner Neue Schaubühne, geleitet von Hugo Zehder, würdigte seine Arbeit, sie registrierte zugleich die Begrenztheit der Bedingungen für Innovatorisches. Bevor das schöpferische Chaos hätte Funken schlagen und Früchte tragen können, begann schon die Ermüdung. Wichtige Pläne mußten immer verschoben werden, die versprochenen Kammerspiele, also ein zweites Haus, wo man weniger um die Gunst eines breiten Publikumstroms buhlen, sondern gezielter wesentliches Theater machen wollte, wurden nicht geschaffen.

Daß Viertel also, als Max Reinhardts Deutsches Theater ihn einlud, nach Berlin wechselte, war nur allzu verständlich. In Dresden hatte man sich an seine Regieerfolge gewöhnt. Sie bewirkten nicht mehr viel. Seine weiteren Forderungen, die er an die Bühne hatte, wurden hier nicht erfüllt. Im Dezember 1921 schrieb Alfred Günther in der *Neuen Schaubühne*: »Und Dresden soll Viertel verlieren? Der die aufregenden, befreiten Aufführungen macht? Neues unternimmt, die neue Schaubühne nicht nur ahnt, sieht, sondern machen kann? Hier ist doch Kunst, Leidenschaft, Geist. Glaubt Ihr, das ist so billig heute?«[1]

Nach der Dresdner Premiere von Hasenclevers *Gobseck* am 27. Januar 1922 inszenierte Berthold Viertel am Deutschen Theater in Berlin *Die Wölfe* von Romain Rolland (Premiere am 20. Februar 1922) und *Judith* von Friedrich Hebbel (Premiere am 11. März 1922). Für eine letzte Inszenierung, nämlich Georg Kaisers *Von morgens bis mitternachts*, kehrte er noch einmal nach Dresden zurück. Nach der Premiere, die am 13. April 1922 stattfand, fuhr er sofort wieder nach Berlin, um die *Judith*-Inszenierung für die Bühne des Großen Schauspielhauses einzurichten, wohin man sie des immensen Erfolges wegen verpflanzte. Am 21. April war die Premiere am neuen Ort. Und bereits am 14. Mai 1922 brachte dann Viertel erfolgreich Arnolt Bronnens *Vatermord* bei der Jungen Bühne zur Aufführung, ein Inszenierungsvorhaben, an dem zuvor Brecht gescheitert war.

Im Jahr 1922 trieb in Deutschland die Inflation ihrem Höhepunkt entgegen. Der Kampf revolutionär-demokratischer Erneuerung des Staates gegen Reaktion, Militarismus, Sturmhaubenwillkür und Klassenjustiz, nach dem Zusammenbruch der Monarchie und der Niederlage im Weltkrieg nur der Not gehorchend in Gang gekommen, kam bereits wieder zum Erlahmen. Die Mehrheit der Bevölkerung ersehnte die Konsolidierung des Kapitalismus und eine Vernationalisierung auf der ganzen Linie. Der Dichter Max Herrmann-Neisse notierte resigniert: »Gelten tut ja nur noch das skrupellose Geschäft, das Geldscheffeln, Verdienstjagen, Schieben, Makeln, Spekulieren auf Teufel komm raus!«[2]

Zum Berliner Theater im Jahr 1922 schrieb der Kritiker Herbert Ihering:

Niemals ist eine Zeit in der Lebensart verwilderter, in der Verkehrsform roher gewesen als unsere, und niemals hat man auf der Bühne glänzendere Toiletten getragen, glitzerndere Salondekorationen gestellt als heute. Niemals bestand weniger Zusammenhang zwischen der Gesellschaftskomödie und dem Publikum, das sie sieht, als jetzt, und niemals hat man konsequenter Stücke mit vornehmem Milieu gegeben als heute. Denn die andern Theater, statt mit eigenen Ideen die Rotterbühnen zu bekämpfen, gaben ihnen nach. Das Salonstück – sei es deutsch, sei es französisch – beherrscht heute die meisten Berliner Bühnen. Ja, dem Mißverständnis, daß man einer Stadt, die sich im chaotischen Zustand der gesellschaftlichen Umschichtung befindet, ein vornehmes, kultiviertes Unterhaltungstheater geben könnte, verdankt ein neues Unternehmen seine Entstehung: Eugen Roberts Theater am Kurfürstendamm. Der Zuschauerraum, der heute nicht Ausdruck für die Gepflegtheit seiner Besucher sein kann, wurde Kopie der Theaterform, die früher durch ihre Besucher legitimiert wurde: des Schloßtheaters. Das Hoftheater für Revolutionsgewinnler – es fehlte noch im Wirrwarr der Zeit. Der Logenschließer im Hoffrack – er fehlte noch als Kulturerzieher. Der Schauspieler als Exponent einer Schneiderfirma – er fehlte noch als Kulturerlebnis. Wenn in Wien früher der Darsteller (durch seine Haltung) die Mode schuf, so schafft die Mode in Berlin heute den Darsteller. Er steht bei den Rotters fettgedruckt auf dem Zettel. Aber da das Publikum durch denselben Zettel angehalten wird, ihn nach dem Modeatelier zu beurteilen, das ihm die Anzüge liefert, tritt an Stelle des künstlerischen Ehrgeizes die Konkurrenz der Kleiderlieferanten. Die Kritik der Bügelfalte ersetzt die Kritik der Leistung. Der Schauspieler, scheinbar bei den Rotters zur höchsten Selbständigkeit gekommen, wird in Wahrheit zum Ausstellungsgegenstand herabgesetzt.

Was einst letzter Ausdruck einer bürgerlich-aristokratischen Kultur war: die Art, wie das Kostüm auf der Bühne getragen, wie die Gepflegtheit der Haltung Spiel und Kunst wurde, das ist heute das Arrangement von Managern geworden. Die organisch gewachsene Idee: Wiener Burgtheater ist jetzt die Zwangsmaßnahme des Berliner Rotter- und Roberttrusts. Die Schauspielkunst der feinen Manieren, der saloppen Zweideutigkeiten läuft leer, weil das Leben, auf das sie sich beruft, sie ablehnt. Der Bonvivant, der sich den Zylinder streicht, die Salondame, die mit dem Fächer spielt, der Père noble, der die Handschuhe zusammenlegt, der Intrigant, der nach Krawatte und Uhrkette greift, die Naive, die den Hofknicks macht – vorbei. Das Theater als Spiegelbild einer Lebensform, als Beispiel einer Gesellschaftsschicht wird von denen widerlegt, die es bestätigen möchten.[3]

Das Berliner Theater vor 1933 bestand nicht nur aus den Namen, die festliche Kostbarkeiten (Max Reinhardt), formale Kühnheiten (Leopold Jessner) und stoffliche Sensationen (Erwin Piscator) lieferten; seine solidere Basis war doch eher eine literarisch geprägte Theaterkultur, der es nicht um Repräsentation, sondern um Ideen und dichterische Welten und Auseinandersetzung mit gesellschaftlicher Wirklichkeit ging. Außerhalb Deutschlands imponierte der »Zauberer« Reinhardt, der barocke Schloßherr und Festspielgigant sowie sein ebenso spektakelbewußter Gegenpol Erwin Piscator, der Theaterrevolutionär und Gesinnungsästhet. Die werkbewußteren, neugierigeren, vernarrteren und meistens viel »stilleren« Regisseure wie Jürgen Fehling, Gustav Hartung, Richard Weichert, Heinz Hilpert, Ludwig Berger, Karl Heinz Martin und besonders Erich Engel und Berthold Viertel blieben im Hintergrund. Realität war für sie nicht etwas, was auf der Bühne und durch Theater gespiegelt werden sollte, sondern sie bemühten sich um Übersetzungen, Überhöhungen, um verdichtete Realität.

Engel und Viertel vor allem verstanden sich hauptsächlich als der Sache dienende Handwerker, für die das Theater mehr ein Laboratorium sozialer Phantasie ist, in dem Schauspieler die Aufgabe haben, das dynamisch Geistige und das Bewirkende der Kunst herauszuarbeiten. Es war kein Zufall, daß Engel wie auch Viertel zukünftig immer wieder im Umkreis der theatralischen Praxis von Bertolt Brecht auftauchten: Die energische Herausarbeitung des Sinns war das sie verbindende Ziel ihrer Regieauffassungen.

Otto Brahm und vor allen Dingen Max Reinhardt waren die großen Regisseure in Berlin vor dem Ersten Weltkrieg. Beim revolutionären Umbruch 1918/19 war Reinhardt längst kein Neuerer mehr, er agierte nicht mehr künstlerisch innovativ, sondern nur noch verwertend mit unternehmerischem Kalkül. Sein Versuch, den Zirkus Schumann als Großes Schauspielhaus wiederzubeleben und hier Theater für die Massen zu machen, schlug fehl. Die Kunst und die Künstler wurden vom Riesenraum überfordert. Der »Zirkus Reinhardt« war kein Theater der Zeit. Den Nerv der Zeit traf Leopold Jessner. Ihm glückte die Umwandlung des Königlichen Schauspielhauses am Gendarmenmarkt in ein republikanisches Staatstheater. Seine *Wilhelm Tell*-Inszenierung 1919 mit Albert Bassermann als Tell und Fritz

Kortner als Geßler räumte gründlich mit den verbliebenen Resten des Hoftheatermiefs und der noch stark impressionistisch beeinflußten Bühnenästhetik auf.

Berlin bündelte die Energien und verbrauchte sie auch rasend schnell. Die Theater blühten auf und erlitten auch schnell wieder einen Kollaps; außer dem Staatstheater, das Subventionen erhielt und der Volksbühne, die durch die Trägerschaft des Vereins der Volksbühne ökonomisch gesichert war, mußten alle Bühnen Geschäftstheater sein und sie mußten Vergnügungssteuer abführen. Auch die Reinhardt-Bühnen waren ein privates Geschäftsunternehmen. Max Reinhardt und sein Bruder Edmund besaßen 1922: das Deutsche Theater und die angegliederten Kammerspiele des Deutschen Theaters sowie das über 3.000 Zuschauer fassende Große Schauspielhaus (den vom Max Poelzig umgebauten Zirkus Schumann, in der Nazizeit Theater des Volkes genannt und nach 1945 bis zum Abriß 1984 Friedrichstadtpalast). Das Große Schauspielhaus verpachteten die Gebrüder Reinhardt 1925–33 an den Revuekönig Eric Charell, und sie pachteten an dessen Stelle die am Boulevard im Westen gelegene Bühne mit Namen Komödie, und zeitweilig auch das Theater am Kurfürstendamm. Dem Staatstheater unter Leitung von Jessner – es hieß zu Zeiten der Republik Staatliches Schauspielhaus – wurde 1923 als zweite Bühne das Schiller-Theater ausgegliedert, dem damals nach langem künstlerischen Siechtum auch ökonomisch der Atem ausgegangen war. Neben Reinhardt und Staatstheater gab es die dem Verein der Volksbühne gehörende Volksbühne am Bülowplatz (heute Rosa-Luxemburg-Platz), 1914 eröffnet und mit Max Reinhardt als erstem künstlerischen Leiter einigermaßen nobel durch die Kriegsjahre gekommen. Der Schauspieler Friedrich Kayssler hatte 1918 die Direktion übernommen, seit zwei Spielzeiten zeichnete sich dort ein kleines Theaterwunder ab: der Schauspieler Jürgen Fehling entpuppte sich als ein großes Regietalent und als ein Szenendichter von Format. Er brachte Tollers *Masse Mensch* zu Wirkung und Erfolg, er befreite Gerhart Hauptmanns *Die Ratten* vom Ruch des Milieustücks und präsentierte es als bittere Volkskomödie. Ein Paradestück war 1922 die virtuose Komödieninszenierung des *Gestiefelten Katers* von Ludwig Tieck.

Die Volksbühne wäre von ihrer Mission und Funktion her die ideale Spielstätte für Erwin Piscator gewesen, aber die Funktionäre des Vereins wollten meistens nur ein bürgerliches Familientheater, keine der politischen und ästhetischen Avantgarde zugewandte Kampfbühne, wie sie Piscator und seinen Mitstreitern vorschwebte. 1922 betrieb Piscator mit dem Dramatiker und Dramaturgen José Rehfisch eine Proletarische Volksbühne im Centraltheater. Das durch das Wirken von Otto Brahm renommierte Lessing-Theater führte seit 1913 Victor Barnowsky, als zweites Haus betrieb er daneben als Lustspielhaus das 1067 Zuschauer fassende Deutsche Künstlertheater. Mit Barnowsky wiederum wetteiferten das »Böse Buben«-Gespann Carl Meinhard/Rudolf Bernauer, die das Theater in der Königgrätzer Straße und das Komödienhaus am Schiffbauerdamm betrieben. Dies alles waren trotz aller Geschäfte, auf die sie bedacht sein mußten, doch immer auch um gute Stücke und Aufführungen bemühte Bühnen, mit denen weitaus dürftigere seichte Unterhaltung, Singspiele und Possen anbietende Geschäftstheater konkurrierten. Die 1922 rührigsten Unternehmer auf diesem Sektor waren die Gebrüder Rotter, denen der Kritiker Herbert Ihering die Verrottung der Berliner Theaterverhältnisse maßgeblich anlastete. Gegen die Verrottung ein Zeichen setzen wollte auch Theodor Tagger, der im Oktober 1922 im Berliner Westen das Renaissance-Theater eröffnete. Unter dem Pseudonym Ferdinand Bruckner konnte er dann Ende der Zwanziger Jahre als Dramatiker mehr Einnahmen erzielen.

1922/23 herrschten in Berlin in fast jeder Beziehung Theaterkrisen-Verhältnisse. Max Reinhardt beschränkte sich auf seine Funktion als Unternehmer; als künstlerischer Leiter und weitgehend auch als Regisseur hatte er sich nach Wien und Salzburg zurückgezogen. Die Geschicke des Deutschen Theaters lenkte der Dramaturg Felix Hollaender. Reinhardt hatte ihm ein ökonomisch intaktes Haus übergeben, der Bestand an Inszenierungen des Meisters, die weiterhin im Spielplan blieben, garantierte dem Betrieb eine gewisse Sicherheit. Das Ensemble allerdings, der größte Schatz Reinhardts, zerfiel, es fehlte eine ausschlaggebende künstlerische Autorität. Ohne Reinhardt riskierte Hollaender keinen Spielplan. Er jagte den Rotters die Rechte an Salonstückerfolgen in London und Paris ab; statt Barlach oder Jahnn zu erproben, wurstelte er sich mit Henri Verneuil, Sacha Guitry, Somerset Maugham über die Runden. Seine Hausregisseure waren

Iwan Schmith und Bernhard Reich. Die Ehre des Hauses retteten dann Berthold Viertel und Erich Engel.

Zu Stücken von Dichtern konnte sich Hollaender nur schwer entschließen. Die zynischen Reißer herrschten vor. In Anbetracht der allgemeinen Beliebigkeit und Gedankenarmut der Spielpläne war die Wahl des schon etwas angegrauten Revolutionsschauspiels *Die Wölfe* von Romain Rolland, für dessen Inszenierung Hollaender Berthold Viertel engagierte, eine aus dem Rahmen fallende Tat. Der dennoch eher konventionelle künstlerische Gesamteindruck, den die Aufführung hinterließ, war mit dem Stück, das kaum dichterische Kraft besaß, vorprogrammiert. Bei aller Zwiespältigkeit des künstlerischen Ergebnisses wurde die »aufbauende Persönlichkeit« des Regisseurs Viertel gewürdigt. Ihering hob den Arbeitsfanatismus hervor, die erfolgreich sichtbar werdende schauspielerische Kleinarbeit bei dem sonst zu äußerlich temperamentvoll agierenden William Dieterle oder dem zu aufgesetztem Manierismus neigenden Aribert Wäscher. Gegen Viertel führte Ihering zuviel »Lärm und die Massenszenen« ins Feld, er vermutete, daß hier »Geist« auf dem Umweg über Effekte eingeschmuggelt werden sollte. Auch Iherings Gegenpol Alfred Kerr monierte »eintöniges Gelärm«: »Zuweilen, wie man in der Provinz Oper spielt.«[4]

Mit der anschließenden Inszenierung von Hebbels *Judith* erzielte Viertel den Durchbruch als Regisseur in Berlin. Wiederum strich Ihering den »Arbeitsfanatismus« besonders heraus – die mangelnde Gelöstheit schauspielerischer Ausdrucksmittel führte er auf die bewunderungswürdige Besessenheit dieses Regisseurs zurück, ein verzeihlicher Fehler, der auf mangelnde Vermittlung zwischen klarem Kunstwillen und unklarem Kunstgefühl zurückzuführen war.

Felix Hollaender, der außer Karl Heinz Martin, den ihm Reinhardt als sein Nachfolger für die aufwendigen Klassiker- und Hauptmann-Inszenierungen im Großen Schauspielhaus empfohlen hatte, keinen Ensemble bindenden, zupackenden Regisseur hatte, war entschlossen, Berthold Viertel eine künstlerische Zukunft am Deutschen Theater zu ermöglichen. Hollaender bezog neben Martin nun auch Viertel in die für den Sommer in Breslau stattfindenden Hauptmann-Festspiele ein, deren Leitung er übernommen hatte. Die überaus positiv aufgenommene

Judith-Vorstellung konnte ins Große Schauspielhaus übersiedeln, wo sie 32mal lief. Viertels Frau, Mea Steuermann, übernahm von Agnes Straub die Judith. Dafür studierte Viertel mit Agnes Straub die Rolle der Mutter in Bronnens *Vatermord* ein. Wie der Handel zustandekam, ist nicht genau mehr zu klären. Jedenfalls hatte Berthold Viertel gerade ein paar Tage probenfrei, Agnes Straub hatte eben einen Regisseur, der an Heinrich George gescheitert war, eingebüßt, und Moriz Seeler, Dichter und Theaterenthusiast, der mit Arnolt Bronnens Drama *Vatermord* seine literarische Matineebühne, die als Junge Bühne dann Furore machte, unbedingt eröffnen wollte, bat Berthold Viertel, die anfangs April mit Brecht als Regisseur gescheiterten Proben zu übernehmen. Heinrich George, der in der *Judith* den Holofernes spielte und inzwischen in einem Stück von Ludwig Fulda in den Kammerspielen probierte, stand nicht mehr zur Verfügung. Viertel überredete Alexander Granach, die Rolle des Vaters zu spielen, und Granach brachte noch Elisabeth Bergner für eine Jungensrolle mit in die Besetzung. Die Bergner nämlich langweilte sich auf den Proben zu dem Fulda-Stück *Des Esels Schatten*, die der für derartige Seichtheiten zuständige Iwan Schmith leitete und wollte gerne Berthold Viertel testen, mit dem sie, wiederum als Partnerin von Heinrich George, in Breslau *Kaiser Karls Geisel* machen sollte.

Die Premiere von *Vatermord* in der Jungen Bühne am 14. Mai 1922 wurde zu einem theatergeschichtlichen Datum. »Daß die Junge Bühne«, schrieb Herbert Ihering, »mit dem leidenschaftlichen Willen des im Sprachlichen vortrefflichen Regisseurs Viertel, mit dem Idealismus der Schauspieler endlich einmal der Verkommenheit der Berliner Theaterverhältnisse eine Tat entgegengestellt hat, die einem neuen Dichter galt, das ist ein Ereignis, das nicht ohne Folgen bleiben kann.«[5] Dank dieser geglückten Arbeit, bei der alle Beteiligten ohne Gage mitwirkten, wurde die Junge Bühne eine Einrichtung, die ernstgenommen wurde. Die Aufführung machte deutlich, wie verschludert auch in den besten Bühnen das Repertoire und der Spielplan gehandhabt wurden. Viertels und Moriz Seelers Plädoyer für Bronnens Stück und die Leistungen der Schauspieler erbrachten einen kleinen Sieg übers Geschäftstheater, gegen deren Routine und die sogenannten Erfahrungstatsachen.

Viertel, der den kleinmütigen Felix Hollaender überredet hatte, das Deutsche Theater für die Sonntagvormittags-Premiere zur Verfügung zu stellen, konnte nun die Genugtuung auskosten, den richtigen Riecher und den Mut zu künstlerischem Willen gehabt zu haben. Die guten Kritiken, die exzellente Besetzung sprachen dafür, die Aufführung in den regulären Abendspielplan der Kammerspiele des Deutschen Theaters aufzunehmen. Die *Vatermord*-Inszenierung erzielte hier 23 Vorstellungen. Herbert Ihering äußerte sich ein weiteres Mal am 12. Juni nach dem Besuch der 14. Vorstellung: »Diese Vorstellung rettet die Ehre der Theaterstadt Berlin. Sie ist das einzige Ereignis der Sommerspielzeit. Sie setzt mit künstlerischen Mitteln ein starkes Drama durch. Und während sonst das Serienspiel die Schauspieler verflacht und zum Ulk verleitet, hat es sie hier reicher, tiefer und leuchtender gemacht.«[6]

Wenn in diesem Fall auch ein wichtiger Sieg errungen und ein Beispiel gegeben worden war, an den allgemeinen Arbeitsbedingungen änderte sich damit noch nichts, die meisten Schauspieler blieben dem rigiden Ausbeutungsgebaren der Theaterunternehmer ausgeliefert. Die Arbeitsmöglichkeiten beim Film mußten sie schon aus finanziellen Gründen ausnutzen. Das Filmen wiederum beeinträchtigte die Probenarbeit. Ende des Jahres 1922 kam es zu einem großen Schauspielerstreik in Berlin. Nur im Staatstheater ging der Vorhang hoch.

Als sich die Ereignisse zuspitzten, hatte Viertel gerade eine weitere Inszenierung im Deutschen Theater zur Premiere gebracht, Shakespeares *König Richard II.* mit Alexander Moissi in der Titelrolle, mit Heinrich George als Bolingbroke, mit Elisabeth Bergner als Königin und Alexander Granach als Gaunt. Bei dieser Arbeit ließ sich Viertel viel zu unvorsichtig auf die Usancen des Betriebstheaters ein, nämlich ein Stück einem zugkräftigen Star zuliebe in den Spielplan zu nehmen. Viertel akzeptierte die Besetzung mit Moissi – aus Lust, einmal mit diesem außergewöhnlichen Schauspieler zu arbeiten und mit der Rükkendeckung eines Stücks, das er ein Jahr zuvor in Dresden bereits erfolgreich erprobt hatte. Gegenüber dem Star blieb jedoch Viertels Kunstverstand auf der Strecke, seine Inszenierung griff nicht; da, wo die Schauspieler ihre Rollen spielten, wirkte sie fast schneidend und hart, überakzentuiert und gewollt.

Moissi nämlich entfaltete, tadelte der von Viertels Rang überzeugte Kritiker Siegfried Jacobsohn, »so wie ein Tenor, unbekümmert um das Werk und die Partner, ein paar Stunden seine Stimme, die er selbst noch schöner, viel, viel schöner findet als der Hörer [...]. Der Wandervirtuose geht auf Solisteneffekte, nicht auf Menschengestaltung, nicht auf eine Gesamtwirkung.«[7]

Viertel widerfuhr hier ein Lehrstück – und er sehnte sich jetzt um so mehr nach einem Ensemble von Schauspielern, die bereit waren, mit ihrem Spiel auch auf eine »Gesamtwirkung« bedacht zu sein. Beim Schauspielerstreik setzte sich der die bestehenden Theaterverhältnisse scharf anklagende Regisseur uneingeschränkt für die Sache der Schauspieler ein, weil sie nicht nur wegen ihrer Unterbezahlung Protest einlegten, sondern dezidiert ihre ideellen Forderungen anmeldeten. Um diese zu unterstreichen, organisierten die streikenden Schauspieler eine vom Ensemblewillen erfüllte Klassiker-Vorstellung. Betreut von den mit ihnen solidarischen Regisseuren Ludwig Berger, Jürgen Fehling, Karl Heinz Martin, Berthold Viertel und Fritz Wendhausen entstand eine Inszenierung von Lessings *Minna von Barnhelm* mit Else Heims als Minna und Eduard von Winterstein als Major von Tellheim. Die kollektiv erarbeitete Aufführung kam am 5. Dezember 1922 im Schwechtensaal, einem Theatersaal in der Lützowstraße, heraus. Da Siegfried Jacobsohn in der *Weltbühne* die Aktionen der Schauspieler gegen die Direktoren nicht so recht ernst nehmen wollte und mit spöttischen Untertönen die Ereignisse glossierte, entgegnete Viertel mit dem Vorwurf, der Kritiker mache sich hier lustig über die Zuckungen einer Agonie, ohne zu spüren, daß diese Zuckungen auch die Geburtswehen produktiven Theaters sein könnten.

In derartiger Theater-Not müsse man ohne Spott Partei für die Sache der Schauspieler ergreifen, weil sie unter den Verhältnissen des Betriebstheaters weder naive Spielfreude noch ausgeprägten Kunstwillen aufbringen könnten:

Nicht zuletzt an seiner Maßlosigkeit geht das Theater zugrunde. Mit Erschütterung und Grauen erlebe ich, was heute die schauspielerischen Individualitäten erleiden. Entwurzelt, dem Ensemble entrissen, irren sie unstet von Theatergeschäft zu Theatergeschäft, um an dem ungesundesten Raubbau, der mit ihren gestalterischen Anlagen getrieben wird, mit großem Geld-

gewinn beteiligt, als Spekulationsobjekt vor dem unerzogensten Publikum ausgeschlachtet zu werden. Oder ich sehe die schauspielerische Urkraft von Riesenrolle zu Riesenrolle taumeln, kaum je eine empfangend und austragend, sie mit den notdürftigsten Vorbereitungen halbroh hineinschlingend und aus sich herauswürgend, dafür notdürftigst entlohnt von Direktoren, die dem Spieltrieb und dem Ehrgeiz Blut- und Nervenopfer abpressen und ihre eigne zerschundene und zerbeulte Existenz freilich zur Entschuldigung für die Verwüstung des Ganzen anführen dürfen. Ich sehe, wie solche Stars ihre schauspielerischen Exzesse auf einer Hetzjagd erledigen, die sie oft an einem Tage durch mehrere Filmateliers schleudert, vom Automobil in die Garderobe, von der Kantine auf die Bühne, vom Alkohol in den Scheinwerfer: und die Frage, wieviele halbe Stunden diese unglücklichen Lieblinge Berlins zuhause, in einem ruhigen Zimmer, mit ihrer Frau oder mit sich allein verbringen mögen, hat mich oft bange gemacht.[8]

Den Film als Medium in seinen besonderen Möglichkeiten zu erforschen, schien indessen auch Viertel sehr zu reizen. So stürzte er sich denn ebenfalls ins Filmabenteuer und verwandelte Ibsens Drama *Nora* in ein Kinostück. Während der Dreharbeiten führte Viertel viele Gespräche über den Kräfteverschleiß, über die künstlerisch unhaltbaren Produktionsbedingungen und über mögliche Widerstandsaktionen mit einem Schauspieler, dem er ein Jahrzehnt zuvor an der Wiener Volksbühne zu einem erfolgreichen Start verholfen und der umgekehrt auch Viertel zum ersten durchbrechenden Siege auf dem Theater verholfen hatte, mit Fritz Kortner. An ihm, den er für die Rolle des Helmer verpflichtet hatte, schätzte er die Leidenschaft, die Vehemenz, die stilbildnerische Kraft; damals notierte er über den mittlerweile zum gefragten Star avancierten Kortner: »In beherrschender Stellung am Staatstheater bricht er künstlerisch durch alle Regeln und setzt dem alldeutschen Beamtentum einen Fuß in den Nacken.«[9] Kortner hatte die künstlerische Potenz zum Star und wußte um die Gefährdungen des Startums. Und Viertel wiederum gestand sich nun ein: »Ja, auch der seiner strengen Aufgaben der Bildung und der Zucht zuletzt so bewußt gewordene Regisseur droht ins Starhafte zu entarten und dem Gesetz der anarchischen Zerstückelung nachzugeben.«[10] Der regieführende Dichterdramaturg und der zur Regie drängende Schauspieler empfanden nicht nur den Wunsch zur intensiveren weiteren Zusammenarbeit, sie begeisterten sich immer mehr für die Idee eines zu begründenden Schauspieler-Theaters, für die Schaffung eines Ensembles von Schauspieler-Persönlichkeiten. Für beide stellte das Ensemble den einzig möglichen Träger dramatischen Lebens dar.

In einem noch immer sehr lesens- und beherzigenswerten Aufsatz über die Aufgaben des Regisseurs für das Jahrbuch *Die neue Bühne*, 1920 von Hugo Zehder herausgegeben, hatte Viertel seine Position deutlich skizziert und die Grundvoraussetzung seiner Theaterkonzeption formuliert:

Ein Ensemble ist um so wertvoller, aus je mehr starken, eigenwilligen, unbedingten Individualitäten es besteht, und je ungebrochener, je reicher, je restloser sich diese Individualitäten im Gegeneinander des Spieles ausleben. Der Rang eines Ensembles erweist sich an dem Range seiner ersten Protagonisten, an der seelischen Bedeutung, an der Genialität seiner Größen; aber das Wesen des Ensembles, sein eigentlicher Geist, zeigt sich im gegensätzlichen Zusammenspiel.[11]

Viertel wollte keine nivellierende Ausgleicherei, sondern das Austragen der Konflikte und Leidenschaften. Es ging ihm um die produktive Reibung von Persönlichkeiten, die ein solidarischer Kunstwille leiten soll. »Das Ensemble«, hoffte Viertel, »bindet seine Individualitäten, indem es sie – gesetzmäßig – entfesselt«. Als das Kunstziel des Regisseurs und von Theater überhaupt bezeichnete er die »prästabilierte Harmonie des Zusammenspiels«. Der Regisseur zuallererst müsse ein Ensemblekünstler sein, als solcher habe er das magische Ineinander von Werk und Ensemble zu bewirken. Im Schauspieler liebe der Regisseur sein lebendigeres Selbst, sein »Erfülltsein«. Der Regisseur kämpft liebend mit dem Schauspieler und der Schauspieler kämpft mit dem Regisseur. »Der Schauspieler«, war Viertels Auffassung, »vergewaltigt den Regisseur oder wird von ihm vergewaltigt – das Ideale ist auch hier eine prästabilierte Harmonie, als eine *Nerventatsache.* Beide, Schauspieler und Regisseur, müssen wechselstromartig von einander suggerierte Svengalis sein. Das ist das Märchen dieses Lebens.«[12]

Kortner suchte damals einen derart »offenen«, und kampfbereiten Regisseur wie Viertel, weil er in der Arbeit mit Jessner in einer stilistischen Sackgasse gelandet war, das Repertoire seiner

Gebärdensprache drohte ihm in dessen streng formalisierten Inszenierungen zur Manier zu gefrieren. Kortner stieg bei Jessner 1922 während der Proben zu *Don Carlos* aus, arbeitete stattdessen mit Karl Heinz Martin und dann mit Viertel. Er trennte sich aber nicht von Jessners Theater, sondern überzeugte den Intendanten Jessner, sich auch Gegenkräfte ins Haus zu holen. Kortner bewirkte, daß Jürgen Fehling von der Volksbühne ins Staatstheater überwechselte, und er setzte bei Jessner ebenfalls durch, daß sein neuer Verbündeter im Kampf gegen die Schlamperei und den Geschäftsschlendrian der Berliner Bühnen im Staatstheater Ibsens *John Gabriel Borkman* mit ihm in der Titelrolle inszenierte.

Als die Proben im März begannen, stand unterdessen fest, daß sie ihr eigenes Theater machen würden: »Die Truppe«. Man würde versuchen, ein Ensemble zu bilden, das keine geschäftlichen Konzessionen machte, kein Startheater sein würde. Mit dem Film wollte man nur noch insoweit kooperieren, wie es den Interessen des Ensembles nicht widersprach. Viertel schwebte als das wirksamste Mittel, der »allgemeinen Krisis des kapitalistischen Theaters« zu begegnen, die Vergesellschaftung von Theater und Presse vor. Nur die »Vergemeinschaftlichung« könne noch die Individualität retten, meinte er. Viertel und die Schauspieler, die mit ihm »Die Truppe« gründeten, wollten möglichst viel Mitbestimmung einführen, ein »Rätesystem« etablieren, das allen Produzierenden ermöglicht, auf Regie, Ensemblebildung und Spielplan mitbestimmend einzuwirken:

Und ich erwarte, daß die große Berufsrepublik des Theaters, »von der Putzfrau bis zum Caruso«, in der die einzelnen Gemeinschaften organisch eingebettet sein werden, das Theater im allgemeinen und jedes Theater im besonderen nach den natürlichen Lebensbedingungen und den sachlichen Gesetzen entwickeln wird. Dieses ganze Bild muß schließlich jede Individualität um so farbiger befreien, nicht zuletzt die Selbständigkeit der Leitung, aber in einer neuen, besseren Art von Kompetenz.[13]

Der Schauspielerstreik von Ende November/Anfang Dezember 1922 hatte mit einer Art Kompromiß geendet, der an der bestehenden Theatermisere nichts änderte. Es folgte eine dreimonatige Atempause. Dann war die Theaterkrise schlimmer denn je wieder an der Tagesordnung. In der *Weltbühne* resümierte Siegfried Jacobsohn am 15. März 1923:

Ohne Ruhr-Krieg, Dollarsturz und Aschermittwoch der Börse wäre das Unheil wahrscheinlich noch kurze Zeit hinauszuzögern gewesen; aber jetzt kommt es, schillerisch, wie in Geschwadern. Das große Schloßparktheater von Steglitz ist pleite und wird ein Kino. Das Neue Volkstheater ist pleite und wird geschlossen. Das Schiller-Theater ist pleite und wird irgendwo angegliedert. Das Zentraltheater ist pleite und wird eine Nummer des Konzerns Rotter, dem in anderthalb Jahren halb Berlin gehören wird. Dabei sind das nur die offenen und ehrlichen Pleiten. Heimlich pleite ist das Lustspielhaus, das die Zugkraft witzloser Ferkeleien überschätzt hat. Heimlich pleite ist die Volksbühne, die in einem Direktionswechsel das letzte Rettungsmittel erblickt. Heimlich pleite ist Hollaender (wenigstens als Max Reinhardts Erbe), weil er sonst nicht nötig hätte, mitten in der Saison von einem zwar aktuellen, aber freilich anspruchsvollen Kunstwerk wie dem »Prinzen von Homburg« abzusehen und das Deutsche Theater auf »Alt-Heidelberg«, den Zirkus auf die Tanzoperette zu stellen; nicht nötig hätte, das Abonnement dieses Großen Schauspielhauses ganz und gar aufzuheben, um künftig seichte Serienschlager ungehindert ausbeuten zu können; nicht nötig hätte, keine geringern Mitglieder als die Herren Hartmann, Kloepfer, Krauß, Thimig und Agnes Straub an die Konkurrenz abzutreten.

Was bleibt, ist nicht übermäßig viel. Meinhard und Bernauer machen im einen Haus schlechte Geschäfte, im zweiten Massary oder deren Frühjahrsersatz, im dritten modernisiertes Victoria-Theater. Herr Robert ist nur prätentiöser als der Trust Rotter. Und die Hoffnung auf Jessner schrumpft immer mehr ein. Bevor er anfing, erließ er programmatische Erklärungen von so verdächtiger Ausdeutbarkeit, daß Kautschuk dagegen Gußeisen schien. Aber bald bewies er sein Recht zu der Forderung, daß man sich nicht nach seinen Worten, sondern nach seinen Taten richte. Leider sind schon seit einer Weile seine Taten dünner und dünner geworden. Und wie sein politischer, zeigt sich sein künstlerischer Charakter angekränkelt. Der Revolutionär inszeniert mühevoll im Parkett eine Kundgebung für das schwerindustrielle Kabinett Cuno-Helfferich; und weil man dieses auch von der Bühne herab nicht vor den Kopf stoßen darf, so kehrt er als Regisseur des »Wilhelm Tell« zur tristesten Konvention zurück.

Was besagt die Krise? Was vor Weihnachten meines Erachtens der Schauspielerstreik besagt hat: daß »von den Berliner Theatern mehr als die Hälfte in jeglicher Hinsicht überflüssig sind«. Dies und jenes würde sich vielleicht ein paar Monate weiterschleppen, wenn ihm nicht die Franzosensperre Futter von der Nahrhaftigkeit des »Hüttenbesitzers« oder der »Dame vom Maxim« verwehrte. Trotzdem: ein paar von diesen Theatern, da ihre Skrupellosigkeit unbegrenzt ist, werden im Augenblick der höchsten Not einen Ausweg, einen Schmarren nämlich von gigantischer Unsauberkeit oder Blödheit finden. Das Unglück ist, daß zu dieser Skrupellosigkeit die überlebenden Theater fast alle gezwungen sein werden. Was uns bevorsteht, sind Kohlrübenwinter der Kunst, also Kaviarwinter des Kitsches. Ein literarisches Experiment wird hie und da von einem Gönner finanziert werden, aber keinerlei Folgen haben. Der Begriff des Ensembles wird in den Theatern des landläufigen Zuschnitts eine Legende der Vorzeit werden. Für uns Kritiker wird ein norddeutsches Graz entstehen.

Und keine Rettung? Nicht ausgeschlossen, daß die »Truppe« sie bringt. Das stärkste Temperament, die energischste geistige Kraft des Nachwuchses hat sie gegründet: Berthold Viertel; nach dem Muster der italienischen stagioni. Da die Gelegenheit zu Filmverdiensten gleich vorgesehen ist, werden grade die besten Schauspieler angelockt werden, die unter dem entarteten Betrieb grimmig stöhnen. Das Theater kehrt an einen seiner Ausgangspunkte zurück, und das ist der grüne Wagen. Die Edelwanderschmiere kann auf sozialistischer Basis bauen: der Wegfall oder doch die Verkleinerung des maßlos teuer gewordenen Apparats schützt die eigentlichen Verdiener vor kapitalistischer Ausbeutung. Und da Viertels literarischem Urteilsvermögen zuzutrauen ist, daß er sogar neue Dramatiker entdeckt, und seinem Fanatismus, daß er sich aufopfernd für sie einsetzt: so leuchtet wenigstens ein Licht in der Finsternis [...]

Um mich zum dritten Mal zu zitieren: »Das Theater spiegelt seine Epoche – aber es gestaltet sie auch.« Entsetzlich, diese Epoche gespiegelt zu sehen! Aber eine Neugestaltung des zugrundegerichteten Deutschland könnte auch das Theater auf seine Weise versuchen.[14]

In diesem Theaterkrisenfrühling 1923 gab es dann nun auch ein paar Gegenakzente: den triumphalen Erfolg und die einhellige Anerkennung bei allen Kritikern von Elisabeth Bergner mit ihrer Rosalinde, in der Inszenierung Barnowskys im Lessing-Theater; sodann das Gastspiel des Moskauer Kammertheaters mit einigen Inszenierungen Alexander Tairows – und – zwei den Kleinmut und den politischen Kotau – Jessners widerrufende künstlerische Ereignisse im Staatlichen Schauspielhaus. Im April die *Borkman*-Premiere unter Viertel mit Fritz Kortner, Rosa Bertens, Lina Lossen und Lothar Müthel, im Mai Fehlings Inszenierung von Barlachs *Der arme Vetter* mit Erwin Kalser, Heinrich George und Johanna Hofer.

Siegfried Jacobsohn würdigte die brennende Schärfe und die visionäre Kraft der Inszenierung Berthold Viertels, die für ihn deutlich machte, daß bei Ibsen auf Naturalismus und deklamatorisches Pathos gut verzichtet werden kann:

Sache des Regisseurs Viertel ist ein Theater, das aus einer absoluten Einbildungskraft stammt, aus der Sprache, wie sein Meister Karl Kraus sagen würde, aus dem reinen Geiste, mag es der Erd-Geist einer Landschaft oder der Himmels-Geist einer Botschaft sein. Eine Skepsis ist ihm so teuer wie eine Ethik, ein Polterelf so lieb wie der Genius der Freiheit. Strenge, karge Zucht, der schmerzensreichsten Entsagung abgerungen, ist ihm ebenso willkommen wie die lockerste Unzucht, wofern sie von nackter Schönheit wetterleuchtet. Aber ohne die höhere Wahrheit und Klarheit, welche die Bühne vom Leben zu trennen hat, ohne eine diktatorische Überlegenheit des Spiels ist ihm Theater öde und leer. Und so greift und packt und springt er nun den »John Gabriel Borkman« an. [...] Vor der Ella Rentheim der Lina Lossen dreht sich einem das Herz im Leibe so schmerzhaft um, daß man immer mit erhobenen Händen abwehren möchte. Und Kortner setzt die Bühne in Flammen. Er rast sich aus. Nicht umsonst trägt er hier einen verfratzten Beethovenkopf: er ist in verschwenderischer Vielfältigkeit des Allegro prestissimo, der Eroika, jedes Andante und der ironischen Variationen fähig – pathologischer Verbrecher und verträumter Bergmannssohn, höhnender Faun und blutender Dämon. Er sei bedankt.[15]

Der Wille, ein anderes Theater zu schaffen, hatte die Proben zu *John Gabriel Borkman* sehr belebt, auch die Kooperation mit den vom Bauhaus kommenden Bühnenbildnern Frieda Dicker und Franz Singer klappte hier vorzüglich. Sobald man aber eigenverantwortlich im eigenen Theater arbeitete, wurden kleine Auseinandersetzungen zu Selbstbehauptungsproblemen. Man stritt über die Maßen und zerstritt sich, die Sache vergessend, um die es ging.

Während der Proben zur ersten Premiere der »Truppe«, Shakespeares *Kaufmann von Venedig* mit Kortner als Shylock, Johanna Hofer als Porzia und Rudolf Forster als Antonio, kam es zu schweren Auseinandersetzungen zwischen dem Regisseur und seinem Hauptdarsteller. Forster entzog sich den Konflikten und filmte, entgegen den Statuten der »Truppe«. Das Ensemble exkommunizierte Forster, Paul Bildt übernahm seine Rolle, Kortner, um einen Partner gebracht, auf den er schwor, wurde nervös, war nun unfreiwillig wieder der »Star«, auf dem das Geschick der Inszenierung ruhte. So sehr Kortners Enthusiasmus das Unternehmen beflügelt hatte, so sehr gefährdete er es nun auch. Denn unweigerlich stand sein Starruhm der Sache im Wege. Man war dieser Sache wegen gegen ihn, andererseits brauchte man ihn dieser Sache wegen. Daß es zur Trennung kommen mußte, stand bald fest. Daß Viertel und Kortner »gefährliche Choleriker« waren und folglich »mit großem Stimmenaufwand aufeinander losgingen«, wie Ernst J. Aufricht bezeugte, spielte in Anbetracht des Grundkonflikts wirklich keine große Rolle mehr. Weil sie unerwartet nicht mehr im selben Boot saßen, wirkte ihr künstlerischer Fanatismus nun häufig klimavergiftend. Viertel, unsicher im Visuellen, mußte es ablehnen, daß die Probleme der Produktion sich an den extrem formalistischen Dekorationen austobten, auch hier verhärteten sich die Fronten unproduktiv, und nun war es wiederum Kortner, der handelte, sich als Star durchsetzte: »Kortner trat in der ersten Kostümprobe in einer schwarzen Tonne auf, die nur die Unterarme frei ließ. Nach den ersten Sätzen zerfetzte er zu meiner Genugtuung seine Zwangsjacke und zog ein eignes Kostüm an. Niemand verbot ihm die stilwidrige Eigenmächtigkeit, um die Premiere nicht zu gefährden.« Noch im Nachhinein stimmte Aufricht Kortner künstlerisch zu, um ihm aber zugleich einen Verstoß gegen den Ensemblegedanken vorzuwerfen: »Die Regie konnte diesen großen Schauspieler nicht bändigen, er spielte als Star, und es war gut, daß er aus dem Ensemble ausschied.«[16]

»Es war Kortner nicht gegeben«, berichtete später Salka Viertel, »Anweisungen zu befolgen und seine künstlerische Überzeugung anderen unterzuordnen.«[17] Man kann es auch anders sehen: Kortner war der einzige Schauspieler, dessen künstlerische Überzeugung Viertel gewachsen war. Viertel durfte ihm nicht recht geben, um die anderen Darsteller gegen den »Star« zu stützen. Er mußte gegen Kortner sein, um für die »Truppe« sein zu können. Viertel und der Truppe als Theaterunternehmen brachte die Aufführung keinen künstlerischen Erfolg. Doch Kortners Shylock kam beim Publikum an, auch die Leistung der anderen Schauspieler wurde anerkannt. Für die Idee der »Truppe« kämpfte Viertel dennoch tapfer weiter. Er bestand darauf, daß Forster seinen Vertrag erfüllte, er spielte dann, alternierend mit Bildt, den Antonio, und Viertel wollte wohl auch Kortner so einfach nicht ausscheiden lassen. Sie setzten einander noch arg zu, bis Kortners dringlichem Bitten, ihn aus allen Verpflichtungen zu entlassen, entsprochen wurde.

Das Problem dieses frühen »Mitbestimmungstheaters« war der Idealismus, der auf dem schönen Gedanken basierte, daß jeder einzelne sich unter eine Regie aus der Dichtung und eine Regie aus dem Schauspieler unterordnen sollte. »Eben diese Regie, eben diese Gemeinschaft«, kommentierte Herbert Ihering sehr gerecht und gut informiert, »aber wollte sich nicht herstellen. Der innere Widerspruch war: daß der stärkste Darsteller, Kortner, keineswegs das Stück, keineswegs das Schauspielerische vergewaltigte, und doch als Star sich isolierte. Daß der Regisseur Berthold Viertel, bestimmt vom reinsten Willen geleitet, bestimmt der Idee der ›Truppe‹ fanatisch untertan, doch das Stück, doch die Darsteller vergewaltigte. Kortner als Shylock war frei von kunstgewerblichen Verzierungen und Verschnörkelungen. Aber er spielte insular. Er spielte – so sehr seine Partner auf ihn abgestimmt waren, so sehr seine Auftritte ineinandergriffen, so fabelhaft seine erste Szene mit Antonio, seine Tubal-, seine Gerichtsszene aufgebaut waren – als Protagonist, als Selbstregisseur [...] Es fehlte gerade die Gemeinsamkeit, die Einheitlichkeit der Truppe.«[18]

Kortner empfand seinen Alleingang, seinen »Sieg«, nicht als Triumph. Er, der selbst zur Regie drängte, aber noch lange dazu keine Gelegenheit bekam, fand seinen richtigen Regisseur in

Erich Engel. Daß Viertel nach acht Monaten mit der »Truppe« Schiffbruch erlitt, war Kortner kein Anlaß zur Schadenfreude. Er war der Meinung von Herbert Ihering, daß die großen Erfolge der meisten herkömmlichen Theater mit spektakulären Inszenierungen und guten alten Stücken unwesentlicher waren für die künstlerische Entwicklung als die halben Erfolge, die Viertel mit der »Truppe« und nicht immer rundum überzeugenden neuen Stücken erzielte. Für Kortner blieb nur der Verdacht bestehen, daß Viertel den Schriftsteller in sich dem Theater geopfert hatte. In seiner Autobiographie resümierte er 1959:

Viertel, der sich auf die Bühne verirrt hatte, war für die Theater ein großer Gewinn. Für ihn selbst, glaube ich, war es ein Verlust, nicht Schriftsteller oder gar Dichter geblieben zu sein. Warum er diese große Begabung drosselte und sich dem hingab, was nicht seine eigentliche Berufung war, bleibt unerforschlich.[19]

Berthold Viertels Dichtertum war inzwischen mit dem Theater unlöslich verbunden, es begründete sich geradezu aus dem Theater. Es war denn doch seine eigentliche Berufung – jedenfalls hatte er für sich die Frage Kortners längst beantwortet:

Der Requisiteur eines Theaters kann, als ein Handwerker, der sein Handwerk liebt, mehr Künstler sein als ein Regisseur, der kein Dichter ist. – Ein Dichter, der sich an das Theater verschwendet – und am Theater verzweifelt, indem er daran krankt und daran gesundet: ein solcher genügt gerade zum Regisseur; [...] Theater ist schöpferische Selbstverschwendung an die Magie des Augenblicks. Theater ist ein tragischer Beruf, und wer nicht zu schade ist fürs Theater, der schadet dem Theater. *Das gilt auch für den Schauspieler.*[20]

Die Idee der »Truppe« konnte sich mit der Aufführung des *Kaufmanns von Venedig* zu wenig durchsetzen. Viertel wollte einfach zuviel – er hatte sich überdies von der Wirkung der Inszenierungen Tairows zu unbedacht entzünden lassen und dadurch verhindert, daß die Schauspieler sich restlos der Figur, die sie darstellten, ergeben konnten. Auch die zweite Premiere – *Vom Teufel geholt* von Hamsun – brachte keinen »Sieg«. Jacobsohn, Viertel zugetan, kritisierte unerbittlich – und mit dem Kalkül des bürgerlichen Kritikers, dem allein großes und darstellerisch beglückendes Theater alles war. Daß es auch »richtig«, mit einer anderen Grundhaltung gemacht war, wollte er als Entschuldigung für künstlerische Halbheiten nicht gelten lassen. Im Grunde warf Jacobsohn Viertel vor, daß er als Leiter der »Truppe« nicht die Kassenmentalität von Reinhardt hatte, der eben auf Zugstücke und passende Starbesetzungen trainiert war. Viertel wollte Stücke anders spielen, ihrer Wahrheit und ihrer Erkenntnis geduldig nachspüren und eben nicht nur den schnellen Erfolg herauskitzeln. Herbert Ihering verfolgte das Geschick der Truppe geduldiger. Er wollte das Richtige ermutigen, den Weg unterstützen, die Idee der »Truppe«. Auch er bemäntelte die Fehler, Ungereimtheiten und falschen künstlerischen Entscheidungen nicht. Ihering kritisierte das von der Qualität und Theaterauffassung her zu wenig homogene Ensemble. Auch Ihering rechnete das Nichterreichte bei der Inszenierung des Hamsun-Stücks auf. Und er fand Mea Steuermann als Frau Gihle eine totale Fehlbesetzung und außerdem nicht ins Ensemble passend.

Wenn es die entscheidende Talentprobe für einen Schauspieler ist, ob er kurze Einwürfe machen kann, dann hat Mea Steuermann kein Talent. Sie bringt allenfalls rhetorische Stellen mit dem Ersatzausdruck der sentimentalen Heroine. Sie bringt niemals einen knappen Satz, weil es für diesen kein Klischee gibt. Wenn es ausschlaggebend ist, ob ein Schauspieler auf der Bühne stehen kann, dann versagt Mea Steuermann auch hier. Sie nimmt niemals eine präzise Stellung ein. Sie verwischt jeden Ausdruck durch einen Verlegenheitsgang. Und um sie herum entstehen im Dialog Löcher, weil sie niemals einsetzt, niemals den Dialog weitertreibt, immer den Ausdruck, wenn sie nicht gerade schreit, vertröpfeln läßt.[21]

Viertel wollte diesen Vorwurf nicht gelten lassen. Karl Kraus gegenüber, der ursprünglich kommen wollte, aber seinen Berlin-Besuch verschieben mußte, schrieb er am 21. Oktober 1923:

Ich muß Ihnen gestehen, daß ich eine Nebenabsicht hatte, was den Zeitpunkt Ihres Kommens anlangt. Sie sollten Mea Steuermann als Frau Gihle sehen – und auch die viel beschimpfte Aufführung. Die genug Fehler haben dürfte, genug und zuviel von mir noch nicht Gekonntes – die aber eine ehrliche Arbeit ist – und mit ganzem Herzen gegen *Berlin gearbeitet! Das was ich will, ist freilich schwer zu erreichen – aus leerer Zeit die Fülle! – Aber man muß das Talmi kennen, das ringsum wuchert – wenn man es kennt, müßte man den Unterschied empfinden, auch wo es bis zur Vollendung noch ein weiter Weg ist! Jedenfalls hätten Sie Mea Steuermann als Frau Gihle sehen müssen – das muß jetzt bis Wien aufgespart bleiben, wenn ich soweit gelange.*[22]

Berücksichtigt man die Zeit, in der Viertel den Versuch mit der »Truppe« unternahm, war seine Leistung doch enorm – denn sie setzte eine künstlerische Alternative ins Werk – setzte künstlerischen Willen und das Vordringen zur Sprache eines Dichters gegen den kommerziellen Zynismus ins Recht. Die Bilanz war am Ende gar nicht so schlecht. Es erwies sich, daß mit weniger oft mehr erreicht werden kann. Mit der Premiere einer brüchigen Literaturkomödie wie *Vinzenz und die Freundin bedeutender Männer* von Musil und am Ende mit *Traumtheater* und *Traumstück* von Karl Kraus siegte Viertel künstlerisch. Zu dem Musil-Abend schrieb Ihering: »Das Ereignis war, daß gerade mit einem literarischen Stück gegen das formale Literaturtheater gekämpft wurde, gewissermaßen gegen das Kunstgewerbe und so wichtige Erkenntnisse schaffend.«[23]

Bei dem Kraus-Abend endlich versagte auch Jacobsohn die Anerkennung nicht. Doch auf einer gesicherten Basis weiterexistieren konnte die »Truppe« nicht. Ein Beispiel war gegeben worden. Die großen Erfolge, die manche Theater damals mit guten alten Stücken hatten, waren jedenfalls unwesentlicher für die Entwicklung des Theaters als der halbe Erfolg, den die »Truppe« mit wichtigen neuen Stücken und mit dem Versuch einer anderen Arbeitsweise erzielte. Von diesem Ensembletheater immerhin teilte sich die Sehnsucht mit nach dem Dichterischen, Künstlerischen und Unmittelbaren, ein Stück Utopie, das im wesentlichen Theater Existenzrecht haben muß.

Anmerkungen

1 Alfred Günther: Dresdner Schauspiel. In: *Die Neue Schaubühne* (Dresden) 3 (1921) 8–9 (Dezember), 192.

2 Max Herrmann-Neisse an Friedrich Grieger, 10.12. 1922. In: Klaus Völker: Max Herrmann-Neisse. Künstler, Kneipen, Kabaretts – Schlesien, Berlin, im Exil. Berlin 1991, 78.

3 Herbert Ihering: Der Kampf ums Theater. Dresden 1922, 10–12.

4 Herbert Ihering: »Die Wölfe«. In: Ders.: Von Reinhardt bis Brecht. Bd.1. Berlin 1961, 250–252. – Alfred Kerr: Romain Rolland: »Wölfe«. In: Mit Schleuder und Harfe. Berlin 1981, 228–231.

5 Herbert Ihering: (Ohne Titel). In: *Berliner Börsen Courier*, 16.5. 1922. Hier zit. nach: Ihering. Wie Anm. 4, 260.

6 Ebd., 261.

7 (Siegfried Jacobsohn): König Richard der Zweite. In: *Die Weltbühne* 18 (1922) 48, 572–575.

8 Berthold Viertel: Theater-Not. In: ST, 453f.

9 Berthold Viertel: F.K. In: BV 2, 231f.

10 Berthold Viertel: Theater-Not. In: ST, 456.

11 Berthold Viertel: Vom Regisseur aus gesehen. In: Die neue Bühne. Eine Forderung (hg. von Hugo Zehder). Dresden 1920, 47f.

12 Ebd., 48–53.

13 Berthold Viertel: Schauspieler-Sozialismus. In: ST, 461.

14 (Siegfried Jacobsohn): Die Theaterkrise. In: *Die Weltbühne* 19 (1923) 11, 308–309.

15 (Siegfried Jacobsohn): John Gabriel Borkman. In: *Die Weltbühne* 19 (1923) 19, 542–543.

16 Ernst Josef Aufricht: Erzähle, damit du dein Recht erweist. Berlin 1966, 54.

17 Salka Viertel: Das unbelehrbare Herz. Hamburg 1970, 172ff.

18 Herbert Ihering: Die Truppe. In: Wie Anm. 4, 335ff.

19 Fritz Kortner: Aller Tage Abend. München 1959, 231.

20 Berthold Viertel: Vom Regisseur aus gesehen. In: ST, 51.

21 Herbert Ihering: »Vom Teufel geholt«. In: Wie Anm. 4, 344–346.

22 Berthold Viertel an Karl Kraus, 21.10.1923 (Nachlaß Karl Kraus, Wiener Stadt- und Landesbibliothek).

23 Herbert Ihering: »Die Freundin bedeutender Männer«. In: wie Anm. 4, 353–355.

Kevin Gough-Yates

Berthold Viertels drei Filme bei Gaumont-British

Zwischen 1934 und 1936 führte Berthold Viertel bei drei Filmen in Großbritannien Regie: *Little Friend, The Passing of the Third Floor Back* und *Rhodes of Africa*, alle für Gaumont-British. Es waren die drei letzten Filme seiner Karriere, in der Geschichte des britischen Kinos ungerechterweise sträflich vernachlässigt.

Er hatte bei vier Filmen in Deutschland und acht in Amerika Regie geführt. Im Jahre 1928, drei Jahre nach dem Scheitern des Ensembles »Die Truppe«, mußte er noch immer Schulden tilgen. Er nahm ein Angebot der Fox Film Corporation an, arrangiert vom ausgewanderten Regisseur Friedrich Murnau, und zog mit seiner Familie nach Hollywood.[1] Seine Frau Salka etablierte sich schließlich als Filmbuchautorin, ihr Haus wurde zu einem Treffpunkt der Emigration in Hollywood. Berthold Viertel fand das Philisterhafte an Hollywood und die daraus resultierende Paranoia als unerträglich. Als Filmregisseur wurde er an Warner Brothers verliehen, und schließlich arbeitete er für Paramount. Eine Zeitlang redete er sich ein, er könne irgendwelche schlechten Themen sinnvoll gestalten, doch eigentlich wollte er vor allem nur mehr weg.

Am Höhepunkt der Depression – allein in den USA gab es 12 Millionen Arbeitslose und in Teilen Europas herrschte politische Instabilität – übertrug Paramount ihm die Regie für *The Cheat* mit Tallulah Bankhead in der Titelrolle. Die Story zentrierte sich auf die Probleme der Reichen mit Sex und Geld auf Long Island. Viertel wollte Änderungen, verweigerte sich, daraufhin wurde ihm der Film entzogen und George Abbott mit der Fertigstellung betraut. Ein »verstörter« Viertel sah sich anderswo um.

Im Juli 1932 verließ er ohne irgendwelche Aussichten seine Familie in Hollywood, um in Paris Alexander Korda zu treffen. Viertel schrieb gequälte Briefe nach Hause, die seine Verzweiflung angesichts der Wende, die die Entwicklung in Deutschland nahm, ausdrückten. Und er erkannte seine Torheit, Hollywood ohne Aussicht auf Vertrag verlassen zu haben.[2] Falls er in Korda große Erwartungen gesetzt hatte, so war er bald davon geheilt. 1932 war Kordas erster großer Erfolg *The Privat Life of Henry*

VIII. bereits verjährt, und er mühte sich noch immer ab, Geld für die Filmproduktion aufzubringen. Er und Viertel verhandelten über ein Projekt für Elisabeth Bergner, die Korda zuvor unter Vertrag genommen hatte. Sie dachten an einen Film für Greta Garbo, und sie zogen *Joseph and His Brothers* in Betracht, ein Projekt, das nicht realisiert wurde, das Korda in den dreißiger Jahren jedoch nicht aus den Augen verlieren wollte. Korda hatte keine Regiearbeit für Viertel, aber wir wissen aus den Londoner Filmbüchern, daß er ihm Drehbucharbeit anbot, ziemlich sicher für *Joseph and His Brothers*.

Am liebsten hätte Viertel in London gearbeitet, aber da es kein Angebot für ihn gab, ging er ohne Bedacht nach Berlin. Er überschätzte die für ihn vorhandenen Möglichkeiten, dachte an Brechts *Heilige Johanna der Schlachthöfe* oder Hauptmanns *Hannerle*, letzteres als ein Film für UfA. »Mir wurde ein wunderbares Stück von einem ungarischen Dramatiker angeboten [...]«, aber nichts davon wurde realisiert.[3] Anfang Oktober empfahl ihm Korda Michael Balcon von Gaumont-British in London, der sich »interessiert« zeigte, jedoch nicht vor dem kommenden Jahr. Viertel überlegte die Möglichkeit, in die Sowjetunion zu gehen, wo Erwin Piscator und John Heartfield neben anderen eine Erzählung von Anna Seghers bearbeiteten.[4] »Nach Hollywood«, so schrieb er, »fürchte ich keine Diktatur, aber die Sprache! Habe ich doch kaum Englisch erlernt, so kann ich Russisch schon gar nicht schaffen.«[5] Schließlich reiste er Ende Dezember nach Wien, sein Vater lag im Sterben und er wollte ihn noch einmal sehen. Erst am 31. Jänner 1933, als Hitler bereits Reichskanzler war, kehrte er nach Berlin zurück, zuvor war er selbst erkrankt. Man hatte ihm angeboten, eine Filmversion von Hans Falladas jüngst erschienenem Roman *Kleiner Mann – was nun?* zu schreiben.[6] Salka dagegen hatte in Hollywood kurz davor ein Originalszenario über die Arbeitslosen Amerikas geschrieben, doch ihr wurde vom MGM-Redakteur bloß mitgeteilt, daß niemand einen solchen Film sehen wolle.[7] Im Nu engagierte die Produktionsgesellschaft den Nicht-Juden (Fritz) Wendhausen als Co-Regisseur und Bertholds Gehalt wurde gekürzt.[8]

»Ich habe den Herren von Europa Film klar gemacht, daß ich als ewiger Jude und Österreicher bereit bin auszusteigen, sogar nachdem sie meinen Vertrag unterzeichnet haben. Aber obgleich ich mir sicher bin, daß mein Name im Film unerwähnt bleiben wird, haben sie keineswegs die Absicht, mich gehen zu lassen.«[9]

Man hielt ihn in Berlin zurück, indem man sich weigerte, ihn vor Fertigstellung des Drehbuches zu bezahlen. Doch nach dem Reichstagsbrand war die Angelegenheit zu seinem Schaden erledigt, er ging nach Prag und erreichte schließlich London, wo er für einen Film bei Gaumont-British einen Vertrag unterschrieb. Gaumont-British steckte inmitten einer ehrgeizigen und kostspieligen Bearbeitung von Lion Feuchtwangers »historischer Romanze« *Jud Süß* mit Conrad Veidt. Viertel schlug ein kleines Projekt vor, die Bearbeitung von Ernst Lothars Roman *Kleine Freundin*. Unser Bild von Viertel zu jener Zeit entstammt im wesentlichen Christopher Isherwoods Charakterisierung des Dr. Friedrich Bergmann in der Kurzgeschichte *Prater Violet*, welche wiederum zu einem beträchtlichen Teil von seinen Erfahrungen als Viertels Assistent und Co-Autor von *Little Friend* herrührt.[10] Später bemühte sich Isherwood, die Figur des Dr. Bergmann als eine Mischung von Viertel und anderer »Bilderstürmer«, die er in Hollywood getroffen hatte, zu deuten und erklärte, daß der Film in seiner Geschichte nichts mit *Little Friend* gemein habe.[11] Als er Viertel zum ersten Mal sah, erkannte er unmittelbar »das Gesicht einer politischen Situation. Das Gesicht Mitteleuropas«. Er erinnerte sich, daß Viertel sich »nach seiner Familie verzehrte [...]. Er sprach andauernd von ihnen. Stundenlang sprach Viertel über dieses und jenes, über alles außer über *Little Friend*. Viertels Haltung zu diesem Film änderte sich ständig. Manchmal prangerte er ihn als Prostitution an. Bisweilen betrachtete er Christopher und sich selbst als heroische Rebellen gegen die bürgerliche Kultur. Manchmal entdeckte er eine tiefere Bedeutung in der Geschichte und meinte, dies müsse ein Meisterwerk sein.«[12]

»Ich kämpfe darum, diesem Film seine gerechte Anerkennung zu verschaffen«, so Viertel zu einem Interviewer während der Entstehung des Films. »Ich scheue keine Anstrengung. Je lyrischer, je psychologischer ein Manuskript ist, umso mehr spricht es mich als mögliches Drehbuch an.«[13] Für Viertel war das eine Gelegenheit der Selbstdarstellung, etwas, das man ihm in Hollywood verwehrt hatte. Doch es handelte sich bloß um eine kleine Sache, einen Test, und Michael Balcon, Produktionsleiter bei

Gaumont-British, nahm keinen persönlichen Anteil daran. Robert Stevenson, später Regisseur bei Gaumont, war Produzent des Films und zeigte sich laut Isherwood durchaus wohlgesonnen. Er übte auf Viertel nur dann Druck aus, wenn es unumgänglich war.[14] Die kreativen Schlüsselfiguren um Viertel waren alle deutschsprachige Exilanten. Heinrich Fraenkel, mit dem er für Warner Brothers *Die heilige Flamme* bearbeitet hatte, Alfred Junge und Günther Krampf. Die Geschichte handelt von einem jungen Mädchen, das am Scheitern der Ehe ihrer Eltern verzweifelt.[15] Zu jener Zeit interessierte sich Viertel besonders für die Psychoanalyse, und er suchte in dem Film nach einer Darstellungsmöglichkeit, wie die Ehekrise mit den Augen des Kindes erlebt wird.

Der Film war der Form und der Logik nach als Traum konzipiert. Zu Beginn und am Ende liegt Felicity (Nova Pilbeam) im Bett, die Fotos ihrer Eltern hängen an der Wand. Sie erwacht aus einem Alptraum und hört die Eltern laut streiten. Sie streiten über die Affäre der Mutter, die offenbar wurde. Die Rahmenhandlung zwischen ihrem Zubettgehen und dem Aufstehen am nächsten Morgen imaginiert, daß sich ihr im Traum ein Ehestreit in ein lebensbedrohliches Ereignis verwandelt. Die kalte, steife Darstellung und die visuellen Verzerrungen unterstreichen diese Hauptintention. Viertel wählt keinen naturalistischen Zugang, vielmehr nützt er, um die gewünschten Effekte zu erzielen, Theaterkonventionen und läuft dabei Gefahr, daß das Publikum dies als übertrieben empfindet. Wenn Felicitiy mit ihren Eltern ausgeht, ist sie wie eine Prinzessin gekleidet. »Mummy and Daddy« sind Wörter, die häufig im Hintergrund aufscheinen. Um den Sinn des Traums zu visualisieren, verknüpfte Viertel die Möglichkeiten des Films und der Fotografie. Günther Krampf, einer der herausragendsten Kameramänner Europas, war für den Film *Jew Süss* vorgesehen gewesen, wurde aber mit *Little Friend* beauftragt, vielleicht weil er deutschsprachig war.[16] Die Kameraführung ist äußerst mobil, um einen einzigen Gesichtspunkt hervorzuheben, und Schlüsselobjekte werden von kleinen Lichtkreisen erhellt. Der Rest bleibt im Dunkeln, so daß insgesamt ein räumlicher Effekt erzielt wird. In der Sequenz der Geburtstagsparty wird dies am deutlichsten. Hier stellt Viertel Forderungen an Krampf, denen wohl kein britischer Fotograf zu jener Zeit hätte nachkommen können.[17] Der für die Ausstattung verantwortliche Alfred Junge verlieh dem allgegenwärtigen Thema von Vorstellung und Traum entsprechend Ausdruck. Gebäude stehen isoliert da oder in ungewöhnlicher räumlicher Beziehung zueinander. Auch Ton und Musik ergänzen die Bilder, nehmen an Lautstärke und Intensität zu, wann immer Felicity verzweifelt ist.

Die Episode, in der Felicity mit ihrem Vater (Matheson Lang) das Märchen *Jack and the Beanstalk* besucht, ist wohl die bemerkenswerteste. Der Riese, dargestellt von Fritz Kortner in einer stummen Rolle, stürmt heran, um den Engländer zu suchen. Wir sehen den Riesen mit den Augen des Kindes. Er füllt die Bühne aus, während Jack mit Hilfe eines Spezialeffekts zur Miniatur schrumpft. Felicity hat schreckliche Angst, da er ungewöhnlich groß ist. Ein beachtlicher Einfall, der nur darunter leidet, daß das Gesicht des Mädchens kein zweites Mal gezeigt wird, um den Eindruck zu verstärken.[18] Für Viertel war es »eine der größten Erfahrungen, dieses Sehen der Dinge mit den ernsten Augen eines Kindes.«[19]

Verglichen mit dem Alptraum Hollywood fühlte er sich in Großbritannien wohl, und er erwies sich als ein Regisseur, der sich ungewöhnlich dafür engagierte, die verschiedenartigen Elemente bei der Entstehung eines Films zu kombinieren und zu kontrollieren.[20]

[...] zwischen dem Regisseur und dem fertiggestellten Film besteht ein gewaltiger komplizierter Mechanismus [...], ein Regisseur muß in der Lage sein, seinen zukünftigen Film zu gliedern [...], in die kleinen Teilchen eines Kaleidoskops aufzuteilen [...], und er darf die endgültige Einheitlichkeit nicht aus den Augen verlieren [...], Schwierigkeiten werden dadurch noch größer, daß Filme von einer Industrie produziert werden [...], die Befehle erteilt. Die Filmindustrie sammelt Stoff und läßt diesen von Autoren bearbeiten, und das innerhalb eines strengen Zeitlimits. Dem inneren organischen Wachstum wird da wenig Platz eingeräumt, vielmehr muß die Arbeit unter verschärften Bedingungen getan werden, und der Gesamtfortschritt wird von speziellen Experten beobachtet und beaufsichtigt [...]. Amerika, das größte Industrieland der Welt, das Land der Mechanisierung und Rationalisierung von Arbeit, treibt die Technisierung der Dreharbeiten voran. Es wird vom Regisseur nicht mehr erwartet, daß er

seinen eigenen Film schneidet, obwohl der Prozeß des Schneidens die Vollendung des Films ist. [...] Ein enorm kompliziertes System von Abteilungen reicht nahtlos in den kreativen Prozeß hinein, wobei jegliche Stimmungseinheit zerstört wird.

Daher werden laut Viertel Originalthemen selten auf der Leinwand gezeigt: »Regisseure, die dieses tatsächlich schaffen, [...] Aussagen zu vermitteln [...] trotz all dieser Hindernisse [...], müssen wie Weltmeister im Schwergewicht gebaut sein [...]. In Großbritannien ist es in dieser Hinsicht viel einfacher [...], es ist hier einfacher, eine persönliche Botschaft weiterzugeben. [...] Obwohl von technischer Seite her größere Schwierigkeiten bestehen und die Organisation nicht so hoch entwickelt ist.« Im Gegensatz zu Hollywood ermutigte man Viertel in London, Ideen und Vorschläge einzubringen und wies ihm nicht bloß ein Drehbuch zu.

Viertels Zusammenarbeit mit Murnau, seine Lyrik und seine Arbeit am Theater verfehlten nicht ihre Wirkung auf Paul Rotha, den britischen Dokumentarfilmer, der entschieden darum kämpfte, mit Spielfilmen zu beginnen. Am 3. Februar 1935 versammelte Rotha ein Team von Exilierten aus Europa, die für Gaumont-British arbeiteten. Man wollte sich die Stummfilmversion eines seiner Projekte ansehen und eine Tonfassung einer Geschichte Tolstojs, und zwar *Zhivoi Trup/The Living Corpse* (1928), bei der Fedor Ozep Regie geführt hatte. In diesen Filmen sollten Conrad Veidt und die englische Schauspielerin Madeleine Carroll mitspielen. Rotha sollte Regie führen, Viertel das Drehbuch schreiben, Alfred Junge sollte für die Aufbauten zuständig sein und Mutz Greenbaum für die Aufnahmen.[21] Gaumont-British war nicht interessiert.

Viertels Verbitterung über Hollywood floß in zahlreiche Interviews ein. Er bekräftigte seine Ansicht, Hollywood sei hypotroph und ignorant. New York oder London wären »für die Industrie vorteilhafter wegen der größeren Nähe zum Stoff. Man isoliere sich dort nicht so von den Massen.«[22] In Hollywood sah er sich gezwungen, Stars mit Material zu füttern, und es war fast vergeblich, den Produzenten Geschichten vorzuschlagen. Diese fragten geradeheraus, für wen der Film gedacht sei oder wer dafür geeignet wäre? »In Amerika wird Material für einen Star gekauft. [...] Immer gilt ihm die erste Überlegung, nicht der Geschichte, nicht der Idee.«[23]

Gaumont-British war mit *Little Friend* zufrieden und nahm Viertel für drei weitere Filme unter Vertrag. Man schlug ihm ein Stück von Jerome K. Jerome vor, *The Passing of the Third Floor Back*[24]. Schauplatz ist eine kleine Pension in Bloomsbury, London, erfüllt von Gezänk und verbitterten Untermietern. Viertel erkannte die Schwierigkeit, das Stück für die Leinwand zu bearbeiten, aber er sah auch die großen Möglichkeiten, falls ihm eine erfolgreiche psychologische Motivation der Charaktere gelänge. Die ersten Bilder kündigen »eine Stadt mit unzähligen Straßen an, Dächer über Dächer, eine Wildnis von Häusern, von denen nur wenige wirklich ein Heim darstellen.« In der Küche im Keller arbeitet Stasia (Rene Ray), eine junge Dienstmagd, am Abwaschbecken. Aus purer Bosheit wirft die Hauswirtin eine Blume zu Boden, die das Mädchen gefunden und eingepflanzt und an der sie sich erfreut hatte. Stasia beklagt die Ungerechtigkeit in der Welt und fleht: »[...] wenn es nur einen anständigen Menschen auf der Welt gäbe, aber den gibt es nicht.« Ihr Gebet wird bald erhört. Denn gerade als sie hinausstürzt, taucht an der Tür ein Fremder auf (Conrad Veidt), der das winzige Hinterzimmer im dritten Stock zu mieten wünscht. Sein Gesicht ist von einem Leuchten umgeben, unmittelbar hinter ihm befindet sich auf der anderen Straßenseite der Torbogen einer Kirche. Am Ende des Films entschwindet er durch dieselbe Tür ebenso geheimnisvoll, wie er gekommen ist. Seine letzten an Stasia gerichteten Worte sind: »Ich kam, weil du mich brauchtest.«

Isherwood behauptete, daß Viertel mit seinen Chefs nicht so gestritten habe, wie dies Bergmann in seinem Roman tut.[25] Bei dem Film *The Passing of the Third Floor Back* war Ivor Montagu Produzent – ein Freund und Kollege Eisensteins sowie Hitchcocks Regieassistent.[26] Er sprach fließend Russisch und Deutsch und erwies sich, wie auch Heinrich Fraenkel, als wertvolles Bindeglied für die häufig ausländische technische Belegschaft bei Gaumont-British und der Balcon und der Ostrer Brothers. Letztere waren die Hauptaktionäre der Gesellschaft.

Gaumont-British befand sich jedoch bereits seit langem auf dem absteigenden Ast; nicht in der Lage, Gewinne zu erzielen, und daher bemüht, die Kosten zu senken. Montagu wurde unter Druck gesetzt. Die Balcons widersetzten sich jeglicher Einmischung durch die Ostrers, denen es hauptsächlich um die Rentabilität ging.

»Offenbar hatte man Viertel den Drehbeginn für Mittwoch, den 10. April 1935, angesetzt und nicht, wie ursprünglich vereinbart, für den 11. April«, schrieb Montagu an S. C. Balcon. »Wenn man den Charakter des Mannes in Betracht zieht, die Auswirkung auf den Film, wenn dieser sich wohlfühlt [...], so könnte man in der Praxis bessere Ergebnisse erzielen, [...] begänne man am Donnerstag.« Montagu wurde die Anweisung gegeben, daß Mittwoch als Drehbeginn eingehalten werden müsse, und er setzte Viertel davon in Kenntnis. Daraufhin marschierte Viertel über seinen Kopf hinweg zu Maurice Ostrer, dessen Büro nun neben dem Michael Balcons lag. »Ohne sich mit mir zu beraten (sic!) wurde ihm erlaubt, am Donnerstag zu beginnen.« Der ursprüngliche Zeitplan von sechs Wochen und vier Tagen war rein technisch möglich, doch wenn man »die Grenzen (und Qualitäten) des Regisseurs in Betracht zog, so stand es außer Frage [...], daß der Film schneller abgedreht würde.« Das Studio wollte jedoch die Drehzeit um eine Woche verkürzen. Montagu dachte, daß »man bessere praktische Ergebnisse erzielen könnte, wenn man ihm einen Zeitplan gab, der für ihn durchführbar und erreichbar war. Doch, wenn man ihn unter Kurantel stellte, wußte er sehr genau, daß es – zumindest für ihn – nicht zu schaffen war.«

Doch es half nichts, und Montagu fühlte sich selbst unter Druck gesetzt. Viertel »arbeitete so hart, wie er nur konnte«, und »die Arbeit ging normal voran.« Ihn unter Druck zu setzen, um die Anzahl der Aufnahmen zu reduzieren, »war fast unmöglich ..., denn es ist ihm nicht möglich sich vorzustellen, welche davon unnötig sind, bevor er sie nicht auf der Leinwand gesehen hat.« Ihn »zu einer Diskussion darüber zu zwingen, würde, wenn man seinen Charakter in Betracht zieht a) ihn so nervös machen, daß zweifellos die Qualität des Films davon betroffen wäre b) nicht unbedingt zum gewünschten Ziel führen.«

Montagu tat sein Bestes. S. C. Balcon wies Montagu zurecht, aber Viertel hatte einen Weg gefunden, beide zu umgehen.

Darauf schrieb Montagu an Balcon » [...] haben Sie mich in eine ungute Situation zum Regisseur gebracht. Man ließ mich so dastehen, als wäre ich darauf aus, voll demütigem Enthusiasmus die Ausgaben der Gesellschaft zu reduzieren und ihn zu nicht machbaren Leistungen zu drängen. Sobald Viertel aber mit dem Geschäftsführer die Lage diskutierte, wurde die Misere zugegeben.« Wie, so fragte er, solle er Hitchcock bei der Stange halten, wenn »dem Regisseur definitiv das Gefühl gegeben wird, daß er sich darauf verlassen könne, jederzeit Unterstützung gegen mich zu finden?«[27]

Zum Vorbild nahm sich Viertel den neuesten Film *The Barretts of Wimpole Street*. In ähnlicher Weise war hier die Handlung limitiert, wobei das Ganze in einem Haus in London und Umgebung spielt. Es sollte nur wenige Aufbauten geben, noch weniger als in allen anderen Filmen, in denen er Regie geführt hatte, und nur eine Sequenz sollte außerhalb des Studios gedreht werden. Und zwar jene, wo an einem öffentlichen Feiertag das ganze Haus nach Margatc reist.[28]

»In Barretts«, schrieb Viertel, »wurde die eingeschränkte Handlung durch die geschickte Kameraführung wettgemacht [...]. Indem sie den Bewegungen der verschiedenen Schauspieler folgte, übernahm die Kamera praktisch einen schauspielerischen Part im Film. Sie schuf die richtige Atmosphäre und rückte die richtigen Leute zum richtigen Augenblick ins rechte Licht. In dem Film *The Passing of the Third Floor Back* werden wir die Kameras auf dieselbe Art und Weise einsetzen [...], und ich muß in diesem Zusammenhang mein Glück bekunden, den jungen Curt Courant als ersten Kameramann zu haben. Er ist mit Sicherheit einer der hervorragendsten kreativen Fotografen, den die berühmten UfA-Studios hervorgebracht haben [...].«[29]

Bezeichnenderweise setzte er die Musik als Bindeglied für die offensichtlich verschiedenen Geschichten ein. In einer Episode verwendete er Originalmusik, die im Wohnzimmer auf dem Klavier gespielt wird, um fünf wichtige Streitszenen in verschiedenen Teilen des Hotels zu verbinden. Er unterschied zwischen der oberflächlichen Geschichte vom geheimnisvollen Fremden, gespielt von Conrad Veidt, der völlig ruhig mit der Streitsüchtigkeit und Eifersucht der Untermieter fertig wird, und dem tieferen Thema, und der Aussage: Dem ewigen Kampf des Guten gegen das Böse – personifiziert im bösartigen Mr. Wright und den anderen Bewohnern des Hauses.

Veidt, immer glaubwürdig im Charakter, sollte eher erfühlt denn tatsächlich gesehen werden. Die Botschaft »muß dem Publikum neben der tatsächlichen Dramatik unterschwellig vermittelt werden.« Sein Problem, so behauptete Viertel, war es, »dies zu vermitteln, ohne daß das Publikum je auf die Idee käme, irgendetwas Ätherisches zu sehen, das mit der nackten Realität des Lebens nichts zu tun hat.« Er bediente sich desselben Zugangs wie bei dem Film *Little Friend* und nützte die Geschicklichkeit seines Fotografen, mit Beleuchtungseffekten die Thematik herauszuarbeiten, was sonst mit Hilfe des Dialoges bestritten hätte werden müssen. Veidt, in der Rolle der geheimnisvollen, unantastbaren Gestalt, begegnet überall Habgier und Niedertracht. In der unvermeidlichen Szene, in der das Gute direkt mit dem Bösen konfrontiert wird, geht der Fremde in das Zimmer des Mr. Wright. Wright, der andere immer nur ausnützt, sowohl in persönlichen Beziehungen als auch in geschäftlichen Belangen, wischt die edlen Gefühle des Fremden einfach zur Seite. Jeder hat seinen Preis. Er war einst arm und kann sich nun kaufen, was er will: Vivian, eine junge attraktive Frau, und Stasia, das Dienstmädchen. Courant, ein Spezialist im Filtern und Weichzeichnen, betont durch die Lichteinstellung Wrights Sinn für Macht. Aber die sorgfältig abgestimmte Beleuchtung und die fotografische Perspektive auf den Fremden, der sich aus dem Sessel erhebt, kehren die Situation um. Und nun ist es er, der das Bild dominiert.[30] »Alles, was passiert, ist, daß sich der Fremde aus seinem Sessel erhebt«, berichtete Veidt einem Interviewer vom *Film Weekly*, »aber sein Gesichtsausdruck und die Kameraperspektive bewirken gemeinsam, daß dem Publikum die wahre Symbolik hinter seinen Worten vermittelt wird.«[31] Veidts Darstellung, die subtilste des Films, ist auch in anderer Hinsicht interessant. Kein anderer Charakter wird realistisch gespielt. Wenn Mrs. De Hooley (Sarah Algood) durch den Salon geht, ist ihre Eleganz bloß Karikatur, sie wirkt wie ein Kind in den Kleidern ihrer Mutter. Wenn Mr. Wright (Frank Cellier) mit seinem übergroßen Scheckbuch herumfuchtelt, um für Kost und Logis zu bezahlen, umkreist ihn die Hauswirtin Mrs. Sharpe (Mary Clare), und ihre Nase wird dabei spitz wie der Schnabel eines Vogels, der nur darauf wartet, sich auf einen Wurm zu stürzen. Veidt wirkt natürlicher, aber auch in seiner Darstellung findet sich eine Spur von Expressionismus. In seiner Konfrontation mit Mr. Wright treten ihm im Nacken die Adern hervor und seine Hände versteifen sich zu Krallen. Obwohl niemand dem korrupten Einfluß des Mr. Wright entgeht, wird doch jeder gerettet. Als Stasia während eines Tagesausflugs nach Margate in den Fluß fällt, ruft Mrs. Sharpe nach ihr, als wäre ihr eigenes Kind vom Ertrinken bedroht, und schließlich wird Mr. Wright durch seine eigene Verderbtheit zu Grunde gerichtet.

Viertels letzter Stoff für Gaumont-British war eine Überraschung. Es war ein Film über das Leben des britischen Kolonialisten Cecil Rhodes und Teil eines Programms über das Empire und einer von drei Filmen, die bei Gaumont-British hergestellt wurden. Sie verbanden, wie es Jeffrey Richard ausdrückte, »Patriotismus mit Profit«.[32] *Rhodes* war schon ein paar Jahre lang in Erwägung gezogen worden. Im Oktober 1934 trat John Corfield, der geschäftsführende Direktor der British National Films, an Winston Churchill heran, der Rhodes eigentlich und seine Arbeit bewunderte, und bat ihn, darüber zu schreiben.[33] Man befand sich auf heiklem Territorium. Der südafrikanische Staatsmann Jan Christian Smuts zeigte sich besorgt, daß Rassenvorurteile angeheizt werden könnten, und für eine Zeit wurde das Projekt fallengelassen, bis Viscount Lee of Farnham schließlich vermittelnd eingriff, und es Gaumont-British möglich machte, das Projekt zu wagen.[34] Rhodes sollte von George Arliss gespielt werden, einem Schauspieler, der für seine Darstellungen als Disraeli, Voltaire und Meyer Rothchild berühmt war, und Michael Balcon reiste nach Hollywood, um »definitive Vereinbarungen mit ihm zu treffen.« In letzter Minute erkannte man, daß Arliss keinerlei Ähnlichkeit mit Rhodes hatte, und die Rolle ging an Walter Huston, einen Freund Mark Ostrers. Man kann annehmen, daß die Balcons nicht erfreut darüber waren. Oscar Homolka bekam eine Rolle, hatten doch er und Viertel denselben Agenten, Eric Glass, und bereits in dem Künstlerensemble »Die Truppe« zusammengearbeitet.

Viertels Einfluß auf *Rhodes*, das steht fest, war begrenzt. Er behielt die Mitarbeiter von seinem letzten Film, Oscar Werndorff für die Bauten und Derek Twist als Editor, doch man stellte ihm den Durchschnittsfotografen Bernard Knowles zur Seite.[35] Die Aufnahmen vor Ort in Afrika waren zwei Jahre zuvor von Geoffrey Barkas gemacht worden, sie waren wenig durchdacht und ziemlich planlos.[36] Für die Musik stand ihm der einzigartige Musikarrangeur von Gaumont-British, Louis Levy, zur Verfügung. Es ist kaum vorstellbar, daß Viertel begeistert von seinem Helden war, der schwarze Afrikaner wie Kinder behandelt, die, wenn sie sich schlecht benehmen, biblische Bestrafung erfahren. Die einleitenden Untertitel lassen die Schwierigkeit erkennen, solch einen zweideutigen Charakter zu präsentieren. »Manche bejubelten ihn als genialen Führer. Von anderen wurde er als ehrgeiziger Abenteurer geschmäht.« Viertels Vorstellung von Rhodes stellt sich als Fortführung des beredsamen Fremden im Film *The Passing of the Third Floor Back* dar, nur daß sein Held sich hier für den britischen Imperialismus stark macht.

Von der Aufmachung her fehlt dem Film die unverwechselbare Note, die die Wirkung der anderen Viertel-Filme für Gaumont-British ausmachte. Da scheinbar weder Rhodes noch seine Partner ein Eigenleben haben, machen dramatische Ereignisse auf der Chefetage den Großteil der Handlung aus. Obwohl in einer Überblendung der Zeitraum von zehn Jahren durchlaufen wird, zeigen die Persönlichkeiten weder eine Entwicklung noch verändern sie sich. Dem ganzen Film »fehlt eine vertraute Atmosphäre«, schrieb *Picturegoer*[37], und wies auch darauf hin, daß Walter Huston überhaupt keine Ähnlichkeit mit Rhodes aufweise. Von allen Seiten unter Druck gesetzt, war es Viertel unmöglich, die Elemente zu einem homogenen Ganzen zu verbinden. Auch findet sich keine Schilderung eines Charakters durch Lichteffekte. Die Nebendarsteller sind meist Stereotypen ohne Persönlichkeitsschattierungen. Die Ausnahme bildet Oscar Homolka, in einer relativ kleinen Rolle, dessen überragende Darstellung als Paul Kruger die erinnerungswürdigste des Films ist, eine Darstellung, die »von keinem anderen Hollywoodstar jemals übertroffen wurde [...], ein cineastisches Meisterstück.«[38]

Die Filmkritik betonte den Mangel an Genauigkeit und die Charakterisierung, was Viertel und Gaumont-British bereits vorhergesehen hatten. Viertel antwortete auf eine Kritik, wobei er jeglicher Versuchung, *Rhodes* zu verteidigen, widerstand.

Als der Regisseur [...] würde ich gerne erklären, was ich dabei dachte, als ich den Film machte. [...] In der Geschichte regieren Fakten, im Drama ist es die Vorstellungskraft. Den Dramatiker interessiert nur seine eigene Notwendigkeit – die Ereignisse müssen eine dramatische Idee aufbauen. [...] Unsere

Vorstellung von Heldenverehrung hat sich geändert. Ein Mensch ist soviel wert wie die Ideen, die er vertritt [...]. Ich sah Rhodes und seine Hauptopponenten [...], jeder repräsentiert sein Land auf einer anderen Entwicklungsstufe; den einfachen Menschen, den patriarchalischen Bauern und den Vertreter des fortschreitenden Kapitalismus, der die moderne Zivilisation verbreitet. [...] Natürlich müssen sich diese auf der Leinwand treffen, persönlicher und dramatischer als im wirklichen Leben. [...] Ziel war es, die Wahrheit der Ideen aufzuzeigen, nicht die Ähnlichkeit von Gesichtern und die genaue Abfolge der Ereignisse [...].[39]

Michael Balcon reagierte auf den Einwand, daß die berühmte »Indaba« (d.h. Konferenz oder Verhandlungen) in den Matopo Hügeln ausgelassen worden war:

Meiner [...] Ansicht nach lieferte Viertel eine beeindruckende Filmcharakterstudie des Cecil Rhodes. Das war es auch, worauf er abzielte: eine biographische Studie – keine Biographie [...]. Es gab ähnlich schwerwiegende Ungenauigkeiten in »The House of Rothchild«. »Clive of India« wieder gelang es nicht, die letzte Phase im Leben Clives darzustellen [...]. Shakespeare zögerte nicht, Ungenauigkeiten einzuführen, um die dramatischen Effekte in seinen Stücken zu verstärken, und die Freiheiten, die sich Scott in seinen historischen Romanen nahm, waren erstaunlich [...]. Vielleicht [...] könnte man behaupten, was für Shakespeare gut genug war, sollte auch für Gaumont-British gut genug sein![40]

Balcon war zutiefst patriotisch und wollte – quasi als annehmbare Propaganda – im Ausland ein günstiges nationales Image erzeugen. Richard erinnert uns daran, daß »der Schlüssel zum Verständnis dieser Filme in ihrer Begeisterung für den britischen Charakter zu suchen ist, [...] welche die Briten [...] abhob [...] und ihre Herrschaft über ein Viertel der Erde rechtfertigte.«[41] Zum Teil war es auch eine Antwort auf den Faschismus in Europa und im Falle Rhodes unterschieden diesen seine Erziehung in Oxford und sein Sinn für Fairness von den schlimmsten Ausbeutern in Afrika. Sein Traum von Vereinigung, die Last des weißen Mannes auf seinen eigenen Schultern zu tragen und dabei sein Leben seinem Traum zu opfern, machen ihn zu einem romantischen Helden, dem »Großen Weißen Vater«.

Obwohl Viertel *Rhodes* für einen besseren Stoff hielt als vieles, was man ihm in Hollywood auferlegt hatte, war er doch Opfer eines Systems geworden, das er so sehr beklagte. Er war bloß ein Glied in einer Produktionskette. Doch er wußte nicht, wohin er sich sonst wenden sollte. Vor allem fühlte er sich durch eine finanzielle Krise innerhalb der britischen Filmindustrie unter Druck gesetzt. Diese hatte übermäßig expandiert, angetrieben durch Protektionsmus und Kordas schnellen Erfolg in Amerika. Die Studios waren größer geworden, und es wurden mehr Filme produziert, als der heimische Markt absorbieren konnte. Anfang 1937 begannen die Filmgesellschaften zusammenzubrechen. Gaumont-British wurde von den frühen Fehlern und der Überexpandierung eingeholt, und im Juni wurde verkündet, daß Gaumont-British nahezu 98.000 Pfund an Jahresumsatz verloren hatte.[42] »Produktionsstopp. Angeordnet in einem großen britischen Studio«, verkündete die Titelseite des *Daily Express* am 24. Februar 1937. »Die Auswirkungen werden die ganze Industrie erschüttern.«[43]

Die Produktion wurde gänzlich beendet, und als sie wieder aufgenommen wurde, war Ivor Montagu gegangen, und Michael und S.C. Balcon, zutiefst verärgert über die Art, in der sich die Ostrer Brüder in ihr Produktionsprogramm eingemischt hatten, waren nicht mehr dabei. In den Filmen herrschte ein anderer Ton, und Viertel wurde kein vierter Film angeboten.

In London machten ihn seine Anti-Nazi-Aktivitäten, sein Engagement bei der »Free German League of Culture« (Freier Deutscher Kulturbund), bei der er Ehrenpräsident war, und seine Beiträge in Exilzeitungen unbeliebt beim Home Office. Im Mai 1939 wurde seine britische Aufenthaltsgenehmigung nicht erneuert. Seine Versuche, neue Filmprojekte zu realisieren, waren im Sande verlaufen. Über die Kriegsjahre lebte er in Amerika, war zwar aktiv, doch verdiente wenig.[44] In Kalifornien träumte er von einem Nachkriegseuropa, wo Film und Theater »Teil des Wiederaufbaus werden würden und eine neue Realität des Friedens mitaufbauen würden.«[45] Als er 1953 starb, erinnerte man sich kaum an ihn als Filmemacher, und in keinem Nachruf wurden seine Leistungen bei Gaumont-British erwähnt. Hilde Spiel erinnerte die Leser in einem Brief an den *New Statesman and Nation*, daß er überall außer in London gewesen sei. »Er scheiterte in Hollywood«, schrieb sie. Er war »ein genialer Mensch, obwohl es nichts gibt, dies zu beweisen, außer der Überzeugung seiner Freunde.«[46]

Aus dem Englischen übersetzt von Angelika Staud und Siglinde Bolbecher.

Anmerkungen

1 F. W. Murnau (1888–1931), einer der meist bewunderten deutschen Filmregisseure, war bei einem Autounfall ums Leben gekommen. Zu seinen bekanntesten Filmen in Deutschland zählen: *Nosferatu – Eine Symphonie des Grauens* (1922), *Der letzte Mann* (1924), *Tartuffe* (1926), *Faust* (1926); in den USA *Sunrise* (1927), *Four Devils* (1928), gemeinsam mit Robert Flaherty *City Girl* (1930; 1931). B. Viertel bearbeitete gemeinsam mit Marion Orth das Drehbuch und die Dialoge für *City Girl*.
2 Zit. nach Salka Viertel: The Kindness of Strangers. New York 1969, 170–171.
3 Ebd. 180.
4 Die deutsche Version von *Aufstand der Fischer* wurde ausrangiert, die russische Orginalfassung *Wostaniye Rybakow* ging verloren.
5 S. Viertel, wie Anm. 2, 181.
6 In einem Brief an seine Frau gab Viertel als Produktionsfirma Europa Film an, die eigentlich eine Verleih-Firma war, aber wahrscheinlich die Finanzierung übernommen hatte. *Kleiner Mann, was nun?* wurde 1933 von der Robert Neppach Filmproduktion hergestellt. Regie führte Fritz Wendhausen. Mitwirkende waren Hermann Thimig, Hertha Thiele, Viktor de Kowa, Fritz Kampers, Theo Lingen und Blandine Ebinger.
7 Trotzdem wurde 1934 eine amerikanische Version von *Kleiner Mann, was nun?*, *Little Man, What Now?* von Universal unter der Regie von Frank Borsage mit Margeret Sullavan, Douglas Montgomery, Alan Hale, Catherine Doucet und May Marsh produziert.
8 S. Viertel, wie Anm. 2, 185.
9 Möglicherweise erhielt er insgesamt 5.000 DM. In einem Brief an seine Frau (Berlin, 15.2. 1933) bemerkte Viertel, daß er 2.000 DM erhalten habe und auf weitere 3.000 DM hoffe.
10 Isherwood wurde von Jean Ross beraten, während Sally Bowles am Drehbuch arbeitete als Ersatz für Margaret Kennedy, die Elisabeth Bergner für den Film *Escape Me Never* zur Verfügung stand.
11 Zit. nach Berthold Viertel: Christopher Isherwood and Dr. Friedrich Bergmann. In: Theatre Arts, Mai 1946.
12 Christopher Isherwood: Christopher and His Kind 1929–1939. London 1977, 119–121.

13 Picturegoer, 7.4. 1934.
14 Die Praxis war, Michael Balcon, dem Produzenten, zu vertrauen.
15 *Little Friend* (Juli 1934). Produzent: Michael Balcon; Co-Produzent: Robert Stevenson. Regie: Berthold Viertel. Drehbuch: Margaret Kennedy, Christopher Isherwood, Berthold Viertel nach dem Roman *Kleine Freundin* von Ernst Lothar. Aufnahmen: Günther Krampf. Kameraassistenz: Erwin Hillier. Ausstattung: Alfred Junge. Musik: Ernst Toch. Leitung: Ian Dalrymple. Mit: Matheson Lang, Nova Pilbeam, Jimmy Hanley, Lydia Sherwood, Jean Cadell, Allan Aynesworth, Lewis Casson, Cecil Parker, Finlay Currie, Fritz Kortner.
16 Krampf war in Deutschland Kameramann bei Friedrich Murnau, G.W. Pabst und Ludwig Berger.
17 Mein Dank gilt Erwin Hillier, Krampfs Kameraassistent bei diesem Film, für seine technischen Auskünfte über die Beleuchtung. Objekte wurden von verschiedenen Seiten mit winzigen 500 Watt Scheinwerfern angestrahlt, um den gewünschten Effekt zu erzielen.
18 Es ist typisch für die Sparsamkeit von Gaumont British, dieses wichtige Bild wegzulassen.
19 New York Post, 13.5. 1936.
20 Berthold Viertel: The Function of the Director. In: Cinema Quarterly, Sommer 1934, 206–210.
21 Jewish Chronicle, 8.2. 1935.
22 New York Post, 26.2. 1936.
23 Variety, 28.2. 1936.
24 Jerome K. Jerome (1859–1927). Erstveröffentlichung von *The Passing of the Third Floor Back* 1907.
25 B. Viertel, wie Anm. 11.
26 Angeblich war Montagu Mitproduzent.
27 Brief von Montagu an S. Chandos Balcon, 5.4. 1935. In *Christopher and His Kind* (S. 127) wird auf S.C. Balcon als den Betreiber verwiesen. Doch sollte man die Sache mit Vorsicht behandeln, da er, laut Isherwood, Viertel überhaupt nicht mochte und ihn nicht als »einen Juden überhaupt« beschrieb, sondern als »einen askenasischen Bastard, eine Mischung aus Polen und weiß Gott woher«.
28 *The Passing of the Third Floor Back* (September 1935). Produzent: Michael Balcon; Co-Produzent: Ivor Montagu. Drehbuch: Michael Hogan, Alma Reville nach einem Stück von Jerome K. Jerome. Aufnahmeleitung: Curt Courant. Leitung: Derk Twist. Darsteller: Conrad Veidt, René Ray, Anna Lee, Frank Celier, Marie Claire, Beatrix Lehmann, John Turnbull, Cathleen Nesbitt, Ronald Ward, Sarah Algood, Barbara Everest, Jack Livesey.
29 Film Weekly, 3.5. 1935.
30 Courant hatte eine Vorliebe für Astro Objektive, die aus Deutschland kamen und die zu der erzielten Feinheit in der Hell-Dunkel-Variation beitrugen.
31 T.T. Fleming in: Film Weekly, 8.5. 1935.
32 Jeffrey Richards: ›Patriotism with Provit. British Imperial Cinema in the 1930s‹. In: James Curran und Vincent Porter (Hg.): British Cinema History. London 1983, 245–256.

33 Winston Churchill war Korda zugetan und konnte nicht behilflich sein.
34 Arthur Lee (1868–1947), Staatsmann und Kunstförderer.
35 *Rhodes of Africa* (1936). Produzent: Michael Balcon; Co-Produzent: Geoffrey Barkas. Regie: Berthold Viertel. Drehbuch: Leslie Arliss, Michael Barringer, nach einem Buch von Sarah Milon; Dialog: Miles Malleson; Kamera: Bernard Knowles; Leiter: Derek Twist; Darsteller: Walter Huston, Oscar Homolka, Basil Sidney, Frank Cellier, Peggy Ashcroft, Ndaniso Kumala.
36 Mehr darüber siehe bei Natalie Barkas: Thirty Thousend Miles for the Film. London 1937.
37 Picturegoer, Sommerausgabe 1936, 72.
38 Zit. nach »Hollywood Spectator«. In: The Times, 14.4. 1936.
39 The Times, 13.4. 1936.
40 The Times, 20.4. 1936.
41 Jeffrey Richards, wie Anm. 32, 253.
42 Detaillierte Übersicht in Robert Murphy: The Coming Sound of the Cinema in Britain. In: Historical Journal of Film, Radio and Television, Bd.4, Nr.2, 1984, 143–160.
43 Die Arbeit mußte am 12. März 1937 eingestellt werden. 600 Studioarbeiter »müssen sich nach einem anderen Job umsehen«; beschämend für die Nicht-Einkaufspolitik des amerikanischen Marktes.
44 Einschließlich des Filmprojekts *Das gestohlene Jahr*, in Zusammenarbeit mit Stephan Zweig.
45 B. Viertel, wie Anm. 11.
46 New Statesman and Nation, 3.10. 1953.

Ernst Glaser

Berthold Viertel und Christopher Isherwood

Aus den folgenden Ausführungen ist zu entnehmen, daß das Thema, das behandelt wird, eine größere Anzahl von Aspekten besitzt. Es dreht sich vordergründig um Fragen der Filmproduktion und um verzweigte private zwischenmenschliche Beziehungen, die auch das Spannungsverhältnis der Generationen berühren. Dahinter tauchen Probleme der politischen Zeitgeschichte auf, die sogar Parallelen zu gegenwärtigen europäischen Geschehnissen erkennen lassen. Und all das ist nicht bloß eingebettet in Auseinandersetzungen über Fragen der künstlerischen Ausdrucksmöglichkeiten und von ästhetischen Prinzipien, sondern diese lassen den Blick frei auf weltanschauliche Hintergründe der modernen Humanität und Religiosität.

Es ist nicht zu erwarten, daß eine einigermaßen befriedigende Auslotung all dieser Problembereiche vorgenommen werden kann. Gezwungenermaßen werden daher bloß die wichtigsten Fakten dargelegt, auf denen die angedeuteten Fragenkomplexe lagern, und daran sollen einige Bemerkungen angeschlossen werden über die erwähnten Probleme, welche jedoch – was beachtet werden sollte – untereinander in Beziehung stehen und auch aufeinander einwirken.

Die Fakten

Berthold Viertel traf mit Christopher Isherwood das erstemal an der Wende 1933/34 zusammen, als er im Dienste einer englischen Firma in London drei Filme drehte. Viertel war damals fast 50 Jahre alt, Isherwood 20 Jahre jünger. Isherwood war als »Scriptwriter« bloß an einem dieser Filme beteiligt, der nach einem Roman des Österreichers Ernst Lothar gestaltet wurde. Viertels Gattin Salka beschrieb diese Episode ganz kurz in ihrer Selbstbiographie folgendermaßen:

Bertholds Anpassung an die britische Filmwelt macht langsame Fortschritte. Der Wiener Roman »Die kleine Freundin« von dem Mädchen und seinen in Scheidung lebenden Eltern stieß in

England auf Schwierigkeiten. Berthold gingen das phlegmatische Tempo im Studio, die langen, Entscheidungen verzögernden Wochenenden und die Teepausen auf die Nerven. Von seinen Mitarbeitern, besonders von dem jungen Schriftsteller Christopher Isherwood, war er sehr angetan.[1]

Salka hat in diesen wenigen Sätzen bei der Abfassung ihrer Selbstbiographie, die erst 1969 erschien, offenkundig bloß das erwähnt, was ihr als Wichtigstes in Erinnerung geblieben war. Dabei berichtet sie über Isherwood, weil ihr Mann diesen in seinen Briefen an sie aus England damals wahrscheinlich erwähnt hat, aber auch deshalb, weil ihr Isherwood dann später selbst in Amerika oftmals begegnet ist. Berthold Viertel war nämlich angeblich Schuld daran, daß dieser sich entschloß, sich in den Staaten ausgerechnet die Wohngegend der Viertel-Familie als langjährigen Aufenthaltsort zu wählen.[2] Daher trafen Viertel und Isherwood in Amerika wiederholt aufeinander und intensivierten ihre seinerzeit in London begonnene Beziehung. Von beiden besitzen wir diesbezüglich bemerkenswerte Äußerungen, von Isherwood allerdings bedeutend mehr als von Viertel.

Am interessantesten erscheint von diesen die Erzählung von Isherwood *Prater Violet*, in der Viertel als Filmregisseur Dr. Friedrich Bergmann auftritt und in der die Zusammenarbeit der beiden in London geschildert wird. Diese Dichtung, die demnach durchaus den Charakter eines Schlüsselromans besitzt, zumal außer Viertel auch andere Personen aus der englischen Filmproduktion gezeichnet wurden, erschien erst 1945, also zwölf Jahre nach dem Ablauf des wirklichen Geschehens, was beweist, wie stark die damalige Begegnung im Leben Isherwoods nachwirkte. Wie bei derartigen literarischen Schöpfungen üblich, weicht die dichterische Schilderung von den tatsächlichen Ereignissen nicht unwesentlich ab. Dies gilt vornehmlich in Bezug auf das Sujet des Films, der damals gedreht wurde. In der Erzählung ist dies nicht mehr eine Filmfassung des Romans von Ernst Lothar, sondern die reichlich kitschige Geschichte einer Blumenverkäuferin aus dem Wiener Prater. Deren Story paßte offenkundig viel besser zur Absicht Isherwoods, den Gegensatz zwischen der Wirklichkeit und der Scheinwelt in der »Traumfabrik« des Films aufzuzeigen.

Als Isherwood dann sehr viel später in seiner Autobiographie *Christopher and his Kind* sein erstes Zusammentreffen mit

Viertel noch einmal darlegte, bezog er sich interessanterweise eng auf die Dichtung, aus der sogar mehrmals Passagen wörtlich zitiert werden. Daraus ergibt sich die Frage, in welchem der beiden Berichte mehr Authentizität festgestellt werden kann und ob nicht nur in der Dichtung, sondern auch in seinem Lebensbericht absichtlich oder unbeabsichtigt Abweichungen vom tatsächlichen Geschehen vermutet werden müssen: also in beiden mehr Dichtung als »Wahrheit« vorliegt.[3] Der Kurzroman ist übrigens unter dem Titel *Praterveilchen* bereits 1953 als eines der frühen Taschenbücher bei Rowohlt in deutscher Sprache erschienen und in einer Neuauflage 1988 nachgedruckt worden.[4] Soviel über das, was Isherwood über Viertel publiziert hat.

Viertels Äußerungen über Isherwood sind dagegen unverhüllt und eindeutiger. Nach dem Erscheinen der Erzählung *Prater Violet* hat er deren Qualitäten sehr verständnisvoll in einer ziemlich langen Betrachtung, die 1946 in der englischen Zeitschrift *Theatre Arts* erschien, hervorgehoben[5] und sich dabei fast uneingeschränkt zu seinem Porträt als Dr. Bergmann bekannt. Daß es zwischen ihnen dennoch Meinungsverschiedenheiten gab, verschweigt er allerdings nicht. Solche werden auch bereits sichtbar in einem Gedicht aus dem Jahre 1942, das den lakonischen Titel trägt: *An Christopher*[6]. Zu dem, was Isherwood in seiner Autobiographie später über Viertel geschrieben hat, konnte dieser nicht mehr Stellung nehmen. Diese Publikation erschien erst 1977, also mehr als 20 Jahre nach dem Tode Viertels.[7]

Zwischenmenschliche Probleme

Das damalige Auftauchen Viertels in London und sein Auftreten im Milieu der Filmproduktion erweckte in manchen Beobachtern einen sehr zwiespältigen Eindruck. Man mußte in ihm zwangsläufig den arrivierten Regisseur aus Hollywood erblicken und anerkennen. Seine körperliche Erscheinung und sein Verhalten, das er in manchen Situationen zeigte, befremdete jedoch und provozierte Widerspruch. Das Doppelgesicht, das Viertel zeigte, hat übrigens ein ihm durchaus wohlgesinnter Freund aus der Londoner Szene anschaulich geschildert, nämlich John Lehmann. Am Ende einer längeren Passage, in der er viele positive Eigenschaften Viertels aufzählt, vermerkt er, daß dieser keineswegs eine »einfache Persönlichkeit« gewesen sei, weil seine Professionalität mit einem »feuergefährlichen« (»Inflammable«) Temperament verbunden war.[8]

Welche Mißdeutungen dadurch entstehen könnten, wenn man von der Ambivalenz, die Viertel ausstrahlte, nur eine Seite hervorhebt, ergibt sich etwa aus den Verlagsbemerkungen, die zu den beiden deutschsprachigen Ausgaben des *Praterveilchens* beigesteuert wurden. In der zweiten Auflage des Kurzromans heißt es nämlich, daß in dessen Mittelpunkt »ein Wiener Filmregisseur und Gernegroß« stehe. In der ersten Auflage hieß es eine Spur freundlicher, daß darin agiere »ein älterer, in der Filmroutine erstickender Napoleon der großen Worte«.

Derart einseitig wollte Isherwood seinen Dr. Bergmann gewiß nicht präsentieren, doch die Ambivalenz der von ihm zu schildernden Persönlichkeit war ihm durchaus bewußt. Er sah seinen Dr. Bergmann gleichsam in einer Doppelrolle – wie er sagt – nämlich sowohl als »Clown«, aber auch als »römischen Imperator«, also doch als eine Art »Napoleon«. Der Clown wurde sichtbar, wenn Viertel etwa den Schauspielern anschaulich vorzeigte, wie sie eine Filmszene zu spielen hätten; oder wenn er – was er liebte – Anekdoten und Witze so erzählte, wie man sich vorstellen konnte, daß sie in einem Wiener Kaffeehaus erzählt wurden. Der Imperator aber brillierte, wenn er etwa einen Speisesaal betrat, in dem die Prominenz der Filmgesellschaft saß, und zu Isherwood meinte, man müsse den Bestien den Dompteur zeigen. Kennzeichnend scheint dabei zu sein, daß Isherwood bekennt, daß er dem Imperator gegenüber allmählich eine Loyalität zu fühlen begann, wie er sie dem Clown gegenüber nie gefühlt hatte. Daraus ließe sich das Verständnis für die Art der Beziehung der beiden ableiten, die Viertel als »Vater-Sohn-Relation« bezeichnete und die Isherwood, der seinen Vater früh im Ersten Weltkrieg verloren hatte, offenbar suchte und dann auch genoß.

Das Bild von der Ambivalenz in Viertels Persönlichkeit wird Isherwood nicht müde, auch von anderen Seiten aus zu entwikkeln. So erwähnt er etwa die Meinung, die ein Mitarbeiter im Atelier einmal äußerte. Dieser, der Viertel nicht leiden konnte, verwies auf die beiden »Rassen« im Judentum, die Sephardim und die Ashkenasim, und behauptete, nur die Sepharden seien echte Juden, die andern dagegen üble Bastarde aus dem Schmutz Polens; und zu diesen gehöre Viertel. Isherwood bezeichnet eine derartige Theorie natürlich als bedenklichen Rassismus, hat sie aber wohl deshalb ins Spiel gebracht, weil sie ebenfalls einen Zugang zum Antagonismus in Viertel erklären konnte. Und im Vorübergehen kommt er auch noch auf einen anderen zu sprechen, der sich auf Viertel anwenden ließe, nämlich den von den polaren Phänomenen Yang und Yin aus der chinesischen Philosophie, wobei er beklagt, daß Viertel wohl nicht immer genügend sorgsam auf die Balance zwischen diesen beiden geachtet habe.[9] Da diese Begriffe jedoch die sexuelle Seite der Natur erfassen wollen, begibt sich Isherwood damit auf ein sehr »sensitives Areal« – wie er es nennt – das seine Beziehung zu Viertel in der Londoner Zeit belastet hat.

Isherwood war damals eng integriert in den Kreis der jungen englischen Intellektuellen des linken politischen Flügels, in dem homoerotisches Verhalten sehr verbreitet war. Man hatte sich zwar losgelöst von der viktorianischen Prüderie, die einst einem Oscar Wilde verhängnisvoll geworden ist, entwickelte aber doch noch merkbare Vorbehalte. Isherwood erzählt etwa von der Schwägerin Stephen Spenders, welche dem Treiben in ihrer Umgebung mit »amused horror« zusah.[10] Und Hilde Spiel, die wenige Jahre später in London Ähnliches beobachtete, beschrieb etwas gouvernantenhaft und ziemlich süffisant, daß manche der »rosa Intellektuellen [...] Knaben zugetan« gewesen seien und gelegentlich »den Verlockungen leichten Lustgewinns nach Berlin« gefolgt wären.[11] Dies hätte genau auf Isherwood gepaßt, der seit seinem Aufenthalt in Deutschland eine Beziehung mit einem jungen Berliner pflegte, die »sehr viel ernsthafter war, als er je eine in seinem Leben gehabt hatte«, wie er bekannte.[12] Da dieser Junge keine Aufenthaltsgenehmigung besaß und ein Versuch, ihm die Einreise nach England zu ermöglichen, fehlschlug, war Isherwood sehr unglücklich. Trotz der engen Arbeitskontakte mit Viertel benahm sich dieser so, als ob er von diesen Turbulenzen und deren Ursachen nichts wüßte. Er scheute daher nicht davor zurück, Isherwood gelegentlich neben anderen Anekdoten, die er als »Clown« ja immer auf Lager hatte, auch solche über Homosexuelle anschaulich zu erzählen.[13]

Der Schatten, der nach Isherwoods Meinung solcherart auf ihrer Beziehung lastete, wurde erst später vertrieben, weil Viertel offenbar von dritter Seite über die Homoerotik seines jungen Freundes informiert worden war. Und erst jetzt wurden sie, wie Isherwood berichtet, »wirkliche Freunde«. Als sie sich 1939 in Santa Monica trafen, erfanden sie ein merkwürdiges Spiel. Sie besuchten den Badestrand und Viertel bezeichnete Isherwood die jungen Männer, von denen er vermutete, daß sie diesem gefallen könnten. Isherwood vermerkt diesbezüglich: »Er amüsierte sich dabei sehr, aber er hatte nur selten recht!«[14]

Filmkunst und Filmproduktion

Berthold Viertel hat gegen den Schlüsselroman *Praterveilchen*, den ihm Isherwood gleichsam zur »Vorzensur« und »Freigabe« im Manuskript zur Begutachtung zugesandt hatte,[15] keinen Einwand erhoben, zumal er darin – verglichen mit anderen Personen – relativ gut wegkam. Er erklärte sogar, daß er das Werk für ein »wichtiges Buch« halte, das die damaligen Lebensumstände sehr akkurat erfaßt hätte, aber vornehmlich die Vorgänge bei einer Filmproduktion trefflich schildere. Die dabei von Isherwood geübte Kritik fand durchaus seine Zustimmung. Die satirische Betrachtung der betriebsamen Oberflächlichkeit der Filmemacher beweist sich gleich auf den ersten Seiten.[16] Da erhält der damals noch sehr junge Autor Christopher den Telefonanruf eines Repräsentanten der Filmgesellschaft, der ihm mitteilt, daß man sich an ihn wende, weil man erfahren habe, daß er »in Wien gut Bescheid« wisse. Christopher beteuert, daß er in Wien nur ganz kurz gewesen sei. Die Antwort: »Es wurde uns doch angegeben, daß sie dort gelebt hätten.« Christopher glaubt, daß man dabei Berlin gemeint haben dürfte. Der Filmmann ist deshalb keineswegs bestürzt: »So, Berlin? Nun, das ist ja eigentlich fast dasselbe – nicht?«

Isherwood wurde vornehmlich wegen seiner Deutschkenntnisse, die bei der Umsetzung des Romans von Ernst Lothar in die englische Filmsprache eingesetzt werden mußten, als »Scriptwriter« in das Aufnahmeteam eingebaut. Er sollte aber auch die Verbindung zum Regisseur Bergmann-Viertel pflegen und sehr bald quasi als ein »Go-between«[17] auch dessen Beziehung zur englischen Umgebung harmonisieren. In dieser halb offiziellen, halb inoffiziellen Position lernte er alle Bereiche der Filmarbeit kennen; auch die Antagonismen, Querelen und Intrigen, die dabei aufzutreten pflegen und die sich im konkreten Fall nicht selten an der Person des Regisseurs entzündeten, dessen Temperamentsausbrüche notorisch waren. Derartige Vorfälle wurden dann meist von diesem selbst unter tatkräftiger Mithilfe Isherwoods aplaniert. Auf diese Weise lernte Christopher z.B. auch das Spannungsverhältnis zwischen der technischen und der literarischen Seite der Filmproduktion kennen, wie es sich in einem Gespräch mit dem ersten Schnittmeister im Atelier kundgab. Dieser äußert:

Ihr Schreiberlinge habt alle eine so verdammt romantische Einstellung. Ihr glaubt immer, ihr wäret zu gut für den Film. Bilden Sie sich das bloß nicht ein! Der Film ist zu gut für Euch! Wir brauchen keine Hurenromantik aus dem vorigen Jahrhundert. Techniker wollen wir haben [...]. Ich möchte wetten, daß Ihnen Mathematik ein Greuel ist, nicht? Tja, ich will Ihnen mal was sagen. So'n Film ist nicht Drama und nicht Literatur, sondern reinste Mathematik [...]. All diese Regieassistenten, die sich wichtig machen und förmlich übereinander stolpern. Sie haben jetzt sogar welche, die sich Dialogregisseure nennen. Können Sie sich darunter etwas vorstellen? Irgend so eine traurige Attrappe, die auf ihrem fetten Hintern überall bloß rumsitzt.

Da lachte Christopher: »Genau das soll ich machen!«[18]

Bergmann-Viertel war mit Christopher sehr zufrieden, mit dem aus der Dichtung und mit dem aus der Wirklichkeit. Er dürfte die Schilderung seiner geradezu magischen Arbeitswut, von der im *Praterveilchen* berichtet wird, mit Genugtuung gelesen haben:

Bergmann übertrug seine Begeisterung auf uns alle. Seine absolute Sicherheit riß uns wie ein Bergstrom mit sich fort. [...] In einer Nacht arbeiteten wir bis spät an der großen Anfangsszene im Prater. Bergmann war an diesem Tag unvergeßlich. Wild und ungebändigt, mit dunkel glühenden Augen in der tiefgefurchten Maske seines Gesichts, manövrierte er die Menge der Komparsen hierhin und dahin, formte sie und ließ sie zu einem einzigen Organismus zusammenschmelzen, in dem jeder einzelne nur ein

Teil des Ganzen war. Wir waren vollkommen ausgepumpt, aber wir lachten dabei. Es war wie bei einer großen Gesellschaft und Bergmann unser Gastgeber.[19]

Und später bescheinigte er Isherwood, daß dieser ein »Dialogschreiber von ungewöhnlicher Eleganz und Zartheit« gewesen wäre.[20]

Etwas irritiert fühlte sich Viertel jedoch, wie es scheint, dadurch, daß in der Dichtung der Filminhalt der Lotharschen *Kleinen Freundin* durch die Geschichte des *Praterveilchens* ersetzt worden ist. Dadurch wurde er in der Person des Dr. Bergmann zum Filmgestalter einer der damals Mode gewordenen Wiener »Zuckerl-Filmoperetten« gestempelt, die er immer verabscheut hatte, wie er beteuert. Er war der Nähe dieses Genres immer ausgewichen, wenngleich er bekennt, daß er unter Umständen drei kitschige Stoffe abgelehnt hatte, den vierten dann aber notgedrungen doch akzeptierte, wobei sich manchmal herausstellte, daß dieser der übelste von allen vieren gewesen war. Derartiges bezeichnete Viertel als »Sünde wider den Heiligen Geist«. Aber genau einer solchen näherte er sich wieder, wenn er gemäß des etwas überstürzt abgewickelten Schlusses des Kurzromans als Bergmann infolge des gelobten *Praterveilchens* eine Einladung nach Hollywood annimmt, wo er ähnliche Filme zu drehen haben wird.

Tatsächlich verhielt es sich in seiner Biographie völlig anders. Er war aus Hollywood nach London gekommen und wendete sich nach diesem Intermezzo vom Filmbetrieb überhaupt ab, während Isherwood, der dem Zauber der Filmarbeit zum Opfer gefallen war, noch viele Jahre, auch in den USA, an Filmen mitwirkte. Das Zurückziehen Viertels war wohl darin begründet, daß er begriff, daß er wegen der damaligen Verhältnisse in der Filmproduktion nicht das ausdrücken konnte, was ihm am Herzen lag. Eine große Filmkarriere in Hollywood hatten ihm die Sterne nicht beschert, wie er selbstironisch vermerkte. Tatsächlich gehört ja auch die *Kleine Freundin* nicht zu den besten Filmen, die in den dreißiger Jahren gedreht wurden, wie man guten Gewissens feststellen muß, wenn man nicht noch schroffer urteilen will.[21] Allerdings war Viertel bewußt, wie sehr die allgemeinen Verhältnisse damals die Filmproduktion negativ beeinflußten und eine freie Gestaltung der künstlerischen Aussagen, die ihm vorschwebten, nicht mehr gestatteten oder zumindestens erschwerten. Das aber gibt bereits den Blick frei auf den Aspekt der Politik, um den es schon in London sowohl Viertel als auch Isherwood gegangen ist.

Der politische Aspekt

Schon bei ihrem ersten Zusammentrefen interpretierte Isherwood die Persönlichkeit Viertels auch in ihrer politischen Dimension. In seiner Autobiographie übernahm er im Wortlaut die entsprechende Stelle aus dem *Praterveilchen*:

Es gibt Begegnungen, die nur wie ein Wiedererkennen sind – und so war es zwischen uns. Natürlich kannten wir uns bereits. Name, Stimme, die einzelnen Züge, das alles war unwesentlich. Ich kannte das Gesicht. Es war das Gesicht einer politischen Situation, einer ganzen Epoche. Es war das Gesicht Mitteleuropas.[22]

Und zwar Mitteleuropas, das im Begriff war, vom Faschismus erobert zu werden. Daran lag es wohl auch, warum sich Viertel von der Erzählung Isherwoods so stark angesprochen fühlte. Sie stellte für ihn nicht bloß die Geschichte über die Entstehung eines Films dar. Er schrieb mit Recht: »Sie enthält das Porträt eines ins Exil gejagten Künstlers der vorausschauenden und kämpferischen Art [...]. Sie legt Zeugnis ab über alle von uns.«[23]

Diesen Menschentypus hatte Isherwood während seines langen Aufenthaltes in Berlin schon kennengelernt. Jetzt trat er ihm in der Gestalt eines Wieners entgegen. An dessen Biographie mußten allerdings einige Korrekturen vorgenommen werden, um die literarischen Darstellungsmöglichkeiten aus der Situation am Beginn des Jahres 1934 voll ausschöpfen zu können.

Für Isherwood und den Kreis seiner gleichgesinnten Freunde aus dem Lager der jungen linken Intellektuellen Englands war dieser Zeitpunkt nämlich mit den Bürgerkriegsereignissen in Wien im Februar 1934 verbunden und mit der darauf folgenden Periode des vom italienischen Faschismus kontrollierten österreichischen sogenannten Ständestaats. John Lehmann etwa lebte damals längere Zeit in Wien und pflegte Kontakte zu Personen der dortigen politischen Opposition, darunter zu Jura Soyfer. Aus dessen Romanfragment *So starb eine Partei* übersetzte er ein Kapitel und publizierte es in seiner Zeitschrift *New Writing*. Und Stephen Spender schrieb über die Februarkämpfe ein umfangreiches episches Gedicht mit dem lapidaren Titel *Vienna*. Isherwood entschloß sich daher seinerseits, die politischen Vorgänge in Österreich ebenfalls mit seinem Roman in nahe Verbindung zu setzen.[24]

Entgegen der tatsächlichen Situation Viertels, der seine Familie damals abgesichert in Kalifornien wußte, ließ er die Familie seines Regisseurs Bergmann noch in Wien wohnen, so daß dieser beim Eintreffen der Nachrichten über den Beginn der Februar kämpfe begreifliche Besorgnisse über deren Wohlbefinden äußern konnte. Die persönliche, private Seite der Betroffenheit erhöhte damit die politisch fundierte Kritik an den Geschehnissen in Wien. Darüber hat Viertel tatsächlich auch selbst ein Gedicht veröffentlicht: *Der Februar*.[25] Darin heißt es:

Da ich in der Welt zerstreut war,
Hörte ich aus Wien die Kunde,
Wie sie ging von Mund zu Munde,
Unbegreiflich, unbestreitbar.
[...]
Diese frevelnden Kanonen,
Konnte sie die Kirche segnen?
Ließ der Herrgott Eisen regnen,
Wo des Volkes Kinder wohnen?

Die nächsten Zeilen handeln dann von den zu erwartenden Folgen dieser Ereignisse. Und diese sind, selbst wenn sie erst später geschrieben wurden, als die befürchteten Geschehnisse tatsächlich eingetreten waren, von der europäischen Linken auch schon 1934 vorausgesagt worden, daß nämlich die Existenz Österreichs durch den Nationalsozialismus höchst gefährdet sei und ein großer Krieg kommen werde. Viertel schrieb nämlich:

Bitter werdet bald ihr büßen
Den Verrat an Volkes Söhnen.
Kirchenglocken werden dröhnen,
Den Eroberer zu begrüßen.

[...]
Seht, wie eure anmutreichen
Töchter ihm, der einzieht, huldigen!
Und es fallen, mit den Schuldigen,
Menschenopfer ohnegleichen.

So oder ähnlich hätte Viertel tatsächlich auch schon 1934 denken können. Und Isherwood beschreibt die Erregung seines Regisseurs überaus anschaulich. Ohne eine Möglichkeit zu erblicken, in die Abläufe selbst eingreifen zu können, bewegt er sich überreizt, überempfindlich und streitbar im Filmatelier und vermag Wutanfälle nicht zu vermeiden. Vor allem wird ihm bewußt, wie pervers sein Tun erscheinen muß, wenn er in den Tagen eines in seinen Augen berechtigten Aufstandes in Wien in London ein läppisches Kinostück produziert. Er ruft daher:

Der Film! Ich sch... auf den Film! Dieser elende Dreck! Diese jämmerlich verlogene Charade! In solchen Augenblicken einen Film zu drehen ist glattweg herzlos. Ein Verbrechen! Das hilft direkt Dollfuß und Starhemberg und Fey und allen ihren Gangstern. Das deckt diesen widerlichen Krebsschaden mit Rosenblättern zu, mit den Blütenblättern dieses scheinheilig reaktionären Veilchens. Es lügt uns was vor und tut so, als ob die schöne Donau noch blau wäre, und dabei ist das Wasser rot von Blut [...]. Nun werde ich gestraft, weil ich mithelfe an dieser Lüge. Wir alle werden gestraft werden [...].[26]

Kaum weniger skandalös jedoch findet er es, daß sich die Menschen in England und offenbar in ganz Westeuropa über diese Geschehnisse keine Gedanken machen. Geradezu absichtsvoll provoziert er sie gelegentlich, indem er die Frage stellt: »Was denken Sie denn über Österreich?« Damit beginnt dann meist eine Auseinandersetzung, die ebenso und mit fast denselben Worten in unseren Tagen sich abwickeln könnte, wenn die Frage gestellt wird: »Was denken Sie denn über Jugoslawien?« Da antwortet man wohl ebenso, wie es Isherwood berichtet: »Ach, wissen Sie, ich verstehe nichts von Politik!« Aber Bergmann-Viertel kommt sofort in Rage:

Das hat nichts mit Politik zu tun. Hier geht es um Menschen, einfache Frauen und Männer. Nicht um Schauspielerinnen und geschwätzige Huren. Nicht um Zelluloid. Nicht um großaufgezo-

gene Reklame. Sondern um Fleisch und Blut. Und an so was denken Sie nicht?

Der Angesprochene verteidigt sich dann:

Ach, Mr. Bergmann, Sie dürfen doch nicht vergessen, daß das Ganze nicht unsere Angelegenheit ist. Ich meine, Sie können doch von den Leuten hier in England nicht verlangen, daß sie sich darum kümmern [...].

Da kracht Bergmanns Faust auf den Tisch und er dröhnt:

Ich verlange aber, daß sie sich darum kümmern! Jeder von ihnen, der nicht ein Feigling, ein Vollidiot oder ein Stück Mist ist! Ich verlange von dieser ganzen gottverfluchten Insel, daß sie sich darum kümmert![27]

Der rabiat gewordene Regisseur, der im ersten Zorn die Weiterführung seiner Arbeit an dem stumpfsinnigen Film abbrechen wollte, überlegt es sich dann und bringt seine übernommene Aufgabe zu einem guten Ende. Soweit in der Erzählung. In der späteren Reflexion auf diese und das Verhalten seines Ebenbildes (in dem Aufsatz in *Theatre Arts*) äußerte Viertel zunächst bloß in der Sprache der kühlen Politikwissenschaft seine Übereinstimmung mit der Kritik Isherwoods an der englischen Apathie während der Periode Baldwins und Chamberlains. Und dann gesteht er, daß er in seiner Zeit als Filmregisseur »manche üble Streifen gedreht« habe, immer in der Hoffnung, vielleicht sogar auch in diese »etwas Sinnvolles hineinschmuggeln zu können.«

Damit begibt sich Viertel in seiner Auseinandersetzung mit dem *Praterveilchen* und seinem Freunde Isherwood auf das Grenzgebiet zwischen Kunst und Sozialethik. Doch damit öffnen sich auch die Fragen, die in den Bereich des Religiösen hineinführen, die Viertel im Gegensatz zu anderen, bloß literarisch ausgerichteten Beobachtern in Isherwoods Kurzroman vom *Praterveilchen* entdeckt hat.

Der ethisch-religiöse Aspekt

Als Berthold Viertel das Manuskript und dann auch das Büchlein *Prater Violet* in die Hand bekam, interessierte ihn offenkundig nicht nur, in welcher Weise Isherwood ihn selbst porträtiert hatte, sondern er eruierte auch, wie der Verfasser des Büchleins in Hinsicht auf die tatsächlichen seinerzeitigen Verhaltens- und Denkweisen gezeichnet wurde. Wir wissen aus einer Bemerkung von John Lehmann, daß Isherwood schon seit 1943 am *Praterveilchen* gearbeitet hatte.[28] Es war daher anzunehmen, daß Isherwoods geistige Entwicklung seit 1933/34 das Werk in irgendeiner Weise beeinflußt haben würde.

Viertel glaubte zu verspüren, daß sich die dichterische Aussagekraft Christophers, die schon vor 1934 deutlich sichtbar geworden war, nicht verringert, sondern eher vergrößert hatte. Das freute ihn, denn es bewies, daß Isherwood auch nach seiner Übersiedlung in die USA – Viertel spricht sogar von dessen »Emigration nach Amerika« – und trotz seiner Tätigkeit in den Filmateliers von Hollywood von der »herzlosen Welt der industriellen Filmproduktion« nicht korrumpiert worden war.[29] Die Schilderung dieser Welt im *Praterveilchen* trug, wie es Viertel sah, deutlich »die Marke seiner speziellen Meisterschaft: Klarheit der Form und Verständnis für das Wesen des Inhalts«. Isherwood läßt dabei erkennen, was bei den Personen, die bei ihm auftreten, von wirklichem »menschlichen Interesse« ist. Und selbst wenn seine Begabung für das Satirische aus manchen Leuten »Karikaturen« werden läßt, so verlieren diese doch nicht ihre »Integrität«, so daß der Umgang des Autors mit ihnen den Charakter der Fairness nie verliert. Viertel anerkennt eine solche Haltung. Sie entspricht im Grunde auch seiner eigenen. Dennoch tauchen gegen eine derartige ethische Einstellung bei ihm Bedenken auf. Er bemerkt eine bedeutsame Änderung der Lebenseinstellung bei Christopher, und er erklärt sich diese aus den Zeitverhältnissen.

Die seelische Erschütterung, die bei Isherwood durch den Ausbruch des Zweiten Weltkriegs eingetreten ist, bewirke, daß er einen geistigen Wandel erlebte. Viertel registriert: Christophers Kontakte mit Quäkern in Philadelphia, seine Tätigkeit als Lehrer in einem Flüchtlingsheim, seine Beschäftigung mit der hinduistischen Philosophie, seine Mitarbeit in der Vedanta-Gesellschaft in Los Angeles, seine Übersetzung der Bhagavad-Gita. Isherwood hat in den Wirren der Zeit Zuflucht gesucht und gefunden in religiösen Lehren und zwar ganz bestimmten, östlichen. Damit hat er sein »altes Ich« von sich geworfen und »seine Persönlichkeit« geopfert, fürchtet Viertel. Diese Entwicklung war ihm schon früher aufgefallen und hatte sogar Gegenmaßnahmen provoziert. Isherwood berichtet zum Beispiel, daß Viertel ihn eines Tages in Santa Monica zu einem Besuch bei Bert Brecht veranlaßte, wo auch Hanns Eisler anwesend war. Wie ein »Tribunal« versuchten sie dort zu dritt Christopher mit »marxistischen Argumenten« von seinen hinduistischen Ansichten loszulösen.[30]

Meinungsverschiedenheiten solcher Art hatten Viertel auch zu dem Gedicht angeregt, das den Titel trägt: *An Christopher*, und das Datum 2. Februar 1942. Isherwood hatte damals offenkundig den Tonfall in einem oder mehreren antifaschistischen Gedichten Viertels kritisiert und war dafür eingetreten, auch in der politischen Auseinandersetzung absolute Toleranz und strengsten Pazifismus zu bewahren, was seiner neuen religiösen Haltung gemäß war.[31] Viertel argumentiert dagegen. Er verweist auf die geringe Kraft des Wortes im politischen Kampf und leugnet daher, daß dieses überhaupt den Widersacher schwächen, geschweige denn vernichten könne. Seine Dichtung beklagt daher tatsächlich bloß die Not der Opfer und will nur ein Signal der Menschlichkeit sein. Und er ruft:

So laß mein Wort nicht glauben,
Daß es je Wunden reißt.
Es kann am Krieg ertauben,
Doch nicht verstummen, wenn's den wahren Frieden preist.[32]

Im *Praterveilchen* begegnet ihm nun die neue Gedankenwelt Isherwoods in besonderer Weise. Über deren Beschaffenheit hat sich sehr einfühlsam ein verständnisvoller Interpret von Christophers Überzeugung geäußert, nämlich Paul Piazza.[33]

Für diesen ist der religiöse Hintergrund des Kurzromans evident. Er dokumentiert das hinduistisch begriffene Gegeneinanderspiel von Scheinwelt und Wirklichkeit. Die Wirklichkeit, die dem normalen Auge sowieso nicht erfaßbar ist, wird in der Scheinwelt des Films doppelt gebrochen. Der Roman ist in diesem Sinne konkret inspiriert vom Geist der hinduistischen Epik, speziell von der Bhagavad-Gita, die ja Isherwood – wie erwähnt – übersetzt hat. Das wird besonders sichtbar in den Textstellen, die nahe dem Ende der Erzählung gleichsam philosophische Aussagen sammeln.

Diese sind auch Viertel aufgefallen. Sie entfernen sich einerseits vom Stil des übrigen Textes, legen aber Zeugnis ab über die klare humanistische Gesinnung des Autors. Viertel muß ihnen zustimmen, wenngleich sie seiner Meinung nach bloß mehr oder weniger Simples zum Ausdruck bringen, nämlich »das Axiom: Ich bin ein Wanderer. Ich habe keine Heimat.«[34] Das hat den Emigranten Viertel angesprochen. Aber bis ins Innerste getroffen wurde er wohl, als er die Worte las, die in der Erzählung von Christopher während eines nächtlichen Spazierganges mit Bergmann gedacht werden:

Denn unter unserer Verkleidung, und trotz aller freundlich-unfreundlichen Dinge, die wir je übereinander sagen oder denken könnten, war uns eines bewußt: Jenseits unserer eigentlichen Bewußtseinssphäre waren sich zwei andere Wesen begegnet, namenlos, unpersönlich und ohne irgendwelche Beziehung, hatten einander erkannt und sich die Hände gereicht. Er war mein Vater. Ich war sein Sohn. Und ich liebte ihn sehr.

Bergmann streckte mir die Hand entgegen.

»Gute Nacht, mein Junge«, sagte er.

Er ging ins Haus.[35]

Berthold Viertel war nach dem Lesen von *Praterveilchen* offenbar innerlich bereit, die Rolle des väterlichen Mentors, die ihm Isherwood hiermit zugewiesen hatte, selbst nach so vielen Jahren seit London wieder aufzugreifen. Denn er war überzeugt, wie er schrieb, daß sich Isherwood nicht dafür eigne, sich auf Dauer in einem hinduistischen Kloster einzuschließen. Er hoffte darauf, daß nach einem abermaligen Wandel im Denken Christophers zwischen diesem und ihm eine neue engere Verbindung entstehen könnte; nun, in der Zeit nach dem Großen Kriege, dem Dasein zugewandt, im Dienste einer zukünftigen friedlichen Welt. Der Vater würde sich wieder dem Sohne, der Lehrer wieder dem Schüler, der Meister wieder seinem Adepten zuwenden. Und er beendete seine diesbezüglichen Überlegungen mit einem Hinweis, der das Zukünftige sowohl für ihn als auch für Christopher offenhielt. Er schloß mit dem trefflichen Satz: »But this would be another chapter, in another book.«[36]

Aber dieses Buch wurde nicht mehr geschrieben.

Anmerkungen

1 Salka Viertel: Das unbelehrbare Herz. Hamburg 1969, 295.
2 Brian Finney: Christopher Isherwood. London 1977, 104.
3 Vgl. hiezu, was Viertel selbst über »Dichtung und Wahrheit« geäußert hat. In: BV 2, 267.
4 *Praterveilchen* erschien 1953 als rororo-Taschenbuch Band 81 und 1988 als Band 12221, aus dem zitiert wird.
5 Berthold Viertel: Christopher Isherwood and Dr. Friedrich Bergmann. In: *Theatre Arts* (London), 30.5. 1946, 295ff.
6 Berthold Viertel: An Christopher (2.2. 1942). In: Ders.: Daß ich in dieser Sprache schreibe. München 1981, 153.
7 Christopher Isherwood: Christopher and His Kind. London 1977.
8 John Lehmann: The whispering Gallery. London 1955, 305.
9 Isherwood. Wie Anm. 7, 119ff. Es ist erstaunlich, wie das Persönlichkeitsbild, welches hier Isherwood von Viertel entworfen hat, mit dem korrespondiert, das dieser einmal von sich selbst beschrieb. In einem seiner autobiographischen Fragmente heißt es nämlich: »Und auch in mir selbst bin ich gespalten und um meine Entschlußfähigkeit gebracht, die nie mein stärkstes Erbteil gewesen ist. Meine Eltern waren wie Dur und Moll, und beide Tonarten haben sich in mir nicht richtig gemischt, sie haben es nicht zur Harmonie gebracht.« (BV 2, 252)
10 Isherwood. Wie Anm. 7, 147.
11 Hilde Spiel: Die hellen und die finsteren Zeiten. München 1989, 155f.
12 Isherwood. Wie Anm. 7, 73.
13 Ebd., 121.
14 Ebd., 126.
15 Viertel. Wie Anm. 5.
16 Isherwood. Wie Anm. 4, 6.
17 Ders. Wie Anm. 7, 122.
18 Ders. Wie Anm. 4, 66f.
19 Ders. Wie Anm. 4, 116f.
20 Viertel. Wie Anm. 5.
21 Der Film wurde vor einiger Zeit im Wiener Filmmuseum vorgeführt.
22 Isherwood. Wie Anm. 4, 18.
23 Viertel. Wie Anm. 5.
24 Vgl.: Horst Jarka: British Writers and the Austria of the Thirties. In: Otto Hietsch (Hg.): Österreich und die angelsächsische Welt. Bd. 2. Stuttgart 1968, S. 439ff. – Horst Jarka: Jura Soyfer. Wien 1987, 208ff. Weiters: Ernst Glaser: Der Februar 1934 in der Dichtung. In: E. Fröschl, H. Zoitl (Hg.): Februar 1934. Wien 1985, 247ff; und: Ernst Glaser: Der Februar 1934 in Österreich im Spiegel zweier westeuropäischer Romane. In: *Austriaca* (Rouen) Juin 1986.
25 Berthold Viertel: Februar. In: Wie Anm. 6, 47.
26 Isherwood. Wie Anm. 4, 94.
27 Ebd. 100f.
28 John Lehmann: I am My Brother. London 1960, 153.
29 Viertel. Wie Anm. 5.

30 Christopher Isherwood: My Guru and His Disciple. London 1980, 137. Von einem ähnlichen »Bekehrungsgespräch«, das allerdings weit weniger dogmatisch ausgerichtet war wird auch berichtet in: Klaus Mann: Der Wendepunkt. Stuttgart 1989, 533f. Dort heißt es: »Heute nachmittag lange Unterhaltung mit Christopher Isherwood. Er ist mir so lieb, so brüderlich vertraut und doch bringe ich für seine neue Entwicklung kein rechtes Verständnis auf.«

31 Isherwood. Wie Anm. 7, 250.

32 Viertel. Wie Anm. 6, 153.

33 Paul Piazza: Christopher Isherwood. Myth and Anti-Myth. New York 1978, 60ff.

34 Viertel. Wie Anm. 5.

35 Isherwood. Wie Anm. 4, 123.

36 Viertel. Wie Anm. 5. (Schlußsatz)

Konstantin Kaiser

Berthold Viertel und Günther Anders
Eine Freundschaft des Exils

Warum wir angeblich Jüngeren gratulieren

Weil man dich braucht, wo du dich hingestellt:
Als Sprecher aller niemals Angehörten
Und als den lebenslänglichen empörten
Begleiter der Gemeinheit dieser Welt.
Weil du erträgst, daß immer dir der Schlag
Von Morgen heut schon in den Nacken fällt,
Weil deine Hoffnung jeden neuen Tag
Doch deinen Argwohn niederhält.
Weil du nie lernen konntest, etwas stumm
Und stumpf zu werden, wie's bequemer ist,
Kurz, Berthold, weil du stets der Alte bist:
Das Gute nie, den Vorteil stets vergißt,
Darum.

Dieses Gedicht von Günther Anders steht, neben Gedichten und Grußadressen von Richard Beer-Hofmann, Bertolt Brecht, William Dieterle, Albert Ehrenstein, Hanns Eisler, Lion Feuchtwanger, Alexander Roda Roda, Ernst Waldinger, Otto Zoff und Carl Zuckmayer auf der Seite, die die *Austro American Tribune* 1945 Berthold Viertel aus Anlaß seines 60. Geburtstages widmete.[1]

Ein kleines Denkmal für Viertel ist auch ein von Günther Anders verfaßter Lexikonartikel:

Seine Lebenskenntnis machte ihn trotz seiner Liebe zum Leben zum Melancholiker; seine Kompromißlosigkeit in moralischer und künstlerischer Hinsicht komplizierte sein Leben immer wieder, niemals kam er zur Ruhe. Schwermut, Gerechtigkeitsfanatismus und Liebe malten sich zugleich auf seinem Gesicht, das seit Jahrzehnten bis zu seinem Tode zugleich sehr jung und sehr alt aussah. Sein Bild ist Freunden in allen Ländern unvergeßlich, denn als Temperament – darin bewies sich seine Nähe zum Theater – war er einzigartig, und seine Gespräche und Anregun-

gen, seine Lob- und Scheltworte waren oft tiefsinniger und blendender als die relativ zufälligen Publikationen, die bis heute gedruckt vorliegen. Freilich sind die beiden Gedichtbände aus der Hitler-Zeit, in der Emigration geschrieben, heute bereits große Dokumente der Zeit: denn er verstand es, in ihnen jeden Haß in Schmerz zu verwandeln.[2]

Die Erwähnung des zugleich sehr jungen und alten Gesichtes Viertels – mit der Günther Anders nicht allein steht, ähnlich äußerten sich etwa Christopher Isherwood und Carl Zuckmayer – verweist auf die Problematik von Erwachsenheit und Jugend, mit deren geschichtlicher Besonderheit im Exil sich Günther Anders 1962 in seiner Schrift »Post festum« ziemlich scharfsinnig auseinandergesetzt hat. Natürlich schwingt in dieser Auseinandersetzung noch Georg Lukács' aus der sogenannten Expressionismus-Debatte bekannte Verwahrung gegen den Kult des Pubertären nach, genauer gesagt: Günther Anders' eigene Ablehnung der Mystifizierung des Umstandes, daß es für wichtige Teile der Jugend schon vor dem Ersten Weltkrieg nicht möglich war, »sich eine Individuation ohne Entpersönlichung entlang den Kraftlinien des Bestehenden vorzustellen«[3].

Über die Exilierten sagt Günther Anders in *Post festum*: »Nicht jugendlich waren wir, sondern unerwachsen. Während Jugendliche *noch nicht erwachsen* sind, waren wir *noch immer nicht erwachsen*, in den schlimmsten Fällen biographischer Desorientierung sogar *nicht mehr erwachsen*. Manche Gesichter nahmen, und zwar im gleichen und gleich erschreckenden Tempo, greisenhaften und jünglingshaften Ausdruck zugleich an [...]. In der Tat war, was uns von der Jugendlichkeit zufiel, allein deren mißlichster Teil.«[4]

Anders schließt an die Diagnose sofort die Befürchtung, daß sie der »Diffamierung unseres damaligen Daseins« als Exilierte dienen werde[5]; und ein Beispiel für den diffamierenden Gebrauch von Anders' Diagnose findet sich prompt auch in Elke Schuberts 1992 erschienener Günther Anders-Biographie: »Die Unmöglichkeit einer Lebensplanung«, schreibt die Berliner Germanistin, »hat das ›Erwachsenwerden‹ der Emigranten verhindert, sie sind nach Anders in ihrer pubertären Phase stehen geblieben, zwar nicht biologisch, aber in ihrem gesellschaftlichen Status.«[6] Das Mißverstehen der Lebenssituation der Exilierten, deren regressive Jugendlichkeit für Anders immerhin in einem Spannungsverhältnis zur Erwachsenheit steht (und für Anders waren die Exilierten in jener historischen Stunde wohl selbst oder gerade in ihrer erzwungenen Jugendlichkeit die Erwachsenen der damaligen Welt), erfolgt bei Elke Schubert selbstredend in bester Absicht – der Herabsetzung folgt das Mitgefühl mit den Herabgesetzten auf dem Fuße. Doch die Herabsetzung der Exilierten als Kollektiv erfüllt für die Anders-Biographin noch eine andere Funktion: die der Stilisierung Günther Anders' zu einem schroff und einsam durch die Niederungen des Exils schreitenden Einzelgänger, der – außer mit den größten Geistesheroen des Literaturlexikons – keine Verbindung zu den Exilgenossen pflegt, ein Bild, in das die sehr ›menschliche‹, fast familiäre Freundschaft mit dem bei Schubert unerwähnt bleibenden Berthold Viertel keineswegs passen mag.

In Wirklichkeit verteidigt Anders in *Post festum*, von seiner Biographin unbemerkt, die Haltung jener Emigranten, die nicht zu Immigranten werden wollten (über den Unterschied von Emigranten und Immigranten stritt sich ja auch Viertel mit Manfred George, dem Redakteur des »Aufbau«):

»Die Wahl der ›Pubertät‹ war das unselig große Opfer, das wir für unsere Standhaftigkeit zu bringen hatten, in ihr ein Zeichen kollektiver Unreife zu sehen, wäre Unsinn. Und daß wir den hohen Preis nicht vergeblich gezahlt haben, das steht fest.«[7] Und man glaubt, unmittelbar in eine Würdigung der Exil-Gedichte Berthold Viertels einzutreten, wenn Anders fortfährt:

... da wir ›auf der Stelle traten‹ [...] *und da wir* [...] *den Empörungsschrei, den wir am ersten Tage angestimmt hatten* [...] *weiterschrien, haben wir der Versuchung, die Entwürdigung, die wir erfahren hatten, durch Vergeßlichkeit zu entwürdigen oder die Herrschaft ›drüben‹ als etwas anzuerkennen, womit Versöhnung in Betracht kommen konnte, nicht nur Widerstand leisten können, sondern diese noch nicht einmal als Versuchung kennengelernt.*[8]

Das Exil erscheint als Geburtsstunde der prinzipiellen Dissidenz gegenüber einer lebensfeindlichen politischen, technologischen und sozialen Entwicklung, einer Dissidenz, die nicht in globaler Opposition zum Sozialen schlechthin verläuft, sondern stets auf ein noch Offenes, Einzulösendes verweist.[9] Genau in diesem den Hurrapatrioten der ›Jetzt-Zeit‹ nicht entschlüsselbaren Kontext steht Anders' Interpretation von Berthold Viertels Gedichten in der Rezension des 1946 erschienenen Bandes »Der Lebenslauf«[10]. Dabei ist für Günther Anders nicht entscheidend, daß Berthold Viertels Lyrik etwas *lehrt*, entscheidend ist, daß sie, hierin sozusagen Avantgarde, den Ort, das Lebensgefühl jener neuen Dissidenz markiert, beschreibt, erinnerlich macht, in einem Wort: dokumentiert.

Die Sätze, mit denen Günther Anders 1946 in der *Austro American Tribune* seine »Bemerkungen zu Viertels neuen Gedichten« einleitet, scheinen zunächst aber in eine völlig andere Richtung zu deuten: »Was das tägliche Uhrwerk des Viertelschen Dichtens in Gang hält, ist das schwere Gewicht des Gewesenen.«

Doch »[...] noch vernehmlicher [...] als alles ›Zeitweh‹ klingt in seinen Ohren der Ruf der Gerechtigkeit, des ›Heimweh nach der Freiheit‹ (Heine). So hinzusegeln zwischen der Skylla der Schwermut und der Charybdis der Gerechtigkeit, das ist eine seltene und selten schwierige Fahrt.«

Und weiter: »[...] gerade das Scheitern der in der Lyrik angelegten Bejahung des Vergangenen gibt den Gedichten eine doppelt beklemmende Schwermut. [...] Hinuntergezogen in die Tiefe, aber abgestoßen vom Gewesenen, schnellt die Seele, noch immer voll Verlangen nach der gerechten Welt, wieder vor in die Gegenwart, von der sie sich hatte fortziehen lassen, springt nun über die Gegenwart hinaus, hinein in die Zukunft und fordert das goldene Zeitalter – vom Morgen. [...] Was als Klage anhebt, als Anklage sich fortsetzt, endet mit der Einklagung der Rechte für die Menschheit.«

»Da er vom Morgen verlangt, was das Gestern nicht geboten: das goldene Zeitalter, ähneln sich bei ihm Zukunft und Vergangenheit wie sich Enkel und Großvater ähneln. [...] Diese Verdichtung des gewesenen Einst mit dem kommenden Einst ist ein alter Gedanke der Menschheit. [...] Aber bei Viertel hat diese Verdichtung doch einen ganz konkret-historischen Sinn: sie entspringt der natürlichen Haltung des *Abwesenden*, des Mannes im Exil, der *zurück* will; und für den ›zurück‹ bedeutet: zurück in die Welt von Ehemals, aber zurück in die Welt von Morgen, die erst wir zurecht und gerecht machen müssen.«

»Die Abwesenheit schärft sich zum Gefühl der Ex-zentrizität, ja zum Gefühl des völligen Nichtseins aus. [...] Aber für den heutigen antifaschistischen Exilierten ist dieses Gefühl der Nicht-Existenz noch ungleich furchtbarer: Es ist ein moralisches Gefühl. Was er versäumt, ist nicht der volle Becher des Lebens, sondern der volle Kelch des Leidens und der tätigen Opposition.«

»Kaum Einer seiner Generation, kaum Einer aus der Nachkriegsepoche der ›Oh-Mensch-Dichter‹ hat seine Unbedingtheit, seine Empörung, seine Menschen- und Weltfreundlichkeit über die Spanne von 25 Jahren so hinüberretten können wie er. Kaum Einer, wie er es fertiggebracht, täglich mit keinem kleineren Übel zu paktieren oder auch nur sich zu versöhnen. Während sich viele seiner Generation, als der Schrecken von 1933 anhob, in Thematik und Ton ihres Schreibens bereits endgültig festgelegt hatten; während für sie die Katastrophe eher zur Störung als zum Inhalt ihrer Produktion wurde, hat er sie im täglichen und nächtlichen Dichten pausenlos begleitet. Noch heute steigt mit steigenden Jahren seine Widerstandskraft.«[11]

Viertels Lyrik erscheint als das individuelle und zugleich exemplarische Manifest des neuen Dissidententums, welches im Exil erstmals zu sich selbst gekommen ist und dessen eigentliche Bedeutung erst bevorsteht. Die Hochachtung für Viertel entspricht der positiven Einstellung zur Erfahrung des Exils, die Anders in dem bekannten Diktum ausgeprägt hat: »Dem Andenken mancher Männer haben wir unterdessen unsere Arbeiten gewidmet. Aber es gibt wohl niemanden, der auf unsere Widmungen ein gleich großes Recht hätte wie sie, unsere Lehrmeisterin: Die gute Zeit unserer Exilmisere.«[12]

Oder in den Verszeilen, die Elisabeth Freundlichs Erinnerungen *Die fahrenden Jahre* als Motto und Namensgeberinnen dienen:

Wer uns in Fahrt bringt, macht uns erfahren,
wer uns ins Weite stößt, uns weit.
Nun danken wir alles den fahrenden Jahren,
und nichts der Kinderzeit.[13]

Bei aller Begeisterung für das »Glück der Gemeinschaft«[14], das ihm im Zusammenwirken mit den Genossen seines Exils widerfuhr, und trotz seines prononcierten antifaschistischen Bekenntnisses steht Berthold Viertel der Exilerfahrung wohl ambivalenter gegenüber. Vor allem beurteilt er die Aussicht, der Entwirklichung des eigenen Tuns durch das Exil durch spätere kontinuierliche Tätigkeit auf neuen Grundlagen zu entgehen, skeptischer. Dabei spielt nicht nur die Tatsache eine Rolle, daß Berthold Viertel 17 Jahre älter als Günther Anders, 21 Jahre älter als Elisabeth Freundlich ist. Für Berthold Viertel ist nicht erst die Atombombe, sondern die in seiner »Abwesenheit« erfolgende mörderische »Erledigung des Typus«, dem er selbst angehört, eine Bedrohung des »Kontinuums der geschichtlichen Zeit«. Die geschichtliche Zeit erfährt ja ihre relative Ausdehnung erst durch die fortgesetzte, vor- und rückgreifende Tätigkeit der Menschen, vieler Generationen von Menschen. Das Vorhandensein geschichtlicher Zeit erschien noch über den Ersten Weltkrieg hinaus als eine selbstverständliche (»schlechthinige«) Bedingung des Daseins. Angesichts der radikalen Drohung des Nationalsozialismus, der, wie oft vernachlässigt wird, zugleich als Erfüller eines geschichtlichen Auftrags und als Liquidator von Geschichte auftrat, wird geschichtliche Zeit mit einem Mal zu einer Besonderheit, die verloren gehen, aber auch wieder gewonnen werden kann[15]. Auf jeden Fall gilt es, sich ihrer zu vergewissern: Viertels autobiographisches Projekt, das ihn in der Zeit seiner Freundschaft mit Günther Anders bereits beschäftigte, zielt darauf.

Ungezählte Autobiographien des Exils evozieren schon im Buchtitel Metaphern wie »Zwischen den Zeiten« oder »Zwischen den Welten«. Oft ist damit schlicht der Geschichtsoptimismus ausgedrückt, daß nach der Auflösung der alten europäischen Staatenordnung eine neue Ordnung eintreten werde. Das eigene Leben des Autobiographen fällt unglücklicherweise in den Übergang einer alten zu einer neuen Ordnung, einer alten in eine neue Welt. In diesen Metaphern, die eine banale Ermunterung der Nachgeborenen anzubieten scheinen, ist jedoch auch eine andere Botschaft versteckt: ein neues Bewußtsein der Geschichtlichkeit nicht nur der politischen Gebilde und der wirtschaftlichen Gegebenheiten, sondern auch des eigenen Daseins. Die Autobiographen schließen in ihren Geschichtsmetaphern an Früheres an, so zugleich ihre eigene Spur aufnehmend und verwischend, Früheres, das sich in prägnanter Form in Heinrich Heines wiederholter Beteuerung findet, zwischen den Zeiten zu stehen. Für einen Heinrich Heine war die Gefahr des Aufhörens von Geschichte noch kein Thema, vielleicht ein Gedankenspiel. Auch von den Autobiographen des Exils, die sich in einer dem Pariser Exil

Heinrich Heines vergleichbaren Situation fühlen, aber unter gewandelten geschichtlichen Bedingungen leben, wird das Aufhören der Geschichte nur selten thematisiert. Die autobiographischen Schriften von Elias Canetti (etwa in den Erinnerungen an Abraham Sonne) und Berthold Viertel stellen in dieser Hinsicht Ausnahmen dar. Sie nützen, im Unterschied zu den anderen Autobiographien, die Erkenntnismöglichkeiten, die in der Komplikation der Zeit liegen: Es ist dies wieder so ein Fall, in der sich das ›Noch nicht‹ und das ›Nicht mehr‹ berühren. Die Geschichtlichkeit der Zeit läßt sich entweder in dem Moment erkennen, wo sie im Anfang einer Epoche als Besonderheit hervortritt, oder aber dann, wenn sie wieder prekär, ein Besonderes geworden ist. Was dazwischen liegt, täuscht durch allzu große Selbstverständlichkeit (z.B. des Begriffs »Fortschritt«) über die wahre Sachlage hinweg. Mit anderen Worten: Das Prekärwerden der geschichtlichen Zeit bedeutet nicht nur drohenden Verlust, sondern auch Chance neuer Erkenntnis. Diese Chance wurde auch von Anders teilweise genutzt. Zum Teil jedoch verstellte er sich den Blick auf die Problematik durch seine Fixiertheit auf das technische Monstrum der Atombombe und die von ihm ausgehende Bedrohung des biologischen Fortlebens der Menschheit. In der Tat aber war bereits durch den nationalsozialistischen Massenmord an den europäischen Jüdinnen und Juden das Kontinuum der geschichtlichen Zeit zutiefst verletzt worden (was Viertel eher als Anders wahrzunehmen bereit war). Die atomare Bedrohung fungierte in der Folge (nach 1945) geradezu als Allegorie des bereits eingetretenen Zustandes.

Die Freundschaft Günther Anders' und Berthold Viertels ist so auch mit der Spannung stark divergierender Lebenserfahrungen geladen. Die Auffassungsunterschiede – so in der Beurteilung von Hermann Brochs Roman *Der Tod des Vergil* – sind mitunter ziemlich krass; und etliche Briefstellen (von beiden Seiten) sind in der Tat von großer Schroffheit, wenngleich das Relativierende und Versöhnende, der Rekurs auf das breitere und dichtere Gewebe menschlicher Verbundenheit, den argumentativen Zweikampf mit der Zeit immer mehr überwiegt, ja teilweise sogar überwuchert.

Alles in allem: An seiner in dem Aufsatz »Schwermut und Gerechtigkeit« ausgesprochenen hohen Wertschätzung der Lyrik

Viertels scheint Anders bis zuletzt festgehalten zu haben. So schrieb er mir noch 1988 in einem Brief:

Es freut mich, daß Sie den Nachlaß herausgeben. Neben Brecht ist er wohl der bedeutendste Exildichter gewesen.

Der Brief war ansonsten eine Enttäuschung, denn da hieß es:

Sehr geehrter Herr Dr. Kaiser, bedaure. Da ich mich der Inhalte meiner Briefe an Berthold Viertel nicht entsinne, kann ich Sie leider nicht zu der von Ihnen erbetenen Briefverwendung autorisieren. Briefe von B.V. an mich sind alle nicht mehr vorhanden.[16]

Die Briefe von Anders an Viertel befinden (und befanden) sich im Nachlaß Berthold Viertels im Deutschen Literaturarchiv, Marbach am Neckar, die Briefe Viertels an Anders im Nachlaß Günther Anders'. Sie sind also, wenngleich gewiß nicht vollständig, doch vorhanden geblieben.[17] Anders, dem meine Anfrage gewiß eine Last war, zog es vor, sich in diesem Punkt lieber zu irren.

Günther Stern, wie Anders eigentlich hieß, war 1933 aus Hitlerdeutschland nach Frankreich und 1936 weiter in die USA geflüchtet. 1939 bis 1942 lebte er im Raum Los Angeles, arbeitete u.a. als Requisiteur in der Filmindustrie Hollywoods und dürfte in dieser Zeit, vermutlich im Sommer oder Herbst 1939, bei Salka Viertel in Santa Monica erstmals mit Berthold Viertel zusammengetroffen sein. Es ist Anders, der hinter dem Plan des deutschen Exil-Buchhändlers Braun stand, auf Subskriptionsbasis einen Sammelband mit Gedichten Berthold Viertels, Ernst Waldingers und Günther Anders' herauszubringen, für den der Titel »In diesem Augenblick« (nach dem gleichnamigen Gedicht Viertels[18]) gewählt wurde. Ein Nachklang des schließlich aufgegebenen Projekts findet sich in der Vorbemerkung zu Viertels 1941 erschienenem Gedichtband *Fürchte dich nicht!* Sie beginnt mit den Worten: »*In diesem Augenblick* einen Band Gedichte veröffentlichen, noch dazu in deutscher Sprache, mag manchen Fühlenden als ein fragwürdiges Unternehmen erscheinen [...]«[19] Berthold Viertel stand dem von Anders vorgeschlagenen Projekt zunächst skeptisch gegenüber. Am 6. Juli 1940 schrieb er an Günther Anders:

Ich habe heute ernste Bedenken *dagegen, ein* paar hundert Dollar *für Kunst zu verwenden u. sie den Unglücklichsten der Unglücklichen zu entziehen, für die sie einen – wenn auch noch so geringen – Anteil an ihrer Rettung bedeuten. Ferner: bei einem eigenen Buch konnte ich die* Einheitlichkeit des Gehalts *verantworten, auch war die* Gesinnungs-Front, *welche diese Gedichte einnehmen, dem Zeit-Aspekt gemäß: sie entsprach der* Volksfront.

Deshalb habe er, noch vor dem September 1939, die Herausgabe eines eigenen Gedichtbandes erwogen. »Jetzt aber: die Gedichte, die ich seither geschrieben habe, würden [...] Widerspruch oder zumindest Zweifel erregen.« Er ist sich daher nicht sicher, »die Auswahl meiner Sachen, die von *Volksfront bis Krieg* reichen muß, mit nur 30 Seiten beschränken zu können, ohne die Klarheit der Stellungnahme des in ein Chaos abgestürzten Dichters zu gefährden [...]«

»Was meine eigenen *neuen* Gedichte betrifft, so war ›Wandlung‹ [der Titel, der für den gemeinsamen Gedichtband offenbar zunächst erwogen wurde, K.K.] ein irreführender Terminus. Ich habe mich nicht gewandelt – sondern die Dinge haben sich u. mich ›entwickelt‹! –« In einem weiteren Brief vom 14. November 1940 spricht Berthold Viertel von »meiner zum Strom angeschwollenen Produktion [...], die mit der Emigration neu eingesetzt hat, um sich in Hunderten von Gedichten zu entladen. Es sind mehrere Perioden zu verzeichnen [...]« Und in einem Postscriptum erklärt Viertel: »Ich habe in diesem Jahr ein ganzes Buch Gedichte schreiben müssen, um mich halten zu können, davon *keines* veröffentlicht – es ist eine, für mich mindestens, ganz neue *Art* von Gedichten (wenn es überhaupt solche sind) – u. ich kann mir nicht vorstellen, wo u. wann sie, als kompakte Masse, heraus kommen sollen. Wahrscheinlich als [...] Nachlaß.« (Brief an Günther Anders, New York, 13.7. 1940).

Parallel dazu berührte Viertel am 26. Juli 1940 das Thema auch in einem Brief an Salka:

In Hollywood plant momentan der Buchhändler Braun *einen subskribierten Band von deutschen* Emigrantengedichten, *zu dem ich – mit zwei anderen Dichtern, dem Wiener* Waldinger *u.* Günther Anders *eingeladen bin; wir haben heute abend hier eine diesbezügliche Sitzung. Ich hätte* 30 Seiten *für mich.* [...] *welche von den Waldinger-Gedichten sind wirklich schön* [...] *Stern's (Anders') Beiträge kenne ich noch nicht.*

Im April 1941 dann war das Projekt für Viertel abgetan: »Von unserem lyrischen Triptychon bin ich immer weiter abgekommen.« (Brief an Günter Anders, New York, 6.4. 1941).

Die Zusammenarbeit zwischen Viertel und Anders überlebte das Scheitern dieses Projektes. Anders, 1942 von der Westküste nach New York zurückgekehrt, lernte dort Elisabeth Freundlich kennen, die sozusagen als ›Feuilletonredakteurin‹ der Zeitschrift *Freiheit für Österreich*, aus der 1944 die monatlich erscheinende *Austro American Tribune wurde*, fungierte. Beide, Anders und Viertel, wurden eifrige Mitarbeiter der Zeitschrift. Die Zusammenarbeit wurde auch im Zusammenhang mit Viertels Tennessee Williams-Übersetzungen und der späteren Übersetzung von Sean O'Casey's *Der Preispokal*[20] fortgesetzt.

Das auf Zusammenarbeit und offener Diskussion beruhende Freundschaftverhältnis von Viertel und Anders ging von gedanklichen Übereinstimmungen in etlichen Fragen aus und führte auch zu solchen. Ein Beispiel: Anders' Aphorismus »Prompte Orphiker« aus den *Philosophischen Stenogrammen*:

Schnell fertig ist die Jugend mit dem Unsäglichen. Je unfähiger einer ist, eine Erscheinung in Sprache zu übersetzen, desto früher beruft er sich auf das Ineffabile, desto prompter appelliert er ans Orphische. Das Reich der Mütter ist zum Ecklokal der Stammelnden geworden. Aber wirklich Ehre erweist man dem Dunkel nur dadurch, daß man es erst so spät wie möglich gelten läßt. [...][21]

Man vergleiche Berthold Viertels unveröffentlichtes Gedicht aus dem Nachlaß:

Der das Siegel des Geheimnisses bricht
Unter der Maske des einsamen Sprechers:
Vor sich hinmurmelnd im Dunkel
Seiner schlaflosen Nächte

Verrät er an die ruhelose Neugier,
Was keinen glücklich macht
Und auch nicht zur Rebellion ruft,
Sondern zur kampflosen Ergebung

An das Nichts. Doch dahinter
Lauern die böswilligen Mächte
Und benützen, was er singt, zur Knechtung
Der Waffenlosen, der Lebenstreuen, der Friedwilligen.[22]

Ein anderes Beispiel ist das von Anders und Viertel gleichermaßen artikulierte Mißtrauen gegen die im Nachkriegs-Europa aufkommende ›Kafka-Mode‹, eine Gemeinsamkeit, die aus einem ersten, tastenden Ankämpfen gegen die bald einsetztende ›totalitarismustheoretische Faschismusbewältigung‹ entsprang.

Anders' Studie *Kafka, pro und contra*[23] lag, wie er in der auf »New York 1946« datierten »Vorbemerkung« schreibt, »[...] jedenfalls was ihre Hauptanalysen betrifft, seit Jahren vor: Sie ist die Ausarbeitung eines im Jahre 1934 im Pariser ›Institut d'Études Germaniques‹ gehaltenen Vortrags ›Theologie ohne Gott‹.«[24] Erschienen ist sie erst 1951, als die ›Kafka-Mode‹ bereits fait accompli war.[25] Anders' kritische Bemerkungen über Kafka wurden von vielen, die sich bei einer Dummheit ertappt fühlten, wo sie doch Gutes zu tun beabsichtigten, nun mit jener ›ehrlichen Empörung‹ zurückgewiesen. Noch 1984 sah sich Anders gezwungen, an die damalige Situation zu erinnern, um seine eigene Stellungnahme zu rechtfertigen:

[...] *im Nachkriegs-Deutschland und -Österreich war der Name Kafka damals gerade eingetroffen, um dort nicht nur als Bildungsgut, sondern auch als Alibi zu dienen.*[26]

[...] *Das Interesse, das Juden an Kafkas Darstellung jüdischer Existenz nehmen, ist natürlich ganz rechtmäßig. Dagegen erfordert die glühende Neugierde, die nach 1950 unter Deutschen ausbrach, Aufklärung. Die nach den maßlosen Verbrechen des Hitler-Regimes Schuldigen und Mitschuldigen, die zwar sehr gut wußten, was sie getan hatten, die aber nicht nur nicht angeklagt oder gar bestraft worden waren, sondern, bis auf wenige Ausnahmen, selbstgerecht und selbstgefällig weiterlebten, die waren vermutlich dankbar dafür, daß man ihnen eine antipodische Figur lieferte.* [...] *Daß sich die Nachkriegsdeutschen in diese Gegenfigur* [des K. in *Der Prozeß*] *verguckt, sogar einen Opernhelden aus ihr gemacht haben, ist psychologisch plausibel. Durch die Vergötterung Kafkas löschte man die Tatsache, daß man dessen Millionen-Familie umgebracht hatte, wieder aus. Und wenn man ihn berühmt macht, so primär nicht als Schriftsteller, sondern als Lieferanten einer Figur, die, obwohl nicht schuldig, doch bestraft wurde.*[27]

Franz Kafka wurde, insbesondere eben mit seinem Werk *Der Prozeß*, geradezu zum Propheten eines Zeitalters des Totalitarismus und des ohnmächtigen Ausgeliefertseins des Einzelmenschen stilisiert. Die Beschreibung totalitärer Herrschaft wurde in abstrahierender Rückprojektion mit solch dinglicher Gewalt in Kafkas Werk hineingelesen, daß sogar ein Philosoph wie Wolfgang Fritz Haug in den 1980er Jahren nicht umhin kam, Vorformen der nationalsozialistischen Gewaltherrschaft im alten Österreich-Ungarn zu vermuten: Nur so konnte sich Haug materialistisch erklären, daß Kafka etwas diagnostizieren konnte, das eigentlich noch gar nicht da war. Davor hatte Anders schon in *Kafka, pro und contra* gewarnt:

Die Anspielungen auf die Welt des Terrors und der Gleichschaltung, deren Zeitgenossen wir sind, waren für ihn [Kafka] *keine Anspielungen.*[28]

Was Berthold Viertel am 20.8. 1948 in sein Züricher Tagebuch[29] notierte, steht im Zusammenhang mit Günter Anders' Kafka-Schrift, deren Manuskript er von Anders noch in London erhalten hatte. Bemerkt werden muß, daß Berthold Viertel Kafka aus seiner Prager Zeit flüchtig kannte und selbst in Kafkas Korrespondenz als ein eher freundlicher Mensch, dessen Vermittlung man sich bedienen könne, erwähnt ist.

Kafkas »Prozeß«: Selbsttortur eines Unglücklichen, der die Wände seines Schuldgefühls abgeht und an die wunden Stellen klopft. Natürlich wollte er diese Akten, in denen er gegen sich selbst zeugt, zerstört wissen. [...] *Nun ist die ganze Zeitgenossenschaft, K's Nachwelt, in den Prozeß eingeweiht u. schmarotzt, schmatzend, an dem abscheulichen Verfahren.*

An diesem Fall scheidet sich das trübe, flackernde Bewußtsein dieser Zeit. Wohl denen, die nichts mit der Sache zu tun haben wollen [...]

Die Welt des »Prozesses« ist jene Unterwelt des Individuums Kafka, die Günther Stern aphoristisch, aber doch gründlich genug beschrieben hat. Sein Aufsatz zerreißt den [...] *Nebel, den die Literaten,* [Max] *Brod an der Spitze,* [...] *um das Werk K's herum zu bilden bestrebt sind. K. war ehrlich auch in seiner Zwei- und Vieldeutigkeit, sie sind verschwommen, und gerade in ihrer Verschwommenheit zielbewußt.* [...]

Der »Prozeß« wird einem Unschuldigen gemacht, der dennoch schuldig ist, weil er Mensch ist. Er ist Erbsünder per definitionem.

Mit diesem – der jüdischen Theologie fremden – Begriff der Erbsündigkeit hat sich ja auch Günther Anders befaßt. Die Problematik ist überlagert von jener anderen, die Hermann Broch als »Schuld der Schuldlosen« benannte. Wir stehen aber, 1948, noch am Anfang eines ideologischen Prozesses, in dem, in Anknüpfung an das christliche Motiv der Erbsünde, es profanisierend und vulgarisierend[30], eine ebenso allgemeine wie diffuse Schuldhaftgkeit der menschlichen Natur geglaubt wird, deren Prophet im deutschen Sprachraum allerdings nicht Franz Kafka, sondern Konrad Lorenz wurde. Die Kafka-Mode erscheint als ein Vorspiel zu der generellen Exkulpierung der Menschheit (und damit der Nazis, die der Menschheit selbstverständlich zugezählt werden), die die Verantwortbarkeit des Geschehenen einer evolutionären Zukunft zuweist und die Bemühung um die Humanisierung des Menschengeschlechts als Verzeihen aller Untat ausübt. Die Exkulpierung wird mit einer Provinzialisierung der gegenwärtigen Menschen erkauft – ihr Leben ist kein gültiges. Im Protest gegen diese schleichende Provinzialisierung erweisen sich Berthold Viertel und Günther Anders als humaner als all die ›verzeihenden‹ Humanisten.

Viertels Begräbnis, eine Marginalie

Am 24. September 1953 stirbt Berthold Viertel. Am folgenden Tag streiten Günther Anders, Hermann Hakel (auf der ›jüdischen Seite‹) und Ludwig Münz, Franz Glück (auf der ›christlichen Seite‹) bei Elisabeth Viertel, wo Berthold Viertel begraben werden solle: am jüdischen Friedhof oder im Ehrengrab der Gemeinde Wien. Also wurde er nach jüdischem Ritus in der Aufbahrungshalle eingesegnet und dann in den ›arischen‹ Teil des Friedhofs gebracht. Dort wurde er neuerlich aufgebahrt. Vor dem Sarg sprachen Josef Gielen, Fred Hennings, Franz Theodor Csokor und Leopold Lindtberg. »Aber keiner sagte etwas darüber, daß Viertel ein Emigrant und Jude gewesen war.«[31]

Anmerkungen

1 Austro American Tribune 3 (1945) 10 (Mai), 7. (Beilage Kunst-Literatur-Musik; Widmungsseite: Berthold Viertel zum 60. Geburtstag).
2 Ein Lexikonartikel von Günther Anders über Berthold Viertel (Kopie im NL G. Anders).
3 »In der Tat war Persönlichkeitsentwicklung im 19. Jahrhundert noch getragen von der Übereinstimmung mit starken geschichtlich-gesellschaftlichen Tendenzen, mit anderen Worten: Persönlichkeitsentwicklung konnte als Herstellung bürgerlicher Subjektivität in der Dreieinigkeit von Bildung, Berufspflicht und Eigentum vor sich gehen. Für einen wichtigen Teil der Jugend [...] war es jedoch schon vor dem 1. Weltkrieg nicht mehr möglich, sich eine Individuation ohne Entpersönlichung entlang den Kraftlinien des Bestehenden vorzustellen.« (K. Kaiser: Demokratischer Epikuräismus. Zur Weltanschauung Theodor Kramers. In: Theodor Kramer 1897 – 1958. Dichter im Exil. Wien 1983, 48). Das Zitat skizziert die Lage, von der die deutsche Jugendbewegung um 1900 ihren Ausgang nahm. Anders nimmt die Kritik an der Jugendbewegung wieder auf, ohne das der Jugendbewegung zugrundeliegende Dilemma zu verleugnen.
4 G. Anders: Post festum. (1962). In: Tagebücher und Gedichte. München 1985, 75f.
5 Ebenda, 75.
6 E. Schubert: Günther Anders mit Selbstzeugnissen und Bilddokumenten. Reinbek b. Hamburg 1992, 45.
7 G. Anders: Post festum, wie oben, 77.
8 Ebd.
9 Vgl. dazu auch den Aphorismus »Die größere Angst« in den *Philosophischen Stenogrammen*, 28: »Der Entschluß, allein oder gar im Widerspruch zur gesamten Umwelt weiterzuleben, erfordert viel mehr Selbständigkeit und Kühnheit als die Bereitschaft, mit anderen zu sterben.«
10 B. Viertel: Der Lebenslauf. Gedichte. New York: Aurora Verlag 1946.
11 Anders, Günther: Schwermut und Gerechtigkeit (Bemerkungen zu Viertels neuen Gedichten). In: *Austro American Tribune* 4 (1946) 9 (April), 9f.
12 G. Anders: Post festum, wie oben, 93.
13 G. Anders: Lied der Untreuen. In: Tagebücher und Gedichte, wie oben, 286. Vgl. E. Freundlich: Die fahrenden Jahre. Erinnerungen. Salzburg 1992, Vorsatz.
14 Das Gedicht »Glück der Gemeinschaft« (»Glück der Gemeinschaft, das die Ichsucht leugnet, / Ich habe dich im Schatten des Exils gefunden [...] Darf ich mit euch am Plan der Zukunft bauen, / Dann weiß ich mich im Geiste angekommen. [...]«), bezeichnenderweise ein Sonett, entstanden vermutlich 1942 in New York, findet sich in »Der Lebenslauf« (S.16); hier zit. nach BV 3, 339.
15 Vgl. zum Begriff des »Kontinuums der geschichtlichen Zeit« bei Viertel: S. Bolbecher/K. Kaiser: Nachwort zu BV 2, 357–368. – Das vollständige Viertel-Zitat lautet: »Der hier spricht, wurde von den Nationalsozialisten erst in der Erziehungsanstalt eines Konzentrationslagers pädagogisch behandelt, dann nach Polen abgeschoben, schließlich – ein stammelndes Gespenst – vergast. – Daß es nicht tatsächlich geschah, ist einzig und allein die Folge einer rechtzeitigen

Ortsveränderung. Eine solche historische Erledigung ist – auch wenn das Individuum verschont blieb – weder etwas Unwirkliches, noch etwas Zufälliges. Sie trifft und betrifft den Typus.« (Notizheft im Nachlaß »Council Nr.1«, vermutlich 1944).

16 G. Anders an K. Kaiser, 27.10. 1988.

17 Gerhard Oberschlick hat mir dankenswerter Weise Kopien zur Verfügung gestellt.

18 B. Viertel: In diesem Augenblick. (Geschrieben im Frühling 1935). In: Fürchte dich nicht! Neue Gedichte. New York: Barthold Fles 1941, 69–74 (bzw. BV 3, 209–214).

19 Vgl. BV 3, 455f.

20 Vgl. BV 1, 311–314; 389. – Das Stück und sein Autor wurden in Wien skandalisiert; Viertel mußte mit seiner Inszenierung ans Zürcher Schauspielhaus ausweichen.

21 G. Anders: Philosophische Stenogramme. München 1965, 31.

22 Typoskript im NLV. Bezeichnenderweise trägt eine spätere Version des Gedichts den Titel »Ein Existentialist«.

23 G. Anders: Kafka, pro und contra. Die Prozeß-Unterlagen. München [3]1967 (1951).

24 Ebd., 8.

25 G. Anders zufolge (in der Einleitung zu seinem Band *Mensch ohne Welt*) wurde zuvor nur ein Kapitel in der New Yorker Zeitschrift *Commentary* abgedruckt, und Auszüge erschienen in der Zeitschrift *Die Neue Rundschau* im April 1947.

26 G. Anders: Mensch ohne Welt. Schriften zur Kunst und Literatur. München: C.H. Beck 1984. Einleitung, XXVI.

27 Ebd., XXXIX.

28 G. Anders, wie Anm.24, 101.

29 DLA 69.3142/41, Transkription durch den Verfasser.

30 Profanisieren: die Frage der Gottesebenbildlichkeit abspannend. Vulgarisieren: Man kann es nur mit großer Reserve so nennen: Die Erbsünde war bereits ein vulgäres Geheimnis. Sie wird nun naturalisiert, im Naturzusammenhang nachgewiesen. Der moderne Manichäismus bemächtigt sich ihrer mit gewissem Recht.

31 Hermann Hakel: Dürre Äste, welkes Gras. Begegnungen mit Literaten, Bemerkungen zur Literatur. Hg. von G. Amanshauser, E. Kolovic, R. Kovacevic. Wien 1991, 158.

Johann Holzner

Kulturphantasien in Debatten des Exils

Exil, das heißt zuallererst: vertrieben und beinah verloren sein. Aber es kann auch ganz anderes miteinschließen: »gerettet und auf nichts bezogen sein« zum Beispiel, nach Christa Wolf.[1] Das Exil ist auch der Ort, an dem, aus dem ungewohnten Blickwinkel der Randständigkeit oder gar Wurzellosigkeit, das Gewohnte leichter als sonst zu revidieren und Neues kühner zu entwerfen ist.

Insbesonders, wenn der Ort des Zwischenaufenthalts selbst dazu Anregungen bereitstellt. In dem Schauspiel *Cicciolina und der Papst* von Eberhard Petschinka, in dessen Mittelpunkt zwei Emigranten stehen, die nahezu pausenlos über ein gelobtes Land reden, ist das nicht der Fall. Dementsprechend kurz greifen denn auch die Phantasien der beiden Helden:

Zeit der Handlung: nach der sogenannten sanften Revolution in Mittel- und Osteuropa, also Gegenwart. Schauplatz der Handlung: irgendwo nicht weit entfernt vom ehemaligen Eisernen Vorhang, jedenfalls im Westen; nach etlichen Anzeichen zu schließen am ehesten in Österreich. Handlung allerdings findet nahezu keine statt. Denn die zwei Figuren, die in diesem Schauspiel auftreten, sind dazu verdammt, zu warten, und im übrigen offensichtlich, wie ihre Vorfahren aus Becketts *Warten auf Godot*, durch nichts anderes verbunden als eben dadurch, daß sie warten. Beide sind Asylanten, der erste ein Tscheche, der andere ein Pole, beide träumen von einem zweiten Paradies. Während die Erwartungen des einen sich am Bild der Cicciolina, dem Inbegriff der totalen Freiheit und des totalen Konsums entzünden, setzt der andere alle seine Hoffnungen auf den Papst. Das Land ihrer Träume also wäre Italien, aber die Kraft, aufzubrechen und dorthin zu gehen, haben sie schon verloren. Statt zu handeln, reden sie über ihre Wunsch- und Angstträume, ihre Erlebnisse und Erfahrungen, ihre Überlebensstrategien.[2]

Wie Mosaiksteine, so ergeben die Geschichten, die sie einander erzählen, mehr und mehr ein vielschichtiges Bild. Ein Bild mit komisch-clownesken und ungeheuer traurigen Facetten. Ein Bild, in dem sich spiegelt, was in den Köpfen von Menschen vorgeht, die für alle Zeit genug haben von der Politik, und in dem sich widerspiegelt, welche Lebensmöglichkeiten in der kapitalistischen Welt verwirklicht und welche vergeben worden sind.

Es scheint, als wären die schönsten vergeben worden, während die schrecklichsten weiter realisiert werden. Gogo, der Pole, wird immer wieder von dieser Vorstellung gequält:

Ich höre einen Lärm.
Wie von einem Hubschrauber.
Er kreist über mir.
Und ich schaue hinauf
und was sehe ich?

Du lieber Himmel, da fällt ein Baby herab.
Und dort noch eines.
Das gibts doch nicht, die werfen Babys ab.
[...]

Und ich renne hin und her
und versuche die Babys zu fangen,
versuche sie aufzufangen
und ich erwische eines und dort drüben noch eines
und die Babys grinsen mich an
und neben mir zerschmettern sie in Scharen auf dem Boden
und ich fange wieder eines,
jetzt sind es schon drei, vier,
die ich gefangen habe
und zwanzig, fünfzig, hundert sind zerschmettert.
Ich bin verzweifelt
und ich fange wieder eines.
Und plötzlich höre ich Applaus.
Und ich denke, ich habe mich getäuscht
und beim nächsten, das ich fange,
wieder Applaus,
wie in einem Stadion.
Und ich blicke auf
und ich bin in einem Stadion.
Es ist eine Arena,
eine Art Wettkampf,
ein Schauspiel.

Immer wenn ich eines gefangen habe,
höre ich diesen Applaus.
Und ich werde wütend.
Ich denke mir,
ihr Wahnsinnigen
warum sitzt ihr dort auf den Rängen?
Kommt her und helft mir!
und während ich dastehe und brülle,
schlagen die Kinder neben mir ein
und ich kann nicht einmal die wenigen auffangen
und gleichzeitig beginnt man mich auszulachen,
wenn ich über die toten Kinder stolpere [...]

Es sind nicht nur die Asylanten, die warten und dabei Rom, das ausgedachte Ziel ihres Lebenswegs, vergessen. Nach ihren Beobachtungen warten alle, haben alle schon sich mit der Zuschauerrolle abgefunden, selbst dort, wo die allgemein herrschende Apathie zur Umkehrung, zur Auslöschung der Schöpfung führt.

Aber: Petschinkas Schauspiel spielt in der Gegenwart, in einer Zeit, in der alles gleich gültig scheint und damit gleichgültig. Die Exilzeit, von der im weiteren die Rede sein soll, ist, jedenfalls von den Autoren, die ich den Mittelpunkt der folgenden kurzen Betrachtungen stellen möchte, radikal anders empfunden worden.

Als eine Zwischenzeit nämlich, wie Berthold Viertel sie in seinem D'Annunzio-Essay, in der Zeitschrift *Die neue Weltbühne* (1938), charakterisiert hat.[3] Als eine Zeit, die »aus den Fugen« geraten ist, in der »die alte Ordnung nicht mehr gilt und die neue noch nicht begründet und durchgesetzt ist«. In einem solchen Interregnum, stellt Viertel nüchtern fest, »gehört die Welt bis auf Widerruf dem, der persönlichen Mut mit unbedingten Forderungen und einer grenzenlosen Anmaßung verbindet. In solchen Zwischenzeiten etablieren sich Zwischenwelten, und der Abenteurer wird, noch ehe er sichs recht versieht, legitim.« – Viertel denkt dabei nicht zuletzt an Mussolini, von daher betrachtet er die Zwischenwelt mit Skepsis. Anders gewendet aber eröffnet die Zwischenwelt auch Anlässe, das verstaubte Alte wieder aufzufrischen oder zu entrümpeln und mit humanem Augenmaß neu einzurichten.

In dieser Intention begegnen einander die drei Autoren Stefan Zweig, Ernst Lothar und Berthold Viertel: mit Vorschlägen, eine schönere als die vertraute, aber wenig anheimelnde Welt einzurichten, mit Ideen für eine Erneuerung Mitteleuropas nach dem Untergang der Zwischenwelt. Krause Ideen sind darunter, vage Ideen und mutige Ideen; nur eines verbindet sie: Ungeduld, die Unfähigkeit, tatenlos zu warten und zuzuschauen, was passiert.

Stefan Zweig hat eine Gegenwelt gefunden zu jener Welt, aus der er in den letzten Jahren seines Lebens immer weiter sich entfernt hat, aus Salzburg nach London, aus London nach New York, aus New York nach Petropolis, aus Petropolis in seine Traumbilder: Brasilien. Besser gesagt, er hat Brasilien als Gegenwelt imaginiert, er hat ein Brasilien-Bild gezeichnet als Gegenbild zu der Behauptung, daß unterschiedliche kulturelle Lebensformen in einer geschlossenen Gemeinschaft notwendig zusammenprallen und endlich scheitern müßten. Ein Gegenbild, wäre zu ergänzen, auch zu einem Leitsatz postmoderner Ideologiebildung, der unterstellt, die Heterogenität nicht übereinstimmender Kultursysteme oder (mit Wittgenstein zu reden) divergenter Sprachspiele sei grundsätzlich nicht in eine gemeinsame multikulturelle Lebenswelt zu integrieren.[4] Derartigen Vorstellungen setzt Zweigs Brasilien-Buch, dessen deutsche Erstausgabe 1941 in Stockholm erschienen ist[5], einen universalistischen Entwurf entgegen, ohne dabei die Überlegenheit irgendeiner Kulturform zu behaupten.

In Brasilien, fand Zweig, war »ein friedliches Zusammenleben der Menschen trotz aller disparaten Rassen, Klassen, Farben, Religionen und Überzeugungen«[6] schon Wirklichkeit. »Hier war nicht durch absurde Theorien von Blut und Stamm und Herkunft der Mensch abgeteilt vom Menschen, hier konnte man [...] noch friedlich leben [...]. Hier konnte, was Europa an Zivilisation geschaffen, in neuen und anderen Formen sich großartig fortsetzen und entwickeln.« Zweig war geblendet, blind aber war er nicht. »Ich hatte,« fügte er deshalb in seinen Erinnerungen hinzu, »das Auge beglückt durch die tausendfältige Schönheit dieser neuen Natur, einen Blick in die Zukunft getan.«[7]

Er hatte auch an die Vergangenheit zurückgedacht, an die von ihm verklärte Welt der Donaumonarchie. Er schrieb über Brasilien, aber – Raoul Auernheimer hat das schon 1943 in einer Besprechung festgehalten – »he returned again and again to Austria in spirit.«[8] Was ihm offensichtlich fehlte, war die Fähigkeit, mit Argusaugen die Gegenwart zu betrachten.

Jedenfalls in Brasilien. Die krasse »Überbetonung des Guten und Schönen«[9] läßt Zweigs Bemühungen, über die Geschichte, die Wirtschaft, die Kultur, die Landschaften und die Gesellschaft Brasiliens umfassend zu informieren, insgesamt in einem zweifelhaften Licht erscheinen.[10] Beinahe so, als hätte der Autor gar nicht das wirkliche Brasilien gemeint, sondern ein ausgedachtes. Als hätte er ein Gegenmodell entwerfen wollen zu jener Welt, vor der er geflüchtet ist, zur »wahnwitzigen Überreiztheit Europas«[11] mitten im Zweiten Weltkrieg.

Indem er beides unter einem darstellt, das Wirkliche und das Ausgedachte, entwickelt er ein Brasilien-Bild, das allenthalben revisionsbedürftig ist; darüber hinaus jedoch zugleich ein Friedensbild, das weit mehr beschreibt als bloß ein anderes Arkadien, nämlich Aufgaben des Pazifismus.

Aufgrund seiner ethnologischen Struktur müßte Brasilien, schreibt Zweig, »das zerspaltenste, das unfriedlichste und unruhigste Land der Welt sein [...]. Da sind die Abkömmlinge der Portugiesen, die das Land erobert und kolonisiert haben, da ist die indianische Urbevölkerung, die das Hinterland seit unvordenklichen Zeiten bewohnt, da sind die Millionen Neger [...], die Millionen Italiener, Deutsche und sogar Japaner [...].[12] Doch von einer Rassendiskriminierung, von einem Rassenproblem könne keine Rede sein. »All das hat sich ständig gemischt, gekreuzt und außerdem noch erfrischt durch den ständigen Zustrom neuen Bluts durch die Jahrhunderte.«[13] Es gäbe keine Abgrenzungen und Ausgrenzungen, nicht einmal »ein Haßwort oder ein Hohnwort«[14] für bestimmte Schichten. Zweig konstatiert »die totale Abwesenheit jedweder Gehässigkeit im öffentlichen wie im privaten Leben«[15], gleichzeitig aber alles andere als einen Kirchhoffrieden. Stattdessen »mehr Lässigkeit in der Lebensführung«, »eine gewisse Laxheit«, umgekehrt »weniger Stoßkraft, weniger Vehemenz, weniger Dynamik«, weniger »Gier und Machtwut« als in Europa[16].

Zusammenfassend: Alle denkbaren zerstörerischen Gegensätze scheinen in Brasilien »zersetzt«[17], zusammengebunden durch ein einheitliches Nationalbewußtsein.

Zweig, der immer wieder (nicht immer erfolgreich) versucht hat, über den Parteien zu stehen, geneigt, um keinen Preis die Rolle des Beobachters mit jener des Sympathisanten zu vertauschen, seiner Selbsteinschätzung nach »ein wacher, denkender, abseits von allem Politischen wirkender Mensch«[18], gibt im Brasilien-Buch jede noble Zurückhaltung entschlossen auf. Angesichts der Entwicklung in Europa kämpft er um eine neue Rangordnung der Werte für eine humane Zukunft und somit leidenschaftlich gegen jene Kräfte, die der Realisierung dieser seiner Phantasien den Weg verstellen: gegen den Produktionsfetischismus, gegen die feudalistische Gesinnung, gegen die kapitalistische Raffgier. Alldem hält Zweig das Auftreten der Jesuiten gegenüber, eine alte Geschichte, wie er sie sieht:

Die Jesuiten, das sind die ersten, die nichts für sich und alles für das Land wollen [...], keine vagen und verworrenen Träumer [...]. Sie sind Realisten und durch ihre Exerzitien geschult, Tag für Tag neu die Energie zu stählen, um den unermeßlichen Widerstand der menschlichen Schwächen in der Welt zu überwinden. Sie wissen um die Gefährlichkeit und Langwierigkeit ihrer Aufgabe. Aber gerade, daß ihr Ziel von Anfang an vollkommen ins Weite, ins Jahrhundertweite, ja ins Ewige gerichtet ist, hebt sie so großartig ab von der Beamtenschaft und Kriegerschaft [...].[19]

Das Konzept, statt auf raschen Gewinn zu setzen, durch Mischung des Disparaten und entsprechende Erziehung den Boden zu bereiten, daß Menschen aufblühen können, dieses Programm, das Zweig aus dem Wirken der Jesuiten in Brasilien ableitet, präsentiert er am Ende als Alternative zu allen Zukunfts-Szenarien der zeitgenössischen Machthaber in Europa.

Es sollte nicht unterschlagen werden, daß man auch in Zweigs Brasilien-Buch sentimentalen Anwandlungen begegnet, die man in einer Reportage über ein »Land der Zukunft« von vornherein nicht erwarten würde: Das Lob des Patriarchats zum Beispiel[20], oder die Verteidigung der Aristokratie[21]. In solchen Anwandlungen fließen Bilder aus dem alten Wien und Bilder aus dem neuen Rio zusammen, bis sie zur Deckung kommen. Es fällt schwer, diese Bilder nicht zu desavouieren, sind sie doch Zeugnisse des Rückzugs in die Welt der Sicherheit. Aber sie sind vielleicht auch anders zu verstehen, als Reaktion auf die überall in Europa eskalierende Tendenz, sich der Einschüchterung durch alles Traditionelle allmählich zu entziehen und stattdessen der Einschüchterung durch alles Neue auszuliefern; eine Tendenz, die viel später, in den siebziger Jahren, noch von Jean Améry, einem Intellektuellen also, der ganz und gar nicht konservativ gedacht hat, als eine der gefährlichsten Zeiterscheinungen des Jahrhunderts gebrandmarkt worden ist.[22]

In jedem Fall setzt das Brasilien-Buch eine Linie fort, die Zweig schon im *Erasmus* und insbesondere dann in *Castellio gegen Calvin* vorgezogen hat.[23] Konzilianz, das Sich-Versöhnen mit allen Parteien, der Verzicht auf jede Einmischung gilt ihm nicht mehr als Charakteristikum des Pazifismus. Die Ausarbeitung eines Friedensbildes schließt in seinem Verständnis vielmehr die Verpflichtung ein, den Widerstand zu fördern, wo solcher, um das angestrebte Ziel nicht zu verfehlen, nötig scheint, und über das Duckmäusertum den Stab zu brechen.

Ernst Lothars Aufsatz *Zum Thema Österreich*, den die *Austro American Tribune* 1944 veröffentlicht[24], greift einiges von dem, was Zweig als bedenkenswert herausgestellt hat, wieder auf. Auch Lothar will skizzieren, was »für die Zukunft des geistigen – und nicht nur des geistigen – Lebens in Mitteleuropa von fundamentaler Bedeutung scheint«; ihm kommen dabei allerdings (immer noch) weniger Gegenbilder, vielmehr Leitbilder in den Sinn, die Bindungen an den Habsburg-Mythos wie an Richtlinien des sogenannten Ständestaates nicht verleugnen können.

Denn Lothars Ausgangspunkt ist die alte Frage nach den Unterschieden zwischen der deutschen und der österreichischen Kultur; sie sind für ihn eklatant. Schon in der Sprache, wobei auf der einen Seite Goethe, Fontane und Thomas Mann, auf der anderen Seite Stifter, Grillparzer und Hofmannsthal als Kronzeugen bemüht werden, aber auch Eichendorff, Lenau und Beer-Hofmann die Riege des »herrlichen österreichischen Deutsch« verstärken. Geradezu »grundverschieden« sind Österreich und Deutschland, nach Lothar, in der »Gefühls- und Seelenhaltung«, aus seiner Sicht eine »organische Folge der Landschaft (und etwa noch der katholischen Kirche)«; in diesem Zusammenhang werden die Musik und die Baukunst angeführt. In der »Geisteshaltung« schließlich sind, meint Lothar, schärfere Gegensätze als jene zwischen der deutschen und der österreichischen Kultur gar nicht zu denken. Während jene national orientiert ist, wirkt diese übernational, während der deutsche Kulturbegriff mit dem »Machtbegriff« zusammengeschlossen ist, steht der österreichische Kulturbegriff dem »Andachtsbegriff« nahe.

Aus solchen nicht weiter begründeten, nicht weiter begründbaren Setzungen zieht Lothar die Konsequenz, daß »das politisch auf unbedingte Neutralität angewiesene Österreich der Garant für die Erhaltung des zu rettenden [...] österreichischen und deutschen Kulturbesitzes« sei, daß Wien statt Genf zur Völkerbundsstadt werden und endlich als »Kulturhauptstadt des gesamten deutschen Sprachgebietes« auch Berlin ablösen müßte; denn Wien ist nicht »für tausend Jahre gegründet [...], sondern, als notwendiger Ausdruck der Natur, für die Ewigkeit.«

Lothars Ausführungen sind nur verständlich, wenn man ihren doppelten Adressatenbezug berücksichtigt: eine Doppelseitigkeit, die, worauf Wulf Koepke schon verwiesen hat[25], vielen Texten des Exils eingeschrieben ist. Zum einen sollten wohl die Behörden in Washington angesprochen werden und darüber hinaus alle Repräsentanten der »ignoranten Außenwelt«, für die, wie der Autor in einem Schreiben an Auernheimer vom 27. November 1944 darlegt[26], die »Kultur-Bedeutung« des alten wie des künftigen österreichischen Staates nach wie vor nichts anderes als ein Buch mit sieben Siegeln gewesen ist. Zum andern will Lothar offensichtlich, ähnlich wie Zweig, seinen österreichischen Leserinnen und Lesern vor Augen halten, »wovor sie sich wie vor dem Teufel zu bewahren« hätten; indem er das deutschnationale Denken als ein in Österreich fremdes apostrophiert, setzt er allerdings die ausgedachte neue mit der tradierten Kultur allzu schnell in eins.

So ist es nicht verwunderlich, daß Viertel auf Lothars Niederschrift einigermaßen heftig reagiert. Sein Artikel *Austria Rediviva*, der ebenfalls in der *Austro American Tribune*[27], im Jänner 1945 erscheint[28], zerpflückt die »Kulturphantasien« Lothars, nicht ohne deren »Wohlmeinung« ausdrücklich zu erwähnen, schonungslos.

Viertel, von seiner Herkunft und beruflichen Laufbahn her gleichermaßen dem deutschen wie dem österreichischen Exil verbunden, weist schon die Grenzziehungen innerhalb des Bereichs der deutschsprachigen Kultur zurück. Ähnlich wie in seinem *Offenen Brief an Manfred George*[29], in dem es heißt, die österreichischen Künstler seien, »vor und trotz Hitler, Schüler und Meister einer deutschen Kultur gewesen und geblieben«, hält Viertel weiter daran fest, daß alle Intellektuellen solidarisch und »tätig« sich am demokratischen Neuaufbau in Mitteleuropa beteiligen müßten und daß dabei in Österreich nicht anders als in Deutschland »einige robuste Arbeit mit aufgekrempelten Hemdärmeln« zu leisten wäre. Aber Viertel geht noch weiter. Zusammen mit dem Andachtsbegriff verwirft er in Bausch und Bogen die von Lothar genannte Überlieferung, den »Idylliker Adalbert Stifter und seine Flucht in die Natur« sowie den *Armen Spielmann* Grillparzers »und sein demütiges Versagen vor auch nur den geringsten Anforderungen der Realität«, um herauszustreichen, was in seinem Verständnis das Allerdringlichste ist:

Es geht nicht um die Fortführung der Salzburger Festspiele und um den wieder eingerenkten Fremdenverkehr [...]. *Auch nicht darin, daß Wien zum Sitz des Völkerbundes wird, sehe ich die entscheidende Glückschance Österreichs: sondern in seiner Erneuerung vom Fundament, vom Selbstgefühl des Volkes her; in seiner wirtschaftlichen Konsolidierung in einem konsolidierten Europa; und von allem Anfang an in der kritischen Wachsamkeit gegenüber den Einflüssen seiner allzu historischen Vergangenheit.*

Anders als Stefan Zweig und Lothar tritt Viertel ausdrücklich dafür ein, das gesamte kulturelle Erbe und gerade das früher hochgeschätzte und kanonisierte, die »Barockidylle von gestern, schon zu ihrer Zeit ein Anachronismus«, kritisch zu durchforsten.

Daß bei derartigen Unternehmungen im Interesse einer »progressiven Demokratie« auch einmal Kulturgüter in die zweite oder dritte Reihe zurückgeschoben werden, die das eigentlich nicht verdienen, nimmt Viertel ohne weiteres in Kauf. Wichtiger ist ihm, daß auch für neue Phantasien Platz sein soll und für Menschen, die, statt zu warten und bloß zu beobachten, was sich zuträgt, Taten setzen: die ihre Träume von einer schöneren neuen Welt schöpferisch umsetzen in die künstlerische oder gesellschaftliche Praxis.

Anmerkungen

1 Christa Wolf: Voraussetzungen einer Erzählung: Kassandra. (Hier zit. nach:) Gerhard Bauer: Die mitgeschleppte und die ausgedachte Heimat der Exilierten. In: Helmut F. Pfanner (Hg.): Kulturelle Wechselbeziehungen im Exil – Exile across Cultures. Bonn 1986, 25.
2 Eberhard Petschinka: Cicciolina und der Papst. Innsbruck 1994.
3 Berthold Viertel: Zwei Dichter. In: Peter Roessler/Konstantin Kaiser (Hg.): Dramaturgie der Demokratie. Theaterkonzeptionen des österreichischen Exils. Wien 1989, 43–49; die folgenden Zitate 47ff.
4 Zur Kritik dieser Theorie- oder Ideologiebildung vgl.: Norbert Mecklenburg: Über kulturelle und poetische Alterität. Kultur- und literaturtheoretische Grundprobleme einer interkulturellen Germanistik. In: Alois Wierlacher (Hg.): Perspektiven und Verfahren interkultureller Germanistik. Akten des I. Kongresses der Gesellschaft für Interkulturelle Germanistik. München 1987, 563–584, besonders 567f.
5 Stefan Zweig: Brasilien. Ein Land der Zukunft. Frankfurt 1984 (=Suhrkamp Taschenbuch 984), 261. – Im folgenden abgekürzt zitiert: B.
6 B 12.
7 Stefan Zweig: Die Welt von Gestern. Erinnerungen eines Europäers. Frankfurt 1949, 440.
8 Zit. nach: Volker Henze: Jüdischer Kulturpessimismus und das Bild des Alten Österreich im Werk Stefan Zweigs und Joseph Roths. Heidelberg 1988 (=Beiträge zur neueren Literaturgeschichte; Folge 3, Band 82), 341.
9 Brunhild E. Blum: Stefan Zweigs Briefe an seinen brasilianischen Verleger Abrahao Koogan von 1932 bis 1942. Vollständiger Abdruck mit Anmerkungen und einem Exkurs über das Brasilienbild des Autors. Innsbruck 1988 (Diplomarbeit), 121.
10 Vgl. Henze. Wie Anm. 8, der schlicht »Hirngespinste« konstatiert, 340.
11 B 15.
12 B 12f.
13 B 139.
14 B 14.
15 B 15.
16 B 16.
17 B 15.
18 Zweig. Wie Anm. 7, 473.
19 B 33f.
20 B 157.
21 B 159f.
22 Jean Améry: Weiterleben – aber wie? Essays 1968 – 1978 (hg. von Gisela Lindemann). Stuttgart 1982, 204.
23 Vgl. Klaus Zelewitz: Höhen und Tiefen der dreißiger Jahre. In: Stefan Zweig 1881/1981. Aufsätze und Dokumente. Wien 1981 (=Zirkular Sondernummer 2), 97–111.
24 Viertel. Wie Anm. 3, 74–78.

25 Wulf Koepke/Michael Winkler (Hg.): Exilliteratur 1933 – 1945. Darmstadt 1989 (=Wege der Forschung 647), 121.
26 Lothars Brief an Auernheimer ist abgedruckt in: Donald G. Daviau/Jorun B. Johns: Ernst Lothar. In: Johann Holzner/Sigurd Paul Scheichl/Wolfgang Wiesmüller (Hg.): Eine schwierige Heimkehr. Österreichische Literatur im Exil 1938 – 1945. Innsbruck 1991 (=Innsbrucker Beiträge zur Kulturwissenschaft, Germanistische Reihe 40), 346.
27 Vgl. dazu: Helmut F. Pfanner: »Austro-American Tribune«. Die Stimme eines freien demokratischen Österreich im Exil. In: Holzner/Scheichl/Wiesmüller. Wie Anm. 26, 205–217.
28 Viertel. Wie Anm. 3, 78–83.
29 In: BV 1, 180–185. – Vgl. dazu: Irene Jansen: »Die Fremde wächst«. Berthold Viertel im Briefdialog mit Manfred George in den Jahren 1938 – 1944. In: Jahrbuch der Deutschen Schillergesellschaft 33, 1989, 51–74.

Helmut G. Asper

Berthold Viertel und der Council for a Democratic Germany

Lieber Herr Viertel:
Der eingelegte Brief ist nicht meine persoenliche Schoepfung, sondern die des Councils. Ich kenne Sie ja leider erst so kurze Zeit und weiss so wenig von Ihnen, dass ich so nicht haette schreiben koennen. Aber ich freue mich, dass es mir als Chairman des Council moeglich ist, diesen Brief an Sie zu unterschreiben. Denn ich nehme aufrichtigen Anteil an Ihrem Geburtstag und an Ihrem weiteren Ergehen. Ich freue mich, dass ich wenigstens so spaet Sie noch habe kennenlernen duerfen und ich bin Ihnen dankbar fuer das, was Sie im Council mitgearbeitet haben.[1]

Paul Tillich, der diesen Brief zu Viertels 60. Geburtstag schrieb, hatte allen Anlaß, Viertel für seine Mitarbeit im Council zu danken, hatte der doch die Gründung des Council von Anfang an unterstützt, aktiv den Kunst-Ausschuß geleitet und den Council engagiert gegen die Angriffe im *Aufbau* von Erika Mann und Manfred George verteidigt.

Eine der Keimzellen des Council for a Democratic Germany war jene nächtliche Zusammenkunft in Viertels Haus in Santa Monica am 1. August 1943, bei der mehrere im kalifornischen Exil lebende Schriftsteller und Künstler eine Grußadresse an das in Moskau gegründete »Nationalkomitee Freies Deutschland« formulierten:

Auch halten wir es für notwendig, scharf zu unterscheiden zwischen dem Hitlerregime und den ihm verbundenen Schichten einerseits und dem deutschen Volk andererseits.[2]

An dieser Unterscheidung hielt der Council in seinen Erklärungen ebenso fest wie an dem auch hier bereits formulierten Willen, bei der Schaffung einer »starken deutschen Demokratie«[3] mitzuhelfen, und daran schieden sich die Geister der Exilanten. Die später die Arbeit des Council belastenden Querelen begannen bereits am Tage nach der denkwürdigen Nachtsitzung: Thomas Mann zog seine Unterschrift zurück, und es kam zu der bekannten Kontroverse mit Brecht. Mann blieb auch später gegenüber dem Council sehr reserviert und weigerte sich, als Vorsitzender zu fungieren, der Theologe Paul Tillich übernahm dann diese Funktion.

An den weiteren konkreten Vorbereitungen des Councils scheint sich Viertel dann nicht beteiligt zu haben, wohl aber findet sich sein Name in der Liste der Unterzeichner des ersten Manifests, das in deutsch und englisch im Mai 1944 veröffentlicht und das im *Aufbau* heftig kritisiert wurde.[4] Der Chefredakteur Manfred George fand es unverständlich, daß Juden die Gründung des Councils unterstützten, und meinte, kein Immigrant (worunter George all jene Exilanten zählte, die bereits im Besitz der »first papers« waren) dürfe sich daran beteiligen. Erika Mann verurteilte schärfstens die These vom »anderen Deutschland« und schlug sich ganz auf die Seite der Vansittartisten, die auch von Emil Ludwig vertreten wurde.

Diese kritischen Stimmen brachten Berthold Viertel in Harnisch, mehrere Entwürfe in seinem Nachlaß bezeugen[5], wie empört und aufgebracht er über diese Vorwürfe war. Sein »Offener Brief« an Manfred George wurde schließlich gekürzt in der *Austro American Tribune* gedruckt, seine Antworten an Erika Mann – deren Artikel er unerträglich arrogant fand – und Emil Ludwig blieben dagegen unpubliziert. George druckte Viertels »Offenen Brief« nicht, worüber sich Viertel bei ihm in einem Brief vom 27. Juni 1944 beklagte:

Ich hoffte, daß Sie mir Gelegenheit geben würden, meine Gegenargumente vor dem gleichen Publikum zu äußern. Daß das nicht geschehen konnte, finde ich bedauerlich. Es widerspricht meinen Vorstellungen von den Rechten und Pflichten der Presse. Wir scheinen auch darüber verschiedener Meinung zu sein, was mir aufrichtig leid tut.[6]

Sowohl in seinem »Offenen Brief« wie auch in den verschiedenen Entwürfen werden Viertels Motive seiner so entschlossenen Unterstützung des Council deutlich. Er hält – allerdings in modifizierter Form – an der von Erika Mann so empört zurückgewiesenen These von den zwei Deutschlands fest und beschreibt den Council als

einen Ansatz zur Einigkeit unter Deutschen: eine Volksfront des Vertrauens in das deutsche Volk trotz allem: allerdings eines Vertrauens, das auftritt als eine Forderung an das deutsche Volk, sich ihrer würdig zu erweisen.[7]

Sich selbst begreift er als »Schüler und Meister einer deutschen Kultur«, die er »nicht verloren geben«[8] will, und entscheidender als seine Identität als Jude, Österreicher und eingebürgerter Amerikaner ist Viertel seine Identität als deutscher Dichter: »Meine Zugehörigkeit zur deutschen Literatur lasse ich mir weder von Hitler noch von Manfred George bestreiten«[9], schreibt er in einem Entwurf, in dem es weiter heißt:

Ich will den Menschen aller Völker in Europa und in der ganzen Welt behilflich sein, sich ihre Freiheit zu zimmern. Ich wollte, ich wäre ein geeigneter Zimmermann.[10]

Und er betont, daß er, »als geborener Jude« das Recht habe, den »Deutschen behilflich zu sein«, wobei er George vorwirft, daß es für ihn »*die* Deutschen und *die* Juden« gebe, »genau wie für Hitler. Ich wünsche, dabei behilflich zu sein, daß dieser grundlegende Unterschied mit Hitler aufhört.«[11]

Viertel ist zutiefst überzeugt davon, daß für das deutsche Volk – wobei er diesen Begriff wohl mehr im Sinn von Nation versteht – *eine Heimkehr aus der schrecklichsten Entfremdung möglich ist, und daß geistige und künstlerische Wirkungen diesen Heilungsprozeß beschleunigen werden. Man spricht so viel von der Erziehung der Deutschen: es gehört zum Selbstgefühl des Künstlers, der es ernst mit seiner Kunst meint, sich nicht für einen ohnmächtigen und unwürdigen Erzieher zu halten.*[12]

Seinen Worten ließ Viertel Taten folgen; er beschränkte sich nämlich keineswegs auf die moralische und publizistische Unterstützung des Councils, sondern war bereit, selbst Arbeit und Verantwortung im Council zu übernehmen. Er wurde im Herbst 1944 Vollmitglied und 1.Vorsitzender des Kunstausschusses, dem im Oktober 1944 angehörten: Die Schriftstellerin und Brecht-Mitarbeiterin Elisabeth Hauptmann, die als Sekretärin im Council mitwirkte; der Schauspieler Oskar Homolka, mit Viertel seit vielen Jahren künstlerisch verbunden; der Schauspieler Alexander Granach; der Dirigent, Komponist und Musikkritiker Wolfgang Stresemann; der Schriftsteller Otto Zoff; der Schauspieler und Theaterproduzent Max Liebl und der Regisseur Erwin Piscator, der zum 2. Vorsitzenden des Ausschusses gewählt wurde.[13]

Obwohl der Ausschuß global als »Kunstausschuß« bezeichnet wurde, befaßte er sich, seiner Zusammensetzung entsprechend, praktisch ausschließlich mit Fragen und Vorschlägen zur Reorganisation des Theaters und am Rande mit dem Film in Nachkriegs-Deutschland, wobei die Hauptlast der Ausarbeitung wohl nur auf drei Schultern ruhte: Hauptmann, Piscator und Viertel, denn nur diese drei haben das undatierte sechsseitige Dokument »Some Remarks and Suggestions concerning the Re-Organization of the German Theatre«[14] unterschrieben, das handschriftlich den Vermerk trägt »submitted to Council«. Von Viertel allein verfaßt wurde eine in deutscher Sprache erhaltene Erklärung des Kunst-Ausschusses[15], die eigens für die Sparte »Theater und Film« des Memorandums *Emergency Measures in Germany*[16] geschrieben wurde, das der Council am 7. April 1945 fertigstellte und in der letzten Nummer seines Bulletins publizierte. Diese beiden Papiere werden im Folgenden näher vorgestellt.

Die *Remarks* sind deutlich für eine amerikanische Öffentlichkeit, vielleicht sogar mit Blick auf amerikanische Dienststellen im Foreign Department und bei der Armee verfaßt worden. Die Verfasser bemühen sich, die Stellung des Theaters in Deutschland und das deutsche Theatersystem für Amerikaner verständlich darzustellen, denn es geht ihnen darum, daß das Theater eine führende, ja eine zentrale Rolle bei der demokratischen Erziehung der Deutschen spielen soll. Gleich im ersten Abschnitt, der überschrieben ist »The Necessity for Immediate Re-Organization of the German Theatre«, stellen sie diesen Zusammenhang her:

Since the theatre played such an important part in German life [...] not only as entertainment, but as an educational and opinion-forming medium, the period of re-organization should be as brief as possible. The sooner the theaters function again the better for the democratization of the German people.[17]

Sie warnen davor, den geistigen Wiederaufbau zu vernachlässigen gegenüber den Schwierigkeiten, das Notwendigste für das tägliche Leben zu beschaffen, denn

there will at the same time be a hunger for information and for dramatic interpretation of the new realities.[18]

Damit wird deutlich, daß die Verfasser annehmen, daß das Theater auch im Nachkriegs-Deutschland eine wesentliche gesellschaftliche Funktion haben wird, ihnen steht offenbar die Situation nach dem Ersten Weltkrieg vor Augen. Da war das

Theater ein »nationaler Ort, an dem die Gesellschaft sich ihrer bewußt«[19] wurde, und sollte nach dem Willen der jungen Dramatiker, Regisseure und Schauspieler »aus dem Chaos des Krieges zurück in die Kultur, in eine neue Ordnung von Kunst und Geist«[20] führen.

Um dieses Ziel auch nach dem Zweiten Weltkrieg zu erreichen, müsse das Theater zunächst vom Einfluß der Nationalsozialisten gereinigt werden, denn die hatten, eben wegen der bedeutenden gesellschaftlichen Rolle des Theaters, dieses ganz unter ihre Kontrolle gebracht. Die Maßnahmen der Nazis – Gründung und Aufgaben der Reichstheaterkammer, der Theaterfachschaft, der Theaterzensur, der Zerschlagung der Bühnengenossenschaft, die Gründung der Besucherorganisation »Kraft durch Freude« – stellen die Verfasser kurz dar und wollen sich den Zentralismus des Systems zunutze machen für die notwendige Reinigung, die sie vornehmlich als Säuberung von nationalsozialistischem Personal sehen:

Under the Nazis, the entire personnel for all theatrical institutions in Germany [...] had to belong to the Theaterfachschaft [...]. Therefore it should be easy to get the complete roster of such personnel for all of Germany (heads of the theatres, directors, actors, stage designers, technical directors etc.) and to establish with the help of trustworthy anti-Nazi-commissions, the record of each individual member during the Nazi regime. In this way, unreliable, undemocratic elements could be eliminated.[21]

Die logische Konsequenz aus dieser personellen Säuberung ist, daß alle diejenigen, die von den Nationalsozialisten verfolgt, entlassen und ins Exil getrieben wurden, sei es aus politischen oder rassischen Gründen, ihre Positionen wieder zurückerhalten sollen. Die Verfasser plädieren eindeutig dafür, daß die exilierten Theaterleute nach Deutschland zurückkehren und die Führungsrolle beim Neuaufbau des Theaters übernehmen müßten. Das gilt für die exilierten Dramatiker und ihre Werke, die Theaterdirektoren, Regisseure, Schauspieler und für Schriftsteller im weitesten Sinn, die als Übersetzer und Bearbeiter ausländischer Stücke tätig werden sollen, die unbedingt nach Deutschland importiert werden müssen in guten Übersetzungen und Bearbeitungen:

[...] there exists a number of plays written by important German dramatists now living in the democratic countries.

These plays should be an essential part of the reconstruction program. [...] Also in the democratic countries are many outstanding German anti-Nazi producers, directors and actors, many of them would be willing to return to replace the eliminated personnel and, beyond that, to help even to take a lead in the reconstruction program. They would bring with them their experience of having lived in democratic countries, and an enriched knowledge of stage forms. [...] Among the emigrant writers in America, and other democratic countries could likewise be found the best translators and adapters from various languages into German.[22]

Die Kompetenz der Emigranten für ihre Führungsaufgabe in Deutschland ist eine doppelte, sie sind sowohl in politischer wie in künstlerischer Hinsicht hervorragend dafür geeignet – der Hinweis auf die Exilerfahrung in demokratischen Ländern durchzieht das Papier wie ein roter Faden – und erscheinen deshalb als ideale Vermittler für den kulturellen Austausch, den der Council for a Democratic Germany schon in seinem Grundsatzpapier gefordert hatte. Darüber hinaus wird hier auch der Wille vieler Exilanten deutlich, nach Deutschland zurückzukehren, sich dort zu engagieren und am Neuaufbau aktiv zu beteiligen, und nicht zuletzt verfolgen die Verfasser auch ein taktisches Anliegen: Mit Hilfe der Alliierten wollen die Exilanten ihre beruflichen Positionen zurückerhalten, von denen sie 1933 vertrieben worden waren.

Da die Verfasser das Ziel verfolgen, so schnell als möglich die Theater wieder spielen zu lassen, empfehlen sie dringend, nicht erst die Restaurierung der Theaterbauten abzuwarten, sondern zu improvisieren und in allen Sälen, in allen öffentlichen Gebäuden zu spielen, denn »Performances can take place in all kinds of halls«[23], wie die erfahrenen Theaterpraktiker Viertel und Piscator wohl wissen.

Bei einem Überblick über die deutsche Theaterstruktur vor und unter den Nazis wird deutlich, daß die Verfasser das System von Staats- und Stadttheater bevorzugen, da sie annehmen, daß diese Bühnen schneller wieder funktionieren und spielen und auch leichter von Nazis gereinigt werden könnten. Ihre Vorstellungen gehen dabei so weit, daß sie überlegen, ob man nicht die Theaterfachschaft nach der notwendigen Säuberung nutzen könne, anstatt zu den Organisationsformen von Bühnengenossenschaft und Bühnenverein zurückzukehren. Dies ist für sie jedenfalls keine grundsätzliche Frage, und sie plädieren nicht für eine Zerschlagung aller von den Nationalsozialisten geschaffenen Einrichtungen. Das Papier enthält auch kein ausdrückliches Plädoyer für eine Auflösung der NS-Besucherorganisation »Kraft durch Freude«, die nur im Gegensatz zu den früheren Besucherorganisationen dargestellt wird.

Während die Überlegungen zu diesen künftigen Strukturen noch nicht abgeschlossen sind, sind die Verfasser sich ganz klar darüber, daß neben der personellen Reinigung das Repertoire des Theaters gänzlich neu aufgebaut werden muß, da durch die »strictest censorship« der Nazis sowohl Klassiker verboten oder gereinigt wurden, nur noch ganz wenig ausländische Dramatik nach Deutschland gelangte und praktisch das gesamte moderne Drama verboten war. Dem künftigen Repertoire gilt deshalb ihr besonderes Augenmerk:

It will be necessary to supply the German stage with foreign plays from the democratic countries, among them especially American, British and Russian plays of recent years, which should be made available in good translations and adaptions.[24]

Daneben soll die zeitgenössische deutsche Dramatik treten, die Verfasser hoffen auf eine dramatische Produktion des Widerstands (»German plays of an anti-Nazi nature«)[25] und auf die Werke der exilierten Dramatiker.

Bis zu diesem Punkt befassen sich die *Remarks* mit der Wiederherstellung des bürgerlichen Theaterbetriebs. Insgesamt streben die Verfasser dabei eine Rückkehr zu Weimarer Verhältnissen an mit einigen organisatorischen Veränderungen. Die Bevorzugung der Theater der öffentlichen Hand und einer zentralen Theaterfachschaft sollen anscheinend sowohl dem schnelleren Aufbau als auch der größeren ökonomischen Sicherheit der Künstler dienen. Was die Verfasser nicht diskutieren, ist einmal die Frage, inwieweit die gesamte Spielweise des Theaters durch den Faschismus korrumpiert sein könnte: Mit diesem Problem sahen sich die Remigranten dann konfrontiert; »Reichskanzleistil« nannte Viertel diese Spielweise. Zum andern wird auch nicht erwogen, ob das Theater wirklich noch diese zentrale gesellschaftliche Rolle spielt oder ob es diese Rolle nicht längst abgegeben hat an andere Medien wie Film, Rundfunk und auch schon Fernsehen, dessen Anfänge in den USA die Emigranten miterlebten.

Wie außerordentlich geprägt Viertel, Piscator und Hauptmann vom Theater waren, enthüllt noch mehr der zweite Teil des Diskussionspapiers, denn nach dem Willen der Verfasser soll Theaterspiel zu einer zentralen gesellschaftlichen Institution werden, alle Erziehungsbereiche durchdringen und in allen im weitesten Sinn mit Erziehung befaßten Institutionen eingesetzt werden. Ihnen schwebt eine kreative Beteiligung breitester Bevölkerungsschichten am Theaterspiel vor, in dem ein neues gesellschaftliches Verhalten eingeübt werden kann:

The opportunity for active participation in the theater will have an especial value in helping to restore self-respect and providing an avenue of selfexpression for a people who has gone through a period of grave social disintegration.[26]

Um dieses Ziel zu erreichen, schlagen die Verfasser eine Reihe von Maßnahmen vor, dabei wollen sie z.T. anknüpfen an die Laientheaterbewegung in der Weimarer Republik, z.T. wollen sie Institutionen aus den USA und der Sowjetunion in Deutschland einführen: Das amerikanische Universitätstheater soll an den deutschen Hochschulen etabliert werden und von den »drama classes« der amerikanischen High Schools ist der Vorschlag abgeschaut, »theatrical training«[27] an Gymnasien und Mittelschulen einzuführen. Damit soll der Sprachunterricht lebendiger gestaltet werden, und mit der Vermittlung ausländischer Dramen soll auch einseitiger nationalistischer Sicht entgegengewirkt werden. Dabei nehmen die Verfasser an, daß die deutsche Jugend nach der Zerschlagung des Nationalsozialismus großes Interesse für die Ideen der demokratischen Länder zeigen werde.

Die Erziehung zum Theater soll jedoch schon sehr viel früher, nämlich bereits mit dem Kindertheater beginnen, und hier steht deutlich das von Asja Lacis in der Sowjetunion entwickelte Modell, auf das auch eigens hingewiesen wird:

In an impoverished country, and under the emergency conditions prevailing after the devastation of total war, with so many homeless and orphaned children, such centers would have an enourmous social import.[28]

In weiteren Punkten schlagen die Verfasser eine enge Zusammenarbeit der Theater mit Gewerkschaften und Kirchenorganisationen vor, die auch eigene Theatergruppen ins Leben rufen sollen. Als Sofortmaßnahme fordern sie die Bildung mobiler Theatergruppen, die überall im Land eingesetzt werden können und die eng mit Arbeiter- und Bauerngruppen zusammenarbeiten sollen. Die Verfasser denken dabei sowohl an organisatorische Mitarbeit (etwa bei Transport und Bühnenaufbau), als auch an inhaltliche Mitbestimmung bei der Auswahl und Entwicklung neuer Stücke. Die umherreisenden Truppen könnten zu einem wichtigen Bindeglied zwischen den verschiedenen Bevölkerungsgruppen werden.

In einem letzten Punkt greifen die Verfasser schließlich die Frage der künftigen Ausbildung von Schauspielern auf und fordern die Gründung von Theaterschulen sowohl an Theatern (wie sie in den zehner und zwanziger Jahren in Deutschland existierten) als auch als unabhängige Institutionen, und auch hier ist ihnen ein Austausch mit ausländischen Einrichtungen wichtig. Als Beispiel wird die New School for Social Research in New York genannt, also Piscators Dramatic Workshop, dessen Vorbildcharakter damit anklingt.

Hier fassen Viertel, Piscator und Hauptmann noch einmal alle ihnen wichtigen Vorschläge zusammen: Rückkehr zu Weimar, Erweiterung durch internationale Erfahrung, Führungsrolle der Emigranten, kultureller Austausch – und damit liegt dieses Papier ganz auf der Linie, die der Council in seiner Grundsatzerklärung vorgegeben hatte.

Dennoch haben diese Vorschläge allem Anschein nach keine Zustimmung im Organisationskomitee des Council gefunden. Obwohl es kein Protokoll über eine Diskussion oder Beschlußfassung gibt, läßt sich diese Vermutung erhärten. Denn die beiden anderen Papiere des Council zu dem Komplex »Theater« weichen deutlich in einigen Punkten von den Vorstellungen der *Remarks* ab.

Das von Viertel allein verfaßte und unterschriebene Papier ist offenbar eine Überarbeitung der *Remarks* für das in Arbeit befindliche Memorandum *Emergency Measures in Germany*, denn es heißt einleitend:

Bühne und Film erfordern – und verdienen – in einem Sofort-Programm besondere Berücksichtigung; und zwar sind sie aus dem Gesichtswinkel einer Erziehung des deutschen Volkes zur Demokratie zu betrachten.[29]

Viertel vertritt in Bezug auf die Reinigung und Wiederherstellung des Theaterbetriebs in sehr geraffter Form dieselben Prinzipien wie in den *Remarks*, jedoch fehlt nicht nur der umfangreiche zweite Teil, sondern es gibt in diesem Papier weder Hinweise auf russische Theaterstücke noch auf das Vorbild des Kindertheaters in der Sowjetunion. Dagegen schlägt Viertel vor:

Aus den bedeutenden deutschen Schauspielern, die sich derzeit in Amerika, in England und in der Schweiz (dort als ein geschlossenes Ensemble) aufhalten, ließen sich sofort Truppen bilden, welche an Ort und Stelle richtig ausgewählte Stücke einstudieren und sie spielfertig nach Deutschland hinüberbringen könnten.[30]

Dieser Vorschlag, daß geschlossene Emigrantenensembles in Deutschland Gastspiele geben sollten, klingt stark nach einem Fraternisierungs-Verbot, wohingegen die *Remarks* ja gerade die Integration der Emigranten in den deutschen Theaterbetrieb gefordert hatten. Die Eliminierung sämtlicher Hinweise auf Sowjetrußland soll offenbar Befürchtungen vor kommunistischem Einfluß ausräumen. Ganz konsequent werden ausschließlich westliche Demokratien genannt, und es ist nur noch von amerikanischen und englischen Autoren die Rede und nicht mehr von russischen wie in den *Remarks*, deren Werke nach Deutschland importiert werden müßten. Diese eindeutige Tendenz der redaktionellen Bearbeitung läßt Widerstand im Council gegen die *Remarks* vermuten. Dagegen ist Viertels Charakterisierung des deutschen Theaters und seines »großen Einflusses auf das öffentliche und geistige Leben«[31] und seiner Indienstnahme durch den Nationalsozialismus lediglich eine knappe Zusammenfassung des ersten Papiers. Wegen dieser vollständigen Indienstnahme, so argumentiert Viertel, werde »nach dem Zusammenbruch ihrer [d.i. der Nazis] Diktatur ein Vakuum entstehen«[32], und er begnügt sich etwas lakonisch mit der abschließenden Bemerkung: »Es wird daher empfohlen, die Theater möglichst bald wieder in Betrieb zu setzen.«[33], ohne auf einzelne Maßnahmen einzugehen.

Auf diesem Papier Viertels und auf einzelnen Punkten der *Remarks* basiert die das Theater betreffende Passage in dem Memorandum des Council über Sofortmaßnahmen. Darin wird ganz wie in den Ausschuß-Papieren die Bedeutung des deutschen Theaters als »educational and opinion-forming medium«[34] betont und das Theatersystem und seine Indienstnahme durch die Nazis dargestellt. Auch wird Viertels These vom »theatrical vacuum« übernommen und der Vorschlag zur Bildung mobiler Theatertruppen aufgegriffen, die Neubildung des Repertoires gefordert und auf die Bereitschaft vieler Exilanten verwiesen »to participate in such projects«. Doch ist diese Formulierung hier deutlich abgeschwächt gegenüber den expliziten Forderungen nach einer Führungsrolle in den *Remarks*, und auch der generelle Appell, das Theater »should be considered in the plans for re-education« verwässert die sehr viel nachdrücklicheren Forderungen des Ausschusses. Offenkundig teilte die Mehrheit der Council-Mitglieder nicht die Ansicht, daß das Theater als zentrale Institution der Umerziehung dienen könne oder solle und sprach auch nur noch von einer Mitarbeit der Emigranten beim Neuaufbau, nicht mehr von einer Führungsrolle.

In der gekürzten, im letzten Bulletin des Council abgedruckten und veröffentlichten Fassung[35] des Sofortmaßnahmen-Programms fehlt schließlich die Theaterpassage gänzlich, deutlicher Beleg, daß der Council die Wirkung des Theaters geringer einschätzte als der Ausschuß, möglicherweise größere Schwierigkeiten beim Neuaufbau und Neuorganisation vorhersah, und jedenfalls die Hilfsmaßnahmen für das nackte Überleben als erheblich wichtiger einstufte. Ohne weitere Quellen ist schwer zu entscheiden, welche Argumente den Council zu dieser Kürzung bewogen hatten. Als Faktum bleibt festzuhalten, daß die Vorschläge des Kunstausschusses selbst in der gekürzten Form nie an eine größere Öffentlichkeit gelangten und somit keine Wirkung entfalten konnten. Sie scheinen auch nicht zur Kenntnis der amerikanischen Dienststellen gelangt zu sein, die dann konkret mit den Maßnahmen zum Wiederaufbau der Theater befaßt waren. Denn wenn sich auch einige auf der Hand liegende Entscheidungen der alliierten Theateroffiziere mit den Vorschlägen Viertels, Piscators und Hauptmanns decken, so hat doch Theater nicht den herausgehobenen Rang in ihren Überlegungen, vielmehr ist es unter dem Oberbegriff »Entertainment« dem Film nachgeordnet[36], und die Emigranten spielen in den Plänen der

Kulturoffiziere – die selbst häufig Emigranten waren – so gut wie keine Rolle. Es gibt keine Pläne, gezielt Dramatiker, Regisseure und Schauspieler zurückzuholen, im Gegenteil stoßen viele Rückkehrer auf Hindernisse auch von Seiten der Besatzungsbehörden.[37]

So bleiben die Papiere des Kunst-Ausschusses unter der Leitung von Berthold Viertel Dokumente der Hoffnungen, Wünsche und Vorstellungen exilierter deutscher Theaterleute über die Neugestaltung des Theaters in Deutschland; Realität wurden diese Pläne nicht.[38]

Auch der Council for a Democratic Germany scheiterte noch im selben Jahr 1945. Nach manch voraufgegangenen Auseinandersetzungen zerstritt man sich über einen gemeinsamen Protestes gegen die Beschlüsse der Potsdamer Konferenz vom Sommer 1945: Die kommunistischen Mitglieder verweigerten die Zustimmung zur öffentlichen Kritik – denn die anderen Gruppen des Council waren gegen die Teilung – und da sie wegen der geforderten Einstimmigkeit nicht zu überstimmen waren, traten andere Gruppen aus. Die letzte Sitzung des Council fand am 15. Oktober 1945 statt[39], nachhaltigen Einfluß auf die Politik der Alliierten gegenüber Deutschland war im großen sowenig zu erreichen wie auf dem Gebiet des Theaters.

Anmerkungen

1 Paul Tillich an Berthold Viertel, 28.4. 1945 (NBV). Der »eingelegte Brief« von dem die Rede ist, ist nicht im Nachlaß.

2 Zit. nach: Eike Middell: Die Frage nach Deutschlands Zukunft. In: Exil in den USA mit einem Bericht »Shanghai – Eine Emigration am Rande«. Leipzig 1979, 169–194 und 176f. – Claus-Dieter Krohn: Der *Council for a Democratic Germany.* In: Ursula Langkau-Alex/Thomas M. Ruprecht (Hg.): Was soll aus Deutschland werden? Der Council for a Democratic Germany in New York 1944–1945. Aufsätze und Dokumente. Frankfurt, New York 1995, 17–48. Hier werden ganz andere Akzente bei der Darstellung der Gründung des Council gesetzt.

3 Middell. Wie Anm. 2, 176f.

4 Zu der Geschichte und den Auseinandersetzungen um den Council siehe Middell. Wie Anm. 2, sowie: Eberhard Bahr: Paul Tillich und das Problem einer deutschen Exilregierung in den Vereinigten Staaten. In: Exilforschung. Bd. 3. München 1985, 31–42, und: Ders.: Die Kontroverse um »Das Andere Deutschland«. In: John M. Spalek/Joseph Strelka (Hg.): Deutschsprachige Exilliteratur seit 1933. Bd. 2. Bern 1989, 1493–1513. Siehe auch: Langkau-Alex/Ruprecht. Wie Anm. 2, 155–159 (vollständiger Abdruck der deutschen Deklaration) und 160–163 (Liste der Komitee-Mitglieder und der Unterzeichner).

5 Berthold Viertel: Offener Brief an Manfred George. In: BV 1, 180–185. Siehe dazu die Anmerkungen der Seiten 358–360 und die Ausführungen von Kaiser und Roessler in ihrem umfangreichen Nachwort über Viertels politisch-publizistisches Engagement im Exil, besonders die Seiten 405–407.

6 Berthold Viertel an Manfred George, 27.6. 1944 (NBV).

7 Berthold Viertel: Ein Jammer und eine Schande. (Handschriftlicher, unpublizierter Entwurf im NBV).

8 Viertel. Wie Anm. 5, 184.

9 Viertel. Wie Anm. 7.

10 Ebd.

11 Ebd.

12 Viertel. Wie Anm. 5, 184.

13 Wolfgang Stresemann teilte mir auf meine Anfrage mit, daß er nie Mitglied des Kunst-Ausschusses gewesen sei und sich an keine Sitzung erinnern könne. Dies scheint meine These zu stützen, daß vor allem Viertel, Piscator und Hauptmann in diesem Ausschuß mitgearbeitet haben. Die Papiere des Council aus dem Institut für Zeitgeschichte, München (IfZ) und dem Internationalen Institut für Sozialgeschichte, Amsterdam (IISG), stellte mir freundlicherweise Ursula Langkau-Alex zur Verfügung.

14 Berthold Viertel/Erwin Piscator/Elisabeth Hauptmann: Some Remarks and Suggestions concerning the Re-Organization of the German Theatre. (Typoskript in der Houghton Library, Cambridge, Mass., USA).

15 Langkau-Alex/Ruprecht. Wie Anm. 2, 212–214 (Original im IfZ).

16 Langkau-Alex/Ruprecht. Wie Anm. 2, 215–229 (Original im IISG, Nachlaß Paul Hertz).

17 Viertel/Piscator/Hauptmann. Wie Anm. 14.

18 Ebd.

19 Günther Rühle: Der Horizont des Jahrhunderts. In: Ders.: Theater in unserer Zeit. Frankfurt 1976, 8–46, 9.

20 Ebd.

21 Viertel/Piscator/Hauptmann. Wie Anm. 14

22 Ebd.

23 Ebd.

24 Ebd.

25 Ebd.

26 Ebd.

27 Ebd.

28 Ebd.

29 Langkau-Alex/Ruprecht. Wie Anm. 15.

30 Ebd.

31 Ebd.

32 Ebd.

33 Ebd.
34 Langkau-Alex/Ruprecht. Wie Anm. 16
35 Bulletin of the Council for a Democratic Germany 1(May 1945)5, 5f.
36 Vgl. hierzu: Brewster S. Chamberlin: Kultur auf Trümmern. Berliner Berichte der amerikanischen Information Control Section Juli-Dezember 1945. Stuttgart 1945. Siehe auch: USA und Deutschland. Amerikanische Kulturpolitik 1942–1949. Bibliographie – Materialien – Dokumente (hg. von Michael Hoenisch/Klaus Kämpfe/Karl-Heinz Pütz). Berlin 1980.
37 Hierzu beispielweise die Berichte von Fritz Kortner und Carl Zuckmayer in ihren Erinnerungen.
38 Zum Wiederaufbau des deutschen Theaters und seiner gesellschaftlichen Funktion vgl.: Henning Müller: Theater der Restauration. Westberliner Bühnen, Kultur und Politik im Kalten Krieg. Berlin 1981
39 Bahr, wie Anm. 4.

Irene Jansen

Berthold Viertels Tätigkeit als Mitarbeiter des Deutschen Dienstes der British Broadcasting Corporation

Die Zeit bei der BBC war sicher nicht Berthold Viertels fruchtbarste oder glücklichste. Sie war auch nicht besonders wichtig im Hinblick auf sein gesamtes Lebenswerk. Aber sie war typisch für den persönlichen und beruflichen Werdegang des Exilanten Viertel. Die Zeit beim Deutschen Dienst bedeutete für ihn wieder einmal berufliche und geographische Veränderung, sie bedeutete, die Freunde und Familie, jedenfalls viele von ihnen, erneut zurücklassen zu müssen, sie bedeutete, zwischen den Welten zu stehen und ihre Zukunft nicht einschätzen zu können, Gast und Vermittler gleichzeitig zu sein, – und alles das in dem Bewußtsein, daß auch diese Etappe nicht die letzte sein sollte, sondern wieder nur ein Übergangsstadium war, daß er nach wie vor auf dem Weg war.

1. Nachweise über Viertels Beiträge

Am 27. September 1938, auf dem Höhepunkt der Sudetenkrise, hatte die BBC von der britischen Regierung den Auftrag bekommen, die Rede des Premierministers Neville Chamberlain, in welcher dieser Hitler beschwor, den Krieg zu beenden, auch in deutscher Sprache zu senden. Chamberlain hatte angeordnet, seine Rede solle auf sechs Kurzwellensendern des Empire State Service und auf allen Mittelwellensendern des Inlandhörfunks ausgestrahlt werden. Das hatte offenbar in England zu einiger Verwirrung geführt. Ein Hörer beschwerte sich: »Ich betrachte es als einen Verstoß gegen die öffentliche Politik, daß man es den Deutschen erlaubt, um sieben Uhr unsere Radiosendungen zu übernehmen.«[1] Dennoch, die Geburtsstunde des Deutschen Dienstes war herangebrochen. Der damalige Londoner Korrespondent der Wiener *Neuen Freien Presse*, Robert Lucas, der später den deutschen Gefreiten Adolf Hirnschal für eine Sendung erfand, wurde mit der Übersetzung der Rede beauftragt. Er erinnert sich:

Der englische Text kam Satz für Satz mit beträchtlichen Intervallen auf dem Fernschreiber durch. Als ich fragte, für welche Zeit die Sendung angesetzt sei, erfuhr ich zu meinem Erstaunen, daß sie schon begonnen hatte. Der unglückliche Sprecher (es handelte sich um den Emigranten Walter Goetz, der als Karikaturist für den Daily Express arbeitete, Anm. der Verfasserin), *der zum ersten Male in einem Rundfunkstudio war, mußte manchmal minutenlang auf den nächsten Satz warten.*[2]

Als eigenständiger Auslandsdienst wurde der German Service dann endgültig im April 1939 installiert, mit einer wöchentlichen Sendezeit von fünf Stunden. Robert Lucas blieb beim Sender; später kam der emigrierte Hörspielautor Carl Brinitzer, der nach dem Krieg zum Leiter der Programmabteilung des Deutschen Dienstes avancierte, dazu. Nach dem sogenannten »Anschluß« wurden auch Sendungen speziell für Österreich eingeführt. Im Herbst 1940 bestellte man Hugh Carleton Greene, zuvor Berliner Korrespondent des *Daily Telegraph*, zum Leiter des Deutschen Dienstes und später, nach 1946, zum Generaldirektor der gesamten BBC. Im August 1944 wurde die Zahl der täglichen Hörer auf 10 bis 15 Millionen geschätzt.

Drei Jahre später, von Oktober 1947 bis Juli 1948, verbrachte Berthold Viertel neun Monate beim Deutschen Dienst der BBC in London. Die im Written Archives Center der BBC eingesehenen Materialien lassen darauf schließen, daß Viertels Tätigkeit in dieser Zeit hauptsächlich zwei Aufgabenbereiche umfaßte: er war dort als »producer« bzw. Aufnahmeleiter tätig sowie als Übersetzer und Bearbeiter von Literatur. Am 31. März und am 11. Mai 1948 hatte er nachweislich die Aufnahmeleitung bei Feature-Sendungen. Um welche Themen oder Titel es sich dabei handelte, konnte nicht mehr ermittelt werden. Genauere Nachweise können erbracht werden, wo es um Viertels Übersetzer- bzw. Bearbeitertätigkeit ging. Am 16. November 1947 fand die Welturaufführung von Georg Kaisers Drama *Der englische Sender* in einer von Berthold Viertel bearbeiteten Hörspielfassung unter seiner Regie statt; im darauffolgenden Jahr wurde die Ausstrahlung wiederholt, dieses Mal wurde der Übertragung allerdings eine Diskussion vorangestellt, zwischen Martin Esslin, Christoph Dilke und Berthold Viertel: *Discussion on »Der englische Sender«*. Am 29. Mai 1948 wurde Miles Mattesons *Six*

Men of Dorset gesendet, ebenfalls unter der Leitung des Bearbeiters Berthold Viertel. Wie hoch das Honorar für jene Beiträge war, ist den Archivunterlagen nicht zu entnehmen. Wir wissen aber, daß das Honorar, das Viertel für einen Fünf-Minutenbeitrag über Sartres *Crime Passionnel*, der in der Serie »Art and Entertainment« am 28. Juni 1948 gesendet wurde, fünf Guineas betrug. Viertels Kurzgeschichte *Die Werbung*, übertragen am 20. März 1948, produziert von Julius Gellner, mit Lucy Mannheim in der Hauptrolle, brachte 4,10 Pfund.

Am 19. Juli 1948 wurde Berthold Viertels Übersetzung und Adaption von Tyrone Guthries *The Flowers are not for you to pick* gesendet. Die Sendezeit betrug 45 Minuten, das Honorar belief sich auf 20 Guineas, eine außergewöhnlich hohe Summe, auf die man sich erst nach einem längeren Briefwechsel einigte. Für eine 30minütige Hörspielfassung eines englischen Stücks in einer Fremdsprache wurden dem Übersetzer und Bearbeiter normalerweise nur 10 Guineas gezahlt. Der ursprünglich für *The Flowers are not for you to pick* vereinbarte Betrag für Berthold Viertel belief sich denn auch auf nur 12 Guineas, bzw. 15, in Anbetracht der Schneidearbeit, die noch zusätzlich zu leisten war.

Auch später hat Viertel verschiedentlich kleinere Arbeiten für den Deutschen Sender erledigt. Es gibt eine Anfrage von Frau Anna Kallin vom 31. Oktober 1951 an Viertel, der inzwischen in seine Heimatstadt zurückgekehrt ist, für eine Wien-Sendung Informationen über Arnold Schönberg zu schicken und die positive Antwort Viertels. Vergütet werden sollten seine Bemühungen mit 3 Guineas. Das Gedicht *Pferderennen*, aus dem Band *Die Spur*, der 1912 von Kurt Wolff herausgegeben worden war, wurde am 9. November 1951 in einem Programm »Focus on the Turf« gesendet und brachte 1.5 Guineas ein. Am 13. November 1953, also wenige Wochen nach seinem Tod, fragte der Deutsche Sender in Wien an, ob drei Gedichte Viertels, *Die deutsche Sprache*, *Fürchte dich nicht*[3] und *Einsam*, alle aus dem Band *Fürchte dich nicht*, 1941 unter der Verlagsbezeichnung Barthold Fles in New York erschienen, ausgestrahlt werden könnten. Geplant war eine 15minütige Sendung für den 18. November 1953, zwischen 20.45 und 21.00 Uhr.

Im Marbacher Viertel-Nachlaß finden wir ein ungenau datiertes Typoskript vom 18. November, mit dem Titel *Zu »Broadcast from Heaven«*, das wahrscheinlich von Günther Stern stammt und Vorschläge für ein Hörspiel enthält, das möglicherweise zusammen mit Berthold Viertel hätte produziert werden sollen. »Einige moralisch integre Tote«, so heißt es in dem Entwurf, z.B. Plato, Kant, Jeanne d'Arc oder Beethoven sind beauftragt, Richtersprüche für das Jüngste Gericht zu entwerfen. Wie Examenskandidaten werden nun also andere, zweifelhafter tradierte Berühmtheiten der Weltgeschichte wie Voltaire, Nietzsche, Napoleon oder Wagner, nach ihren Handlungsmaximen befragt bzw. aufgefordert, ihr Tun zu rechtfertigen. Ein anderer Vorschlag sieht vor, daß anonyme Neuankömmlinge im Totenreich nach der Ursache ihres Sterbens befragt werden. Anläßlich dieser Unterredung würden dann unschuldige Opfer des Zweiten Weltkriegs, ein verhungertes Mädchen etwa, Gelegenheit bekommen, deutlich zu machen, wie ungerecht und verwerflich es in der Welt von 1939 bestellt ist. Ob und wann ein solcher Hörspielbeitrag je gesendet wurde, konnte noch nicht ermittelt werden.

Bislang ungesichtetes und womöglich nach der Umorganisierung des BBC-Archivs in Reading ausgesondertes Material, German Output Material, hätte vielleicht weitere Nachweise über Viertels Tätigkeit als Redakteur in der Nachrichtenabteilung bzw. als Übersetzer liefern können. Viertels Personalakte ist schon seit Jahren nicht mehr vorhanden und erlaubt somit keinen Einblick mehr z.B. in seinen Arbeitsvertrag, sein Kündigungsschreiben oder eventuell ausgestellte Gutachten.

2. Wie war Viertel zu der Stelle beim Deutschen Sender gekommen?

Christopher Dilke, der damalige Leiter der Deutschen Abteilung der BBC hatte Viertel den Posten angetragen. Auch Heinrich Fischer, der in Berlin an Viertels Theater »Die Truppe« Dramaturg gewesen war, arbeitete seit sieben Jahren für die BBC London als »Leiter der Aktualitätsabteilung«; so jedenfalls zitiert ihn Viertel in einem Brief an seinen Schwager. Es ist unklar, um was für eine Abteilung es sich bei der Aktualitätsabteilung gehandelt haben soll bzw. daß diese Abteilung je existierte. Es ist zudem sehr unwahrscheinlich, daß ein Emigrant, der Fischer ja war, schon während des Krieges eine leitende Position beim Deutschen Dienst innegehabt haben soll. Am 28. Juni 1947 ermuntert Fischer Berthold Viertel jedenfalls in einem Brief, bei der BBC als fest angestellter Rundfunkredakteur anzufangen, als Regisseur für »Features oder Szenen aus Theaterstücken, aber auch hin und wieder ›Kleinkram‹. Wenn Sie nur kämen – es wäre zu schön! [...] Kommen Sie, wenn sie irgend glauben,daß es geht. [...] Die Arbeitszeit: 5 Tage in der Woche [...] für ca. 800 Pfund Brutto.«[4] Viertel nimmt an. Im März 1948 bringt ihn ein Auftrag nach Düsseldorf, wo er, zusammen mit Fritz Beer und einem Team, eine Reportage über die zerbombte Stadt machen soll, an deren Schauspielhaus er in der Ägide Luise Dumont und Gustav Lindemann 1926 als Regisseur engagiert gewesen war, während seine Frau Salka als Schauspielerin am selben Theater gearbeitet hatte.

3. Viertels Bilanz über die BBC in London[5]

In seinen im Marbacher Nachlaß aufgezeichneten autobiographischen Aufzeichnungen vom August 1948, *Über die BBC London*, kann man nachlesen, daß Dilke Viertel zwar eine, wie er sie nennt, »Schlüsselstellung« geboten habe, die »Dramaturgie der deutschen Abteilung« nämlich, daß Viertel so eine Position aber nicht wollte: *... dazu hätte ich mich hineintauchen, mich als Mensch und Künstler aufgeben müssen, hätte das ganze in seinen Zielen und Zwecken, Formen und Inhalten bejahen,* [unleserlich] *mitverantworten müssen. Dazu konnte ich nur unumwunden »nein« sagen, denn es war mir nur allzubald klar, daß – in meinem Sinn – hier nichts zu machen war, höchstens Flickwerk, einen Flicken hier, einen Flicken da.*

Von Anfang an war sein Engagement für den Deutschen Sender wohl begrenzt. Auch sein Schwager scheint den Eindruck gewonnen zu haben, daß Viertel zögerte, das Angebot von dort überhaupt anzunehmen bzw. daß er eines Rates bedurfte. In einem Brief aus dem Jahre 1947 macht Wilhelm Bruckner-Karplus ihm Mut:

Mein lieber Berthold, ich kann Dir nur den Rat geben, den ich mir selbst gäbe. Annehmen! Gründe: Dort, wo Du bist (in den

USA, Anm. der Verfasserin), sind Deine Aussichten jedenfalls geringer. Es geht hier in Film, Theater und Musik ein frischer Wind ... Erst einmal hier sein! [...] Immerhin hast Du wertvolle Steine im Brett: Heinrich Fischer (schau, schau) Edmund Wolf, [...] Ehrenzweig (nicht Stefan) [...]

Eigentlich will Viertel, wenn überhaupt, zurück nach Wien, wenigstens zurück in den deutschsprachigen Raum. Er möchte in seiner Muttersprache arbeiten. In den oben zitierten Aufzeichnungen heißt es über die BBC weiter:

[...] *in diesem Käfig, wo Engländer die lächelnden »keepers« waren und die kontinentalen Insassen tatsächlich nach zoologischen Maßstufen behandelten, abwechselnd mit Nachsicht und weiser Duldung, wenn notwendig mit kalter Brutalität, ihnen immer genug Verachtung bezeugend, damit die Bestien nicht zu frech wurden.*

Aber nicht nur emotional, auch politisch fühlt Viertel sich nicht zu Hause bei der BBC, deren »Kommando«, so Viertel, »in Washington (säße), in der Zentrale der Truman-Doktrin, die von gewissen Apologeten mit Trotzky-ismen aufgefüllt wurde«, wie an anderer Stelle in den Aufzeichnungen über die BBC zu lesen ist. Am 12. März 1947, also wenige Monate, bevor Viertel zum Sender kam, hatte Harry S. Truman, Präsident der Vereinigten Staaten, in seiner Kongreßbotschaft die Grundsätze und Ziele des Kalten Kriegs entwickelt. Truman beschuldigte die Sowjetunion einer expansiven Politik und verkündete als vornehmliches Ziel der Außenpolitik der USA wirtschaftliche und militärische Maßnahmen zur Unterstützung reaktionärer Regime gegen nationale Befreiungsbewegungen bzw.demokratische Bewegungen und zur Förderung kontrareaktionärer Bestrebungen in volksdemokratischen Staaten. Die Botschaft markierte den Übergang der USA zu einer offenen antisowjetischen bzw. antikommunistischen Kreuzzugspolitik und leitete die Schaffung aggressiver westlicher Blocksysteme ein. Solche ideologischen Voraussetzungen lassen Viertels Einschätzung plausibel erscheinen, auch wenn andere Zeitzeugen die Arbeit der BBC positiver beurteilen. Walter Kröpelin, Mitbegründer des Bayrischen Rundfunks und Kenner des German Service, teilte Viertels Skepsis z.B. nicht. »Die Nachrichten bis Kriegsende«, so schreibt er, »boten eine unersetzliche Informationshilfe und in den nachfolgenden Jahrzehnten eine relativ unabhängige Nachrichtenquelle ohne den ideologisierten missionarischen Eifer weltweiter amerikanischer und russischer Rundfunksysteme.«[6] Aber »relativ unabhängig« eben! Gemäß jenen weltpolitischen Vorgaben wurde denn auch die Sendezeit auf zeitweilig über 35 Stunden pro Woche erhöht. Von den Machern werden diese Jahre rückblickend die »heroische Zeit des Senders« genannt. Und Heroen waren Berthold Viertel bekanntlich immer verdächtig gewesen. Ein Aspekt der von Viertel »Kreuzzugspolitik« genannten Umerziehungsarbeit der Sieger waren die Aufklärungsgespräche, die mit Kriegsgefangenen geführt wurden. Auch BBC-Mitarbeiter wurden dafür eingespannt. Alfons Rosenberg, ein emigrierter ehemaliger Deutschlehrer aus Berlin, den Hörern der ehemaligen DDR später als Peter Frei bekannt geworden, schilderte der *Frankfurter Rundschau* vom 27. September 1988 folgende Geschichte, die sich 1946 oder '47 abgespielt haben muß. Als junger BBC-Mitarbeiter wurde er in ein Kriegsgefangenenlager geschickt, um die deutschen Kriegsgefangenen mit Vorträgen und Gesprächen zu demokratisieren. Einer seiner Zuhörer reagierte höhnisch auf Rosenbergs Kommunikationsversuche und meinte: »Wir wissen, daß Sie bei der BBC arbeiten. Sie können uns nichts vormachen. Und wenn Sie denken, daß wir alles glauben, was die BBC uns erzählt, dann haben Sie sich aber gewaltig geirrt.« Rosenbergs souveräne Antwort: »Wunderbar, genau das haben wir gewollt. Sie sind kritisch. Sie wollen sich ihre eigene Meinung bilden. Das ist genau das, was die BBC immer versucht hat.« Diese persönliche und politische Integrität, die eine solche Form der Demokratisierungsarbeit voraussetzt, scheint Berthold Viertel bei manchen Mitarbeitern zu vermissen.

Die deutsche Abteilung dort war eine Art Ghetto jüdischer Emigranten, die sich plagten, Engländer nicht nur zu werden, sondern bereits zu sein. Es waren Überzeugte und Halbüberzeugte unter ihnen, aber keine Glücklichen. Sogar Fanatiker, wie die Ex-Kommunisten, die dort dem Haß von Konvertierten fröhnen durften, fühlten sich nicht wohl in ihrer Haut. Dazu die Dilettanten, die Unfähigen, weniger als Begabten, denen das Instrument der politischen Propaganda in deutscher Sprache, die immer mehr ein miserabel übersetztes Zeitungs- und Diplomaten-Englisch wurde, ein schlüpfriges Kauderwelsch, gemischt mit routinierten Phrasen (slogans) und »baby-talk«, freiwilligem und unfreiwilligem.

»Intrigen« habe es gegeben, heißt es an einer anderen Stelle in dem oben zitierten Text. Mangelnde Integrität und Fähigkeiten wirft Viertel den Kollegen vor: »Und hatten sie nicht, wie Jakob und Rachel, sieben Jahre lang gedient und unter Bomben der grauslichen Lea beigeschlafen?« Viertel ist der Auffassung, daß, solange es gegolten habe, den Kampf gegen Hitler zu bestehen, noch »Zug in der Pfeife gewesen« sei, aber nun hätten sie »nichts mehr, oder nur Falsches und Schiefes« zu sagen. Unzufriedenheit über die inhaltliche Arbeit des Deutschen Senders wird auch an einer anderen Stelle deutlich. Eine »Lasterhöhle der verfälschten Meinung« sei die englische Rundfunkanstalt gewesen, »mit gelehrigen Sklaven und zum Teil so hübschen und liebenswürdigen Sklavinnen, welche die Maschine dieses skrupellosen Luft-Journalismus bedienten.«

Greenes Wahrheitssender – ein Lügensender? Viertels Blick mag von Bitterkeit und Enttäuschung getrübt sein, aber seine Kritik ist grundsätzlich berechtigt. Der Deutsche Auslandsdienst der BBC ist »viel direkter als sonst die BBC«, so drückt es Walter Leonhardt (*Die Zeit*, 9.5.1975) aus, »von staatlichen Subventionen abhängig. Es muß also dem Parlament und vor allem dem Foreign Office immer wieder nachweisen, daß es sein Geld wert ist.« Und auch wenn es keine staatlich verordneten Propagandalügen gab, das Beispiel des Spanischen Dienstes der BBC zeigt, wie abhängig die Abteilungen von der politischen Großwetterlage waren. In der Ära Franco war der Spanische Dienst relativ unangefochten gefördert worden. Kurz nach Francos Ende wurde jedoch die Abteilung für Europa gestrichen, für Lateinamerika hingegen verständlicherweise ausgebaut. Auch der einst sehr bedeutungsvolle Französische Dienst schrumpfte in der Nachkriegszeit beträchtlich. Und ein Blick in die Gegenwart zeigt, daß die BBC offensichtliche Anstrengungen unternimmt, zumindest Teile des Programms des Deutschen Dienstes privaten Rundfunkanstalten, z.B. Inforopa, anzubieten bzw. als sogenannte Fenster in einen Central European Service einzubinden. Diese Abhängigkeit hatte direkte Auswirkungen auf die Programmgestaltung. Nach 1938 mußten die Texte der deutschen Nachrichtensendungen dem Foreign Office zur Genehmigung vorgelegt werden. Und es ist anzunehmen, daß nicht alle Regierungsbeamten zwischen Propaganda und Nachricht zu unterscheiden wußten. Und oftmals wird Unklarheit geherrscht haben, ob etwas gesendet werden sollte oder nicht. Zumindest während der Kriegsjahre gab es zudem die sogenannten Language Supervisors, die ermächtigt waren, die jeweiligen Übersetzungen zu prüfen und die Mikrophone abzuschalten, wenn es britische Interessen erforderten. Nicht nur der Zweite Weltkrieg, auch der Kalte Krieg forderte zweifellos seinen Tribut, aber es sollte rückblickend anerkannt werden, daß jener Krieg von England aus sachlicher als von anderswo geführt wurde, unter Lindley Frazer, der 1946 Hugh Carleton Green abgelöst hatte. »Never tell a lie«, so lautete das oberste Prinzip des Deutschen Dienstes.

Ein Beispiel für die weitgehend vorurteilsfreie Haltung der BBC ist die Einstellung von Erich Fried für das damalige Ostzonenprogramm, der sicher kein Kalter Krieger oder Antikommunist war.

4. Viertels Produktionen

Wie sahen die Programme, die unter Berthold Viertel produziert wurden, im einzelnen aus? Die oben erwähnte Welturaufführung des Georg Kaiser-Stücks *Der Englische Sender* war zustandegekommen, nachdem die Witwe des Dramatikers einem Mitarbeiter der BBC, Dr. Garten, das Manuskript des Schauspiels als eines von zwei hinterlassenen Stücken, die das Thema Nationalsozialismus behandelten, übergeben hatte. Eine Flut von Hörerbriefen folgte der Ausstrahlung vom 16. November 1947 und veranlaßte die Redaktion, den Stoff ein zweites Mal aufzugreifen. »Noch nie«, so Dilke, »haben wir ein Hörspiel gebracht, das auf der einen Seite so scharfen Widerspruch und auf der anderen Seite so starke Zustimmung gefunden hat.«[7] *Der Englische Sender* ist eine Art Volksstück, in dem ein mit den Nationalsozialisten sympathisierender Dorfleiter namens Schmutz die Bewohner seiner Ortschaft in Angst und Schrecken versetzt. Allerdings nimmt das Drama ein gutes Ende, löst sich auf in einen Spuk, der Spuk in Gelächter. In der Diskussion, die der erneuten Ausstrahlung vorausgeschickt wird, standen sich Esslin und Viertel als

Kontrahenten gegenüber, Viertel als Verteidiger des Stücks, Esslin als Kritiker. Dilke leitete die Diskussion.

Esslin brachte seine Kritik auf folgenden Punkt: »Handelt es sich um eine geglückte oder mißglückte Satire oder sonstige künstlerische Bewältigung des Problems Nationalsozialismus? Meiner Meinung nach handelt es sich um eine völlig mißglückte Angelegenheit. [...] weil [*Der Englische Sender* ...] ein Volksstück sein will. Ein Volksstück (könne) aber nur dann leben«, so argumentiert Esslin, »wenn die Menschen in ihm wirkliche Volkstypen« seien. Kaiser hingegen sei »seinem Wesen nach Expressionist« gewesen, und hier liege »der Grund dafür, daß er an dem Versuch, ein Volksstück, das notwendigerweise ein naturalistisches Stück (hätte) sein« müssen, gescheitert sei. »Während z.B. die stilisierten Gestalten in den *Bürgern von Calais* gültig und wahr« seien, weil sie »in keinem naturalistischen Milieu stünden«, seien die Bauern in *Der Englische Sender* vollkommen »blutlose und papierne Figuren.« Zumindest teilweise resultiere diese unsachgemäße Darstellung aus Kaisers mangelnder eigener Anschauung vom Nationalsozialismus. Dilke ergänzt, Kaiser habe 1937 Deutschland verlassen. Viertel hält Esslin entgegen, daß dieser selbst, aus denselben Gründen, auch – streng genommen – keine sehr genaue Anschauung vom Nationalsozialismus haben könne. Dieser Einwand wurde aber im Manuskript gestrichen und ist wahrscheinlich nicht gesendet worden. Viertel widerspricht zudem der Auffassung Esslins, ein Volksstück müsse naturalistisch sein. Er weist darauf hin, daß er als Regisseur dem Burleskencharakter in anderer Form Rechnung zu tragen versucht habe, indem er z.B. mit eigens für jenes Stück komponierter Musik das märchenhafte Happy End untermalen ließ. Viertel stimmte aber Dilke zu, als dieser fragte, ob möglicherweise die burleske Behandlung von dem, was die Zuhörer und Zuhörerinnen am eigenen Leben gespürt hätten, sie erbittert habe. »Ja, als der leidende Teil der Deutschen fühlten sie sich von der Satire, d.h. von der in ihr sich auswirkenden Karikatur des Nationalsozialismus, des Terrors, getroffen, sie brachten vor, daß sie sich einer solchen Karikatur des Terrors nie gefügt hätten, sich nie durch einen solchen Dorfleiter hätten ins Boxhorn jagen lassen, wie die Dorfbewohner in dem Stück.« Esslin dagegen glaubte, die Tatsache, daß der Terror ins Lächerliche gezogen worden sei, habe die Gemüter weniger erhitzt als vielmehr die Tatsache, daß jener Nationalsozialismus, wie er in dem Stück karikiert worden sei, »etwa so viel zutun hatte (mit dem tatsächlichen Nationalsozialismus) wie eine Kleinstadt in einem Roman von Jean Paul mit dem Konzentrationslager Dachau.« Ein »tiefes und schweres Problem (sei) mißverstanden« worden. »Lüsterne Dorftyrannen, die am Abend durchs Fenster gucken, wenn sich die Mädchen waschen,« so Esslin, habe es zu allen Zeiten gegeben. Es sei »ein schwerer politischer Irrtum zu glauben, der Nationalsozialismus (sei) nichts anderes gewesen als das.« Viertel hält dem entgegen, daß Kaiser bewußt eine Gaunerkomödie geschrieben habe, etwa in Anlehnung an den *Zerbrochenen Krug*, über jemanden, der die Dorfbewohner einzuschüchtern vermochte, weil er die Ideologie und Praxis des Nationalsozialismus auf seiner Seite hatte. Esslins schwerwiegendster Einwand lautet, Kaisers Behandlung der NSDAP und des Hitler-Regimes sei, »im höchsten Maße frivol: Eine Erscheinung, die den kulturellen Niederbruch Europas und die Vernichtung von Millionen von Menschenleben zur Folge hatte, eine Erscheinung, der man nur mit tiefschürfender soziologischer und psychologischer Deutung [...] an den Leib rücken (könne), als Gaunerkomödie abzutun, die glücklich ausgehe, (sei seiner) Ansicht nach falsch.« Viertel attestierte Kaiser hingegen »höchsten Ernst, ein ergriffenes menschliches, sogar ein religiöses Pathos« und forderte die Zuhörer auf, sich selbst ein Urteil zu bilden. An einem »Ausnahmefall ein Wesen zu zeigen«, so Viertel, sei künstlerisch berechtigt, bei Brecht Verfremdung des Gegenstands genannt. Auch in dieser Diskussion zeigte es sich, daß Viertel politisch und ideologisch schwer auf eine Tendenz festzulegen war. Seine Position ist aber in jedem Fall eine aufklärerische, humanistische und tolerante.

In den Marbacher Unterlagen befinden sich neben der oben vorgestellten Diskussion und Günther Sterns Entwürfen auch zwei undatierte Hörspiele, von denen wir nicht wissen, ob sie je gesendet wurden.[8] Inhalt und Intentionalität sprechen dafür, daß beide Stücke in die Zeit des Krieges gehören; sie haben den Charakter von Heeresberichten, wie sie im deutschen Rundfunk üblich waren. Die Manuskripte sehen in beiden Fällen vor, daß die Zuhörer zunächst Zeugen eines typischen, propagandistisch gefärbten Frontberichtes von der Ostfront werden; die feindlichen Armeen werden lächerlich gemacht bzw. ihre Verluste im Gegensatz zu denen der deutschen Truppen vernehmlich registriert. Dann wird plötzlich der Berichterstatter abgelöst von anonymen Sprechern aus den Reihen der Opfer unter den Deutschen.

In einem der Hörspiele dringen eine männliche und eine weibliche Stimme plötzlich durch den Äther und machen ihrem Unmut Luft. Hier eine Kurzfassung des Zwiegesprächs:

»Kriegsmaterial! Fort mit dem Lügenzeug! Ich kanns nicht mehr mitanhören.« Und obwohl die weibliche Stimme beschwichtigend einzugreifen versucht:

»Um Gottes Willen, sei still, Menschenskind!«, schimpft die männliche Stimme weiter:

»Wir rennen in den Abgrund. Ich fühle es seit langem, aber ... manchmal weiß ichs. Nach all dem Leid und all dem Kampf wirds keinen Frieden und kein Glück für uns geben. Dann wird die Strafe kommen und die Rache der anderen ... In mir ist der Christ wachgeworden und da weiß ich viel, verstehe und begreife. Wir haben zuviel Böses getan. Wir werden nicht siegen.«

»Wir müssen stillhalten und alles erdulden. Was können wir denn tun?« fragt die weibliche Stimme.

»Was wir tun können? ... Wir müssen laut und leise, überall im ganzen Land, sagen: Deutschland erwache! Deutschland erwache aus deinem Traum, ehe dein Schlaf in Tod übergeht. Deutschland befreie dich! Deutschland, mach reinen Tisch! DEUTSCHLAND – ERWACHE!«[9]

In dem zweiten Hörspiel wird der Frontberichterstatter offensichtlich während seiner Reportage an der Stelle erschossen und in seiner Rede unterbrochen, an der ein junger Stuttgarter Soldat hätte sprechen sollen, dem zuvor attestiert worden war, daß angesichts der »tartarischen Horden [...] Mannesmut (und) Jugendkraft« aus seinen Augen geblitzt haben. Statt dessen geht die Reportage, wie folgt, weiter:

Erster Sprecher: Der Scheisser da, vom Bericht, ist hin.

Zweiter Sprecher: Meinetwegen. Einer weniger.

Erster Sprecher: Mal ganz was Naturgetreues.

Daraufhin klären die beiden Soldaten ihrerseits die deutschen Zuhörer auf:

Zweiter Sprecher: Deutsches Volk, wenn du mich hörst, dann sollste wissen, daß ich und Reiniken die Einzigen sind, was noch leben, von die 526 die wir waren. [...] Wir haben das Spiel verloren.[10]

Dramaturgisch interessant, wie Viertel Verfremdungsmittel, von denen an anderer Stelle schon die Rede war, und Kontrastierung benutzt, um Betroffenheit zu erzielen. Nicht nur in seiner Regie, auch in seiner Lyrik spielten diese Techniken immer wieder eine besondere Rolle.

Abschließend sei die Kurzgeschichte *Die Werbung* vorgestellt, zitiert nach einem Marbacher Manuskript, die im März 1948 ausgestrahlt wurde.[11] Es ist eine Geschichte über den Alltag, über Amerika, fremde und einsame Menschen, aber auch eine Geschichte vom Neuanfangen, von der Liebe. Und das Besondere an dieser kleinen Geschichte über große Themen ist, daß sie so bescheiden, geradezu lakonisch daherkommt.

In einem mittelgroßen Restaurant am Broadway, zur Lunchzeit. Der Gast und die Kellnerin. Sie ist in einem Bauernkostüm gekleidet.
Er: Miss, darf ich Sie etwas fragen?
Sie: Und?
Er: Wollen Sie mich heiraten? – Ich meine es ernst.
Sie blickt ihn an. Ihre linke Hand auf dem Tisch. Er hebt mit seiner rechten ihre Hand auf, leicht, aber es geht etwas über von dieser Berührung. Sie errötet.
Er: Wir könnten morgen heiraten.
Sie: (Eine Falte erscheint auf ihrer Stirn): Morgen ist ein schlechter Tag.
Er: Warum? Könnten Sie nicht heute Ihre Stellung hier verlassen?
Sie: Morgen ist mein Ausgehtag.
Er: Umso besser!
Sie: Morgen besuche ich mein Kind.
Er: Oh! – Mädchen oder Knabe?
Sie: Mädchen.
Er : Wie alt?
Sie: Drei Jahre.

Er: Gesund – Kräftig?
Sie: Wie ich.
Er: In Pflege?
Sie: Bei einem kinderlosen Ehepaar. Zwei Stunden von N.Y.
Er: Darf ich mitfahren?
Sie: Wozu?
Er: Sie gefallen mir am besten von allen Menschen, die ich bisher auf der Welt getroffen habe.
Er legte nur seine Hand auf die ihre. Sie dachte: meine Füße brennen mich heute mehr als sonst. Sie ist plötzlich sehr müde.
Die Manageress, Mrs. Shepphard, ruft die Kellnerin: »Elsie!«
Elsie geht hin zu ihr.
Die Manageress: Sie sind entlassen.
Elsie: Er hat mir die Ehe angetragen.
Die M.: Gut für Sie. Sie sind entlassen.
Elsie geht langsam in die Küche, sagt an: »Clam Chowder, Potted Steak, Mashed Potatoes and Carrots, Apple Pie, Coffee.«

Anmerkungen

1 Alfred Starkmann: Stimme der Wahrheit in dunklen Zeiten. In: *Die Welt*, 1.10.1988.
2 Ebd.
3 Ein Verzeichnis der im Written Archive Center der BBC seinerzeit deponierten Materialien zu Berthold Viertel befindet sich in: Irene Jansen: Berthold Viertel. Leben und künstlerische Arbeit im Exil. New York 1992, 213f.
4 Ebd., 78.
5 Berthold Viertel: Über die BBC in London. In: BV 1, 267–271.
6 Ebd., 267ff.
7 Birgit Weidinger: Der Mauerfall als Chance für weltweiten Service. In: *Süddeutsche Zeitung*, 21.2. 1991.
8 Vgl.: Hans Sarkowicz/Michael Crone (Hg.): Der Kampf um die Ätherwellen. Frankfurt 1990, 23.
9 Berthold Viertel: Über Theaterauff., Prosa, Rez. 11 Bl., 84 (BVN).
10 Ders.: Dramatisches, »BBC« Hörspiel. 11/a, 11/b (BVN).
11 Zitiert nach einem handschriftlichen Manuskript von Berthold Viertel aus dem Marbacher Nachlaß.

Hans Heinz Hahnl

»Die erste Aufbruchstimmung nach Kriegsende war verflogen...« Berthold Viertel im Nachkriegswien

Meine Damen und Herren, ich habe Ihnen nichts Neues über Berthold Viertel zu sagen, ich habe keine neuen Manuskripte entdeckt, weiß keine neuen Deutungen, ich kann nur als einer, der den alten Viertel als junger Literat und angehender Theaterkritiker erlebt hat, Erinnerungen, daraus gezogene Vermutungen weitergeben und damit möglicherweise Stilisierungen, zu denen ein Mann mit den Talenten, Erfolgen und Verfolgungen wie Viertel einladet, zurechtrücken helfen. Und ein wenig das Zeitklima skizzieren, das Viertel erwartet hat. Den Literaten Viertel haben damals nur einige Literaten wahrgenommen. Leichter kam man an den Theatermann heran. Er hat eine Reihe von Stücken am Akademietheater und am Burgtheater inszeniert und zum Teil auch übersetzt. Am stärksten haben natürlich seine Tennessee Williams-Inszenierungen gewirkt, er hat diesen neuen theatralischen Tonfall in Wien erstmals zur Wirkung gebracht. Das waren Stücke über introvertierte Menschen in einer extrem extrovertierten Form, wenn Sie wollen typisch amerikanisch. So wenigstens haben wir es empfunden und bewundert. Erst als der Zauber der Viertelschen Inszenierungen verflogen war, wurde mir bewußt, daß ich mich an die Hysterie von Tennessee Williams nie gewöhnt habe. Später habe ich auch die Mode nicht begriffen, ihn als einen großen Sozialkritiker, als Klassiker, zu installieren. Tennessee Williams vergaben nachgeborene Sozialkritiker sogar seine Décadence. Viertel hat das inszeniert, wie man es nie wieder inszenieren kann, denn heute sind diese Stücke historisch, Theatergeschichte. Bei ihm waren sie das Neue, bisher nicht Wahrgenommene, nicht Gekannte. Sie waren lebendig, eine explosive Mischung europäischer Sensibilität und amerikanischer Großspurigkeit. Und genauso hat Viertel sie inszeniert. Mit unerhörter Behutsamkeit in der Zeichnung der angeschlagenen Frauenfiguren, und ohne Scheu, bei den Kraftlackeln von Bullen loszulegen. Er war ein poetischer Regisseur, der in Amerika gelernt hatte oder darin bestärkt worden ist, alles Theatralische voll zu nützen, und auch nicht bereit war, das in Wien oder in Berlin wieder zu verlernen. Ich könnte mir vorstellen, daß er den Wiener Theaterleuten in einer Hinsicht zu penibel und in einer anderen zu direkt war. Was hinter den Kulissen gespielt wurde, weiß ich nicht. Sicher genug Schändliches und Schmähliches, wir sind ja am Theater, wo jede Intrige erlaubt ist, und das nicht nur am Burgtheater und nicht nur in den heute als repressiv empfundenen Nachkriegsjahren. Ich glaube nur, man soll keine Verfolgung daraus rekonstruieren. Ein Regisseur, der größere Forderungen stellt, als dies gemeinhin üblich ist, gerät immer in Schwierigkeiten.

Ich kann nur sagen, und Teo Otto bestätigt das ja, daß Viertel in Wien sehr erfolgreich war und von Kritik und Publikum geschätzt worden ist. Seltsamerweise sind mir seine Klassiker-Inszenierungen entfallen. Aber vor meinem Auge stehen noch immer zahlreiche Bildeinstellungen der *Kronbraut.* Das war sein Meisterwerk, eine feinnervige Studie von Realismus und Irrationalem, von Märchen und Sozialtragödie, eine existentielle Parabel, die jedem einging und naheging – Identifikationstheater mit angenehm modern empfundenen Verfremdungen. Viertel war ein Regisseur für Wien, wenn auch einzelne Theater- und Kulturleute aufbegehrt haben mögen. Er verkörperte eine Moderne, die Wien anzunehmen bereit war.

Ein kleiner verehrender Artikel von mir über Viertel in Hermann Hakels *Lynkeus*, einer kleinen Literaturzeitschrift, in der man viele Namen findet, die heute geläufiger sind als sie es damals waren, hat nicht seine Zustimmung gefunden. Ich habe in meiner Naivität einen Fehler begangen. Damals im Bann von Karl Kraus habe ich zwar gerühmt, daß er einer der wenigen war, die Kraus ertragen und nicht mit ihm gebrochen haben, aber die Abhängigkeit seiner Lyrik von der von Karl Kraus angemerkt. Ich kann mir heute vorstellen, daß er dergleichen nicht gerne gelesen und gehört hat. Er war auf seine Freundschaft mit Karl Kraus stolz, aber er wollte nicht als sein Epigone apostrophiert werden. Ich denke, Viertel war ein Mann, der nicht leicht Kritik ertrug, und schon gar nicht in Wien und nicht von einer Generation, von der er nicht wußte, wo sie in der Hitlerzeit gestanden hatte. Wenn ihm die erwartete bedingungslose Zustimmung versagt wurde, war er verstimmt, wozu er, wie ich heute einsehe, das Recht hatte durch die brutale Unterbrechung seiner Theaterarbeit und seiner literarischen Karriere. Tatsächlich hatte vielleicht nicht er, aber seine Kunst diese Aussperrung, Verteufelung überstanden. Er war gereift, zumindest als Theatermann. Als Literat war er in dieser Wiener Zeit dem Publikum unbekannt. Da gab es einen Gedichtband, der nur die Literaten erreicht hat, und sonst nichts. Die Auswahlausgabe von Ernst Ginsberg ist ja erst nach seinem Tod gekommen. Es hat ihn sicher gekränkt, daß er nicht als Dichter wahrgenommen worden ist. Aber mehr war, wenn ich das sagen darf, damals nicht zu erwarten. Die erste Aufbruchsstimmung nach Kriegsende war verflogen, nicht zuletzt unter dem Eindruck der Existenznöte. Und in der Literatur erhob sich das, was man später den Zeitgeist nannte. Und er wehte aus allen ideologischen Lagern und am kräftigsten von der rechten Ecke. Über die Qualitäten Viertels waren sich die entscheidenden Literaten Wiens, alt oder jung, im klaren. Politisch wurde er sicherlich scheel angesehen. Er hat das auch durch seinen Antiamerikanismus und seine Sympathie für linke Überlegungen, die damals leicht als Verbrüderung mit der sowjetischen Besatzungsmacht mißverstanden werden konnten, nicht verhindert. Wer aus der Emigration in Rußland kam, hatte seine Einwände längst im Hinterkopf gesammelt, wenn auch noch nicht formuliert, auch wenn er in russischer Uniform herumging. Wer aus Amerika kam, war davon geformt, was seine Abwehr dagegen nur verstärkte. Ich denke, daß Viertel wie andere zurückgekehrte Emigranten den Wienern vorhielt oder übelnahm, daß die russische Besatzungsmacht nicht jenen humanistischen Sozialismus verkörperte, den er erwartet hatte. Er fühlte sich in seiner antiamerikanischen Haltung mißverstanden und in seiner Kritik des Bolschewismus in schlechter Gesellschaft.

Seine starke Bindung an Karl Kraus hat sowohl den Regisseur wie den Dichter Viertel mitgeformt. Seine theatralische Vision war ein Theater der Dichtung, wie es Kraus entworfen und als Vorleser vorgestellt hatte, seine Lyrik ist so stark vom Sprachrhythmus von Karl Kraus geformt, daß auch Karl Kraus-Kenner Schwierigkeiten hätten, wenn sie es nicht besser wüßten, Viertel- und Kraus-Gedichte zu unterscheiden. Der auffallende Unterschied: An Stelle der satirischen trat bei Viertel eine moralische Zuspitzung. Einen Gedichtbandtitel wie *Fürchte dich nicht!* hätte

Karl Kraus nie erfinden können. Viertel war nicht bereit und wohl auch nicht fähig, seine Utopie aufzugeben. Ein Umstand, der weder sein Leben noch seine künstlerische Arbeit erleichtert hat. Die Utopie von Karl Kraus war in der angeblich besseren Vergangenheit gut aufgehoben. Die Utopie Viertels und seiner Generation mußte kommentiert, gerechtfertigt, ihr Verrat wegdisputiert werden. Tatsächlich ist es für eine Generation ja schwer auszuhalten, von einer entarteten Ideologie verfolgt zu werden und der Entartung der eigenen Ideologie ausgesetzt zu sein. Wer sich's nicht zurechtlog, mußte wieder aufbrechen, sofern es ihm noch gestattet wurde. In diesem Spannungsfeld mußte auch Viertel zurechtkommen. Rechts standen noch immer oder schon wieder die alten Verfolger, links hatte sich eine neue Front gebildet, die eine intellektuelle, kritische Intelligenz wie Viertel in Frage stellte. Ich denke, daß die Theaterarbeit nicht nur unter dem Zwang der Verhältnisse seine literarische Tätigkeit zurückgedrängt hat, sie war eine Zuflucht im schönen Schein, in der Kulisse, vor der man sich artikulieren konnte und die eine Niederlage relativierte. Es war ja nur Theater. Und etwas von der humanen Botschaft blieb haften: die verfolgte Unschuld, ich drücke es absichtlich primitiv aus, die Widerlichkeit der konservativen Vorurteile, die Gewalt und Brutalität aber auch verteidigten.

Als poetischer Moralist war Viertel auf das Theater zurückverwiesen, das schon in jungen Jahren das Ausdrucksmittel war, das ihm einen Namen gemacht, das ihm eine Stellung im Kulturbetrieb gegeben hat. Es wäre sicher reizvoll, das Verhältnis des Theatermannes und des Dichters Viertel auszuloten, wenn auch die Gefahr besteht, daß dabei nur Schwätzerei herauskommt. Ich denke, daß sein moralisches Engagement eine ebenso wesentliche Rolle für seine Theaterarbeit spielte wie seine Freude am Umgang mit einem Ensemble und eine gewisse Extrovertiertheit als Komplementärhaltung zu seiner poetischen Diskretion. Wer wirken wollte, war zweifellos beim Theater besser aufgehoben als in der Exklusivität des Literaturbetriebes. Eine Verkaufsauflage von 500 Exemplaren war schon damals bei einem Gedichtband ein Wunschtraum. Das Theater war vor der Erfindung des Fernsehens das öffentliche Podium, nachdem der Film längst zum Stumpfsinn verkommen war. Auch Gemüter, die niemals dazu gebracht werden hätten können, ein Viertelsches Gedicht oder eine Prosaseite zu lesen, waren bereit, sich der theatralischen Aufbereitung zu öffnen, den Konturen von Viertels Charakterzeichnungen, den Appellen seiner Empörung zu folgen. Viertel war kein politischer Regisseur in dem Sinne, daß er die Stücke auf eine aktuelle Situation akzentuiert, daß er ihnen eine Ideologie aufgepfropft hat. Aber er wünschte, politisch im Sinne der Aufklärung, der Aufdeckung und Zerstörung der zu Klischees verkommenen Alltagsmythen zu wirken. Wie sehr er sein Theater politisch verstanden hat, ohne jemals das individuelle Schicksal zu übersehen, dessen Bewahrung sein politisches Anliegen war, zeigen seine Schriften zum Theater, die einen umfangreichen Band bilden, der in einem Band der neuen Gesamtausgabe noch ergänzt worden ist. Jede Studie handelt von der Gesellschaft, in der die Liebestragödien und Machtproben der Stücke angesiedelt waren. Die genaue Zeichnung dieser Gesellschaft, also das, was man in Wien als Atmosphäre liebt und gelegentlich auch mißversteht, war Viertels politischer Beitrag. Viertel hat in jede Inszenierung sein Jahrhundert einbezogen, indem er sich den Individuen, ihren abseitigen Problemen und regionalen Frustrationen gewidmet hat. Seine Analyse mußte sich im Detail bewähren, wie das Detail das Ganze enthalten mußte. Er hat Bilder geformt, Sequenzen nachgedichtet, oft knapper, als es dem Verständnis jener gut war, die daran gewöhnt waren, daß ihnen alles eingehämmert wird, er hat sichtbar gemacht, durchsichtig, was andere in ihren Konventionen oder ihrem Zeitgeistrausch eingenebelt haben. Viertels Theater war Präzisionsarbeit, seine Lyrik ist knappe Bildhaftigkeit.

Seine Programmheftbeiträge über die Stücke, die er inszeniert hat, sind selten Kommentare zu seiner Regie, sondern liebevolle Einführungen in die Dichtungen. Es sind nicht die großspurigen Ankündigungen, mit denen heute Regisseure ihre Inszenierungen und ihre angebliche Originalität und Kühnheit anpreisen. Sie inszenieren nicht, sie verlegen ihre Inszenierung in den Kommentar. Nichts davon bei Viertel. Er hat mitgeteilt, mit welchen Voraussetzungen er an ein Stück herangegangen ist, wie er sich herangetastet, wie er es gegebenenfalls im Sturm erobert hat, was ihm bei seiner intensiven Arbeit bewußt geworden ist. In allen diesen Anmerkungen steht der Literat hinter dem Regisseur, er souffliert ihm, er spornt ihn an, er hält ihn zurück. Ich wünschte mir eine Auswahlausgabe dieser Analysen in einem Taschenbuch. Es wäre eine Bibel für Studenten, Regisseure, Schauspieler, Kritiker und für das Publikum.

Ich bin kein Viertel-Experte, ich bin ein Bewunderer des Theatermannes und seiner Gedichte, an denen mich die Einflüsse von Karl Kraus nicht stören, die sie auch nicht im geringsten für mich in ihrem Wert schmälern. Ich halte Kraus im Gegensatz zu manchem Kraus-Experten und der Masse der Germanisten für einen bedeutenden Lyriker. Wenn die Gedichte von Kraus und von Viertel epigonal sind, dann nicht in dem Sinne, mit dem dieser Begriff bei uns belastet ist, der die rein formale Nachahmung der sogenannten Klassiker meint. Es ist die Frage, ob die leichtfertig gebrauchte Aburteilung epigonal nicht häufig nur der Phantasielosigkeit und dem Mangel an Qualitätsbewußtsein entspringt. Und natürlich dem ordinären Zug nach Novitäten. Wir lechzen nach Originalgenuß und lassen uns dabei von Zeitgeistmoden blenden.

Je mehr ich mich wieder mit Viertel beschäftige, desto mehr Fragen tun sich auf, die bisher nicht gestellt, und wenn, dann ideologisch beantwortet worden sind. Ich denke, daß wir einen Katalog von Themen für ein nächstes Symposion aufstellen sollten, bei denen ich mir akademische und ideologische Antworten jetzt schon verbitte.

Gestatten Sie mir noch zum Schluß eine Anmerkung. Viertel war für mich bereits als Zehnjähriger ein Begriff. Ich habe seine Dichterporträts und Anmerkungen zum Theater und zur Jugendliteratur (Verteidigungen Karl Mays und Jules Vernes), aber auch Gedichte im *Strom* gelesen, der bei uns in einer Ecke des Bücherkastens lag, als Erbe des Großvaters. Viertel, Regisseur der Freien Volksbühne, war auch ein ständiger Mitarbeiter der 1912–14 erschienenen Zeitschrift dieser sozialdemokratischen Institution. Der *Strom* war eine Zeitschrift, wie es sie nachher nicht mehr gegeben hat. Volksbildung auf höchstem literarischen Niveau, immer auf Entdeckungen in der kritischen Weltliteratur bedacht. Mein literarisches Bewußtsein ist in den frühesten Jahren davon geprägt worden. Es ist hier nicht der Platz, den *Strom* zu würdigen, aber vielleicht sollte man sich einmal der Mitarbeit Viertels am *Strom* widmen. Nicht alle hier erschienenen Artikel und Glossen sind in die späteren Auswahlausgaben aufgenommen worden. Alle diese Arbeiten sind von einem volksbildnerischen Humanismus geprägt, der dem Programm des *Strom* und der Überzeugung des jungen Viertel entsprochen hat, die er sich ein Leben lang bewahrt hat.

Hilde Haider-Pregler

»Daß ich in den letzten fünf Jahren für das Wiener Burgtheater lebe und sterbe ...« Zu Berthold Viertels Tätigkeit am Burgtheater (1949 – 1953)

»Daß ich in den letzten fünf Jahren für das Wiener Burgtheater lebe und sterbe, muß Dir absurd erscheinen«, schrieb Berthold Viertel im Sommer 1953, also wenige Wochen vor seinem Tod, nach Hollywood an seine Ex-Gattin Salka, der er zeitlebens in Freundschaft verbunden war. Eine Erklärung für die späte emotionale Bindung an das konservativ-traditionsreiche Staatstheater wußte der (nicht nur in seiner Jugend) gegen eine institutionell erstarrte Bühnenkunst Revoltierende im Grunde keine – außer »daß kein Mensch sich seinen Weg aussuchen kann, und daß man vom Leben so konsumiert wird, wie man eben verbrauchbar und verdaulich ist.«[1]

Auf diesen Weg geraten war Viertel fünf Jahre zuvor, im Sommer der Berlin-Blockade, als der designierte Burgtheaterdirektor Josef Gielen, Gatte von Salka Viertels Schwester Rosa, seinen Schwager als Gastregisseur langfristig an sein Haus zu binden versuchte. Viertel, der im September 1947 aus der amerikanischen Emigration nach Europa zurückgekehrt war und bei der BBC in London arbeitete, zog daraufhin in Erwägung, »vielleicht doch mit Wien als dem zukünftigen Haupt-Standort zu rechnen, solange wir nicht nach Amerika zurückkehren« – eine Rückkehr, die er allem Anschein nach nicht wirklich anstrebte, auf jeden Fall aber möglichst lange hinauszuschieben gedachte, da es ihm vorerst um Arbeit und Erfahrungen auf dem Kontinent im »Gebiet« der eigenen Sprache zu tun war.[2] An Angeboten mangelte es nicht. Im September 1948 hätte er in Berlin in dem im amerikanischen Distrikt gelegenen Hebbel-Theater Goethes *Egmont* inszenieren sollen, sagte jedoch angesichts der politischen Krisensituation ab. Er entschied sich stattdessen für das Zürcher Schauspielhaus, wo er *Zuviel Geld* von G.B. Shaw und Ibsens *Hedda Gabler* herausbrachte. Hier genoß er vor allem die Zusammenarbeit mit Teo Otto, der dann auch fünf seiner insgesamt dreizehn Burgtheater-Produktionen ausstatten sollte. Mit

Brecht wurden Pläne zur Erneuerung der Salzburger Festspiele entwickelt – im Sinne jenes letztendlich so skandalös abgewürgten Reformkonzeptes, das Dr. Egon Hilbert, der Leiter der österreichischen Bundestheaterverwaltung, in Verbindung mit Gottfried von Einem, Caspar Neher, Bertolt Brecht und Viertel verwirklichen wollte.

Daß Viertels erste Wiener Inszenierung *Die Glasmenagerie* von Tennessee Williams sein würde, stand, wie aus dem erwähnten Brief an Josef Gielen hervorgeht, bereits seit dem Sommer so gut wie fest. Besetzungs- und Ausstattungsprobleme beschäftigten ihn bereits, lange bevor er am 4. Dezember 1948 am Westbahnhof eintraf.

Vorausgegangen war ein nicht unkomplizierter Hürdenlauf um die Erlaubnis zur Einreise nach Österreich, für die Viertel seinen Burgtheatervertrag vorweisen mußte.[3] Daher bestätigte Egon Hilbert Berthold Viertel am 25. Oktober 1948 in einem an das Schauspielhaus Zürich adressierten Brief im Namen der Bundestheaterverwaltung sein Engagement unter den »mit dem Burgtheaterdirektor vereinbarten Bedingungen«, verbunden mit dem Ersuchen, unverzüglich beim österreichischen Konsulat in Zürich alle Formalitäten zu erledigen, um dem Theater auch rechtzeitig ab dem mit 1. Dezember fixierten Probenbeginn zur Verfügung zu stehen. Seitens der Burgtheaterdirektion wurde gleichfalls um beschleunigte Erledigung interveniert. Allerdings mußte sich Vizedirektor Erhard Buschbeck dahingehend informieren lassen, daß eine beschleunigte Erledigung im augenblicklichen Stand der Dinge wegen Viertels amerikanischer Staatsbürgerschaft nicht in die »Kompetenz österreichischer Behörden« falle; die österreichische Vertretung in der Schweiz könne erst nach Bewilligung des Reiseansuchens durch die USA-Gesandtschaft aktiv werden, worum Viertel bereits »vor einiger Zeit« angesucht habe. In Wien möge man sich um nähere Auskünfte ans amerikanische I.S.B. oder eventuell an den damals als Theatre Officer tätigen Hofrat Dr. Ernst Lothar wenden. Schließlich kam unter Heißlaufen der Telegraphendrähte doch eine Regelung zustande, so daß am 11. November die Reisekosten für Viertel bereitgestellt werden konnten.[4]

Wien, vor dessen Kultur-»Lemuren« mit ihren »falschen Ansprüchen, den ererbten und den geschobenen«, der Kölner Josef Gielen seinen Schwager schon vorgewarnt hatte[5], sollte nun in der Tat der »zukünftige Haupt-Standort« des gebürtigen Wieners Berthold Viertel werden, von einigen Gastspielen in Berlin und Zürich abgesehen. Zwar hätte ihn Brecht nach Scheitern der Salzburger Pläne gerne fest an sein Berliner Ensemble gebunden, doch es blieb bei einer einmaligen Gastinszenierung mit Gorkis *Wassa Schelesnowa* (23. Dezember 1949), die unter den Musteraufführungen des Theaters am Schiffbauerdamm fungiert. Den Schritt, als Chefregisseur nach Berlin zu übersiedeln, »wage« er »nicht recht, solange der Zonenkrieg währt, schon aus puren Gesundheitsgründen«, schrieb Viertel im Jänner 1949 an Salka und betonte ausdrücklich, er ziehe es »trotz vielem, was dagegen spricht« vor, sich in Österreich niederzulassen.[6]

Trotz des unbestreitbaren künstlerischen Erfolges der *Glasmenagerie*, deren Premiere am 22. Jänner 1949 im Akademietheater stattfand, mußte Viertel alsbald merken, daß das Klima in Österreich für Heimkehrer aus der Emigration recht frostig war, insbesonders für solche, die – so wie er – des Kryptokommunismus verdächtigt wurden. Freilich gab es auch Persönlichkeiten, die sich jenseits aller Parteipolitik rückhaltlos und tatkräftig dafür einsetzten, den Künstler dem österreichischen Kulturleben auf Dauer zurückzugewinnen. Dazu gehörten neben Josef Gielen, der ja selbst in Treue zu seiner Gattin zunächst nach Österreich und von hier weiter nach Buenos Aires ins Exil gegangen war, der damalige Unterrichtsminister Felix Hurdes (ÖVP), Erhard Buschbeck – als langjähriger Dramaturg und zeitweiliger Vizedirektor die graue Eminenz des Burgtheaters – und selbstredend Egon Hilbert, dem als Kulturpolitiker die Überwindung des während der Nazi-Zeit auch am Burgtheater eingerissenen »Reichskanzleistils« – eine Bezeichnung Viertels für die im Dritten Reich deformierte Schauspielkunst – ein ehrliches Anliegen war. Aufrichtig um die Heimholung von Emigranten bemüht, hoffte er auch, diese würden, wie er es Leopold Lindtberg gegenüber ausdrückte, als »Hechte im Karpfenteich« im österreichischen Kulturleben produktive Unruhe stiften.[7] Allerdings will Lindtberg, der bereits 1947 noch unter der Direktion Raoul Aslans an die Burg kam, ohne jedoch seine Schweizer Staatsbürgerschaft und seinen Zürcher Wohnsitz aufzugeben, in der einstigen Heimat nur auf »offene Arme, offene Herzen, offene Ohren«[8] gestoßen sein.

Was Berthold Viertel anbelangte, so genügten bereits seine Besuche im Neuen Theater in der Scala, die Verbindung zu Brecht und seine Vorstandstätigkeit im neu gegründeten österreichischen PEN-Club, daß er etwa ab 1950 in der spannungsgeladenen Atmosphäre des Kalten Krieges zunehmend zur Zielscheibe von Presseangriffen wurde. Diese kamen aus demselben Lager, das sich für den Brecht-Boykott stark machte und dem der ab Jänner 1952 amtierende Unterrichtsminister Kolb offene Sympathie entgegenbrachte.

Direktor Josef Gielen und der Sektionschef bemühten sich jedoch nach Kräften, Berthold Viertel am Burgtheater im Rahmen des Möglichen optimale Konditionen zu bieten. Bereits für seine erste Wiener Arbeit hatte er ein Regie-Honorar von 4.000.- Schilling – wie auch in der Folge mit Hinzurechnung der aliquoten Teuerungszulage – und ein während der Probenzeit wöchentlich auszubezahlendes Tagegeld von 100.- Schilling vertraglich zugesichert, wobei ein Teil der Gage in Schweizer Franken anzuweisen war. Seine nächsten Inszenierungen – *Major Barbara* von G. B. Shaw (22. Juni 1949), *Kronbraut* von August Strindberg (29. Oktober 1949), Shakespeares *König Richard II.* (17. März 1950) – wurden auf der Basis eines angenommenen Monatsgehaltes von 4.000.- Schilling, zusätzlich Tagegeldern, honoriert.[9] Für die Spielzeit 1950/51 wurde zunächst ein mit 35.000.- Schilling dotierter Jahresvertrag – zuzüglich Tagegelder für die reale Arbeitszeit – mit Verpflichtung zu einer »mindestens viermonatigen Tätigkeit« abgeschlossen und dann im Laufe der Saison aufgestockt, als Viertel nach Carson McCullers Komödie *Frankie und die Hochzeit* (23. November 1950) und *Cocktailparty* von T. S. Eliot (14. Februar 1951) noch *Endstation Sehnsucht* von Tennessee Williams (20. April 1951) inszenierte. Für die nächste Saison schloß Viertel auf sechs Monate à 6.000.- Schilling zuzüglich Aufenthaltsentschädigung ab: am 15. September kam – als teilweise umbesetzte Übernahme von den Salzburger Festspielen – Kleists *Zerbrochener Krug* heraus, am 23. Dezember Shakespeares *Othello*, am 8. März 1952 der von Zuckmayer vollendete *Herbert Engelmann* von Gerhart Hauptmann, am 14. Mai Tschechows *Möwe*. Beiträge für Programmhefte, dramaturgische Einrichtungen und Übersetzungshonorare brachten zusätzliche Einkünfte. Da Viertel amerikanischer Staatsbürger war, mußte bis 1952 bei jedem Vertragsabschluß von neuem vom Arbeitsamt eine Beschäftigungsbewilligung eingeholt werden. In den Akten der Bundestheaterverwaltung findet sich zur Rechtfertigung der Berthold Viertel gewährten Vertragsbedingungen mehrfach der Hinweis, daß nicht einmal jener Sonderstatus den international renommierten Regisseur für seinen nachweislichen Verzicht auf weitaus lukrativere Auslandsangebote, die er zugunsten des Burgtheaters abgelehnt hätte, voll entschädigen könne. Für österreichische Verhältnisse lagen Viertels Gagen tatsächlich weit über dem Durchschnitt, wenn man die statistischen Mittelwerte zum Vergleich heranzieht: Das Durchschnittseinkommen von Industrieangestellten wurde vom Statistischen Zentralamt für 1949 zwischen 2.553.- Schilling pro Monat (für Direktoren) über 909.- Schilling (für Angestellte) bis herunter zu 702.- Schilling (für Hilfskräfte) errechnet. 1953 betrug dann der durchschnittliche Monatsbezug für Arbeitnehmer 1.554.- Schilling, wobei für Angestellte 2.333.- Schilling und für Arbeiter 1.424.- Schilling veranschlagt wurden.

Daß Viertel von westdeutschen Bühnen zu sehr günstigen Bedingungen umworben werde, aber für das künstlerische Niveau des Burgtheaters »unentbehrlich« sei, betonte Unterrichtsminister Hurdes am 13. Jänner 1951 in einer »Dringlichkeitsbescheinigung«, die Viertel und seiner Gattin Elisabeth Neumann endlich zu einer eigenen Wohnung in Wien verhelfen sollte.[10] Seine endgültige Heimkehr nach Wien bekräftigte er im Juni 1952 schließlich auch offiziell mit dem Ansuchen um Wiederverleihung der österreichischen Staatsbürgerschaft: »Mein Wunsch nach Wiedereinbürgerung entspricht meiner überzeugten Zugehörigkeit zu Österreich, und ich bitte daher, ihn zu erfüllen.«[11] Da die Erfüllung dieses Wunsches im Falle von Berthold Viertel der Genehmigung und Befürwortung durch den Unterrichtsminister bedurfte, legte die Bundestheaterverwaltung im Einvernehmen mit der Direktion des Burgtheaters mit Eingangsstempel 1. Juli 1952 den folgenden, ziemlich sicher von Dr. Egon Hilbert entworfenen Text »mit der Bitte um wohlwollende Prüfung und Genehmigung« vor:

Der Regisseur des Burgtheaters Prof. Berthold Viertel (geboren am 28. Juni 1885 in Wien, derzeit Staatsbürger der Vereinigten Staaten von Amerika, wohnhaft Wien 5., Straussengasse

9) strebt für sich und seine Frau Elisabeth, geborene Neumann, die Verleihung der österreichischen Staatsbürgerschaft an. Berthold Viertel, der seit Dezember 1948 fortlaufend am Burgtheater tätig ist, gilt als einer der prominentesten Regisseure des gesamten deutschsprachigen Theaters und geniesst in dieser Eigenschaft sowohl im In- als auch im Auslande das grösste Ansehen. Er hat durch eine Reihe besonders wertvoller Inszenierungen nach dem Ende des letzten Krieges dazu beigetragen, den künstlerischen Ruf des Burgtheaters als führender deutschsprachiger Bühne zu festigen und damit die Anerkennung der kulturellen Leistungen Österreichs in der Welt zu fördern. Da eine möglichst enge Bindung des Genannten an das Wiener Burgtheater unter diesen Umständen notwendig erscheint, ist die Verleihung der österreichischen Staatsbürgerschaft an ihn und seine Frau im Staatsinteresse gelegen. Das Bundesministerium für Unterricht befürwortet daher das Ansuchen des Herrn Prof. Berthold Viertel um Zuerkennung der österreichischen Staatsbürgerschaft auf das Wärmste.

Da Viertel jedoch wegen seiner »hervorragenden literarischen Leistungen« und seiner »bewährten antifaschistischen Haltung« bereits 1945 vom damaligen Unterrichtsminister Ernst Fischer (bis 1968 KPÖ-Mitglied) formell zur Heimkehr aufgefordert worden war[12], ließen sich ideologische Einwände von Minister Kolb unschwer voraussehen. Um diese von vornherein zu entkräften, begründete die Bundestheaterverwaltung ihre eigene Befürwortung des Ansuchens nicht nur dahingehend, daß Viertel »auf allen Bühnen des deutschen Sprachgebietes als einer der prominentesten Regisseure anerkannt« sei und »auch in nicht deutschsprachigen Ländern kraft seiner künstlerischen Qualitäten grösstes Ansehen« genieße, sondern hielt es auch für angebracht, jedweden Verdacht auf eventuelle KP-Sympathien Viertels für gegenstandslos zu erklären:

Zu der gerüchteweisen Behauptung, dass Prof. Berthold Viertel angeblich Kommunist sei, ist zu bemerken, dass der Genannte nie der kommunistischen Partei als Mitglied angehört hat und dass er dem Leiter der Bundestheaterverwaltung ebenso wie dem Direktor des Burgtheaters gegenüber des öfteren ausdrücklich erklärt hat, dass er den Kommunismus schon deswegen ablehne, weil er viel zu freiheitsliebend sei, als dass er einer

Partei mit derartigen autoritären Grundsätzen anhängen könne. Ausserdem hat Prof. Berthold Viertel gerade am Wiener Burgtheater verschiedene Inszenierungen herausgebracht, die ihn in absoluten und schroffen Gegensatz zur kommunistischen Ideologie bringen mussten. Als Beispiel hiefür seien der von christlichem Geist getragene Schluss der »Kronbraut« von Strindberg und die Inszenierung der »Cocktail Party« von T. S. Eliot angeführt.

Die Formulierung verrät diplomatische Taktik: dem überzeugten Individualisten und »heimatlosen Linken«[13] wird damit indirekt die weltanschauliche Identifikation mit der Textvorlage zugeschrieben – in Kongruenz zu der für den Entscheidungsträger genehmen und richtungweisenden Weltsicht.

Trotzdem verweigerte Minister Dr. Ernst Kolb seine Unterschrift, als ihm das »Geschäftsstück« am 3. Juli 1952 vorgelegt wurde. »Herr Minister hat vielmehr Weisung erteilt, diese G.Z. vorläufig in der H.o.Präs.Kzl. mit 1.9. 1952 auf Frist zu legen«, vermeldet ein dem Akt beigelegter Dienstzettel. Auf dieses bürokratisch bewährte Liegenlassen wurde Kolb schließlich im Ministerrat am 7. Oktober 1952 angesprochen, worauf er sich durch eine handschriftliche Aktennotiz absicherte:

Innenminister Helmer brachte heute im Ministerrat beim Tagesordnungspunkt »Einbürgerungen« auch den Fall Viertel zur Sprache; er werde ständig auf Erledigung gedrängt, doch fehle ihm der Akt, der im U(nterrichts)M(inisterium) liege. Vom Bundeskanzler (Dr. Leopold Figl, Anm. der Verf.) zur Stellungnahme aufgefordert, erklärte ich, daß ich die gewünschte Bescheinigung nicht unterschreibe. Nach einigem Her und Hin einigte man sich darauf, daß ich das Gesuch an Innenminister Helmer abtrete; was mit folgendem persönlichem Brief geschieht.

Eine Abschrift dieses kurzgefaßten Abtretungsbriefes von Dr. Ernst Kolb (ÖVP) an Dr. Oskar Helmer (SPÖ) ist dem Akt gleichfalls beigefügt.

Nun stand einer positiven Erledigung nichts mehr im Wege. Mit der Urkunde der MA 61 (Zl. V 54–4/52) wurde Berthold Viertel am 14. Oktober 1952 auch vor dem Gesetz wieder zum Österreicher.

Vertraglich band er sich ab September 1952 bis Ende August 1955 mit einem Monatsbezug von 10.600.- Schilling und der

Verpflichtung für drei Inszenierungen pro Saison ganzjährig ans Burgtheater. Es sollte jedoch nur noch zu zwei Produktionen kommen: am 27. September 1952 hatten Gerhart Hauptmanns *Ratten* Premiere, am 28. Februar 1953 setzte der bereits schwerkranke Regisseur mit Shakespeares *Antonius und Kleopatra* den Schlußpunkt.

Berthold Viertel starb am 24. September 1953 in Wien. Die Sterbeurkunde nennt als Todesursache: Herzmuskelentartung, Diabetes mellit., Herzinsuffizienz, Lungenödem.[14]

Während der kurzen Zeit seiner Burgtheatertätigkeit entwickelte und realisierte Berthold Viertel einen unverwechselbaren, für das damalige Gegenwartstheater wegweisenden Inszenierungsstil. Er war – im besten und eigentlichen Sinn des Wortes – ein »literarischer« Regisseur, der als verantwortungsbewußt gestaltender Sachwalter die vom Dramatiker geschaffene Textvorlage in die ihr gemäße lebendige Bühnenrealität umzusetzen bestrebt war – wie es etwa Stanislawski, mit dessen Methode er sich eingehend beschäftigte, am Moskauer Künstlertheater gelungen war. Dementsprechend sorgfältig wählte er die für ihn in Betracht kommenden Stücke aus und wurde derart, wie Briefe und Verträge beweisen, auch zum Mitgestalter des Repertoires. Shakespeare ist mit drei Werken sein bevorzugter klassischer Dramatiker, während aus dem deutschsprachigen Raum nur Heinrich von Kleist Berücksichtigung findet. Mit Hauptmann, Strindberg, Tschechow und Shaw kommt eine bereits klassisch gewordene Moderne zu Wort. Von den Zeitgenossen werden ausschließlich Autoren aus dem angelsächsischen Sprachraum aufgegriffen. Ebenso wie in den Theateressays, die in jenen Jahren entstanden, ging es Viertel bei der Wahl dieser Stücke ganz offenkundig um die *Gewinnung einer Weltdramatik, nicht im Sinne eines auf Repräsentation gerichteten summarischen Spielplans, sondern im Sinne einer über die Dialektik von Nationalem und Internationalem gewonnenen dramatischen Auseinandersetzung mit der Realität.*[15]

Er suchte dabei – für sich selbst und für das Publikum – auch die Auseinandersetzung mit Dramen, die ihn, obwohl sie ihn als Dichtung faszinierten, ob ihrer Fremdartigkeit oder rätselvollen Ideologie zunächst irritierten und zu denen er sich erst allmählich einen eigenen Zugang erkämpfen mußte. Dies war bei Strindbergs Märchenspiel von der *Kronbraut* und Eliots in die Gegenwart geholter, mit christlicher Sühne- und Opfermystik durchwobener Alkestis-Paraphrase *Cocktail-Party* der Fall.[16] Ausgerechnet jene beiden Inszenierungen wurden dann, wie bereits erwähnt, im Verfahren um die Wiedererlangung der österreichischen Staatsbürgerschaft als geistiges Bekenntnistheater ins Treffen geführt:

Am Anfang einer Inszenierung stand für Viertel die konsequente Arbeit am Text. Bei englischen Werken begann diese Textarbeit, sofern er nicht selbst als Übersetzer fungierte, mit einem genauen Vergleich von Original und Übertragung, um daraus eine sprachlich möglichst präzise Spielfassung zu filtern. Die Durchsicht der Regie-, Inspizienten- und Soufflierbücher aus dem Burgtheaterarchiv zeigt ferner, daß er jedoch in seinen dramaturgischen Bearbeitungen weder in modernen noch in klassischen Stücken substantiell verändernde Eingriffe vornahm, sondern mit vorsichtig-raffenden Strichen die seinem Konzept gemäße szenisch-dramaturgische Struktur deutlich machte. Der Regisseur mußte sich zunächst selbst Klarheit verschaffen, welche Geschichte der Text ihm erzählte, ehe er ihn seinen Schauspielern erzählen konnte, um dann mit ihnen in gemeinsamer Arbeit, unkonventionell ausprobierend, die Geschichte auf der Bühne lebendig werden zu lassen.

Seine Arbeitsweise ist oft genug beschrieben worden: Er spielte fast nie vor, sondern entwickelte die Figuren mit den Darstellern in intensiven (Einzel)-Gesprächen, ermutigte sie zu eigenschöpferischer Phantasie, ließ sich von ihnen anbieten, korrigierte, änderte vom Zuschauerraum aus und bestärkte im fortgeschrittenen Probenprozeß dann mit einer Lesung des gesamten Textes den künstlerischen Weg. Fred Hennings, der in den drei Shakespeare-Inszenierungen mitwirkte, gibt eine plastische Schilderung dieser ebenso ungewöhnlichen wie effizienten Art des Inszenierens:

Immer wieder unterbrach der unermüdliche Kettenraucher die Arbeit auf der Bühne und zog sich mit den Darstellern in eine der Garderoben zurück, steckte sich die geliebte Zigarette in den Mund und ließ seinen Gedanken freien Lauf. Ein wahrer Sturzbach an Einfällen kam da über einen. Eingehült in dichte Rauchwolken, gewann man auf einmal tiefste Einblicke in das Wesen jener Figuren, die man darzustellen hatte. Diese Art von Regieführung war nicht jedermanns Sache und erforderte neben intensivster Aufmerksamkeit einen nicht gerade geringen Grad an Intelligenz. Diese ganz unorthodoxe, bohemehafte Arbeitsweise erregte bei vielen Ärgernis, führte aber am Ende zu Meisterwerken tiefenpsychologischer Inszenierungskunst, die heute noch unvergessen sind.[17]

Dies deckt sich mit den Erfahrungen von Viertels erklärter Lieblingsschauspielerin Käthe Gold, die unter seiner Führung die vielfältigen Facetten ihrer künstlerischen Ausdrucksmöglichkeiten unter Beweis stellen konnte:

Das Besondere an dem großen Regisseur Berthold Viertel war seine Arbeitsmethode – seine Proben begannen gleich mit Kaffee und Rauchpausen, die er dazu benützte, Stück und Rolle haarklein zu erklären.

Es war nicht seine Art, Szenen vorzuspielen – sondern durch ständige Erklärungen den Schauspieler selbst auf seine Rolle hinzuführen.

Zu jeder Premiere hatte ich das Glück, auch Briefe von ihm zu empfangen – in denen er den ganzen Bogen der dazustellenden Figur nachzeichnete.[18]

Für Viertel stand eindeutig die Arbeit mit dem Schauspieler im Vordergrund. »Der Darsteller ist wie ein verklebtes Buch«, sagte er einmal zu Teo Otto, »O Gott, wenn es mir nur gelänge, die Seiten dieses Buches zu lösen, ich erlebte Wunder.«[19] Von diesen Wundern wird noch die Rede sein. Im Gegensatz zu Leopold Lindtberg ließ die darstellerische Suggestionskraft von Werner Krauß Berthold Viertel seinem eigenen Vorsatz, nie wieder mit dem »alten Sünder«[20] zu arbeiten, zuwiderhandeln. Und so besetzte er Krauß, in welchem er in einer scharfsichtigen Analyse bereits 1937 den willfährig-gefährlichen Propagator der NS-Kulturpolitik erkannt hatte, nach langem Zögern schließlich doch mit dem Länsmann in Strindbergs *Kronbraut*, da er in ihm die Idealbesetzung dieser Rolle sah.

Gestern habe ich Werner Krauss seine Rolle [...] geschickt u. sie mit meinem B.V. signiert. Damit ist der Rubikon überschritten, die Folgen werden nicht ausbleiben. Ich habe die Tatsache in einem Brief an B.B. erwähnt u. meinen Standpunkt kurz begründet [...].[21]

Daß Werner Krauß weder die menschliche Größe dieses Angebots zu neuer Zusammenarbeit zu würdigen vermochte, noch zur selbstkritischen Auseinandersetzung mit seiner Vergangenheit bereit war, dokumentieren seine Memoiren. Eher amüsiert berichtet er da zunächst von Lindtbergs unversöhnlicher Haltung ihm gegenüber und fährt dann fort:

Mit Berthold Viertel war das ganz anders. Ich habe mit ihm gearbeitet vor und nach dieser Zeit. 1922 Die Wölfe *von Romain Rolland, [...] 1928* Peer Gynt *am Deutschen Theater mit Frieda Richard als Aase. Ich habe ihn 1933 in London getroffen, da war er Filmregisseur, dann nach 1948* Othello, Die Kronbraut, Antonius und Cleopatra. *Er liebte mich als Shakespearesprecher. Es war schön, mit ihm zu arbeiten, wir haben alle gern mit ihm gearbeitet, es tut mir leid, daß er tot ist.*[22]

Der verschworenen »Viertel-Truppe«, die sich allmählich im Burgtheater-Ensemble herauskristallisierte, gehörte Werner Krauß jedenfalls nur als erratischer Block an.

Berthold Viertel habe als wegweisende Neuerung im Wiener Theaterleben einen »transparenten Realismus« verwirklicht, meint Otto Basil, nämlich eine Wahrheit der Darstellung, die Rationales und Irrationales gleichermaßen glaubhaft auszudrücken vermöge und mehr aufzeige als das affirmativ-äußere Abbild.[23] Viertel ging es fraglos um psychologisch motiviertes Zusammenspiel mit vielschichtig und konsequent durchgezeichneten, individuellen Charakteren. Ebenso wichtig war es ihm aber auch, die individuellen Handlungen erkennbar in dem sie bedingenden Gesellschaftsgefüge zu situieren. Seine Wahrheit, die er den Darstellern abverlangte, geht – wenn man die Überlegungen in seinen Schriften und Briefen heranzieht – weiter als die Wahrheit in Stanislawskis Einfühlungstheater. Viertel hat sehr wohl auch Überlegungen zu Brechts Theatertheorie angestellt und dabei auf die Einführung präziser, neu klingender Termini wie »V-Effekt« für wichtige, aber gar nicht so neue theatrale Mittel hingewiesen. Denn auch er arbeitete, wenn es der Text erforderte, durchaus auf Distanz hin. Aus der Identifikation des Schauspielers mit seiner Rollenfigur erwuchs für ihn nicht zwangsläufig eine affirmative Vermittlung, sondern die Möglichkeit, das Verhalten und Denken dieser Figur im gesamten Kontext der szenischen Aktion deutlich zu machen. Peter Roessler hat bereits überzeugend nachgewiesen, wie für Viertel in seinen späten Jahren in seinen dramaturgischen Überlegungen die Position des Individuums im historischen Prozeß in den Brennpunkt des Interesses rückte: nicht von der Gesellschaft determiniert, doch sehr wohl in zu durchleuchtende gesellschaftliche Verhältnisse involviert, auf sie reagierend, sie mitverantwortend und von ihnen geprägt.[24] Unter diesem Gesichtspunkt ist beispielsweise sein subtiles Herangehen an das Martyrium der Celia in der *Cocktail-Party* zu sehen. Erhard Buschbeck gegenüber drückte er unmißverständlich sein Befremden über die vom »großen Eliot« in diesem sperrigen Stück transportierte Weltsicht aus. Trotzdem sah er darin ein dramatisches Kunstwerk – eben als intellektuelle Herausforderung, den Standpunkt des Dichters und den von ihm vorgeschlagenen Erlösungswegung kritisch zu überprüfen und zu überdenken, vorausgesetzt es fände sich die eine Transparenz des Inszenierungsanliegens gewährleistende Besetzung. Vollkommen entsprach diese letztendlich nicht seinen Wünschen, doch er fand in Eva Zilcher, die er im Neuen Theater in der Scala in den *Kleinbürgern* »unheimlich gut« gefunden hatte, die ihm einzig möglich scheinende Darstellerin für die Celia, und er setzte mit Buschbecks und Hilberts Hilfe ihr Engagement ans Burgtheater gegen alle bürokratischen Hürden durch, auch auf die Gefahr hin, von den »übrigen Weibern« des Ensembles zerrissen zu werden.[25]

Die Stärke des literarischen Regisseurs Berthold Viertel lag eindeutig in der Analyse des Textes und in der Personenführung. Bei der Gestaltung des Bühnenraumes aber machte er keine detaillierten Vorgaben, sondern war von der Kooperationsbereitschaft der Bühnentechniker und der Phantasie des Bühnenbildners abhängig. Von letzterem erhoffte er stets einen die Ideen seines Konzeptes optisch vermittelnden Entwurf. Doch er konnte bereits im voraus mit Sicherheit beurteilen, wann der von ihm künstlerisch und persönlich als »Prachtmensch« geschätzte Teo Otto, dessen Ausstattungen auf ihn manchmal »etwas verspielt« wirkten[26], seinen Intentionen am besten gerecht zu werden versprach, oder wann der strenger konzipierende Caspar Neher, der realistischere Gustav Manker oder Max Meinecke für eine Produktion geeigneter seien. Am liebsten arbeitete er mit Teo Otto zusammen: er war sein Bühnen- und Kostümbildner bei der

Glasmenagerie, der *Kronbraut*, der *Möwe*, bei *Othello* und bei *Antonius und Kleopatra*, während Manker *Frankie und die Hochzeit*, die *Cocktail-Party* und die *Ratten* ausstattete. Meinecke zeichnete für *Major Barbara* und *Herbert Engelmann* verantwortlich, Caspar Neher betreute *König Richard II.*, beim *Zerbrochnen Krug* gab es eine Begegnung mit Rochus Gliese, und für *Endstation Sehnsucht* vertraute er wie bei der vorhergegangenen Inszenierung in Berlin auf Ita Maximowna.

Nicht alle der insgesamt dreizehn Burgtheater-Inszenierungen Berthold Viertels können in diesem Rahmen ausführlich gewürdigt werden. Ich beschränke mich daher auf die beiden Tennessee Williams-Abende, weil sich an diesen Beispielen Viertels Arbeit mit dem Schauspieler, seine Textarbeit als Regisseur und als Übersetzer sowie die in den Kritiken zum Ausdruck gebrachten Maßstäbe über Dramaturgie und Ästhetik in der »moralischen Anstalt« der fünfziger Jahre besonders deutlich ablesen lassen; überdies hat sich Berthold Viertel als Übersetzer und als Regisseur entscheidend für die Rezeption dieses amerikanischen Dramatikers auf deutschsprachigen Bühnen verdient gemacht. Ihn interessierten die Stücke von Tennessee Williams nicht nur wegen ihrer individualpsychologischen, manchmal ins Psychopathologische vordringenden Charakterstudien, er sah in ihnen auch exakte politische Diagnosen: Sowohl in der *Glasmenagerie* als auch in *Endstation Sehnsucht* spiegelt in der familiären Situation die Desorientiertheit der Südstaaten-Oberschicht, die sich noch im wirtschaftlichen Ruin an ihre längst obsolet gewordenen Wertvorstellungen klammert, vor der Notwendigkeit der gesellschaftlichen Entwicklung die Augen verschließt, an der Realität der neuen Verhältnisse scheitert oder – wie die Schwester von Blanche Dubois – ihre Proletarisierung hinnimmt.

Eine Studie über den Übersetzer Berthold Viertel steht noch aus. Der Vergleich zwischen dem amerikanischen Original und der autorisierten deutschen Spielfassung läßt jedenfalls erkennen, daß er eine nachschöpferische Übertragung anstrebte, stellenweise poetischer und weniger umgangssprachlich formulierte als Williams sowie in *Endstation Sehnsucht* manch drastischen Slang-Ausdruck milderte, vielleicht mit Rücksicht auf die Prüderie der Wiederaufbau-Jahre.

Bereits in der Vorbereitungsphase der *Glasmenagerie* läßt sich verfolgen, welches Gewicht Berthold Viertel der Besetzung beimaß. Ihn reizte nicht eine typendeckende, dem »Fach« entsprechende Besetzung, sondern das Abenteuer, gemeinsam mit den Schauspielern bisher noch nicht ausgelotete Möglichkeiten ihres künstlerischen Potentials zu entdecken. Und so wurde die von mehreren Schauspielerinnen begehrte Rolle der schrecklichen, tragikomischen Übermutter Amanda Wingfield gleich zum Prüfstein – sowohl für Viertels Burgtheaterdebüt als auch für seine Wunschbesetzung Helene Thimig. Teo Otto, dessen Bühnenentwürfe sogar Viertel höher einschätzte als die Ausstattung der modellhaften New Yorker Uraufführung (31. März 1945), hat die Generalprobe als nervenverschleißende Entscheidungsschlacht in Erinnerung behalten.

Damals erhoben verschiedene gewichtige und durchaus legitimierte Regisseure Anspruch auf diese Inszenierung. Du hattest jedoch das Stück in der Tasche. Du hattest es zudem übersetzt. Da waren drei der größten Schauspielerinnen deutscher Zunge, von denen jede erwartete, die Rolle der Mutter zu spielen. Jede der drei war eine Fürstin, hinter der gemischt der Troß der Politiker, der Militärs und der Presse stand. Da war Käthe Dorsch, die stets mit höchsten Einsätzen spielte, Adrienne Gessner, die meisterhafte Kennerin des Wiener Parketts. Da war Therese Giehse – mit dem Gewicht der aktiven Emigration.[27]

Das »Gewicht der aktiven Emigration«, darüberhinaus sogar Erfolge am Broadway hätte freilich auch die Gessner aufzuweisen gehabt, deren Gatte Ernst Lothar überdies zu den auf das Williams-Werk Anspruch erhebenden Regisseuren zählte. Die Giehse wiederum hatte die Rolle bereits in Basel unter Kurt Horwitz bei der deutschsprachigen Erstaufführung des Werkes (17. Oktober 1946) »voll innerer Spannung, mit hinreißendem Gebärdenspiel und überquellender Sprachphantasie« verkörpert.[28] Die Dorsch hatte Viertel anfänglich selbst in seine Überlegungen einbezogen, doch aus Furcht, sie könnte »zu süß« sein, wieder verworfen.[29] Ihn lockte, auch auf die Gefahr eines nicht vorhersehbaren Ausgangs hin, das Wagnis mit Max Reinhardts Witwe Helene Thimig – auch sie eine Heimkehrerin aus dem amerikanischen Exil –, deren Domäne seit jeher charismatische, leidende Frauengestalten waren. Noch im Sommer 1948 begründete er Josef Gielen gegenüber seine beinahe schon feststehende Entscheidung: Helene Thimig hatte Viertels Meinung nach den Vorteil,

daß sie die geniale, unübertreffliche Taylor in N.Y. als Amanda sah. Sie hat Witz, hat sie auch Humor, u. Sex? Kann sie Mutter sein, oder ist zur ewigen Jungfräulichkeit verdammt, incl. der Jungfrau-Mutter, der schmerzensreichen Maria von Reinhardts Gnaden? Hat sie nicht in ihrer chemischen Zusammensetzung ein Zuviel an Säure? [...] *Die Thimig ist ein Experiment in dieser Rolle, u. die Rolle das einzig Sichere in dem Stück.* [...] *Aber die Thimig ist eine große Technikerin, u. was sie zuwegebringen wird, wird interessant sein. Aber wie weit kann man kommen gegen die Natur?*[30]

Diese Reflexionen decken sich mit Teo Ottos rückblickender Interpretation:

Hand aufs Herz, Berthold, es reizte Dich, ihre Feierlichkeit, ihre Salzburger Erhabenheit, ihre Damenhaftigkeit in die Knie zu zwingen. Es reizte Dich die Begegnung mit dieser speziellen Form Wiener Fraulichkeit.[31]

Die Proben wurden, wie Teo Otto schildert, zu einem Kräftemessen zwischen dem Regisseur und seiner Darstellerin, der in der »Giftküche der Wiener Intrigen« das Stigma der leicht manierierten, vergeistigten, temperamentlosen »gotischen Nocken« nachhing.

Du hattest unerbittlich mit ihr gearbeitet. Gingst, wie Du sagtest, immer wieder den Tonfall und die Ausdrucksformen an. Diskutiertest in einer Fülle von Zigarettenpausen das Prinzipielle des Stückes oder eines Satzes mit dieser großen und gescheiten Künstlerin durch. Du reduziertest ihren Ton und ihr Wesen und brachtest ihn auf den Nenner kleinbürgerlicher, mütterlicher Behutsamkeit.[32]

Helene Thimig überzeugte und überraschte sowohl das neugierige, zu einem Gutteil vorurteilsbehaftete Generalproben-Publikum, in dem sich zu allem Überfluß auch die drei übergangenen Rollenanwärterinnen befanden, als auch die Kritiker, deren Urteile mit dem Eindruck von Teo Otto voll und ganz übereinstimmten.

»Eine grandiose Meisterleistung Helene Thimigs trägt das neue von Berthold Viertel übersetzte Stück im Akademietheater

[...]. *Es bedarf der ganzen unerhörten Kraft und Feinheit dieser großen Schauspielerin, um die unzulängliche dramatische Problematik des Stücks durch die psychologische einer Gestalt zu überdecken, was ein Menschenleben in seinen Entwicklungsperioden werden ließ und hinterlassen hat, Grazie und Schrullen, Schwung und Pedanterie, Hingabe und Eigensinn, zitternde Angst und unbeugsames Selbstvertrauen, zugespitztes Raffinement und enge Borniertheit.«*[33]

»Helene Thimig als Mutter ist ereignishaft.«[34]

»Helene Thimig in der zentralen Rolle der Mutter: eine wahrhaft rührende Figur, rührend noch in ihrer Rührigkeit und Hysterie, in ihrer dummen Gluckhennenhaftigkeit, in ihren tragischen Fehlern – eine ganz besonders bezaubernde Leistung der großen Schauspielerin!«[35]

»Helene Thimig löst mit der Rolle der Mutter eine ebenso schwere wie neuartige Aufgabe, nämlich »Wahrheit zu geben in der freundlichen Maske der Illusion«. Wie sie aus der Sorge des Alltags sich immer wieder in gekünstelten Gesprächen in die schönen Mädchenjahre im Süden flüchtet, wie sie aus Strohhalmen Rettungsseile für die Zukunft flicht oder per Telephon für die Zeitschrift der »Töchter der amerikanischen Revolution« wirbt, sind komödiantische Glanzstücke.«[36]

Zu einer weiteren künstlerischen Zusammenarbeit zwischen Helene Thimig und Berthold Viertel kam es allerdings nicht mehr. Die zweite, wenn auch stillere Sensation des Abends war Käthe Gold als – so Teo Otto – Amanda Wingfields »verschupfte Tochter« Laura[37], die entgegen den verzweifelten Illusionen der Mutter infolge ihrer leichten Behinderung und vor allem wegen der fehlenden Mitgift nicht als gute Partie zu verheiraten ist und sich in eine von ihren Glastieren bevölkerte Phantasiewelt eingesponnen hat. Die Kritiker überboten einander an poetischen Bildern, um dem schwer beschreibbaren poetischen Zauber dieser Figur gerecht zu werden.

»Sie spielt die halb gelähmte Tochter wie einen am Schattenfenster verkümmernden Blumenstock, der die Sonne nur ahnt und nicht hat. Denn der einzige Sonnenstrahl, der sich zu ihr verirrt, erhöht nur das Leid und verläßt sie als eine Zerbrechende.«[38]

»Arm, stumm, zart, scheinend, wie irgend ein Exemplar aus der Glasmenagerie, die Symbolik des rührenden Mädchens er-

greifend erfüllend, schwebt, zirpt, schweigt, verlischt Käthe Gold.«[39]

»Welch eine Märchengestalt der Unerlöstheit in einer trivialen Umwelt, welch ein Symbol der Zwecklosigkeit und Absurdität des Daseins!«[40]

Viertel sah in Käthe Gold schlichtweg ein »Genie«.[41] Daß sie vom Alter her eigentlich längst über die Laura hinaus war, focht ihn nicht an: ihm ging es jenseits einer platt-naturalistischen Entsprechung um das glaubhafte künstlerische Gebilde. Käthe Gold war fraglos jene Darstellerin, die Viertel immer wieder neu zu inspirieren vermochte und die ihrerseits in der Arbeit mit ihm in wesensmäßig durchaus unterschiedlichen, immer jedoch komplizierten und vielschichtigen Frauencharakteren künstlerische Höhepunkte erreichte. Auf die Laura folgte die Kersti in Strindbergs Volksmärchen von der *Kronbraut*, die der Jungfernkrone wegen nicht ganz unberechnend ihr Kind ertränkt, doch wegen ihres spontanen Mitleids mit der stummen Kreatur durch den Ameisenkönig vor dem Henker gerettet wird; die Gold überraschte dann in *Endstation Sehnsucht* als zerbrochen-zerbrechliche Blanche, sie war Tschechows *Möwe* und zuletzt in Shakespeares Tragödie *Antonius und Kleopatra* die ägyptische Königin.

In die neue »Viertel-Truppe« hinein wuchsen auch Josef Meinrad und Curd Jürgens, die sich in der *Glasmenagerie* als Jim und Tom neben den außergewöhnlichen Leistungen der beiden Hauptdarstellerinnen durchaus zu profilieren verstanden. Vor allem im modernen und zeitgenössischen Drama forderte Viertel diesen vorschnell auf den Typ des lässigen Teufelskerls und Herzensbrechers fixierten Schauspieler mit Aufgaben von erstaunlicher Spannweite zur Erkundung seiner darstellerischen Möglichkeiten heraus. In der *Kronbraut* besetzte er ihn mit Kerstis Bräutigam Mats, in *Endstation Sehnsucht* war er der proletarisch-selbstbewußte Gatte von Blanches jüngerer Schwester, in der *Möwe* überraschte er als Modeliterat Trigorin – »beklemmend, unberrechenbar, ein Mensch voller Abgründe«[42], in *Herbert Engelmann* verkörperte er den Baron Mühling de Ribeira und in der vielgerühmten Inszenierung von *Richard II.* übernahm er nach Heinz Moog in zweiter Besetzung den Herzog von Norfolk.

Inszenierung und Darsteller wurden in der Presse, unabhängig von der Blattlinie, übereinstimmend mit Lob bedacht. Die Rezensenten hoben durchwegs die poetische Transparenz und atmosphärische Dichte der Aufführung und das nuancierte Zusammenspiel der Darsteller hervor. Auffällig ist jedoch, daß die Tatsache von Viertels Rückkehr aus der Emigration ebensowenig angesprochen wurde wie seine künstlerische Biographie; er fungiert in beinahe allen Kritiken weitgehend kommentarlos als Regisseur und Übersetzer. Eine rühmliche Ausnahme machte Otto Basil, der sich auch in der Folge fundiert, vorurteilsfrei und kritisch-konstruktiv mit Viertels künstlerischer Handschrift auseinandersetzte. Basil begrüßte den Zurückgekehrten als »uns nach langer Abwesenheit Wiedergeschenkten«, erinnerte an sein lyrisches Werk, seine Stellung im Theaterleben der zwanziger Jahre und an seine Prägung durch Karl Kraus, um zu dem Schluß zu kommen, er habe »mit seiner Williams-Inszenierung nichts anderes geboten als Theater der Dichtung.«[43]

Basil bewies seine Kompetenz auch in der Beurteilung des Stückes, indem er dessen dramaturgische Erzählstruktur mit den eingeblendeten Szenen der Erinnerung als die Weiterentwicklung von im deutschsprachigen Raum unterbrochenen Stilrichtungen der zwanziger Jahre interpretierte. Für das Relativieren von gelebter und rückschauend imaginierter Wahrheit führte er Pirandello ins Treffen, vermerkte ferner den Hang des Expressionismus zu überdeutlicher Symbolik und erinnerte an Piscators radikalen Bruch mit dem Illusionstheater und an die dafür eingesetzten szenisch-dramaturgischen Mittel einer epischen Inszenierungsweise, deren sich auch Tennessee Williams in modifizierter Form bediente. Gewiß nicht von ungefähr: besuchte doch Williams 1940 an der New School in New York City einen »playwriting«-Kurs bei Erwin Piscator – was Basil allerdings nicht erwähnte. Sehr wohl jedoch verwies er auf die von Wissen um die Psychoanalyse geprägte Charakterzeichnung und schlug auch für die Glasfiguren – insbesondere für das Einhorn – mit vorsichtiger Formulierung eine psychoanalytische Deutung vor. Das thematische Anliegen des Werkes sah Basil als Revolte gegen lebensverengende und -verfälschende Kleinbürgerromantik, dank der geschickten Gestaltung durch den »begabten Kerl« Tennessee Williams durchaus geeignet, »dem nichtsahnenden

Zuschauer sogar plötzlich einige Brocken revolutionärer Erkenntnis auf den Kopf fallen« zu lassen.

Mit dieser den stilgeschichtlichen Kontext reflektierenden Interpretation stand Basil im schroffen Gegensatz zu vielen seiner Kritikerkollegen. Zwar gab es, ohne die dramaturgische Struktur des Stückes näher zu analysieren, so manches Lob für die berührende Poesie des Werkes[44], aber einige im damaligen Kulturleben wortführende Persönlichkeiten nahmen ihre Kritik an der *Glasmenagerie* zum Anlaß eines unterschwelligen oder offenen Plädoyers für ein noch hinter die Moderne zurückfallendes restaurativ-klassizistisches Theaterverständnis. Dazu gesellt sich auch noch ein eurozentristischer Kulturhochmut, der unter Berufung auf eine jahrhundertelange Tradition den Alleinanspruch auf geistige, seelische und künstlerische Werte erhebt und von dieser Warte aus gönnerhaft auf eine jüngere, materiell und technisch orientierte Zivilisation herabblickt. Rudolf Holzer gesteht Williams immerhin zu, daß er »ein Dichter, ja ein Poet« sei; aber gerade deshalb bemängelt er die zertrümmerte dramaturgische Form und warnt vor dem seiner Meinung nach überflüssigen »Hokuspokus« der »Tricks des literarischen Snobismus« und den »Raffinements technischer Apparatur«.

Seit den Frühzeiten szenischer Gestaltung und Äußerung, woraus dramatische Kunst wurde, kamen Dichter und Darsteller mit Geist und Gemüt als Ausdrucksvermittler aus; im neuesten amerikanischen Drama wird der dramatische Genius durch den mechanisierten Filmstreifen ersetzt, wird die Dichtung zum Drehbuch, die Szene zum gestellten Ateliersegment.

Noch deutlicher in diese Kerbe schlägt Friedrich Schreyvogl:

Wenn Tennessee Williams sein Theaterstück ein »Spiel der Erinnerung« nennt, wissen wir schon aus eigener europäischer Erfahrung zwar noch nicht was, aber schon wie gespielt wird: nicht nach Gesetz und Regel des Theaters![45]

Deren Bekanntheit und normative Gültigkeit setzt Schreyvogl offenkundig voraus, so daß sich eine Definition erübrigt. Nach Schreyvogl entscheidet sich Williams aus dem Unvermögen, einen dramatischen Knoten zu knüpfen, für eine epische Dramaturgie. Freilich werden die gegen das Stück geäußerten Vorwürfe im Falle der *Glasmenagerie* noch nicht auf den Übersetzer und Regisseur übertragen.

Bei *Endstation Sehnsucht* schlugen die Hüter von Theatergesetz und Moral schon gehässigere Töne an; war doch das Stück bereits bei der von Heinz Hilpert inszenierten deutschsprachigen Erstaufführung in Zürich am 10. November 1949 von manchen Kritikern als allzu krasse psychopathologische Fallstudie abgelehnt worden. Die Rehabilitierung brachte dann Berthold Viertels Berliner Einstudierung in der Komödie am Kurfürstendamm (10. Mai 1950) mit Marianne Hoppe als Blanche Dubois. Die Wiener Inszenierung entwickelte das Berliner Konzept in veränderter Besetzung weiter. Im Akademietheater verkörperte Käthe Gold die begehrte Rolle der Blanche, statt Peter Mosbacher spielte Curd Jürgens den Stanley; Franz Nicklisch hingegen, den Darsteller des Mitch, brachte Viertel aus Berlin mit, wie auch Ita Maximowna beide Male für das Bühnenbild verantwortlich zeichnete.

Viertels Interpretation des Werkes gibt zugleich Aufschluß über das Anliegen der Inszenierung.

Bei der Darstellung einer Dekadenzproblematik dieser Art fragt es sich: ob der Darstellende selbst Teil und Repräsentant des geschwächten, krankhaften Zustandes ist, oder ob er ihn dadurch, daß und wie er ihn formt, abgrenzt und sich von ihm distanziert? Das Schweben zwischen Realität und Illusion hat seine ihm eigene Lyrik, die Tennessee Williams gewiß nicht verschmäht; im Gegenteil, er hat es in ihrer Auswertung zur Meisterschaft gebracht. Die Bühne, die er für seine Zwecke erfunden und mit der im Sinne er seine Handlung gefügt hat, mit ihren durchsichtigen Haus- und Zimmerwänden, ihren genau vorgeschriebenen Beleuchtungseffekten und ihren wohlberechneten musikalischen Kontrastwirkungen, ist und bleibt Illusionstheater, das sich aller Stimmungen bedient und sie pflegt. Das Brutalste wird neben das Zarteste gesetzt, und der aus dem Bühnenhintergrund hereinmeckernde Jazz scheint manchmal das Menschenleid zu verhöhnen. Man könnte sagen, diese Tragödie sei aus dem Geiste des Jazz geboren.[46]

Dieses »Schweben zwischen Realität und Illusion« bringt bereits die nicht unumstrittene Übersetzung des Titels *A Streetcar Named Desire* mit *Endstation Sehnsucht* zum Ausdruck. Vor allem jene Kritiker, die in dem Stück nichts anderes als eine sexualpathologische Fallstudie zu sehen gewillt waren, begriffen

»desire« nur als »Begierde«; manche machten Viertel überdies die Verknüpfung zweier begrifflich angeblich unvereinbarer Wörter zum Vorwurf. Dieser Verkennung von Viertels subtiler Wortwahl tritt Christian Jauslin in seiner Untersuchung über die Dramen von Tennessee Williams energisch entgegen, indem er den Titel in Relation zum Gesamttext setzt. Er zeigt zunächst auf, daß sich Viertel für die »Primärbedeutung« von »desire« – »Wunsch, Verlangen, Sehnsucht« – entschieden habe; die gleichfalls mögliche Verwendung des Wortes für die nur aufs Sinnliche verweisenden Begriffe »Lust, Begierde, Gier, Trieb« hingegen entspräche bereits einer eingeschränkten Bedeutung.

Die paradoxe Verbindung von »Endstation« und »Sehnsucht« trifft das Stück genau: Blanche sucht als Endstation ihres Lebens die Erfüllung ihrer Sehnsucht – aber die Sucht, im Sinn von Trieb, hindert sie ständig daran. Der Übersetzer Berthold Viertel hat übrigens im Text selber die jeweiligen Bedeutungsverschiebungen des Wortes genau erkannt und sich die Chance, sie in der Übersetzung wiederzugeben, nicht entgehen lassen. Blanche hält ihrer Schwester vor, ihr Mann tauge nur fürs Bett; sie will nicht glauben, daß Stella weiterhin mit ihm zusammenzuleben vermag. Auf deren Einwand: »Es gibt Dinge, die zwischen Mann und Frau im Dunkeln geschehen, die alles übrige unwichtig erscheinen lassen«, antwortet Blanche: »Das, wovon du sprichst, das ist ein brutaler Trieb – nicht Sehnsucht, sondern einfach Begierde.« Später spricht Blanche angesichts der Blumenverkäuferin von ihrer Begegnung mit dem Tod und stellt resigniert fest: »Der Tod! Sein Gegenteil ist die Sehnsucht, die Lebensgier«. Bei beiden Stellen steht im englischen Text nur das Wort »Desire«. Es ist die Aufspaltung von »Desire« in Sehnsucht und Trieb, an der Blanche leidet.[47]

Deutlicher noch als bei der *Glasmenagerie* sticht Otto Basils Kritik über *Endstation Sehnsucht* durch Sachkenntnis und vorurteilsfreie Aufgeschlossenheit von den Rezensionen der meisten seiner Kollegen ab.[48] Für Basil wurden in dem Werk

Schnittpunkte des modernen Welttheaters, des Dramas einer Krisen- und Umbruchszeit, offenbar. Das europäische Erbe, ob nun von Williams auf direktem Wege verarbeitet oder über amerikanische Relaisträger empfangen, darf hiebei als Grundsubstanz nicht übersehen werden.

Der Vielschichtigkeit des Werkes wurde nach Ansicht Basils der »Dichter-Regisseur« sowohl durch die »gleichnishafte Poetisierung des Originaltitels« gerecht als auch durch eine Inszenierung mit »echt Viertelschen Subtilitäten und Schönheiten, die freilich die Dinge nicht beschönigen oder verniedlichen«. Vor Käthe Golds Blanche verharrte der sonst stilistisch so brillante und präzise Kritiker in fast sprachloser Bewunderung: Sie »ist einmalig, und die üblichen Superlative klingen hohl, wenn man ihr für diese Meisterleistung danken will.«[49] Auch die anderen Kritiker spendeten Käthe Gold einhellig höchstes Lob – allerdings fast immer mit dem Tenor, daß sie ihre Leistung weit über das Stück stellten, manchmal mit dem Hinweis, dank der künstlerischen Persönlichkeit der Gold sei aus einer exaltierten Hysterikerin ein Anteilnahme verdienendcs Menschenwesen geworden. »Sie trägt warme Menschlichkeit in diese vom Autor nur virtuos berechnete Figur hinein.«[50] »Aus der Motte wird ein Schmetterling. [...] Sie lohnt viel und trägt über manche Bodenlosigkeit hinweg.«[51]

Trotzdem drängte sich Käthe Golds Blanche nicht solistisch in den Vordergrund, sondern gewann gerade durch das Zusammenspiel mit gleichfalls zu künstlerischen Höchstleistungen motivierten Partnern besondere Glaubhaftigkeit. Die Eignung als exzellentes Schauspielerfutter wurde dem Werk daher von allen Kritikern trotz ihrer moralischen, ästhetischen oder ideologischen Einwände immerhin zugebilligt. Für Edwin Rollett in der *Wiener Zeitung* (22. April 1951) bedeutete dies sogar die Rechtfertigung der »Aufnahme in den Spielplan«, während Rudolf Holzer in der *Presse* am Schluß seiner Besprechung die Frage stellte: »Es gab reichlich Beifall. Wieviel Anteil wohl auf die Darstellung und wieviel auf den Dichter kam?«

Mit höchstem Lob bedacht wird selbstredend auch Viertels Inszenierungskunst; da dieses Lob aber in den meisten Kritiken im Kontext der Empörung über das Drama selbst steht, klingt unterschwellig der unausgesprochene Vorwurf an, der Übersetzer und Regisseur habe sein Künstlertum zur Durchsetzung eines reißerischen Machwerks »der typischen Verfallsliteratur«[52] mißbraucht. In der *Wochenpresse* wird dies sogar offen ausgesprochen:

Berthold Viertels Interpretation des Stückes ist ebenso faszinierend wie irreführend. Sie täuscht über die vom Autor beab-

sichtigte Wahrheit hinweg. Schon der falsch übersetzte Titel verrät die Verlegenheit, in welcher sich das Schöpferische in dem Regisseur gegenüber der auf Gier und Schock spekulierenden Absicht des Autors befand.

Die ÖVP-Zeitung *Das kleine Volksblatt* wirft anläßlich Viertels Inszenierung eines zweiten Williams-Stückes eine Grundsatzfrage auf: »Ist es aber die Aufgabe des Akademietheaters, dem Publikum abermals nur einen von der Pest unserer Zeit angehauchten Spiegel vorzuhalten?«[53]

Unabhängig von ihrem politischen Standpunkt ereiferte sich der überwiegende Teil der Kritiker darüber, daß Tennessee Williams von ihrer Sexualität geprägte Menschen auf die Bühne zu stellen wagte.Während im KPÖ-Organ *Volksstimme* bemängelt wird, daß der amerikanische Dramatiker den Verfall einer Gesellschaft nur an einem »konfusen Einzelfall« als »Unterleibshistorie« zu »einer interessanten Sexualrevue, zu einem Broadwayzugstück« verarbeitet habe, zeigten sich die Rezensenten der überparteilichen und bürgerlichen Blätter schockiert darüber, daß in dem als kraß realistisch oder auch naturalistisch eingestuften Werk Brutalität und hemmungslose Sensationsgier triumphierten und derart dem Verfall moralischer Werte Vorschub geleistet würde.

»Die Bretter des Burgtheaters sind blankgefegt von Vorurteilen wie Anstand und Geschmack«, schreibt die *Wochenpresse*.

Von nun an ist alles möglich. Heute sind noch Wandschirme, Wendeltreppen und Alkoven vor das Allerletzte gestellt. Morgen werden auch sie abgebaut. Heute haben wir die Verführungsversuche einer Nymphomanin, die Prügelung einer Schwangeren (mit anschließender Frühgeburt), die Tierbrunst eines Besoffenen (mit sämtlichen Folgen) und die ersten Stadien einer Vergewaltigung erlebt. Morgen wird das Programm noch fortschrittlicher sein; ich schlage vor: Inzest, Päderastie, Auspeitschung.

Das prüde geistige Klima spiegelt sich auch in der Prüderie der Sprache:

»Hier gehen Dinge vor, die, bei aller ästhetischen und moralischen Freiheit, auf der Bühne nicht möglich sind«, erläutert Rudolf Holzer in der *Presse.* »Aufrichtig gesagt: verletzend und scheußlich sind. [...] nur ein Vorhang wird zugezogen, hinter dem sich ein der Benennung entziehender Akt abspielt. [...] Diese

›Sensationen‹ seien nicht gemeldet, um die Neugierde zu erwecken, sondern um eine arge Verwirrung der Anschauungen, denen die Bühne zu dienen hat, um brutale Widerwärtigkeit oder literarischen Sadismus zu konstatieren.«

Die Argumente folgen, ohne daß eigens darauf verwiesen würde, deutlich den Richtlinien des »Schmutz- und Schundgesetzes«, das ein Jahr zuvor, nämlich am 31. März 1950, »zum Schutz der Jugend« in Kraft getreten war. Besonders augenfällig wird dies in Friedrich Schreyvogls zur kulturpolitischen Programmschrift ausgeweiteten Besprechung im ÖVP-Blatt *Neue Wiener Tageszeitung*. Einleitend vergleicht Schreyvogl die Bedeutung von Williams für Amerika, im besonderen »für seine engere Heimat am Mississippi«, mit dem Stellenwert der Dramatik des Innviertlers Richard Billinger für das deutschsprachige Theater, da letzterer in seinem Schaffen »Sexualpathologie in der Bauernjoppe« und einen »sehr dichten und dichterischen Realismus« mit »dramatischer Analytik« zu verbinden gewußt hätte. Ähnlich gekonnt treffe Williams die Südstaatenatmosphäre, letztendlich wärme er freilich »nur noch einmal Wedekind und die expressionistische Sexualdramatik nach dem ersten Weltkrieg auf«. Nach Würdigung einer Aufführung ohne Fehl und Tadel, die Berthold Viertel »als Spielleiter und Übersetzer weiterdichtet«, zieht der Rezensent den Schluß, es sei »ein interessanter und wesentlicher Theaterabend« gewesen, ehe er zur grundsätzlichen Attacke gegen das jugendgefährdende »Sexualstück« übergeht. Ein seit den dreißiger Jahren politisch anpassungsfähiger Autor liefert da seinen Beitrag über die Verantwortlichkeit des Kritikers gegenüber dem heranwachsenden Publikum ab, voll Sorge um die »25jährigen von heute«, die »Kinder« waren, »als das Unheil begann.«

Ihnen fehlt jedes klare Bild von Menschen, genau so wie vielen Erwachsenen der Ueberblick über die Entwicklung des Theaters fehlt, die erst Williams richtig beurteilen läßt. Auch den Menschen kann man nur gelassen analysieren, das heißt in seine Teile zerlegen, wenn jeder, der das miterlebt, auch weiß, wie man ihn wieder aufbaut, und zusammensetzt. Man frage nur einen Nervenarzt, welche Wirkung ein Stück wie die »Endstation Sehnsucht« auf dieses, in seiner Mehrzahl nach Jahren oder Erfahrung junge Publikum machen muß. Es wird oft einen richtigen

Schock erleben, es wird an der Herzenskraft des Menschen verzweifeln, gerade in einem Augenblick, in dem es nichts so nötig hat als gerade schöpferische Mächte der Seele.

Zwar gesteht er Williams zu, daß er »seinen satten Mitbürgern« in Amerika mit ihrer »falschen Eisschrank- und Staubsaugerkultur« möglicherweise zu Recht »die Maske vom Gesicht« reiße.

Aber was für eine Welt gilt, in der kein einziges Haus in Trümmer sank und kein Dollar seinen Wert verlor, ist nicht auf einem Trümmerfeld, wie es unsere Gegenwart darstellt, am Platz. Wer sich den wichtigsten Mitwirkenden jedes Theaterabends, den Zuschauer, ansieht, darf sich nicht verschweigen, daß gerade jetzt die Lebensangst Tausende von Ehen zerrüttet, die Jugend auf Abwege treibt und das öffentliche Leben gefährdet. Die Wahl des Stückes ist also wohl künstlerisch zu verstehen, aber ein moralischer Irrtum.

Wenn Schreyvogl zuletzt einen mahnenden Appell um eine (nicht gewährte) »geistige ERP-Hilfe« an die »amerikanischen Freunde« richtet, ihnen die Verherrlichung des Verbrechens im Film ankreidet, ihren Dichtern die stete Erinnerung an »die Millionen in Irrenhäusern und in den Ordinationen der Psychoanalytiker« vorhält und vor dem gefährlichen Einfluß solch verderblicher Produkte auf »unsere jungen Dramatiker« warnt, dann ließen sich diese Vorwürfte indirekt auch auf Viertel selbst beziehen, da dieser ja als US-Bürger aus dem Exil zurückgekehrt war.

Ein Brief, den Berthold Viertel nach der Premiere von *Major Barbara* an Dr. Egon Hilbert schrieb, macht die Verluste spürbar, die der österreichische Kulturjournalismus durch das NS-Regime erlitten hatte.

Ich hatte die große Freude und Genugtuung, daß Alfred Polgar gerade noch zurecht kam, um sich die Vorstellung anzuschauen, und daß er sie voll gewürdigt hat. Was er mir über das Ganze, die Arbeit und ihr Gelingen, und im einzelnen über die großartige, einmalige Leistung Rudolf Forsters, über dessen Meisterschaft und über Schauspieler wie Maria Becker und Meinrad, die er zum erstenmal sah, gesagt hat, hat mich glücklich gemacht. So schließt sich der Kreis des Lebens, wenn ein

Überlebender dieses Ranges wiederkehrt und prüft, was inzwischen geworden ist.[54]

Anmerkungen

1 Die letzten fünf Jahre. In Briefen von und an Berthold Viertel, zusammengestellt und kommentiert von Wolfgang Glück. In: VW, 47.

2 Berthold Viertel an Josef Gielen, Sommer 1948. In: VW, 44 (Anm. 1).

3 Telegramm von Berthold Viertel an Josef Gielen, 1948. Im Akt GZ 5990/48, Archiv der Republik, Bundesministerium für Unterricht, Bundestheaterverwaltung Administrationsakten (in der Folge zitiert als AdR, BMfU, BthV).

4 AdR, BMfU, BthV GZ 6356/48.

5 VW, 44.

6 Berthold Viertel an Salka Viertel, 28.1. 1949. In: VW, 43.

7 Vgl. Leopold Lindtberg: Gedanken über das Burgtheater. In: Erwin Leiser: Leopold Lindtberg. »Du weißt ja nicht, wie es in mir schäumt.« Schriften – Bilder – Dokumente. Zürich, St.Gallen 1985, 89–104.

8 Gespräch (Tonbandinterview) der Verfasserin mit Leopold Lindtberg im Frühjahr 1975.

9 AdR, BMfU, BthV, GZ 996/48, GZ 4361/49.

10 AdR, BMfU, BthV, GZ 31/51.

11 Abschrift des Ansuchens an den Magistrat der Stadt Wien (MA 61) vom 27. Juni 1952, im die Befürwortung dieses Ansuchens betreffenden Akt des BMfU; AdRBMfU, BthV, GZ 4203/52.

12 Berthold Viertel an Salka Viertel, 30.11. 1945. In: VW, 48.

13 Wolfgang Glück: Berthold Viertels Lebenslauf. In: Josef Mayerhöfer (Hg.): Berthold Viertel. Regisseur und Dichter (1885–1953). Wien 1975 (Biblos Schriften. Bd. 82), 66.

14 Elisabeth Neumann-Viertel, die nach der Rückkehr ihre eigene schauspielerische Tätigkeit zunächst zugunsten des gemeinsamen Neuaufbaus einer Existenz in Wien und später wegen des sich zusehends verschlechternden Gesundheitszustandes ihres Gatten zurückgestellt hatte, war mangels eines fixen Engagements auf, wie sie in ihren behördlichen Eingaben selbst feststellt, »Gelegenheitsverdienste als Schauspielerin« angewiesen. Da wegen Berthold Viertels fehlender Vordienstzeiten kein Anspruch auf Witwenpension gegeben war, suchte sie in Erinnerung an die künstlerischen Verdienste ihres Gatten und mit dem Hinweis auf ihr persönliches Schicksal – 1933 Emigration aus Berlin, 1938 aus Wien – um eine »Witwenversorgung« oder um eine »Gnadenpension« an, allerdings vergeblich. Da sie eine unbedingte Erberklärung abgegeben hatte, haftete sie sogar für die noch offenen Forderungen an ihren verstorbenen Gatten. Nicht einmal die Rückzahlung eines Vorschußrestes von 13.600,- Schilling und die Begleichung eines Steuerrückstandes wurden ihr erlassen. Obwohl Franz Theodor Csokor als Präsident des österreichischen PEN-Clubs intervenierte, und auch die Bundestheaterverwaltung mehrmals Elisabeth Neumann-Viertels

Bitte um Erlassung dieser Verpflichtungen befürwortete, bestand das Finanzministerium auf der Rückerstattung. Das einzige Entgegenkommen bestand darin, daß schließlich Ratenzahlungen genehmigt wurden. Die Schuld war erst im April 1961 getilgt. – Akten im AdR, BMfU, BthV: 6171/53, 286/54, 396/54, 423/54, 647/54, 1782/54, 1900/54, 3386/54, 4899/54, 7493/54, 7098/55, 6611/56, 3234/57,9743/57, 727/58, 8897/58, 2010/59, 3100/59, 8334/59, 972/60, 2668/61, 3337/61.

15 Peter Roessler: Mit der Praxis spannungsvoll verknüpft. Anmerkungen zu Berhold Viertels Theateressays. In: VW, 21.

16 Vgl. Viertels Briefe an Erhard Buschbeck. In: VW, 46f.

17 Fred Hennings: Heimat Burgtheater. Des Hauses und meine Wandlungen. Wien, München 1974, 109.

18 Persönliche Erinnerungen an Berthold Viertel. In: Mayerhöfer. Wie Anm. 13, 19.

19 Teo Otto: Meine Szene. Köln, Berlin 1965, 66.

20 Berthold Viertel an Josef Gielen, Sommer 1948. In: VW, 44.

21 Berthold Viertel an Teo Otto, 1.9. 1949. In: BV, 68.

22 Werner Krauß: Das Schauspiel meines Lebens. Einem Freund erzählt (eingeleitet von Carl Zuckmayer, hg. von Hans Weigel). Stuttgart 1958, 234.

23 *Neues Österreich*, 1.11. 1949 (Kritik zur *Kronbraut)*.

24 Vgl. Peter Roessler: Mit der Praxis spannungsvoll verknüpft. In: VW, 19ff.

25 Berthold Viertel an Josef Gielen, 8.12. 1950. In: VW, 47.

26 Berthold Viertel an Josef Gielen, Herbst 1948. In: VW, 44.

27 Otto. Wie Anm. 19, 63.

28 *National Zeitung*, 19.10. 1946. Zit. nach: Christian Jauslin: Tennesse Williams. Velber bei Hannover 1969, (ergänzte und überarbeitete Aufl.) München 1978 (dtv 6859), 151.

29 Berthold Viertel an Josef Gielen, Sommer 1948. In: VW, 44.

30 Ebd.

31 Otto. Wie Anm. 19, 63.

32 Ebd., 65.

33 Edwin Rollett, *Wiener Zeitung*, 25.1. 1949.

34 Rudolf Holzer, *Die Presse*, 25.1. 1949.

35 Otto Basil, *Neues Österreich*, 25.1. 1949.

36 *Das kleine Volksblatt*, 25.1. 1949, gez. C.Sch.

37 Ebd., 64.

38 Rollett. Wie Anm. 33.

39 Holzer. Wie Anm. 34.

40 Basil. Wie Anm. 35.

41 Berthold Viertel an Josef Gielen, Herbst 1948. In: VW, 44.

42 Otto Basil, *Neues Österreich*, 16.5. 1952.

43 Basil. Wie Anm. 35.

44 Vgl. u.a. *Tagblatt am Montag*, 24.1. 1949, gez. W.; *Arbeiter-Zeitung*, 25.1. 1949, gez. hub. (= Felix Hubalek); *Weltpresse*, 25.1. 1949, Franz Tassié; *Volksstimme*, 25.1. 1949, Axel Leskoschek; *Österreichische Zeitung*, 26.1. 1949, Hugo Huppert; *Das kleine Volksblatt*, 25.1. 1949, gez. C.Sch.

45 Friedrich Schreyvogl, *Wiener Tageszeitung*, 25.1. 1949.
46 Artikel im Programmheft zu *Endstation Sehnsucht* im Akademietheater.
47 Jauslin. Wie Anm. 28, 67.
48 Verständnisbereitschaft bekundet auch der Kritiker der *Weltpresse* (gez. G.B.), 21.4. 1951.
49 *Neues Österreich*, 22.4. 1951, gez. O.B. (= Otto Basil).
50 Friedrich Mann, *Volksstimme*, 24.4. 1951.
51 *Wochenpresse*, 23.4. 1951, gez. sm.
52 Richard Hoffmann, *Österreichische Zeitung*, 25.4. 1951.
53 *Das Kleine Volksblatt*, 22.4. 1951, gez. C.Sch.
54 Berthold Viertel an Dr. Egon Hilbert, 2.7. 1949. In: AdR, BMfU, BthV, GZ 3954/49.

Matthias Braun

»... wage es aber nicht so recht, solange der Zonenkrieg währt ...«[1] *Neue Aspekte zum Entschluß Berthold Viertels, kein Chefregisseur am Berliner Ensemble zu werden*

Am 26. Juli 1950 erhielt Berthold Viertel das konkrete Angebot, Chefregisseur des Berliner Ensembles zu werden, eines Theaters, das sich in der Hauptstadt der gerade ein Jahr zuvor gegründeten DDR befand. Viertel nahm diese Möglichkeit nicht wahr. Weshalb nicht? Was bewog ihn dazu, auf die Stelle in Ost-Berlin zu verzichten? Es dürften dies – wie ich Ihnen im folgenden aufzeigen möchte – Gründe politischer und ästhetischer Art gewesen sein, sowie Aspekte, die sich aus seiner Persönlichkeit ergaben. Beginnen wir mit der Politik.

1989 konnte man im Augustheft der Ost-Berliner Theaterzeitschrift *Theater der Zeit* lesen: »... die Zuspitzung des Kalten Krieges, administrative Maßnahmen der westlichen Besatzungsmächte und propagandistische Abschreckung führten dazu, daß Viertel sich nicht fester mit dem Berliner Ensemble verbinden konnte.«[2]

Was ist von dieser Behauptung zu halten? Lassen Sie mich, um diese Frage zu beantworten, ein wenig ausholen.

Der Fall der Mauer und der so eingeleitete Zusammenbruch der DDR sowie des ganzen sozialistischen Lagers, ließen auf einen Schlag zugleich die alten Raster und Feindbilder einstürzen. Selbst für unsere sensationsverwöhnte Welt war dies ein ungewöhnlicher Vorgang, nimmt doch nicht jeden Tag eine Weltideologie den Abschied, die mehr als ein Jahrhundert lang die Geister in jedem Sinn gefesselt hat, deren Gefolgsleute namenloses Unrecht angerichtet und erlitten haben, letzteres von ihren Gegnern wie auch von den eigenen Genossen.

Die Aufhebung des Ost-West-Konfliktes, das Ende des über Jahrzehnte von beiden Seiten erbittert geführten Kalten Krieges, haben ein ideologisches Vakuum hinterlassen. Noch immer stiften die alten Fronten Orientierung, noch immer, wenn auch seltener, schlägt man Schlachten aus Mangel an pathetischem Ersatz.

Geriet zu Beginn der neunziger Jahre vieles auch folgerichtig in die Krise, so meine ich doch, daß gerade in der Öffentlichkeit in den letzten Jahren häufig allzu leichtfertig der Versuch unternommen wurde, nicht allein einzelne Biografien, sondern gleich ganze historische Perioden momentanen, wenn nicht sogar tagespolitischen Highlights anzupassen und als neuen sinnstiftenden Maßstab anzupreisen.

Als Historiker halte ich es jedoch weiterhin für sinnvoll, gründlich nach Quellen zu suchen und die aufgefundenen kritisch zu hinterfragen. Da gibt es freilich der veränderten weltpolitischen Situation entsprechend wirklich Neues und seit Jahrzehnten erstaunlicherweise immer wieder allgemein zugängliche Materialien zu entdecken, die bis dahin mehr oder weniger unbeachtet vor sich hinschlummerten. Der Zeitgeist dürfte sie vor einer Auswertung bewahrt haben. Doch wie heißt es bei Berthold Viertel? »Das Vergessen hat sein Risiko. Also erinnern wir uns.«[3]

Der Osten machte also »Maßnahmen der westlichen Besatzungsmächte und die propagandistische Abschreckung« dafür verantwortlich, daß Berthold Viertel sich nicht fester an das Berliner Ensemble binden wollte. Viertel selbst dagegen schien mir – vor der Durchsicht seines Nachlasses im Deutschen Literaturarchiv Marbach – sein Fortbleiben eher mit der

1. allgemeinen politischen Gesamtsituation (dem Zonenkrieg), und

2. der eingeschränkten Gesundheit, sowie mit seinem fortgeschrittenen Alter zu begründen (es handelte sich ja um eine Nachkriegsinszenierung).

Betrachten wir zunächst die politischen Umstände:

Wie aus Viertels Tagebuch-Aufzeichnungen hervorgeht, besuchte er bereits 1948 als BBC-Korrespondent Berlin.[4] Dabei war ihm die Stadt »bis zur Unkenntlichkeit verändert« erschienen »durch die grauenhafte Ruinenperspektive«, sie war ihm gar »bis zur Unkenntlichkeit fremd geworden ...«[5]. Dies dürfte nicht minder – denn Viertel war ein Weltbürger – für die gesellschaftspolitischen Ziele der damaligen Besatzer und ihrer deutschen Genossen gegolten haben; gekennzeichnet durch ein in ideologischen Grenzen befangenes starres Denken in reinen Machtkategorien.

So belegen neuere Forschungen, daß die sowjetische Deutschlandpolitik schon im Frühjahr 1948 nicht mehr von mehreren Optionen ausging. Stattdessen favorisierte sie die rasche Umformung der Sowjetischen Besatzungszone (SBZ) in einen sozialistischen Staat. Das ist unter anderem anhand eines Protokolls zu belegen, das von einem Gespräch zwischen Sergej Tjulpanow, dem Leiter der Informationsverwaltung der SMAD und Wilhelm Pieck, dem damaligen Parteivorsitzenden der SED angefertigt wurde. Demnach erklärten beide am 8. Mai 1948 übereinstimmend:

1. Faktisch ist eine Aufteilung Deutschlands in zwei Teile, welche sich nach verschiedenen Gesetzen entwickelt (sic), *zustandegekommen.*

2. Die Entwicklung der sowjetischen Zone ist eine Entwicklung nach dem Typ der neuen Demokratien.

3. An der Macht in der sowjetischen Zone steht die Partei der Arbeiter und Bauern.

4. Die Funktionen der Staatsmacht ändern sich grundsätzlich ... Der Form nach, wie die Staatsmacht ausgeübt wird, ist sie keine rein bürgerlich-parlamentarische, sie ist höher, demokratischer ihrem Charakter nach.[6]

Die damit vorgezeichnete Teilung Deutschlands wurde durch die Währungsreform in den Besatzungszonen der Westalliierten im Juni 1948 noch beschleunigt. Die im selben Monat erfolgte totale Blockade der Berliner Westsektoren ließ sie manifest werden. Kurz zuvor hatten sich bereits deutlich die neuen Ansätze der SED-Kulturpolitik abgezeichnet, und auch diesen dürfte Viertel eher mit Unverständnis gegenübergestanden haben.

Schließlich wurde auf der 1. Kulturkonferenz der SED im Mai 1948 die Unterscheidung zwischen Fortschritt und Dekadenz eingeführt; dabei implizierte der Begriff Dekadenz die Kritik an einer Kunst, die die »Entwicklungsgesetze« des gesellschaftlichen Fortschritts nicht erkenne und daher dem Befreiungskampf des Volkes fernstehe, die kurzum »lebensfremd und volksfeindlich« sei.

Wenige Monate später, im Januar 1949, erhielt Viertel das erste Angebot Brechts, als »Chefregisseur oder wenn Sie wollen – einfach als Regisseur, jedenfalls formell«[7], tätig zu werden.[8]

Dies sollte nicht das einzige Berliner Angebot bleiben. So wollte ihn das Deutsche Theater als Oberspielleiter und Nestriepke bei der Berliner Volksbühne als künstlerischen Leiter engagieren; Barlog bot ihm einen Stückvertrag an und das Berliner Ensemble wollte ihn – nach seiner dortigen Inszenierung von Gorkis *Wassa Schelesnowa* (vgl. meinen Beitrag in dem Band *Aus Trümmern erstanden*[9]) – wie erwähnt als Chefregisseur verpflichten.

Doch Viertel, inzwischen 65jährig, weiß bereits vor seinem zweiten Berlin-Aufenthalt anläßlich der Gastregie von Tennessee Williams *Endstation Sehnsucht* im April/Mai 1950 am Schloßparktheater »absolut nicht, wie mich entscheiden, nicht nur zwischen Orient und Okzident, sondern auch zwischen Wien und Berlin überhaupt.«[10]

Doch Viertel war nicht nur unentschieden; vielmehr zeigte er auch eine gewisse Unbedarftheit in bezug auf die Berliner Theaterszene und das dortige spezielle kulturpolitische Pflaster. Dies wird deutlich in seinen Briefen an Therese Giehse, wenn wir lesen: »Es erhebt sich weiterhin das Problem zwischen Okzident und Orient, nicht von meiner Seite aus, aber ob wir für den Orient, das BE zum Beispiel, durch dieses Unternehmen [gemeint ist hier das Engagement als künstlerischer Leiter der Volksbühne, d. Verf.] pfuikaka werden?«[11] Oder was sollen wir davon halten, wenn es zum BE heißt, »daß es an sich nicht mein Ensemble ist?«[12] Obwohl er sich über die richtige Entscheidung im Unklaren war, trat Viertel während seines zweiten Berlin-Aufenthaltes erneut in Verhandlungen mit Helene Weigel, der Intendantin des Berliner Ensembles. Die Entwicklungen im geteilten Deutschland, und speziell die Vorgänge in dem seit einigen Monaten zur DDR zählenden Ost-Berlin, hatten ihm dabei sicherlich nicht völlig verborgen bleiben können. So dürfte Viertel – zumindest beiläufig – auch von dem auf dem 3. Parteitag der SED eingeleiteten »Kulturkampf« erfahren haben. Dieser sollte einen radikalen Umschwung auf allen Gebieten des kulturellen Lebens erzielen und der »Lauheit« und dem »Versöhnlertum« ein Ende setzen. Gewünscht – besser erwartet – wurde die Parteinahme auch der Künstler für die im Entstehen begriffene neue Gesellschaft. Diese sollte in einer realistischen, das sollte heißen »lebensechten« und »typischen« künstlerischen Darstellung des Menschen und des »objektiven« Entwicklungsprozesses selbst ausgedrückt werden. Die neue Kunst hatte »volkstümlich« zu sein, an der »wahren« Nationalkultur anzuknüpfen, allem »wurzellosen« Weltbürgertum und Kosmopolitismus abzuschwören und sich zugleich am sozialistischen Vorbild der Sowjetunion zu orientieren. Die SED konnte sich diese scharfe politische Gangart leisten, hatte sie inzwischen doch – gestützt von der Sowjetunion – die Machtfrage für sich entschieden. Ihr Vorgehen machte nun deutlich, daß sie unter keinen Umständen mehr gewillt schien, die einmal errungene Macht jemals wieder abzugeben. Dies bekräftigte der Politiker Gerhart Eisler – der Bruder des bekannten Schönberg-Schülers Hanns Eisler – 1949 mit der prägnanten Feststellung: »Wenn wir eine Regierung gründen, geben wir sie niemals wieder auf, weder durch Wahlen noch andere Methoden.«[13] Den hier aufscheinenden frühzeitigen totalitären Machtanspruch der SED bestätigen auch neueste Forschungsergebnisse zur DDR-Geschichte. So beschloß das Kleine Sekretariat des Politbüros entgegen früherer Annahmen bereits am 17. Oktober 1949 eine Richtlinie, welche darauf hinaus lief, Regierung und Parlament zu ausführenden Organen der SED und allein der SED zu machen. Verfügt wurde:

1. Gesetze und Verordnungen von Bedeutung, Materialien sonstiger Art, über die Regierungsbeschlüsse herbeigeführt werden sollen, weiterhin Vorschläge zum Erlaß von Gesetzen und Verordnungen müssen vor ihrer Verabschiedung durch die Volkskammer oder die Regierung dem Politbüro bzw. Sekretariat des Politbüros zur Beschlußfassung übermittelt werden.

2. Für alle anderen wichtigen Verwaltungsmaßnahmen ist vor ihrer Durchführung die Entscheidung der zuständigen Abteilung beim Parteivorstand herbeizuführen. [...]

Die Funktion der Regierung sollte bei wichtigen Entscheidungen weithin darauf beschränkt bleiben, dem Politbüro Zuarbeit zu leisten. Sie hatte auf Verlangen der »für die Materie zuständigen Abteilung des Parteivorstandes« Entwürfe zu präsentieren.

4. Die Ausarbeitung des Materials als Entwurf erfolgt grundsätzlich durch die dafür zuständige Regierungsstelle. Die Übermittlung des Auftrages vom Parteiapparat erfolgt an den Genossen, der in der entsprechenden Regierungsstelle die höchste

Funktion bekleidet. Dieser Genosse ist auch verantwortlich für die Zuleitung des Materials an den Parteiapparat.

Selbst den parlamentarischen Weg, den Gesetzesinitiativen nehmen sollten, legten die SED-Führungsgremien fest:

7. Bei der Einreichung von Vorlagen über Gesetzentwürfe an das Sekretariat des Politbüros hat die betreffende Abteilung des Parteivorstandes vorzuschlagen, ob der Gesetzentwurf durch die Regierung, die Fraktion der Volkskammer oder durch die Länderkammer eingebracht werden soll.[14]

Eine These wie: »Das schlechte Ende widerlegt nicht einen – möglicherweise – guten Anfang«[15] erscheint damit doch als überdenkenswert.

Im Juni 1950 ist Viertel wieder in Wien. Am 27. des Monats schreibt er Therese Giehse, und eine Passage dieses Briefes liest sich wie eine Art Resümee der bisher gemachten Berliner und Wiener Erfahrungen: »Das Burgtheater wird immer katholischer, der Westen immer westlicher, der Osten immer östlicher. Der Kalte Krieg beginnt inzwischen a bisserl zu brennen. Die ersten Toten sind schon da, die ersten Schwalben dieses Völkerfrühlings!«[16]

Spätestens Anfang Juli dürfte Viertel nun das konkrete Vertragsangebot als Chefregisseur des Berliner Ensembles erhalten haben. Es bringt ihn – die Weigel bietet dem Altmeister Berthold Viertel für ostdeutsche Verhältnisse einen »super Vertrag« an – zweifelsohne in eine mehrfach komplizierte Lage. So finden wir einmal Ende Juni 1950 in seinem Tagebuch den bemerkenswerten Satz: »Es ist heute noch schwerer geworden, nach Hause zu gehen, denn wo ist Zuhause.«[17] Die neuen Widersprüche in der Donaurepublik lassen Viertel im gleichen Jahr Österreich als ein Land erscheinen, welches »zur Lüge entschlossen«[18] sei. – Wäre in dieser Situation Berlin ein Ausweg?

Die zahlreichen und vielversprechenden Berliner Angebote haben sich jedoch aus künstlerischen, kulturpolitischen und persönlichen Gründen zerschlagen. Viertel verfügt in Berlin weder über eine politische Lobby, noch will er von sich aus für irgendeine Berliner Bühne öffentlich Partei ergreifen. Auch im BE kann er seine künstlerische Heimat nicht entdecken, denn »eingehen in die Gruppe kann ich nicht«[19]. Außerdem offenbart er der Giehse in diesem Brief auch seine Bedenken gegen Brecht, denn dessen »künstlerische und menschliche Konflikte, Probleme«[20] und damit verbunden auch die Entwicklungsmöglichkeiten des BE erscheinen ihm als nicht unkompliziert.

Doch im Herbst 1950 muß sich Viertel entscheiden. Als er im September das BE mit dem »Hofmeister«-Gastspiel in Wien erlebt, werden seine Zweifel nur größer. Mit diesen jungen Schauspielern will er Lorcas *Bernarda Albas Haus*[21] dort nicht inszenieren, ist er es doch gewöhnt, mit Protagonisten zu arbeiten. Viertels Anspruch ist hoch. Stets sucht er nach der optimalen Besetzung, und das bedeutet für ihn, mit erfahrenen und ihm nicht nur bekannten, sondern auch sympathischen Schauspielern und Bühnenbildnern zu arbeiten. Das Dilemma, in dem er sich befindet, schildert er auch Therese Giehse: »Sind mir alle lieb, Helene an der Spitze, Brecht schon gar, möchte keine Seele kränken – trotzdem nichts tun was als Resultat am Ende keinem nützen würde.«[22]

Wenige Tage später haben sich seine Zweifel erneut verstärkt. Er schreibt: »Vielleicht verbirgt sich hinter meinem Zögern ein allgemeines Vorurteil, ein banges Gefühl, das sich um Stück und Ort und Zeitpunkt der Aufführung dreht. Vielleicht sieht es in mir so aus, daß ich, sagen wir – jetzt lieber nach Zürich als nach Berlin ginge, daß ich, mit persönlich guten, nicht leichtfertig von der Hand zu weisenden Gründen lieber die nächste Entwicklung abwarten möchte.«[23] Sein körperlicher Zustand, die knappe Zeit, der Verzicht auf seinen Bühnenbildner Teo Otto und Therese Giehse, die er an Stelle der Höflich bzw. der Weigel setzen wollte, tun ein übriges. Mit einem zusätzlichen Salär von monatlich 100 Dollar[24] – »zur Aufrechterhaltung der auswärtigen Haushaltskosten«[25], wie es offiziell heißt – versucht die Weigel am 14.10. 1950 Berthold Viertel das Berliner Angebot noch einmal schmackhafter zu machen. Inzwischen ist auch *Bernarda Albas Haus* nicht mehr im Gespräch; statt dessen geht es um Gerhart Hauptmanns *Die Ratten*. Doch auch hier hat Viertel erhebliche Einwände gegen die anvisierte Besetzung, und auch die sich aus Brechts Stückbearbeitung ergebende Konzeption findet nicht seine Zustimmung. So gelangt Viertel schließlich zu der Überzeugung, »daß der Zeitpunkt für einen Typ meiner Art überhaupt fragwürdig«[26] sei. Recht realistisch schätzt er sich ein, wenn er in einem der vielen Briefe an die Giehse schreibt: »Aber ob ich gerade jetzt dort wichtig, und auch nur erwünscht bin, scheint mir, von hier aus geurteilt, höchst zweifelhaft. Ich denke mit keinem Gedanken daran, die Arbeit am BE und mit dessen Meister etwa aufzugeben, sondern nur daran, sie hinauszuschieben ...«[27]

Helene Weigel wiederum drängt im Oktober den zögerlichen Berthold Viertel, ohne freilich auf die für ihn so wichtigen Besetzungsprobleme einzugehen.[28]

Am 8. Dezember 1950 behauptet Viertel dann zwar noch einmal: »... ich bin ja Willens, mit ihm (Brecht) durch dick, wenn auch nicht durch dünn zu gehen«[29], doch Brechts »Aktualisierung, die historische und sogar politische Einreihung des heiligen Gerhart Hauptmann«[30], nähren seine Vorbehalte. Und die – zum Glück, so ist zu vermuten – zu spät bei ihm eintreffende »Wolfen-Bearbeitung« empfindet er schließlich als eine »Zurechtrichtung eines modernen, kaum erst Welt gewordenen«[31], so Viertel in einem weiteren Brief an Therese Giehse.

Ende 1950 sind nach fast einjährigem Hin und Her die Engagementsverhandlungen um die Chefregie Viertels am Berliner Ensemble als gescheitert anzusehen. Durchgesetzt hat sich in Berthold Viertel damit doch der liberale Weltbürger und Künstler; allen Problemen zum Trotz konnte dieser im Westen eben doch besser arbeiten und leben, als in dem sich gerade entwikkelnden sozialistischen Staat im Osten Deutschlands.

Anmerkungen

1 Berthold Viertel an Salka Viertel, 28.1. 1949. In: VW, 43.

2 Theater der Zeit 44 (1989), 8–24f.

3 BV 2, 367.

4 Fritz Beer hat auf dem Internationalen Berthold Viertel-Symposium ausführlich geschildert, daß er als BBC-Mitarbeiter Viertel das Angebot gemacht hatte, ihn 1948 auf seiner Reise in das zerstörte Nachkriegsdeutschland zu begleiten.

5 Berthold Viertel: Tagebuch 1948. NL 69.3142/43 (NBV).

6 NL 36 (Wilhelm Pieck), Akte 735, Blatt 55 (Stiftung Archiv der Parteien und Massenorganisationen der ehemaligen DDR im Bundesarchiv).

7 Bertolt Brecht: Briefe (hg. von Günter Glaeser). Frankfurt 1981, 582.

8 Wie vage Anfang 1949 Brechts Angebot an Viertel war, wird u.a. daran deutlich, daß erst im April 1949 durch einen Politbüro-Beschluß des Zentralsekretariats der SED die Gründung des Berliner Ensembles beschlossen worden ist. Siehe: NL 36/182/931 Bl. 79 (SAPMO).

9 Matthias Braun: Berthold Viertels erste Berliner Nachkriegsinszenierung: Wassa Schelesnowa am Berliner Ensemble. Ein dokumentarischer Bericht. In: Aus Trümmern erstanden. Theater in Deutschland nach dem Zweiten Weltkrieg. Kleine Schriften der Gesellschaft für Theatergeschichte Heft 36. Berlin 1991.
10 Berthold Viertel an Therese Giehse, 15.1. 1950. NL 69.2058/2 (BVN).
11 Berthold Viertel an Therese Giehse, 6.2. 1950. NL 69.2058/3 (BVN).
12 Berthold Viertel an Therese Giehse, 18.2. 1950. NL 69.2058/4 (BVN).
13 Siehe dazu: Siegfried Suckut: Die Entscheidung zur Gründung der DDR. Die Protokolle der Beratung des SED-Parteivorstandes am 4. und 9. Oktober 1949. In: Vierteljahreshefte für Zeitgeschichte Nr.1/1991, 161.
14 Zit. aus: Siegfried Suckut: Innenpolitische Aspekte der DDR-Gründung. Konzeptionelle Differenzen, Legitimations- und Akzeptanzprobleme. In: Elke Scherstajanoi (Hg.): Provisorium für höchstens ein Jahr. Die Gründung der DDR. Berlin 1993.
15 Hans Meyer: Der Turm von Babel. Erinnerungen an eine Deutsche Demokratische Republik. Frankfurt 1991, 15f.
16 Berthold Viertel an Therese Giehse, 27.6. 1950. NL 69.2058/8 (BVN).
17 Viertel. Wie Anm. 5.
18 BV 2, 368.
19 Berthold Viertel an Therese Giehse, 26.2. 1950. NL 69.2058/5 (BVN).
20 Ebd.
21 *Bernarda Albas Haus* von Lorca war Viertel zunächst vom BE angetragen worden. Er sah jedoch nicht nur grundsätzliche Probleme mit Lorcas Stück zu diesem Zeitpunkt in Berlin, er hatte auch erhebliche Einwände gegen die geplante Besetzung mit überwiegend jungen BE-Schauspielern.
22 Berthold Viertel an Therese Giehse, 24.9. 1950. NL 69.2058/9 (BVN).
23 Berthold Viertel an Therese Giehse, 1.10. 1950. NL 69.2058/10 (BVN).
24 Das war der einzige Valuta-Anteil in Viertels Vertrag.
25 Helene Weigel an Berthold Viertel, 14.10. 1950. HWA Ko 3479 (Helene-Weigel-Archiv der Akademie der Künste zu Berlin).
26 Berthold Viertel an Therese Giehse, 22.10. 1950. NL 69.2058/11 (BVN).
27 Ebd.
28 In einem Telegramm Helene Weigels an Viertel vom 14.10. 1950 heißt es u.a.: »bleibt es bei 5. Dezember. Der Wohnungszuschuß ist wie im vorigen Jahr bewilligt [...]«. Zit. aus: HWA Ko 34 81 (Helene-Weigel-Archiv der Akademie der Künste zu Berin).
29 Berthold Viertel an Therese Giehse, 8.12. 1950. NL 69.2058/15 (BVN).
30 Ebd.
31 Berthold Viertel an Therese Giehse, 14.12. 1950. NL 69.2058/16 (BVN).

Evelyn Deutsch-Schreiner

Berthold Viertels Kultur- und Theaterauffassungen in der Nachkriegszeit

I

[...] *als Kritiker und Lehrer wirken und so versuchen, neue Grundlagen zu legen und zu festigen.*[1]

Das schrieb Berthold Viertel 1947 an Alice Zuckmayer, als er seine »Wiederkehr nach Europa«[2] vorbereitete.

Ab 1948 wieder im deutschsprachigen Raum, konnte sich Viertel als aufmerksamer Zeitgenosse ein genaues Bild von der Nachkriegsgesellschaft machen und als Zuschauer, Gesprächspartner von Theaterkollegen und Regisseur die Situation des Theaters studieren. Ähnlich wie anderen Exilanten fielen seinem, nach jahrelanger Abwesenheit und jetzt durch die Kenntnis des angelsächsischen Theaters geschärften fremden Blick die Auswirkungen und Folgen des Nationalsozialismus überdeutlich auf. »Reichskanzleistil« kritisierte er die ihn erschreckende und entmutigende Darstellungsart und den Bühnen-Ton.[3] Er beließ es jedoch nicht bei der Kritik allein. Berthold Viertel war auch Pädagoge, ein sensibler Schauspielerpädagoge und ein wissender Publikumspädagoge. Neben seiner Regietätigkeit suchte er den Kontakt zum Publikum. In Aufsätzen und Vorträgen bemühte er sich, Wissen zu vermitteln über die dramaturgisch-konzeptionellen Möglichkeiten des Theaters, den künstlerischen Prozeß des Schauspielers und den theatralischen Vorgang als Wechselbeziehung zwischen Bühne und Zuschauerraum. Immer wieder warb er für ein aufgeklärtes Kunstverständnis, für ein Theater, in dessen Zentrum der lebendige Mensch mit seinen Ausdrucksmitteln steht und für ein Theater, das von der aufklärerischen Haltung, vom Primat der Vernunft getragen wird; ein Theater, in dem der »Traum von der Realität« Wirklichkeit werden könnte.[4]

In seinen Schriften von 1948 bis 1952 sind die Bereiche, um die Viertels Denken kreiste, zu erkennen: Kritik, Analyse, Bewußtmachung und Utopie. Die Theater-Essays[5] bestechen durch glasklare Intellektualität, flammendes Engagement und tiefe humane Lebenseinstellung. Sie zeigen, in welchem Ausmaß sich

Viertel intellektuell und künstlerisch im Gegensatz zum Mainstream der im Dritten Reich verbliebenen Zeitgenossen befand. Sein Engagement, mit dem Theater zur Sensibilisierung und Humanisierung der Nachkriegsgesellschaft beizutragen, kann nicht hoch genug geschätzt werden. Durch die plastischen Formulierungen, in denen nicht nur der Poet, sondern auch der szenisch Denkende erkennbar ist, sind die Essays noch heute spannend zu lesen und hervorragende Quellen für Zeitgeschichte, Literatur- und Theaterwissenschaft. Vor allem seine kritischen Beschreibungen des »Reichskanzleistils« kann man in einem Atemzug mit *Einige Bemerkungen über mein Fach*, Bertolt Brechts Bestandsaufnahme des Theaters und der Schauspielkunst nach dem Nationalsozialismus, nennen.[6]

Ich möchte mich in diesem Aufsatz mit Viertels Wirken als Kritiker und Publikumspädagoge beschäftigen und seine Bemühungen um eine Reform der Schauspielkunst und des Zuschauerverhaltens herausgreifen.

II

Der Verfall der Bühnenkunst scheint Viertel sehr beschäftigt zu haben. In geradezu »heiligem Zorn« kritisierte er »den falschen neudeutschen Stil«, der in Deutschland und Österreich »eingerissen« sei und die enthusiastischen Akklamationen des Publikums. In *Choc-Wirkung auf dem Theater*, einer Handschrift aus dem Nachlaß, datiert mit 22. März 1949[7], geht Viertel auf eine Inszenierung konkret ein. Es handelt sich um Grillparzers *Medea* in der Burgtheater-Regie von Adolf Rott, die Viertel 1949 sah. Die Aufführung hatte am 28. Mai 1948 Premiere gehabt und war ein Kritiker- und ein Publikumserfolg. Sie hielt sich bis 1959 im Repertoire, erreichte 39 Vorstellungen und wurde bei Gastspielen in den Bundesländern und 1955 in Paris gezeigt.

Es lohnt, diese Inszenierung genauer zu betrachten, um Viertels Kritik zu ermessen: Aufführung und Rezeption werfen ein Schlaglicht auf das Theater der Nachkriegszeit, das zwischen kontinuierlichem Fortwirken nationalsozialistischen Gedankenguts in Regiekonzepten und Bühnenkonventionen sowie Versuchen nach Neuorientierung schwankte. Darüber hinaus wird der

Bewußtseinsstand und das Niveau des künstlerischen Diskurses dokumentiert.

Die Neuinszenierung der *Medea* von Grillparzer war unter anderem auf Wunsch der Schauspielerin Liselotte Schreiner in den Spielplan aufgenommen worden. Die deutsche Schauspielerin hatte sich in eben dieser Rolle 1941 ein glänzendes Debüt beim Wiener Publikum verschafft, als die Berliner Volksbühne mit *Medea* bei der »Grillparzerwoche« gastierte. In der Folge war Liselotte Schreiner 1942 ans Burgtheater engagiert worden. *Medea* wurde im Dritten Reich biologisch interpretiert als Beispiel schuldhafter »Rassenschande« – Medea als Dämonin und Jason als fehlgeleiteter »Herrenmensch«.[8] Das Gastspiel der Berliner Volksbühne diente auch dem Zweck, in Wien nationalsozialistischen Schauspielstil zu präsentieren: »Berliner Gastspielsieg«, schrieb das gleichgeschaltete *Neue Wiener Tagblatt.* Liselotte Schreiner wurde als große Heroine, ihre Medea als gültige Darstellung im Sinne des Regimes gefeiert. Sie spielte die Grillparzer-Figur als Dämonin, als unbeugsame Kämpferin, »vor der selbst die Götter der Unterwelt erschauern müßten«[9] mit »drohender Härte des Blicks [...], etwas vornübergebeugtem Körper, mit schwingenhaften Armbewegungen«[10] und »drohend-wildem Anschwellen der Stimme.«[11] In seinem Portrait im *Völkischen Beobachter* stattete Ernst Wurm sie mit sämtlichen Attributen einer Übermensch-Figur aus, die das NS-Regime für das große Drama forderte: Mit übermenschlicher Wucht, lieblos, entschlossen in der Abtötung ihres Gefühls, grausam von Angesicht, so nahm die Künstlerin den Endkampf in der Ausfechtung eines rassisch schuldbeladenen Ehelebens auf, und nur Untergang konnte an diesem Ende stehen.[12]

Es ist verständlich, daß Liselotte Schreiner, die wie Kritiker vermelden, nach 1945 vernachlässigt worden sei, – und in der Tat war ihr außer der Gertrud in *Hamlet* seit Kriegsende keine Rolle mehr übertragen worden – an ihren großen Erfolg von 1941 anschließen wollte. Daß ihr Burgtheaterdirektor Raoul Aslan jedoch diese Rolle erlaubte, die im Dritten Reich derart propagandistisch benützt worden war, läßt vermuten, wie wenig sich die Theaterleute der Funktionalisierung von Kunst und Künstlern durch die Nationalsozialisten bewußt waren. Es sei betont, daß Raoul Aslan kein Naheverhältnis zum nationalsozialistischen

Regime hatte. Obwohl viele Exilrückkehrer, darunter auch Berthold Viertel, die Frage nach der politischen Verantwortlichkeit der Künstler immer wieder stellten, verweigerte der überwiegende Teil der Theaterleute die Auseinandersetzung. Da sie den dialektischen Zusammenhang von Politik und Kunst sowie ihre eigene Eingebundenheit in Gesellschaft und Zeit nicht sehen wollten, hatten sie auch kein Bewußtsein für Kontinuitäten und Brüche in ihrer eigenen Arbeit, reflektierten nicht, was in Rollenauffassung und Spielstil gleichblieb oder sich veränderte, was weitergeführt werden konnte und was nicht.

Adolf Rott, seit 1938 am Burgtheater und dem Haus bis 1975 verpflichtet, wollte 1948 keineswegs eine NS-Interpretation des Stückes. »Rassenschande« war kein Thema mehr. Wie die Strichfassung zeigt, wurde auch das Dämonische, Zauberhafte in den Hintergrund gedrängt.[13] Es ging eher um die Privatisierung des Tragödienstoffes, um die »furchtbare Ehetragödie«.[14] Zwar wollte Rott Medeas Geschichte als die einer Fremden und Ausgestoßenen erzählen, bot jedoch eine ontologische Interpretation an – das Schicksal. Eine zentrale Frage Grillparzers nach dem individuellen Schuldigwerden war zugunsten einer »Atmosphäre dieser lastenden Schicksalsverkettung«[15] zurückgenommen. Damit hatte Rott die Chance vertan, mit dem Stück den Österreichern 1948 einen Aspekt ihrer jüngsten Geschichte zu erzählen.

Daß *Medea* auch viel mit der Geschichte der vertriebenen Österreicher zu tun haben könnte, fiel in einem Land, in dem man Exilrückkehrern gleichgültig, feindselig, im besten Falle sentimental gegenüberstand, niemandem auf. Berthold Viertel stand alleine da, als er forderte, Medea als Emigrantin neu zu verstehen: dieses Stück ist heute ein Emigrantenmärchen geworden, die Tragödie der Artfremden, die entrechtete Minorität in Person.[16] Emigrantenproblematik auf der Bühne war noch jahrzehntelang kein Thema. Generell widersprach es dem Geist der Zeit mit Stücken konkrete Aussagen zur Gegenwart zu treffen. Man versuchte die Stoffe einerseits zu »entnazifizieren«, indem man das »Private« und Individuelle betonte, andererseits stellte man sie wieder in einen unkonkreten, mythischen Schicksalsrahmen. Die in Mode kommenden neuen existenzialistischen Stücke aus Amerika und Frankreich erzählten von der ohnmächtigen Ausgesetztheit der Menschen, von ihrer tragischen Geworfenheit in eine unberrschbare Welt. Dieser Schicksalsbegriff war dem der Nationalsozialisten nicht diametral entgegengesetzt, wie etwa die Dialektik von Bertolt Brecht. An ein ontologisches Menschenbild ließ sich bequemer anschließen, weil keine eigene Involvierung und Infragestellung vonnöten war, oder wie Viertel es ausdrückte, man damit »den eigentlichen Problemen der Zeit [...] mit Bravour ausweicht«[17] und »der Reue aber zuwenig Raum gewährt«[18].

Vermutlich standen die desillusionierende Szenentechnik Jean Anouilhs und existenzialistische Antiken-Stücke, die damals viele Theaterleute beeindruckten, auch bei dieser Inszenierung Pate. Rott führte in dem Grillparzerstück eine »Spiel-im-Spiel«-Ebene ein und reduzierte die Personage auf die Hauptfiguren. Diese saßen, mit Ausnahme Medeas, auf wuchtigen, über Treppen erreichbaren Thronen im Halbkreis um die Spielfläche, in die sie von Scheinwerferkegeln (Verfolgern) zu ihren Auftritten geholt wurden. Bühnenbildner Gottfried Neumann-Spallart hatte im Hintergrund zwei Götterkolosse angebracht, einen kolchischen und einen griechischen, die die mythischen Welten von Jason und Medea symbolisieren sollten. Die Gestaltung des Bühnenraums muß man zwar als Versuch einer Neuerung nach der Verbindlichkeit von illustrierender Theaterillusion im Dritten Reich werten, in der bedeutungsschwangeren Überhöhung und enormen Dimensionierung ist jedoch eine Nähe zur NS-Ästhetik festzustellen. Der Bühnenraum erwies sich überdies als szenisch unschlüssig, denn auch das zugrundeliegende Regiekonzept beruhte nicht auf einer neuen Lesart von Handlung und Figuren, sondern war bloß eine Metamorphose bekannter Sichtweisen. Berthold Viertel konstatierte eine »Modernisierung des Werkes mit falschen Mitteln« und verneinte die Sinnhaftigkeit der Präsenz aller Figuren auf der Bühne, die »wachspuppenhaft eine Art magischer Gegenwart erhalten, vom Stimmungszauber miteinbezogen sind, was sie auch in ihrem scheintoten Zustand als widerrechtlich und widersinnig vorhanden, mitwirkend, wo sie doch von der Handlung ausgeschaltet sein sollten, erscheinen läßt. Auch das ist – und zwar fühlbar – absurd; ein leerer und dummer, weil störender, Effekt.«[19]

Die spektakuläre Bühnenlösung fand zwar nicht bei allen Kritikern Anklang, man war sich jedoch einig, daß es sich um eine außergewöhnliche und Maßstäbe setzende Inszenierung handelte. Auf die einander bedingenden Komponenten einer Theateraufführung – Strichfassung, Raumlösung, Besetzung und Darstellungsstil – wurde nicht eingegangen, etwa, daß die repräsentative Raumlösung mit riesigen Götterbildern und übergroßen Thronen und Treppen statuarische Arrangements, monumentalen Spielstil und vergrößernde Rhetorik geradezu herausforderte.

Viertels zentrale Kritik – der Darstellungsstil und der Ton der Schauspieler – war für die österreichischen Tageszeitungen kein Stein des Anstoßes, im Gegenteil: wenn Viertel über das »unerträgliches Gebrüll« und die »hohle Rhetorik« erschrocken war, lobten die Kritiker »die hohe Sprechkultur« und »das edle Pathos«. »Gute, klare Sprechkultur« konstatierte Hugo Huppert in der *Österreichischen Zeitung*. Eine »neue Darstellungsform und Gestaltungsmöglichkeit, die geeignet erscheint, besonders die klassischen Werke der Weltliteratur zu zeitloser, eindrucksvoller Wirkung zu führen«, bemerkte Hedwig Jürg im *Kleinen Volksblatt*. »Sprachlich glänzend, im Spiel manchmal auf allzu hohem Kothurn, [...] wahren sie feierliche Überlieferung des Sprechgesanges«, schrieb die *Volksstimme*[20]; »eine einheitliche schöpferische Potenz, eine Kunstschöpfung neuzeitlichen Theaters«[21], verbreitete sich Rudolf Holzer in der *Wiener Zeitung*, »starke Wirkung«, erlebte Herbert Mühlbauer im *Wiener Kurier*.[22] Zur kompetenten Beurteilung fehlte es in der Nachkriegszeit an Kritikern. Der pathetische Darstellungsstil auf der Bühne spiegelte sich in der pathetischen Huldigungsrhetorik in den Zeitungen. Bertolt Brecht hatte gemeint: »Der Niedergang (der Theaterkunst, d. Verf.) wurde aber nicht gesehen, weil mit ihm zusammen ein ebenso ungeheuerlicher Niedergang der Beurteilung gegangen war.«[23] Viertel stieß sich an der »Choc-Wirkung« des »falschen Pathos«, welches Schauspieler und Publikum in einen irrationalen Erregungszustand versetze, anstatt ein intellektuelles und emotionales Einlassen auf die Geschehnisse auf der Bühne zu ermöglichen. Die Schockwirkung käme »rein mechanisch« zustande: durch »Mißbrauch der Deklamation, durch unvermittelten, nicht sinngemäßen, dramatisch unbegründeten, daher unberechtigten, stoßweise willkürlichen Wechsel von Leise und Laut.«[24] Gegen die »innere Hohlheit der

Pathetik« wandte sich Viertel aus dramaturgischen und literaturhistorischen Gründen:

Das Trommelfeuer des Gebrülls, das dem Ohr wehtut, aber, als Sprachprothese, allmählich das Gefühl für Handlung und Bedeutung lahmlegt, mit all seinen leeren stillen Stellen, die nichts besagen als nur Absprungsgelegenheiten in neuen Lärm, bringt die bürgerlich-liberale Beredsamkeit, die moralistische, gerade noch vor-naturalistische, aber menschlich gesonnene Deklamation Grillparzers völlig um. Dieser österreichische Klassiker ist Dichter, soweit er bescheiden und schmucklos, unschwülstig ist und bleibt. Er darf nicht gewaltsam aufgeblasen und ausgespielt [...] *werden.*[25]

Viertels Schlußfolgerung lautet: Grillparzer »übermenschlichen, heißt ihn zu entmenschlichen.«[26]

Viertel kritisierte in erster Linie Konzept und Regie von Adolf Rott und zog Analogien zu anderen Aufführungen in Deutschland von Gustaf Gründgens und Willi Schmidt. Namen von Schauspielern nannte er keine, er beließ es beim Namen der Figur. Auch über die Schauspielerin der Medea äußerte er sich nicht. Vermutlich griff er deshalb Schauspieler namentlich nicht an, weil er es eben nicht als persönliches, sondern weit verbreitetes, zeitbedingtes Phänomen betrachtete. Daß ihm jedoch die problematische Besetzung der Medea mit Liselotte Schreiner, einer wuchtigen Heroine, einer zwar perfekten, aber kalten Sprecherin mit der Ausstrahlung von großer Willenskraft und zugleich psychischer Bruchlosigkeit, entgangen wäre, kann ausgeschlossen werden, wenn man sich seine eigenen, detaillierten Besetzungsüberlegungen zu den Inszenierungen *Glasmenagerie* und *Cocktailparty* anschaut.[27]

III

Es bedrückte Viertel, daß der »Reichskanzleistil« beim Publikum Bewunderung erregte:

[...] *das Publikum schien gewöhnt, bei jeder Tirade, sobald sie, an der schlichten Wahrheit vorbei, das hohe und höchste C erreicht hatte, sofort in einen Applaus auszubrechen, der noch lauter dröhnte und sich überzeugt und beglückt anhörte. Ich konnte dieses Glück nicht teilen. Ich saß da, im Jubel allein gelassen und einsamer, als ich mich je in einem Theater gefühlt hatte.*[28]

Der Zusammenhang von zerstörter Bühnenkunst, entfremdeter Menschlichkeit und fehlender Geistigkeit und nationalsozialistischem Unrechtsregime war für Berthold Viertel offensichtlich. Er gab eine feine psychologische Erklärung für die Gefühlslagen der Zeitgenossen an Hand von Sprechstil der Schauspieler und Hörgewohnheit des Publikums:

War der überlaute Ton, das rhetorische Pathos ohne Wurzel, das Überbleibsel einer Epoche, da eine falsche Stimme von allen Radios dröhnte, die Stimme, die später vom Lärm der Explosionen abgelöst wurde? Diese Stimme schrie nicht nur, sie überschrie, auch wo sie überzeugen wollte, und den Hörern blieb nichts anderes übrig, als sich ihr zu verschließen, so gut sie konnten, oder sich an ihrem Schwall, an ihrer tönenden Muskelkraft, zu berauschen. War dieser Stil der in Theatralik umgesetzte Reichskanzleistil? Auch dort, wo sie in falscher Naivität, in heimtückischer Biederkeit, als in einer fadenscheinigen Verkleidung ihrer brutalen Absicht schwelgte, hatte die gleichgeschaltete Stimme ähnlich geklungen. Und war der leise, private, kaum noch mit dem Ohr erfaßbare Ton das Geflüster von solchen, die sich in ihren menschlichen Angelegenheiten keine Berechtigung mehr gaben, da sie ihnen von Staats wegen genommen war: War er der Ton der Angst, der sich auch in den eigenen vier Wänden vor dem Spion, dem Schergen, dem Henkersknecht nicht mehr sicher fühlt, nicht vor der Ohrenzeugenschaft der Diensboten, ja der eigenen Kinder? Wollten diese Schreihälse sich überschreien, etwa die Stimme des eigenen Schuldbewußtseins? Flüsterten diese Allzuleisen im Namen derer, die falsch votiert hatten und nun keine einfache Sicherheit der Kundgebung sich erlauben wollten und konnten? Ich weiß es nicht. Ich weiß nur, daß alle Zwischentöne fehlten, alle Übergänge, daß die große und reiche Skala der menschlichen Rede gebrochen war und nun auch hier eine Ruine dastand, manchmal hochragend und pittoresk, manchmal kümmerlich, und zur Besichtigung, zur Bewunderung einlud – ja, und sie auch fand.[29]

Auch der junge englische Regisseur Peter Brook registrierte nach dem Krieg das begeisterte Publikum in ausgebrannten

Theater- und Opernhäusern. Auch er fragte nach den Gründen für die Bewunderung und den Enthusiasmus:

[...] in Deutschland war in diesem Winter [...] das Theater die Antwort auf einen Hunger. [...] Aber was war das für ein Hunger? War es ein Hunger nach dem Unsichtbaren, ein Hunger nach einer Wirklichkeit, die tiefer war als die vollste Lebensform, oder war es ein Hunger nach Dingen, die man im Leben vermißt, nach Puffern gegen die Wirklichkeit?[30]

1968, als Brook das Buch *Der leere Raum* schrieb, erschien ihm diese Frage besonders wichtig, weil viele Leute glauben, daß es in der Vergangenheit noch ein Theater mit gewissen Werten gegeben habe, mit gewissen Fertigkeiten und Künsten, die wir mutwillig zerstört haben. Aber wir sollten uns nicht zum Popanz einer Sehnsucht machen lassen.«[31] Mit der Beschwörung des angeblich besseren Nachkriegstheaters wurden bis in die siebziger Jahre von konservativer Seite Vorwürfe an das zeitgenössische Theater untermauert. Da auch Schauspieler in ihren Memoiren zu dieser Legendenbildung beitrugen, ist die zeitgenössische Analyse Berthold Viertels von großer Bedeutung: Er stellte nämlich die »Werte« schon damals in Frage: »[...] war es tatsächlich das Spiel der Wahrheit, das hier wieder ansetzte?«[32] »Täuscht das Gros dieser Klassikeraufführungen nicht eine Kultur vor, die sich nicht üben läßt ohne sie wahrhaft zu erwerben?«[33]

Seine Beschreibungen der Vorlieben des Publikums sind jedenfalls Indizien, daß der »Hunger« nach dem Theater kein Hunger nach einer »tieferen Wirklichkeit« war. Viertel hatte mehrere Erklärungen; eine auf die äußeren Umstände zielende: »[...] es scheinen der Ernst und die Schwierigkeit des täglichen Daseins, wenn nicht die bare Not, dem heutigen Theater nur das Leichteste an Erleichterung, das Eintagsfliegenartige an Zerstreuung zu gestatten: den billigsten Wunschtraum und das lokkerste Lachen«[34], eine andere zu der grundsätzlichen Bereitschaft des Publikums in einem Aufsatz zu seiner Inszenierung *Richard II*: *[...] gerade diese zwangsläufig erhöhte Aktualität könnte allerdings ein Theaterpublikum von heute ebensowohl abschrecken wie anziehen. Das Tragische kann nicht befreiend wirken, ohne wehgetan zu haben. Die Sprache Shakespeares als Ausdruck eines dramatisch-dialektischen Denkens [...] verlangt vom Hörer die intensivste Mitarbeit. Und die Größe der Vision entschädigt nicht jeden Beschauer [...] für das billigere Vergnügen, das aus sentimentaler Beschönigung des Weltlaufs gewonnen werden kann.*[35]

IV

Als Realist wußte er, daß man bei Menschen, denen eine Problematik überhaupt nicht bewußt ist, mit heftig formulierter Kritik nichts erreicht. In der österreichischen Nachkriegsgesellschaft gab es wenige Menschen vom Format Berthold Viertels, die zu einem Sensibilisierungsprozeß zur Bewußtseinserweiterung ohne eitle Besserwisserei, ohne ideologische Dogmatik, ohne neuerliche Idealisierung und Überfrachtung beitrugen. Er stellte seine aus jahrzehntelanger Erfahrung und Beobachtung gewonnenen Einsichten zur Verfügung – als »Fachmann, der ein Leben an das Theater gewendet hat«[36]. In erster Linie wirkte er als Künstler in seinen Regiearbeiten; in Programmheftaufsätzen zu seinen Inszenierungen, in Zeitungsartikeln und Vorträgen suchte er als Pädagoge den Kontakt zum Publikum und zeigte den Menschen Alternativen: andere als die bisher gewohnten Sehweisen auf Stücke und Figuren und – Wissen über das Theater. Besonders die Entmythisierung des theatralischen Vorgangs scheint Viertel ein Anliegen gewesen zu sein, um Schauspielkunst und Publikumsverhalten zu reformieren. Falsche Vorstellungen, die die Nationalsozialisten den Menschen eingehämmert hatten, von den Schauspielern als »Lieblinge der Götter«, die aus mythischen Urquellen und gleichzeitig aus der »Volksseele« schöpften und vom Publikum, das ihrer Kunst als »ewig-gültige Werte« und Zeugnisse deutscher Kulturüberlegenheit zu huldigen habe, saßen noch fest in den Köpfen und Herzen. Zusätzlich mußte Viertel gegen das, selbst heute noch nicht völlig aus dem Weg geräumte Vorurteil ankämpfen, die Schauspielkunst wäre eine »reproduzierende Kunst«.

In einem Vortrag, den er 1949/50 vermutlich am Institut für Theaterwissenschaft an der Wiener Universität gehalten hat und der als *Rede über das Theater* in den *Schriften zum Theater*[37] abgedruckt ist, faßte Viertel seine grundsätzlichen Überlegungen zusammen. Man kann daraus ein semiotisches Modell destillieren, in dem viele Aspekte der späteren Zeichentheorie vorweggenommen sind, die Viertel mit seinen Begriffen benannte. Viertel erwies sich als Vertreter der Moderne, der wirren Vorstellungen ein einfaches »Kommunikationsmodell« des Theaters entgegensetzte, wie es uns heute geläufig ist. Bemerkenswert daran ist, daß es 1949/50 entstand, also zu dieser Zeit keineswegs allgemein geläufig war und daß es vollkommen auf den Erfahrungen seiner Praxis beruht.

Viertel zeigt die Kommunikationsstrukturen des traditionellen Schauspieler-Theaters auf, um sie bewußt zu machen und nicht um das Theater durch radikale Reformen zu ändern. Da sein Ansprechpartner das Publikum war, ging es ihm in erster Linie um den Anteil des Publikums am theatralischen Geschehen.

Das Problem des Verstehens auf dem Theater, in modernen Kommunikationsmodellen als komplizierte Zeichen- und Symbolsysteme abgehandelt, registrierte Viertel ausschließlich als Praktiker: seiner Meinung nach gibt es »theater-amusische« Menschen, wie es eben auch unmusikalische Menschen gebe. Das vitale Bedürfnis, sich selbst durch Mimik und Gebärde auszudrücken, sowie das Verständnis der Sprache des mimischen Ablaufs sei bei Menschen unterschiedlich ausgeprägt. Nur wer einer solchen Sprache überhaupt offen ist, sei es als Darsteller, sei es als Zuhörer und Zuschauer, wird, was auf der Bühne vorgeht, als ein repräsentatives Handeln und Geschehen auffassen.[38] Das Mimische und Szenische sei eine »Handlungsfolge von geistiger, dichterischer Bedeutung«. Geweckt und gelenkt werde diese Handlungsfolge dadurch, daß die Rolle »einem Organismus, dem des Dramas, eingeordnet und [...] vom Dramatiker vorgezeichnet« sei.[39]

Die Dialektik von Spiel und Ernst – die Übereinkunft, daß das Theaterspiel zwar ein Spiel ist, doch im ernsthaften Einlassen reale Emotionen entstehen – erklärte Viertel, indem er das Theaterspiel mit dem Spiel von Kindern verglich: Das Spiel der Kinder finde zwar auch in einer »fiktive(n) und doch so reale(n) Welt« statt und wäre mehr als »bloße Nachahmung«, nämlich »Einübung in deren zukünftige Realitäten«, jedoch fehle die »bewußte schauspielerische Gestaltung«. In der Art und Weise wie »die angenommene Welt starrsinnig durchgesetzt« werde, äußere sich hingegen derselbe Ernst wie in einer Theatersituation.

Den transitorischen Charakter des Theaters erläuterte Viertel am Beispiel von Film- und Plattenaufnahmen großer Darsteller der Vergangenheit. Daß Kainz und die Duse heute Befremdung, Enttäuschung, Heiterkeit erregten, hätte mit dem rapiden Alterungsprozeß zu tun, dem Kostüm, Gestik, Ausdruck und Pathos, die Technik der Menschendarstellung sowie die technischen Methoden der Aufzeichnung unterworfen seien. Darüber hinaus liege das zentrale Defizit von Konserven-Vorstellungen darin, daß die »psychophysische Gegenwart« des Schauspielers sowie des Publikums nicht reproduzierbar sei, ebensowenig wie die Beziehung des Schauspielers zu den anderen Schauspielern. Das Theaterensemble sei eine »nach allen Richtungen ausstrahlende Gegenwart.«[40] Für den Beobachter Viertel stellten sich die kommunikativen Beziehungen – die spezifisch gruppendynamische Situation in der sich die Zuschauer während einer Theatervorstellung befinden – als »Charaktereigenschaften eines Kollektivwesens« dar. Das Publikum sei mehr als nur die Summe der einzelnen Zuschauer: »Es reagiert zugleich dümmer und klüger als der Einzelne, es kann durch die Kraft der Schauspielerei verschmolzen werden und wird den Einzelnen, wenn er sich nicht mit seinem gesammelten kritischen Bewußtsein dagegenstemmt, mitreißen und jedenfalls in seinem Empfinden affizieren.«[41] Das Publikum sei jedoch kein »Plastikum« mit dem »dramatisch verfahren« werde, das ohne sein Einverständnis in die »theatralische Verschwörung« mitzuverwickeln sei. Es sei vielmehr Mitschöpfer und Mitproduzent. Es inszeniere seine Interessen und wirke »wie ein vacuum cleaner, der Sinn und Seele aus Stück und Vorstellung saugt.« Damit spricht Viertel den Strukturzusammenhang zwischen Theater und Öffentlichkeit, die soziale Funktion des Theaters an.

Die Theatersituation als Interaktionsfeld, und damit als Grundlage der Dialektik von Spiel und Ernst, ist durch die Rollenbeziehungen zwischen Schauspielern und Zuschauern sowie durch das Rollenhandeln innerhalb des Spiels gekennzeichnet. Viertel hielt die Mehrfachbeziehungen innerhalb des theatralischen Rollensystems genau auseinander:

1) Die Beziehung Publikum – Schauspieler:

Der Kampf des Schauspielers um seine Bühnenexistenz und Wirkung, sein Ringen mit dem Publikum, gibt dem Vorgang erst seine Spannung, er potenziert den Darsteller, die Kräfte, die er im Publikum erweckt hat, strömen ihm wieder zu, auch den durch ihn zu besiegenden Widerstand braucht er zu seiner vollkommenen Aktualisierung ebenso wie das Verständnis, die Sympathie, die Zustimmung, die zum Triumph sich steigern kann. Bühnensiege werden oft, nicht mit Unrecht, gewonnene Schlachten genannt.[42]

2) die Beziehung Publikum – Rolle:

Das Publikum spielt die größte Rolle, für und gegen den, der im Stück die große Rolle spielt: es ist der vielköpfige Partner des Helden.[43]

3) die Beziehung Schauspieler – Rolle: Die Problematik zwischen Rollenleben und aktuellem Leben des Schauspielers sowie die Wechselbeziehung mit den Partnern streifte Viertel nur, denn er wollte den Zuhörern des Vortrags etwas über den künstlerischen Prozeß des Schauspielers bei der Erarbeitung der Rolle und der Theatervorstellung mitteilen. Viertel definierte die schöpferische Leistung so: [D]*ie überlegene, gestaltende Planung der Rolle und ihre bewußte Durchführung vor dem Publikum macht das Wesen schöpferischer Leistung des Schauspielers aus und unterscheidet sich sowohl vom Spielen der Kindheit wie von allem naiven Figurantentum.*[44]

Der schöpferische Prozeß liege zwischen dem Wissen um Sinn und Gehalt und »dem lückenlosen Darleben« der Rolle. Dieser Prozeß sei nicht bis ins Detail bewußt zu machen: »In der Praxis auf der Bühne ergibt sich immer wieder dieses Beieinander und Ineinander von willentlich Gespieltem und unwillkürlich Getroffenem [...]«[45] In der Darstellung vor dem Publikum, erläuterte Viertel, walte ein Automatismus, der ein Mitdenken und Mitfühlen des Schauspielers zwar nicht ausschließe, jedoch die Wiederholbarkeit der in den Proben erarbeiteten Ergebnisse gewährleiste. Das Dargestellte werde zur Gegenwart und Existenz, zu einer aus Menschenwesen bestehenden Maschine, die, angedreht, immer wieder abläuft und einem objektiven Spielwerk gleichkommt, obwohl sie von Blut und Nerven genährt wird. Der Schauspieler ist Bildhauer und Statue in einer Person.[46]

4) Die Wechselwirkung Schauspieler – Rolle – Publikum beschrieb Viertel so:

Auf der Bühne [...] stellt der Schauspieler in den Leerraum zwischen sich und dem Zuschauer die Gestalt hinaus, die er, sie sich einbildend, ausbildet nach der Vision, die er von ihr hat und die er im Publikum von ihr hervorruft. [...] In dieser Weise bedingt das Publikum, als wesentlicher Faktor, die Aktualisierung des Schauspielers, sein sich Ausleben und sein schöpferisches Vollenden.[47]

Der Jubel des Publikums bedeutet ›eine Art Katharsis‹, die Selbstbefreiung des Publikums von den Emotionen und die Beglückung der Schauspieler, ›die von der Schminke rein wäscht‹.[48]

V

Auf dem »Kommunikationsmodell« basierte Viertels ethisch geprägte Theaterästhetik, wie sie in dem Aufsatz *Der Traum von der Realität* – 1952 vielleicht als künstlerisches Testament geschrieben – herauskommt. Hatte er als Kritiker und Pädagoge versucht, das Theater von ideologiegeprägten Verhaltensmustern freizuschaufeln und Aufklärung über den theatralischen Prozeß zu schaffen, warb er »unverbesserlich ernst« um die Entfaltung der dem Theater innewohnenden Potentiale, um das menschliche Leben so konkret und komplex wie möglich darzustellen. Eingebettet in die Überzeugung, daß sich Theater nur in Frieden und Freiheit entwickeln kann, wollte Viertel ein unelitäres Theater, das alle gesellschaftlichen Schichten ansprechen sollte. Er verwendete den Begriff »Volksbühne« im Gegensatz zu »Spezialitätentheater«[49]. *Man möge diesen Ernst meiner Überzeugung zugute halten, die nicht anders kann als in der Kunst – und das Theater ist für mich Kunst – den Traum von der Realität zu suchen, in Tragödie und Komödie, kurz in allem, was das Verhalten der Menschen und ihre Beziehung zueinander, zur Gesellschaft, zur Welt dar- und vorleben will.*[50] Viertel wollte ein Theater, das die Wirklichkeit nicht »verkleistert«, sondern auf der »Suche nach der Wahrheit«[51] ist.

Da wir heute den Worten »Wahrheit« und »Wahrhaftigkeit« skeptisch gegenüberstehen, möchte ich sie Viertel erklären lassen. Er sagte über sich selbst: »Wahrhaftig bin ich schon, aber die Wahrheit besitze ich nicht.«[52] Das ist, glaube ich, auch sein politisches Credo, denn in seiner Theaterarbeit ging es ihm nicht um politische Tendenz, sondern um die bestmögliche schauspielerische Darstellung von Theaterfiguren und Geschichten, die sich in einem genau erkennbaren historischen und sozialen Kontext befinden. Viertels politische Hoffnung lag darin, daß das Publikum an Hand konkreter Beispiele am Theater neue Wege, neue Qualitäten von Intensität und Sensibilisierung erfahren möge.

»Natürlichkeit« und »Wahrhaftigkeit« sind die Prinzipien seiner differenzierten Bühnenkunst: »Was geschaffen werden muß, von allen Beteiligten, ist ein Theater der echten Töne, in denen die Stimme der Wahrheit wieder klar und kräftig und modulationsfähig werden kann.«[53] Viertel wollte ein Theater, das bestrebt ist, »die Realität zu ergreifen, sie, von der nur Teile für uns greifbar sind, die für uns unbegrenzte zu ertauchen und zu erfliegen, sie zu ergänzen, sie nahe und immer näher zu bringen, sie immer noch unentrinnbarer und wirklicher zu machen, um sie zu gestalten.«[54] Diese Worte haben nicht nur einen poetischen Gehalt und einen konkreten politischen Inhalt, sondern thematisieren mit szenischer Bildhaftigkeit das utopische Potential des Theaters, im ästhetischen Spiel Träume und Phantasievorstellungen als reale Handlungen wirklich werden zu lassen.

Daß Viertels Wegweiser zu einem aufgeklärten Kunstverständnis, welches Argumenten und Emotionen offen ist, von den Zeitgenossen nicht so aufgenommen und weiterentwickelt wurde, wie sie es verdient hätten, hat einerseits mit seinem frühen Tod im Jahr 1953 zutun, hauptsächlich jedoch mit dem Klima der Nachkriegs- und Wiederaufbauzeit, in dem sich antiaufklärerische Tendenzen und konservative Haltungen in der Kunst durchsetzten. Statt kritischer und zugleich humanistisch utopischer Wirklichkeitserfassung wurde das Theater zum Fluchtraum ontologisch metaphysischer Sinnstiftung und Weltbetrachtung, aber auch zum Medium der individuellen und nationalen Selbstbespiegelung und Selbstdarstellung.

Nur in dem schönen Gleichnis *Der Städtbauer aus den Gesichten* von Bertolt Brecht erhält Viertel die Auszeichnung. Über den »Freundlichen«, der beim Bau der Stadt in erster Linie den anderen geholfen hat und als eigenes Werk nur ein Bruchstück – einen Türstock – vorweisen kann, sagt der Versammlungsleiter in aller Öffentlichkeit:

In Anbetracht der vielen Zeit, die er für den Bau unserer Häuser aufgewendet hat, ist der Bau dieses schönen Türstocks ein wahres Wunderwerk, und so schlage ich vor, den Preis für gutes Bauen ihm zuzuerteilen.[55]

Anmerkungen

1 BV 1, 407.
2 BV 2, 254.
3 BV 1, 276.
4 BV 1, 316f.
5 Vgl. Peter Roessler: Humanität und Geschichtlichkeit. Berthold Viertels Essays zum Theater. In: Vertriebene Vernunft II (hg. von Friedrich Stadler). Wien 1988, 584–598.
6 Bertolt Brecht: Einige Bemerkungen über mein Fach. (1951). In: Schriften zum Theater 2 (= Gesammelte Werke Bd. 16). Frankfurt 1967, 720–723.
7 BV 1, 273–275.
8 Hilde Haider-Pregler: Grillparzers Trilogie *Das goldene Vließ*. Dramaturgie und Rezeption. In: Franz Grillparzer (hg. von Helmut Bachmaier). Frankfurt 1991, 301f. – Vgl. Evelyn Deutsch-Schreiner: Die Österreicher und ihr Grillparzer. In: stichwort grillparzer (hg. von Hilde Haider-Pregler/Evelyn Deutsch-Schreiner). Wien 1994, (=Grillparzer Forum 1).
9 *Neues Wiener Tagblatt*, 22.1. 1941.
10 *Völkischer Beobachter*, 19.1. 1941.
11 Brecht. Wie Anm. 6.
12 BV 1, 273–275.
13 Die Soufflier- und Inspizientenbücher der *Medea*-Inszenierung 1948 befinden sich im Archiv des Burgtheaters.
14 *Österreichische Zeitung*, 29.5. 1948.
15 *Das Kleine Volksblatt*, 30.5. 1948.
16 Vgl. BV 1, 275.
17 ST, 263.
18 ST, 243.
19 BV 1, 274.
20 *Volksstimme*, 30.5. 1948.
21 *Wiener Zeitung*, 30.5. 1948.
22 *Wiener Kurier*, 30.5. 1948.
23 Brecht. Wie Anm. 6, 721.
24 BV 1, 273.
25 BV 1, 274f.
26 BV 1, 275.
27 Wolfgang Glück: Die letzten fünf Jahre in Briefen von und an Berthold Viertel. In: VW, 44–47.
28 BV 1, 320.
29 Ebd. 319f.
30 Peter Brook: Der leere Raum. Berlin 1969, 62.

31 Ebd.
32 BV 1, 319.
33 ST, 265.
34 ST, 464.
35 BV 1, 284.
36 BV 1, 321.
37 ST, 463–473.
38 ST, 466.
39 ST, 470.
40 ST, 469.
41 ST, 468.
42 ST, 469.
43 ST, 470.
44 Ebd.
45 ST, 472.
46 ST, 471.
47 Ebd.
48 Ebd.
49 BV 1, 321.
50 BV 1, 320.
51 BV 1, 319.
52 BV 2, 253.
53 BV 1, 320.
54 BV 1, 317.
55 Bertolt Brecht: Der Städtebauer aus den Gesichten. In: *Austro American Tribune*, Mai 1945, (als Faksimile in:) VW, 35.

Wolfgang Glück

Die letzten fünf Jahre
Briefe von und an Berthold Viertel

1948

Im Sommer 1948 verhängten die Sowjets die Blockade Berlins. Die USA antworteten mit der Errichtung einer Luftbrücke. Die Teilung der Welt schien endgültig, die Polarisierung in Europa stieg krisenhaft an.
Im Sommer 1948 trat Josef Gielen seine Stellung als neuer Burgtheaterdirektor an.
Im Sommer 1948 lud Josef Gielen, der mit der Schwester von Salka Viertel verheiratet war, Berthold Viertel zur Mitarbeit als Gastregisseur ein.

1953

Im Sommer 1953 wurde die Volkserhebung der Arbeiter des 17. Juni in Mitteldeutschland niedergeschlagen.
Im Sommer 1953 erfuhr Josef Gielen während eines überaus erfolgreichen Burgtheatergastspiels in Hamburg, daß sein Vertrag nicht verlängert werde.
Wenige Monate später wurde der amerikanische Senator McCarthy entmachtet. Er hatte fünf Jahre lang die Kommunistenjagd in Amerika (und der ganzen westlichen Welt) auf die Spitze getrieben.
Im Herbst 1953 starb Berthold Viertel in Wien. Es waren für ihn fünf große, aber harte Jahre gewesen.

1948

Berthold Viertel aus London an Josef Gielen.
Manche Leute prophezeien für Wien ähnliche Dinge u. Zustände wie die jetzt in Berlin zutage getretenen. Wie Du weißt, hätte ich in diesen Tagen – übermorgen – nach Berlin gehen und dort an dem (amerikan. lizensierten) *Hebbel-Theater* den *Egmont* machen sollen, die Premiere war für den *7. Sept.* vorgesehen. Ich wäre mit den leiblichen Nahrungsmitteln als ein geistiges hinübergeflogen worden. Wie aber unter den momentanen Verhältnissen die Proben ausgesehen hätten, das kann ich mir nicht vor-

stellen. Nicht nur für mich, auch für die Schauspieler u. das Publikum gelten ja die Beschänkungen im Verkehr, an elektrischem Strom etc. etc. Ich war ja dort, und es war mir ohne »blackout« dunkel genug, muß ich sagen. Ich würde dort erst hingehen, wenn die *entscheidende Wendung* eintritt, u. danach sieht es im Augenblick nicht aus. Zum Krieg wird es meiner Meinung nach nicht kommen, u. ein modus vivendi muß gefunden werden, um den casus belli, wenn nicht aus der Welt zu schaffen, so doch bis auf weiteres zu umgehen. Die ganzen Zustände legen es uns nahe, vielleicht doch mit *Wien* als dem zukünftigen Haupt-Standort zu rechnen, solange wir nicht nach Amerika zurückkehren. Dieses letztere will ich nicht so bald, nicht ohne auf dem Kontinent u. im Gebiet meiner Sprache Arbeit geleistet und Erfahrungen gesammelt zu haben. [...] Die Nachrichten von Heimgekehrten oder von Besuchern, die kürzlich drüben waren, sind widersprechende, man muß sich ein eigenes Bild machen. Ich glaube, daß Ihr [...] verhältnismäßig *gute* Chancen habt, es Euch nach Eurem Geschmack einzurichten, gerade weil ihr keine Wiener seid, daher nicht nur eine Distanz mitbringt, sondern sie auch bei aller Liebenswürdigkeit, einzuhalten verstehen werdet. [...] Behalte Du nur Ruhe, laß die Lemuren auf Dich eindringen, ohne Dich von ihnen zum Kampf herausfordern zu lassen, ich stelle mir vor, daß da ein Meer von Gespenstern auf der Lauer liegt, um Dich mit falschen Ansprüchen, ererbten und geschobenen, zu zwacken u. zu packen, Dich mit tausend groß aufgemachten Kleinigkeiten u. Kleinlichkeiten zu verwirren. Für mich wäre das nervenmäßig nichts, wenn ich selbst der neue Mann wäre, aber als Zeuge u. Horatio kann ich von Nutzen sein.

In der Zeitung stand, daß das Burgtheater Werner Krauß engagiert hat (womit Du doch einverstanden gewesen sein mußtest?) Mir graut davor, dem alten Sünder nach allem, was vorgefallen ist, wieder zu begegnen, und noch mehr als das bekümmert mich der *demonstrative Beifall, der ihn begrüßen wird.* Allerdings wird Wien mehr derartiges zu bieten haben. In der »Glasmenagerie« ist er nicht drinnen, aber die Dorsch ist seine Haupt-Protektorin. Was mich betrifft, so gedenke ich nicht, mich von Krauß an meiner Arbeit hindern zu lassen. (Arbeiten oder gar »verkehren« werde ich mit ihm *nicht.*) Aber ich denke an Dich, an die Probleme dieser u. anderer Art, die Deiner warten. [...] Aber wo soll man im deutschen Sprachgebiet arbeiten? Berlin? Dresden? München? Düsseldorf? – Wo wahrt man am besten seine Integrität u. Unabhängigkeit? Wo lassen sich die schmählichsten und ärgerlichsten Kompromisse vermeiden? Jedenfalls muß man Ruhe bewahren und den Kopf oben behalten.

[...]

Ich nehme an, daß es die »Glasmenagerie« sein soll, u. eventuell wirklich mit der Thimig. Schade, denn die Dorsch wäre aller Voraussicht nach der gegebene Erfolg. Die Thimig ward in solcher Rolle noch nie gesehen. Von Vorteil ist, daß sie die geniale, unübertreffliche Taylor in New York als Amanda sah. Sie hat Witz, hat sie auch Humor, u. Sex? Kann sie Mutter sein, oder ist zur ewigen Jungfräulichkeit verdammt, incl. der Jungfrau-Mutter, der schmerzensreichen Maria von Reinhardts Gnaden? Hat sie nicht in ihrer chemischen Zusammensetzung ein Zuviel an Säure? Während die Dorsch heutzutage wieder zu süß ist. Die Thimig ist ein Experiment in dieser Rolle, u. die Rolle das einzig Sichere in dem Stück. Die Dorsch hat freilich nie gesehen, wie diese Amanda sein soll, sein kann. Das hat die Thimig. Sie ist eine große Technikerin, u. was sie zuwegebringen wird, mag interessant sein. Aber wie weit kann man kommen gegen die Natur? Das wird sich zeigen. [...]

Aus Zürich:
Für das Mädchen käme *Käthe* Gold sehr in Frage. Sie tritt Ende Oktober einen fünfmonatigen Vertrag am Burgtheater an. Sie ist nicht mehr sehr jung, aber ein Genie, wir haben sie gerade als »Helene« im »Sonnenaufgang« gesehen, wo sie doch ein 21jähriges Mädchen völlig glaubhaft und wunderbar spielt. Teo Otto [...] soll Dir auch die Dekorationsskizzen u. vor allem ein Modell seiner Dekoration zur »Glasmenagerie« zeigen. Es war ein Vergnügen, mit ihm zu arbeiten, er ist ein Prachtmensch, den ich sofort lieb gewonnen habe – ein Rheinländer u. Dir übrigens auch künstlerisch verwandt. [...] Seine Ausstattung der »Glasmenagerie« gefällt mir besser als die in N.Y., und ich hätte ihn gern, auch für den Fall, daß ich den Shaw fürs Burgtheater machen sollte. Er kann manchmal etwas verspielt sein. Es gibt gewiß Stücke, bei denen ich Caspar Neher unbesehen vorziehen würde, u. umgekehrt. Die »Hedda« (Gabler) mache ich, soweit das Geld

es erlaubt, in Kostüm u. Stil ungefähr à la Manet, ohne Stellungszwang, d.h. ohne vorhandene Bilder zu imitieren. – Davon verspreche ich mir, was Brecht einen »*Verfremdungseffekt*« nennt, also – was ja längst nicht mehr originell ist, Ibsen (dem ich sonst in seinen genau ausgerechneten Gängen u. Stellungen ziemlich getreulich folge), in *historische Distanz* rückend. – Das Kammerspielmäßige an dem Stück, das fein u. präzis gewobene Netz von Beziehungen u. charakterologischen Details liebe ich sehr, es begeistert mich, u. ich möchte nichts dagegen hören, während ich es mache.

Entschuldige, daß ich so viel über die Sache rede, die mich gerade beschäftigt. Ich freue mich schon so, endlich einen Direktor zu haben, mit dem man reden *kann*, der einem *hilft*, u. von dem man etwas zu lernen hofft. Aber ich denke mir, daß Du den Kopf voll hast. Die *Verschiebung* auf den 1. Dez. war leider notwendig, ich hatte Angst, daß sie Deine Dispositionen stört, u. mir die Luft weg nimmt, die ich vor dem auf die Bühne-Springen, in einer neuen, ach, so alten Stadt zu brauchen glaube. Auch mit mir, als Rückkehrer, dürfte sich einiges tun. Ich erwarte keineswegs, dort lauter Freunde anzutreffen, der *Hofrat Lothar* ist gewiß keiner.

Nein, es war niemals ruhig am Burgtheater. Die folgenden Sätze Berthold Viertels von 1920 sollten jedem zu denken geben, der heute die alten Vorwürfe aufzuwärmen im Begriffe ist: »Als ich vor einiger Zeit in einem alten Jahrgang der Neuen Freien Presse blätterte – es war der vom Jahre 1889, dem Todesjahr des Kronprinzen Rudolf –, stieß ich auf ein Feuilleton von Speidel persönlich, das den Titel hatte ›Die Krise des Burgtheaters‹. Ja, so war es. Im Leben des Burgtheaters folgte eine Krise auf die andere, und das Burgtheater überlebte sie alle, so wie es auch uns überleben wird. Es wird ein Burgtheater sein, und wir werden nicht mehr sein. Ich erlebte als junger Mensch, was noch von der großen Zeit, die ein Karl Kraus in Gedichten verherrlicht hat, übrig geblieben war. Mit Ausnahme der Wolter und Mitterwurzers sah ich sie noch alle, die verewigten Großen: Sonnenthal, Baumeister, Lewinsky, Robert, seine Frau, die Hohenfels, Kainz – sehr viel Kainz.

[...] Ich war Zeuge seines Gastspiels auf Engagement als Romeo und des Streites gegensätzlicher Meinungen, die es entfesselte. Damals prophezeiten viele dem Burgtheater sein baldiges Ende, wenn das Engagement Kainzens zustande käme. Das Burgtheater ist an Kainz nicht gestorben, ebensowenig wie vorher an der diabolischen Genialität eines Mitterwurzer, der lange Jahre verrissen wurde, bis die Ablehnung in Vergötterung umschlug.« Und Berthold Viertel weiter: »Ich koordiniere, aus der Erinnerung, aufregende Eindrücke, die noch an Ort und Stelle auf mich gewirkt haben, bevor ich in den Weltkrieg einrückte und an dessen Ende selbst nach Deutschland ging. Die Wechselwirkung zwischen Wien und Berlin war eine kontinuierliche. Gerade am Burgtheater standen schon in der großen, der eigentlichen Heldenzeit norddeutsche Persönlichkeiten in erster Reihe. Laube war kein Österreicher, Schlenther war auch keiner. Baumeister, Gabillon, Hugo Thimig, Albert Heine: sie alle haben sich, am Burgtheater wirkend, an Wien akklimatisiert, und Wien an sie. Sie alle umschließt meine Erinnerung noch.«

So weit Berthold Viertel. – Jeder neue Direktor sucht seinem Hause Kräfte zuzuführen, die seinem eigenen Theaterverständnis zur Ergänzung des vorhandenen Personals notwendig erscheinen. Da die Früheren aber – oft auch auf Grund des gesicherten Pensionsanspruchs – nicht freiwillig gehen (dazu nicht gezwungen werden können), wächst das Ensemble mit jedem Direktionswechsel. Für nun bald 160 Schauspieler kann es nicht genügend befriedigende Rollen geben, so wächst auch der Unmut. Das Problem war für Josef Gielen wie für seine Nachfolger unlösbar. Man stelle sich vor, um wie vieles leichter etwa die Philharmoniker zu leiten sind – dort gibt es von Natur aus keine (oder fast keine) »großen« Rollen.

Aus den zitierten Briefstellen von 1948 mag ein am Theater Interessierter neben den politischen Sorgen (deren Aktualität sich heute, genau 40 Jahre später, noch immer erweist) herauslesen können, welche Art Gedanken etwa vor einer Besetzung gewälzt werden (später noch mehr darüber). Das Ergebnis ist jedenfalls interessant: Helene Thimig wurde als »Amanda« gefeiert...

Käthe Gold wurde der »Star« Berthold Viertels (und des Burgtheaters).

Werner Krauß spielte kaum ein Jahr später unter Berthold Viertels Regie den »Länsmann« in Strindbergs »Kronbraut«.

Berthold Viertels Wiener Inszenierungen seien hier kurz angeführt. (Zwischendurch gab es Gastregien in Zürich, West- und Ostberlin, Salzburg.) Ein Sternchen * nach einem Wort bedeutet, daß ein Bezug zu den Briefstellen besteht.

22.1. 1949 DIE GLASMENAGERIE mit Käthe Gold*, Curd Jürgens, Helene Thimig*, Josef Meinrad.

22.6. 1949 MAJOR BARBARA mit Maria Becker, Rudolf Forster, Rosa Albach-Retty, Josef Meinrad u.a.

29.10. 1949 DIE KRONBRAUT mit Käthe Gold, Curd Jürgens, Werner Krauß*, Hedwig Bleibtreu, Maria Eis u.a.

17.3. 1950 KÖNIG RICHARD II. mit Albin Skoda, Fred Liewehr, Rudolf Forster, Hedwig Bleibtreu, Judith Holzmeister u.a.

23.11. 1950 FRANKIE UND DIE HOCHZEIT mit Johanna Matz, Maria Eis, Alfred Neugebauer u.a.

14.2. 1951 DIE COCKTAIL-PARTY mit Ewald Balser (als Arzt!)*, Attila Hörbiger*, Alma Seidler*, Rosa Albach-Retty, Eva Zilcher* u.a.

20.4. 1951 ENDSTATION SEHNSUCHT mit Käthe Gold, Curd Jürgens, Maria Kramer, Franz Nicklisch u.a.

15.9. 1951 DER ZERBROCHENE KRUG mit Therese Giehse, Oscar Homolka, Inge Konradi, Erich Auer, Manfred Inger, Elisabeth Neumann-Viertel, Alfred Neugebauer u.a.

23.12. 1951 OTHELLO mit Ewald Balser, Werner Krauß, Hilde Mikulicz, Maria Kramer u.a.

8.3. 1952 HERBERT ENGELMANN mit O.W. Fischer, Curd Jürgens, Heinz Moog, Eva Zilcher u.a.

14.5. 1952 DIE MÖWE mit Käthe Gold, Erich Auer, Maria Eis, Curd Jürgens u.a.

27.9. 1952 DIE RATTEN mit Käthe Dorsch, Ewald Balser, Attila Hörbiger, Maria Eis, Inge Konradi, Annemarie Düringer, Heinrich Schweiger u.a.

28.2. 1953 ANTONIUS UND KLEOPATRA mit Ewald Balser, Käthe Gold, Werner Krauß, Albin Skoda u.a.

Berthold Viertel war durch *Glasmenagerie* und *Kronbraut* der große alte Mann des Burgtheaters geworden. »Sein« Ensemble bildete sich – innerhalb des Hauses –, immer wieder variiert durch andere, auch hinzuengagierte Schauspieler.

Berthold Viertel kam vom Wort, von der Dichtung. Sein Stil, den Otto Basil »transparenter« oder »poetischer Realismus« genannt hat, war vom Wort geprägt. Das auf der Bühne Sichtbare kam aus den realistischen Notwendigkeiten der Handlung. Manches Optische wurde von den Bühnenbildnern Teo Otto, Caspar Neher, Gustav Manker – vorgegeben.

Berthold Viertel ging mit äußerstem Ernst vor, mit Verantwortungsbewußtsein und Kampfgeist, wie die folgenden Briefauszüge (vor der Inszenierung von Eliots *Cocktail-Party*), dokumentieren sollen.

Dankbar soll nur Erhard Buschbecks gedacht werden und auch der anderen, die Berthold Viertel schützend umstanden: Josef Gielen vor allem, dann der Leiter der Bundestheater Egon Hilbert, der wie sein Minister Felix Hurdes der ÖVP angehörte – beide aber hatten im KZ »die Intoleranz überwinden gelernt«, wie Leopold Lindtberg formuliert hat. Buschbeck, Chefdramaturg, einst selbst Schriftsteller und mit Trakl befreundet, war über Jahrzehnte die »gute Seele« des Burgtheaters. Die Genannten versuchten – so politisch unterschiedlich sie dachten –, Berthold Viertel dessen Integrität sie erkannten und achteten, vor den vehementen Angriffen der Gegner zu schützen, seinen kostbaren Arbeiten Helfer- und Hebammendienst zu leisten. Der »Kalte Krieg« war auf seinem Höhepunkt, Berthold Viertel, »heimatloser Linker«, Freund und Mitarbeiter Bertolt Brechts (am Berliner Ensemble), wurde von vielen Journalisten, vor allem auch von Hans Weigel und Friedrich Torberg, des Kryptokommunismus geziehen und jahrelang vehement angegriffen. Es waren dieselben, die bis in die Sechzigerjahre den bekannten Brecht-Boykott lancierten.

Aus Briefen über »Cocktail-Party«:
Berthold Viertel an Erhard Buschbeck

13. Aug. 1950

Lieber Professor Buschbeck – Sie haben gelesen wie der Wind, schon bin ich wieder im Besitz des Manuskriptes [...]. Aber es lag kein Brief und kein Zettel von Ihrer Hand dabei, und ich habe doch eine, wenn auch noch so schlagwortartige *Meinungsäusserung* von Ihnen erhofft: wie das Stück Ihnen gefällt, was Sie davon halten, welche Reaktion Sie vom Wiener Publikum erwarten. Und dann: *wie diese Rollen besetzen*? Und zwar *alle sechs*, sodaß das Stück zur Geltung kommt. Celia und der mysteriöse Psychoanalysist, ferner Ehemann und Ehedame, ferner Peter Quilpe und das Paar der aller Welt verbundenen *»Wächter«*, Julia und Alexander.

Trotz seiner Subtilität und seiner konsequenten Logik, die er so meisterhaft zur Handlung verflicht, ist Eliot für mich kein *Dramatiker*, sondern ein Spezialfall, und seinen Menschen, so gut sie beobachtet sind, fehlt das Dreidimensionale, um Menschen zu sein [...]. Dieses Englische erfordert eine erste Garnitur von gesellschaftlichen Konversations-Schauspielern, die sowohl die Finesse als auch die Intellektualität dieser Dialoge geben und übertragen können, damit sich (statt verständnisloser Langeweile und dem Gefühl, daß einem Wiener all dies stagelgrün aufliegt) lebhaftes *Interesse* erzeugt, das durch die weitläufige Rabulistik der erörterten Gewissenskonflikte anhält, und sich seine Spannung einstellt, die schließlich auf die mystische Höhe des dritten Aktes hinanführt. Dabei muß die Sache durchaus *Komödie* und *Gesellschafts-Lustspiel* bleiben. Ich kenne das Stück jetzt ziemlich genau und zweifle, daß wir es wenn schon nicht ideal, so doch richtig besetzen können... *Darüber hätte ich gern Ihre Meinung!*

Erhard Buschbeck an Berthold Viertel

13. Aug. 1950

Verehrter Meister, das Buch der Cocktail-Party werden Sie ja schon erhalten haben. Ich las sie noch am selben Abend und war von ihr doch sehr angetan. Sie wäre sicher das richtigste für den ernsthaften Beginn im Akademietheater. Da Sie auch meine Meinung über die Besetzung hören wollten, gebe ich Sie Ihnen so ungeschminkt, als plauderten wir darüber. Der wesentlichste Punkt ist für mich das Ehepaar Edward und Lavinia. Er muß so richtig wie nur irgend möglich erfüllt sein. Hier liegt das Drama, das Eliot wollte, in ihnen seine Lösung. Für *Edward*, glaube ich, haben wir überhaupt nur eine Lösung: Hörbiger. Er bringt das Schwankende des Charakters, seines Alters, seiner Gesellschaftsstufe überzeugend mit sich, ohne die Figur ins Bedeutende zu steigern (was schon gar nicht sein darf): ein etwas jüngerer Dr. Wangel, versetzt in die Sphäre der Cocktail-Partys, was bei

Hörbiger ohneweiters möglich ist, denn er hat atmosphärischen Takt.

Er ist für mich am besten, wenn er in die Region der Impotenz (hinter angenommener potenter Kulisse) kommt. Den bezwingenden Kraftlackel glaube ich ihm lange nicht so. [...] Bei der *Lavinia* verstehe ich, daß Frau Sybille Binder als ideale Besetzung genommen wird. So muß sie aussehen, so muß sie sein... Ja, nun Frau Seidler. Ich glaube nicht recht an ihre Lavinia, sie hat mir dafür zu viel Substanz, auch aus ganz anderen seelischen Bereichen her, ist nicht die »Dame« dieser Gesellschaftsklasse, nicht in ihrer Leerheit, nicht in ihren Bedürfnissen. Sie müßte das alles »zeichnen«, was aber die Wirkung der Figur ganz verschieben würde. [...] Der *Arzt*, der sich verhältnismäßig natürlich leicht spielt und im Alter weder nach oben noch nach unten direkt bestimmt ist. Natürlich kann ihn Hörbiger spielen, aber warum ihn hier einsetzen, wenn man für die viel wichtigere (wenn auch scheinbar undankbarere) Rolle des Edward überhaupt niemanden hat? Der beste wäre natürlich Forster gewesen, wenn er uns nicht den Rücken gekehrt hätte. Auch Aslan kommt in Frage. Vielleicht auch Ernst Deutsch, wenn er der Rolle zuliebe doch länger bleiben könnte. So, das wäre ungefähr, was ich sagen möchte, von mir aus, wie ichs sehe.

Berthold Viertel an Erhard Buschbeck

15. Aug. 1950

Lieber Professor Buschbeck! – Den herzlichsten Dank für ihren Brief, der sich wohl mit dem meinigen gekreuzt hat. Ihr Votum, daß die »Cocktail-Party« »sicher das Richtigste für den *ernsthaften* Beginn im Akademietheater wäre«, stimmt mit der Ansicht Direktor Gielens überein. Wenn ich heute ein Theater leitete, wäre ich eher geneigt, der Versuchung, diese ernsthafte Komödie zu spielen, einen tief bedachten Widerstand zu leisten. Das, nachdem ich sie zweimal im Originaltext, zweimal in der Übersetzung gelesen und einmal die beiden Ausgaben vergleichend durchstudiert habe (Einzelne Teile las ich auch *englisch* und *deutsch* vor). Danach entsteht die Frage, ob ich der richtige Regisseur für das Werk bin. Daß ich überhaupt mit dem Zweifel arbeite und daraus eine Ergänzung meiner Empfänglichkeit ziehe, dürfte Ihnen bereits bekannt sein. Auch die *»Kronbraut«*

habe ich mindestens so oft zurückgewiesen wie nochmals vorgenommen, bis ich sie endgültig akzeptierte – worüber ich dann sehr glücklich war und noch heute bin. Die Hemmungen sind in solchen Fällen meistens »ideologischer« Natur, sie haben mit der geistigen Integrität zu tun, die beim Regieführen – insofern als die Schauspieler und das Publikum *mit Feuer* überzeugt werden müssen – nicht auszuschalten ist; obwohl sich der Regisseur nicht mit dem Autor, der für das Werk die Hauptverantwortung trägt, identifizieren *muß*. Nun ist im Stil dieser Komödie *viel*, das sich meinerseits mit ebensoviel Lebhaftigkeit wie Eindringlichkeit vertreten läßt: das Gesellschaftsstück in ihr, die Schilderung der englischen Gesellschaft in diesem bestimmten Ausschnitt und ihrer *Krise*, exemplifiziert an der in dieser neuen und originellen Technik geführten Episode: das alles ist excellent. Das wären gut *zwei Drittel* des Stücks. Was darin so hervorragend ist, ist die Ausschaltung allen Sentiments, aller kompakten Emotion: obwohl sich auf diese Art schwerlich fühlbar machen läßt, was zwischen Edward und Celia einerseits, zwischen Lavinia und Peter andererseits in der Periode ihrer Liebesbeziehung und ihres Sexualverkehrs (wenn ein solcher stattgefunden hat) vorgefallen ist. Es sind schon grausige Fische, diese ehemals weltbeherrschenden Engländer, die ich nicht erst seit heute gut kenne, früher sogar intim kannte.

[...] Eine Zeile in einem Essay Eliots lautet »... in poetry as in life our business is to make the best of a bad job.« In der Dichtung wie im Leben ist es unser Geschäft, das möglichst Beste aus einer miesen Sache zu machen.« (Wobei die Worte »business« und »job«, die ja auch bei Shakespeare vorkommen, eigentlich unübersetzbar sind.) Aber *genau das* ist der Inhalt des Stücks. So ist die *Lösung des Eheproblems Edward – Lavinia* zu betrachten, d.h. einzuschätzen. So reaktionär diese Lösung ist, so ist sie doch die für diese Gattung Menschen entsprechende. Zwei Ungeliebte kehren, wenn auch vielleicht nicht ins gemeinsame Bett, so doch in die gemeinsame Cocktail-Party zurück. Bravo! Daß sie dazu einen Psychoanalytiker brauchen, der, ihrer Klasse entsprechend, mehr dem Dr. Jung als dem Prof. Freud gleicht, ist korrekt und aktuell.

Sie lassen ihre zwei Opfer draußen. Es mag als eine Frage des guten Geschmacks erscheinen, was als das größere Martyrium zu gelten hat: Filme für Sir Alexander Korda zu machen, oder gekreuzigt und bei noch lebendigem Leibe von Ameisen aufgefressen zu werden. Für mich hört hier der Spaß dieser Komödie auf.

[...] Was ist das für eine Geheimgesellschaft, die über Hotels verfügt, in denen ein Gast nichts zu zahlen hat, wenn er sich entschließt, den Weg des Martyriums zu gehen, und über Zweig-Verbindungen in beiden Hemispären? Wer liefert das Kapital für diesen Unfug, der mir als ein Frevel erscheint? Mir wird übel bei der kolonialwitzigen Erzählung vom Konflikt zwischen den Eingeborenenstämmen. [...]

Wirklich: ist das unserer Weisheit Schluß, daß einem ernsten, tüchtigen und entschlossenen modernen Mädchen, wenn es durch eine Liebschaft mit einem verheirateten Spießbürger eine gründliche Enttäuschung erlitten hat, nichts anderes übrig bleibt als *dieses frühe Ende, das noch dazu als ein »Sieg«*, als ein *hohes Beispiel* ausgegeben wird? Ich möchte das Gesicht des großen Eliot sehen, wenn ich ihm sagte, daß ich zwar das Martyrium der Rosa Luxemburg als ein hohes Beispiel akzeptieren würde, nur daß dieses freilich nicht als Konsequenz einer derartigen Lebensenttäuschung denkbar wäre. Ich weiß, daß Eliot, wenn ich eine solche Behauptung aufstellte, leicht mit mir fertig würde, mit einem einzigen Achselzucken. *Oder?* Würde er das Paradox anerkennen u. mit Recht sagen, daß es leider nicht in sein Konzept gehöre?

Lieber Buschbeck, verzeihen Sie mir diesen Überfall mit einer Polemik, die so mächtig anschwillt und doch Fragment bleiben muß. Ich habe im Augenblick nur Sie, mit dem ich mich über diese mir so wichtige Sache aussprechen kann. Gielen will ich jetzt nicht stören, er hat furchtbar gearbeitet und braucht die paar Tage völligen Ausspannens, die nur zu bald abgelaufen sein werden. Er steht dem Stück im Glauben näher; auch hält er eine kühlere Distanz von seiner Arbeit. – Ich wäre so gerne von Ihnen verstanden, auch *widerlegt! Mit herzlichen Grüßen für Euch beide* Ihr Plagegeist Viertel.

16. Aug. 1950

Lieber Prof. Buschbeck – also der Ausweg, der sich dem tiefer veranlagten Menschen – Celia – aus der zur gesellschaftlichen Institution gewordenen »Cocktail-Party« bietet, sei der Weg einer Heiligen, das Martyrium. [...] Der *Fall Celia* ist so konstruiert, daß ihr Tod möglichst sinnlos, im *sozialen, diesseitigen Lebenssinne* ist. Diese Aussparung, in ihrer Paradoxie, ergibt sozusagen den *»reinen«* Opfertod – (außer daß sie etwa den pestkranken Wilden das Sterben erleichtert hat). Es ist der Weg aus der sündigen Welt *absolut* hinaus, aus dem *»bad job«* des Menschenlebens an sich. Celia wählt selbständig, wird angenommen, und wäre man roh, so könnte man sagen: habeat sibi! Anderseits kann diese ganz subtile Konstruktion, auch religiös empfunden, zum *Ärgernis* werden. Der leitende und beratende Agent dieser Welt- u. Lebensauffassung ist der *Seelendoktor*, der auch als ein Quacksalber, als eine Art christlicher Schamane empfunden werden kann.

Bei seiner *Darstellung* darf Ironie nicht angewendet werden, nicht wahr? Oder? Auf der andern Seite darf seine Rolle keinem Darsteller anvertraut werden, der zur *Feierlichkeit* oder zur *Mystik* neigt. Weder *Werner Krauss, noch Aslan*, noch *Deutsch* sind anzuraten. *Forster* wäre richtig gewesen. Der Dr. R. muß Arzt und Gesellschaftsmensch sein und trotz der kultischen Einsprengsel *bleiben*. [...] Lieber Professor! Vielleicht finden Sie alle diese Bedenklichkeit übertrieben. Schließlich lebt das Theater vom Kompromiß, nicht wahr? Besonders für diejenigen, die dafür zu sorgen haben, daß an jedem Abend der Vorhang aufgeht. Das ist, vor allem in *diesem Fall*, nicht mein Geschäft. Ich kann mich *hier* nicht damit abfinden, daß diese oder jene Schauspieler einen nicht länger zu unterdrückenden Anspruch auf Beschäftigung haben, daß andere nicht verfügbar, wieder andere nicht Angehörige des Ensembles sind. Natürlich muß ich mich immer wieder abfinden, so wie sich Autor und Schauspielerschaft auch mit mir abfinden müssen, aber das hat seine *Grenzen*. [...] Herzlichst Ihr Viertel.

An Josef Gielen, 8. Dez. 1950
Liebster Josef – ... die Besetzung von C.P. macht noch immer Schwierigkeiten. Da *Deutsch*, über den ich ja auch nicht glücklich war, weil er nicht hineinpaßt, wie ich wenigstens fühle, (ausfällt), bleibt also nur *Hennings* übrig, was arbeitstechnisch an sich erwünscht wäre, *aber ob dieser Darsteller gerader Charaktere für die verfluchte Doppeldeutigkeit ausreicht? Das ist wirk-*

lich noch sehr zu überlegen! Richtig wäre Forster, der sich momentan in Gastein ausruht, aber ganz abgesehen von der »Prestige«-Frage, die ich in solchem Notfall nicht anerkenne, ob er frei wäre, ist höchst zweifelhaft. Er ist ein *Ausnahmsfall* von Geeignetsein für eine speziell schwierige, ja bedenkliche Rolle, die auch der *Hörbiger abgelehnt hat.* Es bliebe also dabei, daß, wenn *wirs mit diesen Besetzungen wagen wollen*, daß *Hörbiger* den *Edward*, die *Seidler* die *Lavinia* spielt. Für die *Celia* habe ich mich, da sie bei uns nicht vorhanden ist, im Einverständnis mit Hilbert und Buschbeck für das Engagement der *Zilcher* entschlossen, nachdem ich sie in den *»Kleinbürgern«* unglaublich gut gefunden habe. Mögen mich die übrigen Weiber zerreissen, ich konnte nicht anders. [...] Laßt es Euch wohlergehen! Dein, Euer Berthold.

Ich glaube, die hier erstmals vorgelegten tiefschürfenden und leidenschaftlichen Überlegungen Berthold Viertels zu Stückwahl, Dramaturgie, Schauspielerbesetzung und -arbeit vermitteln die Gedankenwelt seiner letzten Lebensjahre, was Beruf wie Leben betrifft, klarer, als jede Schilderung von anderer Seite es vermag. Darüber hinaus läßt sich allgemein so wesentlich die Tätigkeit des Regisseurs Charakterisierendes herauslesen, daß hier – so scheint es mir – dem Leser Türen des Verständnisses erschlossen werden, deren Öffnung ihm – dem am Arbeitsprozeß nicht Beteiligten – sonst kaum möglich ist. Eine – vielschichtige – Analyse dieser Briefstellen sei empfohlen.

Die fünf Jahre Burgtheaterdirektion Josef Gielen werden zu den stürmischesten und damit zu den wichtigsten in der langen Geschichte des Hauses gezählt werden, jenes Hauses, dem Kampf vermutlich besser tut, als die so heftig ersehnte Ruhe.

Es läßt sich sagen, daß Berthold Viertels Triumphe in diesen Jahren einer oft verständnislosen Umwelt, einer militant feindlichen politischen Haltung eines großen Teils der »öffentlichen Meinung«, einem geschwächten Körper mühsamst abgetrotzt werden.

Im Sommer 1953
schrieb Viertel an Salka Viertel nach Kalifornien:

»Daß ich in den letzten fünf Jahren für das Wiener Burgtheater lebe und sterbe, muß Dir [...] absurd erscheinen. Das läßt sich nicht erklären, außer so, daß kein Mensch sich seinen Weg aussuchen kann, und daß man vom Leben so konsumiert wird, wie man eben verbrauchbar und verdaulich ist.«

Die Autorinnen und Autoren

Helmut G. Asper, Studium der Theaterwissenschaft, Kunstgeschichte und Literaturgeschichte in Köln. Promotion 1970. Lehrt an der Fakultät für Linguistik und Literaturwissenschaft der Universität Bielefeld. Bücher, Aufsätze, Rundfunk- und Fernsehsendungen über Theater, Film und Fernsehen. Forschungsschwerpunkt: Theater- und Filmexil.

Fritz Beer, geb. 1911 in Brünn, 1930–1936 Journalist in Prag, 1934 Literaturpreis Moskau. 1939 Flucht nach England, 1940–1945 Freiwilliger in der tschechoslowakischen Auslandsarmee. 1941 Literaturpreis der *Deutschen Zeitung* in London. 1946 – 1975 Redakteur BBC Deutsche Sendung. 1954–1980 Londoner Korrespondent deutscher Zeitungen. 1977–1979 Präsident der Foreign Press Association in London. 1979 OBE-Orden. 1988 Präsident des PEN-Zentrums Deutschsprachiger Autoren im Ausland. Werkauswahl: *Schwarze Koffer* (1934), *Das Haus an der Brücke* (1949), *Die Zukunft funktioniert noch nicht* (1969), *Hast Du auf Deutsche geschossen, Grandpa?* (1992).

Siglinde Bolbecher, geb. 1952 in Wien, Historikerin und Literaturwissenschaftlerin, lehrt an einer Sozialakademie in Wien, Herausgeberin der Zeitschrift für Literatur des Exils und des Widerstands *Mit der Ziehharmonika*. Redigiert zusammen mit Konstantin Kaiser die Buchreihe *Antifaschistische Literatur und Exilliteratur – Studien und Texte*. Studien zur österreichischen Exilliteratur, zum Frauen- und Männerbild im Nationalsozialismus u.a. Mitherausgeberin der *Autobiographischen Fragmente* Berthold Viertels (Wien 1991). Arbeitet derzeit an einem Lexikon der österreichischen Exilliteratur. Lebt in Wien.

Matthias Braun, geb. 1949 in Berlin, studierte Theater- und Literaturwissenschaft in Leipzig und Berlin. Langjähriger wissenschaftlicher Mitarbeiter im Bertolt-Brecht-Archiv der Akademie der Künste zu Berlin. Zahlreiche Veröffentlichungen zur Theatergeschichte des 20. Jahrhunderts, besonders zur Brecht-Forschung. Seit 1992 wissenschaftlicher Mitarbeiter in der Abteilung Bildung und Forschung beim Bundesbeauftragten für die Unterlagen des Staatssicherheitsdienstes der ehemaligen DDR.

Marianne Brün-Kortner, 1971–1988 Dozentin an der University of Illinois, seit 1968 Mitglied der Internationalen Frauenliga für Frieden und Freiheit. Von ihr gibt es folgende autobiographische Notiz: »Ich habe an 59 Adressen in 7 Ländern gelebt; 22 Schulen besucht; 18 bezahlte, unzählige unbezahlte Stellungen, 2 Ehemänner, 2 Kinder, und viele wichtige Freundschaften gehabt; vor allem bin ich eine ungeduldige Gesellschaftskritikerin gewesen in den 67 Jahren, seitdem ich in Berlin als Kind von Johanna Hofer und Fritz Kortner auf die Welt kam.«

Evelyn Deutsch-Schreiner, geb. 1955 in Wien, 1981–1984 Dramaturgin am Landestheater Linz, 1984–1989 am Volkstheater Wien. Seit 1990 Assistentin am Institut für Theaterwissenschaft an der Universität Wien. Bücher: *100 Jahre Volkstheater. Theater-Zeit-Geschichte* (Wien 1989), *Karl Paryla. Ein Unbeherrschter* (Salzburg 1992), *stichwort: grillparzer* (Herausgeberin mit Hilde Haider-Pregler). Zahlreiche Aufsätze zum Theater in der NS-Zeit und in den fünfziger Jahren.

Ernst Glaser, geb. 1912 in Wien, Dr.phil. Zunächst Gymnasiallehrer, später im Volks-und Arbeiterbildungswesen tätig. 1954–1975 im Österreichischen Rundfunk, zuletzt Landesintendant des Studios Wien. Publikationen über kultur- und literaturhistorische, aber auch soziologisch-politische Themen. Hauptwerk: *Im Umfeld des Austromarxismus* (Wien 1981). Zugang zu B. Viertel bei der Bearbeitung von Darstellungen des Bürgerkriegs in Österreich (12. Februar 1934) in der deutsch- und fremdsprachigen Dichtung.

Wolfgang Glück, geb. 1929 in Wien, studierte Theaterwissenschaft in Wien und Zürich, begann seine Bühnenlaufbahn 1949 als Regieassistent Berthold Viertels am Burgtheater in Wien, inszenierte seit 1953 in Wien, Zürich, Frankfurt, Salzburg u.a., seit 1957 auch Regisseur von Spielfilmen (u.a. »Der Schüler Gerber«, 1981; »38 – auch das war Wien«); daneben Tätigkeit als Universitätslehrer in Wien.

Kevin Gough-Yates, studierte Philosophie, Politik und Wirtschaft am Wadham College. Ph.D. über den deutschsprachigen Film in England, war Deputy/Acting Curator des National Film Archive, Gründungsmitglied von *Screen*, schrieb für zehn Jahre die Kolumne »Moving Pictures« für *Art Monthly*, unterrichtet Film an der University of Westminster. Neben der Organisation von Film-Retrospektiven zu Alexander Korda, Michael Powell und Emeric Pressburger Beitrag zur Viennale 1993 (Österreichische Filmschaffende in der Emigration vor 1945). Zahlreiche Artikel über das Film-Exil, arbeitet zur Zeit an einem Buch über I.B. Tauris.

Marianne Gruber, geb. 1944 in Wien, Kindheit im Burgenland, mehrere Semester Medizin, Psychologiestudium bei Viktor Frankl, verheiratet, zwei Kinder. Seit 1980 freie Schriftstellerin. Mehrere Literaturpreise. Werke: *Die gläserne Kugel* (Roman, Graz 1980), *Protokolle der Angst* (Erzählungen, St. Pölten 1984), *Zwischenstation* (Roman, Wien 1986), *Der Tod des Regenpfeifers* (Erzählungen, Frankfurt 1991), *Windstille* (Roman, Wien 1991), *Esra's abenteuerliche Reise auf den blauen Planeten* (Wien 1992). Gruber ist Generalsekretärin der Österreichischen Gesellschaft für Literatur in Wien.

Hans Heinz Hahnl, geb. 1923 in Niederösterreich, Doktorat über *Karl Kraus und das Theater*. Kulturredakteur, Theaterkritiker, Mitarbeit an Zeitungen, Zeitschriften, Rundfunkanstalten. Literarisches Debüt im *Plan*. Romane (1978–1984): *Die Einsiedler des Anninger*, *Die Riesen vom Bisamberg*, *Die verschollenen Dörfer*, *Das Geheimnis der Wilis*, *Verweile doch*, *Hexeneinmaleins*, *Der Tod des Grafen Ortiz*, *Romane in fünf Sätzen*. Gedichtbände: *In flagranti entwischt*, *Shakespeares Hund*, *Velis Abschied*, *Velis Literaturzweifel* (1997). Zwei Anthologien und zwei Bände über vergessene österreichische Autoren.

Hilde Haider-Pregler, Uni-Professorin, Vorstand des Instituts für Theaterwissenschaft in Wien. Gastprofessuren: München, Leipzig, Gastvorlesungen an zahlreichen Universitäten in Europa und Übersee. Theaterkritikerin. Veröffentlichungen: *Theater und Schauspielkunst in Österreich* (Wien 1970), *Des sittlichen*

Bürgers Abendschule. Bildungsanspruch und Bildungsauftrag des Berufstheaters im 18. Jhdt. (Wien, München 1980), Herausgeberin von *Joseph von Sonnenfels: Briefe über die wienerische Schaubühne* (Graz 1988), Publikationen zum deutschsprachigen und französischen Drama und Theater im 18., 19. und 20. Jhdt., zu Hörspiel und Frauenliteratur, Mitarbeit am Exiltheater-Buch der Hamburger Arbeitsstelle für deutsche Exilliteratur.

Johann Holzner, geb. 1948, Studium von Germanistik und Geschichte. Lehrtätigkeit: seit 1977 an der Universität Innsbruck, u.a. auch an den Universitäten Wrocław (1979/80) und Salzburg (1987) sowie an der University of California, Santa Barbara (1994 und 1996). Professor am Institut für Germanistik der Universität Innsbruck. Forschungsbereiche: Österreichische Literatur des 19. und 20. Jahrhunderts, Exilliteratur, Gegenwartsliteratur. Herausgebertätigkeit. Zahlreiche Sammelbände, darunter: *Eine schwierige Heimkehr. Österreichische Literatur im Exil 1938–1945* (Innsbruck 1991, *Ästhetik der Geschichte* (Innsbruck 1995), *Einschließung und Abweisung der Tradition: Österreichische Lyrik 1945–1995* (Zagreb 1996).

Irene Jansen, geb. 1952 in Bracht (Nordrhein), unterrichtete Englisch und Deutsch in Öhringen (Baden-Württemberg), studierte in Tübingen und Freiburg i.Br., promovierte mit *Berthold Viertel. Leben und künstlerische Arbeit im Exil* (New York u.a. 1992). Seit 1990 Lektorin für deutsche Literatur an der Universitas Indonesia in Jakarta und derzeit in Südafrika.

Konstantin Kaiser, geb. 1947 in Innsbruck, freischaffender Literaturwissenschaftler und Schriftsteller, Sekretär der Theodor Kramer Gesellschaft, Studien zur österreichischen Exilliteratur, Herausgeber der Berthold Viertel-Studienausgabe. Redigiert zusammen mit Siglinde Bolbecher die Buchreihe »Antifaschistische Literatur und Exilliteratur – Studien und Texte«. Verfasser u.a. von: *Durchs Hinterland* (Gedichte, Innsbruck 1993), *Auf den Straßen gehen* (Prosa, Innsbruck 1996). Lebt in Wien.

Felix Kreissler, em.Univ.Prof., geb. 1917 in Wien, ab 1934 führend in der antifaschistischen Mittelschülerbewegung. 1936 mehrmonatige Inhaftierung gefolgt vom Schulausschluß. 1937 Emigration nach Frankreich. Studium, ferner Engagement in der Résistance. Verhaftung durch die Polizei des Vichy-Regims, Flucht aus der Internierung und Wiedereintritt in die Résistance. 1944 Verhaftung durch Gestapo, Folterung, Deportation nach Buchenwald. Nach Kriegsende Übersetzer, Journalist, Hochschullehrer. Gründer des »Centre d'Etudes et de Recherches Autrichiennes« an der Universität Rouen, sowie der Zeitschrift *Austriaca*. Veranstalter internationaler Symposien über österreichische Kultur- und Zeitgeschichte. Hauptwerke: *Das Französische bei Raimund und Nestroy*, *Von der Revolution zur Annexion (Österreich 1918–1939)*, *Histoire de l'Autriche*, *Der Österreicher und seine Nation*, *Kultur als subversiver Widerstand*.

Peter Roessler, geb. 1958 in Wien, Studium der Theaterwissenschaft, Germanistik und Philosophie in Wien und Berlin. Assistent an der Hochschule für Musik und Darstellende Kunst in Wien, Lehraufträge an Hochschule und Universität in Wien. Arbeiten u.a. zu Dramaturgie, Exil- und Nachkriegstheater, Gegenwartsdramatik, Schauspielkunst, Theaterpublizistik. Veröffentlichungen u.a.: *Studien zur Auseinandersetzung mit Faschismus und Krieg im österreichischen Drama der Nachkriegszeit und der 50er Jahre* (Köln 1987), *Dramaturgie der Demokratie. Theaterkonzeptionen des österreichischen Exils* (Wien 1989, mit K. Kaiser). Mitgestalter der Berthold Viertel-Ausstellung (»Viertels Welt«) sowie Mitherausgeber von Viertels Exilschriften *Die Überwindung des Übermenschen* (Wien 1989).

Gerhard Scheit, geb. 1959, Studium der Theaterwissenschaft und Germanistik an der Universität Wien, der Philosophie an der FU Berlin. Lebt als freier wissenschaftlicher Autor und Essayist in Wien. Zuletzt erschienen: *Dramaturgie der Geschlechter. Über die gemeinsame Geschichte von Drama und Oper* (Frankfurt 1995), *Orpheus im Exil. Die Vertreibung der österreichischen Musik 1938–1945* (Wien 1995, Koautor), *Hanswurst und der Staat. Eine kleine Geschichte der Komik. Von Mozart bis Thomas Bernhard* (Wien 1995).

Klaus Völker, geb. 1938 in Frankfurt/M., Studium der Literaturwissenschaft, Philosophie, Kunstgeschichte in Frankfurt/M. und an der Freien Universität Berlin. Literatur- und Theaterkritiker. Seit 1969 Dramaturg in Zürich, Basel, Bremen und von 1980–85 an den Staatlichen Bühnen Berlin. Seit 1992 Professor für Theatergeschichte und Dramaturgie an der Hochschule für Schauspielkunst »Ernst Busch« in Berlin (seit 1993 Rektor). Bücher über Bertolt Brecht (Brecht-Chronik und -Biographie), Frank Wedekind, Sean O'Casey, Boris Vian, Max Herrmann-Neisse, Fritz Kortner, Elisabeth Bergner, Samuel Beckett. Übersetzer aus dem Französischen und Herausgeber der Werke von M. Herrmann-Neisse, B. Vian, Alfred Jarry, Henri-Pierre Roché.

Personenregister

Anmerkungen und AutorInnenverzeichnis sind nicht in dieses Register aufgenommen.